Cocoa

3e édition

Aaron Hillegass

PEARSON

Publié par Pearson Education France
47 bis, rue des Vinaigriers
75010 PARIS
Tél. : 01 72 74 90 00
www.pearson.fr

Mise en pages : TyPAO

ISBN : 978-2-7440-2294-4

Titre original :
Cocoa® Programming for Mac® OS X, 3th edition

Traduit de l'américain par Hervé Soulard

Relecture technique : Fabien Schwob

ISBN original : 978-0-321-50361-9

Table des matières

Préface

Si vous développez des applications pour Mac, ou que vous souhaitiez le faire, cet ouvrage va vous apporter l'aide que vous recherchez. S'il ne couvre pas l'intégralité du développement sur Mac, vous y trouverez au moins 80 % des informations indispensables. Les 20 % restants, qui vous sont propres, existent dans la documentation disponible en ligne sur le site web d'Apple.

Ce livre constitue donc une base. Il présente le langage Objective-C et les principaux modèles de conception de Cocoa. Il vous permettra de débuter avec les trois outils de développement les plus employés : Xcode, Interface Builder et Instruments. Après avoir lu ces pages, vous serez en mesure de comprendre et d'exploiter la documentation en ligne fournie par Apple.

À travers les nombreux exemples de code, vous découvrirez les idiomes de la communauté Cocoa. En présentant ces exemples de code, nous espérons que vous deviendrez non seulement un développeur Cocoa, mais également un développeur qui a de la classe.

Cette troisième édition se fonde sur les technologies apportées par Mac OS X 10.4 et 10.5, incluant notamment Xcode 3, Objective-C 2, Core Data, le ramasse-miettes et Core-Animation.

Cet ouvrage est destiné aux programmeurs qui possèdent déjà quelques connaissances en programmation C et objet. Vous n'êtes pas supposé avoir une expérience du développement sur Mac. Vous devez avoir accès à un système Mac OS X et aux outils du développeur. Ces outils sont gratuits. Si vous avez acheté un exemplaire de Mac OS X, ils sont disponibles sur le DVD-ROM. Vous les trouverez également en téléchargement sur le site web Apple Developer Connection à l'adresse **http://developer.apple.com/**.

J'ai tenté de rendre ce livre le plus utile possible, à défaut d'être indispensable. Si vous avez des suggestions d'améliorations, n'hésitez pas à me les transmettre.

Aaron Hillegass
aaron@bignerdranch.com

Remerciements

De nombreuses personnes se sont impliquées dans l'écriture de cet ouvrage. Je veux les remercier pour leur aide. Leurs contributions ont permis d'arriver à un niveau de qualité qu'il m'aurait été impossible d'atteindre seul.

Tout d'abord, je souhaite remercier les étudiants qui ont suivi les cours de programmation Cocoa au Big Nerd Ranch. Ils m'ont aidé à retirer des exercices et des explications toutes les aberrations que j'avais pu introduire. Leur curiosité m'a incité à compléter le contenu et leur patience l'a rendu possible.

En m'aidant à enseigner et à développer du contenu au Ranch, Chris Campbell et Mark Fenoglio ont joué un rôle important pour cette édition. Ils ont apporté des nouveautés et ont détecté mes erreurs monumentales. J'ai eu le grand honneur de travailler pendant plusieurs années avec Kai Christiansen. Il m'a appris de nombreuses choses sur Cocoa et l'enseignement. Ensemble, nous avons rédigé plusieurs cours sur OpenStep et WebObjects. L'écriture de cet ouvrage a été pour moi une suite toute naturelle à ce travail. Si mes mains étaient sur le clavier, la voix de Kai était souvent à l'origine du contenu de la page.

Addison-Wesley a pris mon manuscrit et en a fait un livre. Cette maison d'édition l'a mis dans des camions et a convaincu les libraires de le placer sur leurs étagères. Sans son aide, il ne serait encore qu'une pile de feuilles de papier sur mon bureau.

Enfin, mes remerciements vont à ma famille. Une grande part des attentions qui auraient dû aller à ma femme, Michele, a été consacrée à la rédaction de cet ouvrage. Je me dois également de remercier mes fils, Walden et Otto, pour leur patience et leur compréhension.

1

Présentation de Cocoa

Au sommaire de ce chapitre

- ✔ Historique
- ✔ Outils
- ✔ Langage
- ✔ Objets, classes, méthodes et messages
- ✔ Frameworks
- ✔ Comment lire cet ouvrage
- ✔ Conventions typographiques
- ✔ Erreurs classiques
- ✔ Comment apprendre

Historique

L'histoire de Cocoa débute de manière cocasse. Deux copains, prénommés tous deux Steve, créent une société appelée Apple Computer dans leur garage. Cette entreprise grandit rapidement, à tel point qu'un cadre expérimenté, John Sculley, est embauché pour en devenir le directeur général. Suite à quelques conflits, John Sculley place Steve Jobs à un poste qui lui retire tout contrôle sur la société. Steve Jobs quitte alors Apple pour créer une autre société, NeXT Computer.

NeXT recrute une petite équipe d'ingénieurs brillants. Elle crée un ordinateur, un système d'exploitation, une imprimante, une usine et un ensemble d'outils de développement. Tous ces éléments ont plusieurs années d'avance sur les technologies concurrentes. La foule est ébahie et enthousiaste. Malheureusement, cette même foule n'achète pas l'ordinateur ou l'imprimante. En 1993, l'usine est fermée et NeXT Computer, Inc., devient NeXT Software, Inc.

Le système d'exploitation et les outils de développement restent en vente sous le nom NeXTSTEP. Si l'utilisateur lambda n'a jamais entendu parler de NeXTSTEP, ce dernier est en revanche très connu chez les scientifiques, dans les banques d'investissement et les services de renseignement. Ces sociétés développent chaque semaine de nouvelles applications et voient en NeXTSTEP une solution qui leur permet d'implémenter leurs idées plus rapidement que n'importe quelle autre technologie.

Quel est donc ce système d'exploitation ? NeXT a choisi d'utiliser Unix comme base pour NeXTSTEP, en partant du code source d'un Unix BSD provenant de l'université de Berkeley, en Californie. Pourquoi Unix ? Ce système est moins sujet aux dysfonctionnements que Microsoft Windows ou Mac OS et dispose de fonctions réseau plus élaborées et plus fiables.

Sous le nom de Darwin, Apple a rendu disponible le code source de la partie Unix de Mac OS X. Une communauté de développeurs poursuit le travail d'amélioration de Darwin. Pour en savoir plus, allez sur le site **http://macosforge.org/**.

NeXT a également conçu un *serveur de fenêtres* pour le système d'exploitation. Un serveur de fenêtres récupère les événements générés par l'utilisateur et les dirige vers les applications. Une application renvoie ensuite des ordres de dessin vers le serveur de fenêtres afin qu'il actualise ce que l'utilisateur voit. Le serveur de fenêtres de NeXT présente plusieurs aspects intéressants, notamment celui d'utiliser le même code de tracé pour les applications et l'imprimante. Ainsi, le programmeur n'écrit le code de dessin qu'une seule fois et l'utilise ensuite pour l'affichage à l'écran ou l'impression. À l'époque de NeXTSTEP, les programmeurs écrivaient du code qui générait du PostScript. Avec Mac OS X, les programmeurs écrivent du code qui utilise le framework CoreGraphics (également appelé Quartz). Quartz peut générer ces graphiques à l'écran, les envoyer à l'imprimante ou produire des données au format PDF (*Portable Document Format*). PDF est un standard ouvert créé par Adobe Corporation pour les graphiques vectoriels.

Si vous avez déjà utilisé des machines Unix, vous connaissez certainement le serveur de fenêtres X Window (ou serveur X). Le serveur de fenêtres de Mac OS X est totalement différent, mais remplit la même fonction que le serveur X : il récupère les événements de l'utilisateur, les redirige vers les applications et place sur l'écran les données produites par les applications. Le protocole X ne gère pas très bien les polices de caractères avec anticrénelage ni la transparence. C'est l'une des raisons pour lesquelles le serveur de fenêtres de Mac OS X paraît bien meilleur qu'un serveur X Window.

NeXTSTEP fournit un ensemble de bibliothèques et d'outils qui permettent aux programmeurs d'exploiter le gestionnaire de fenêtres de manière très élégante.

Ces bibliothèques sont appelées frameworks. En 1993, les frameworks et les outils ont évolué. Ils ont changé de nom, pour devenir OpenStep, puis Cocoa.

La Figure 1.1 montre que le serveur de fenêtres et les applications sont des processus Unix. Cocoa permet aux applications de recevoir les événements issus du serveur de fenêtres et d'effectuer le tracé à l'écran.

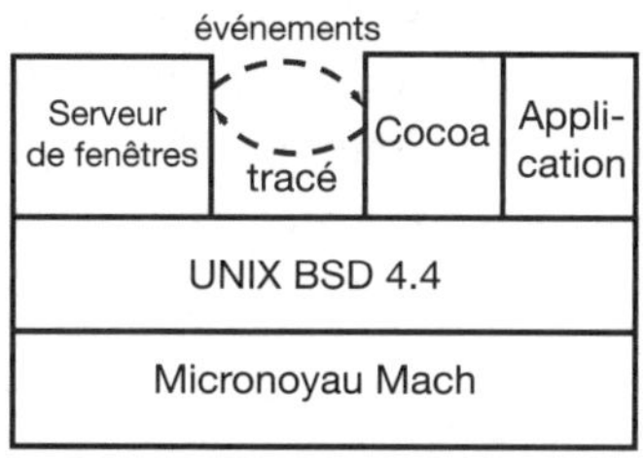

Figure 1.1
Utilisation de Cocoa.

La programmation avec les frameworks se fait à l'aide du langage *Objective-C*. Comme C++, Objective-C dérive du langage de programmation C, pour en faire un langage orienté objet. Contrairement à C++, Objective-C est faiblement typé et extrêmement puissant. Cependant, puissance rime avec responsabilité. Objective-C permet aux programmeurs d'introduire des erreurs ridicules. Ce langage est une extension très simple de C et vous constaterez qu'il est très facile à apprendre.

Les programmeurs ont apprécié OpenStep. Il leur permettait de tester facilement de nouvelles idées. À titre d'exemple, Tim Berners-Lee a développé les premiers navigateur et serveur web sur NeXTSTEP. Les analystes pouvaient écrire du code et tester de nouveaux modèles financiers bien plus rapidement. Les scientifiques pouvaient développer les applications qui leur permettaient d'effectuer leurs recherches. Ce qu'en faisaient les services de renseignement reste un mystère, mais ils ont acheté des milliers d'exemplaires d'OpenStep. Les outils de développement OpenStep étaient tellement commodes qu'ils ont été portés sur Solaris et Windows NT. Le système d'exploitation NeXTSTEP a été installé sur pratiquement tous les processeurs répandus : Intel, Motorola, PA-RISC de Hewlett-Packard et SPARC. Assez bizarrement, OpenStep ne fonctionnait pas sur Mac, jusqu'à la première version de Mac OS X Server, appelée Rhapsody et sortie en 1999.

Pendant de nombreuses années, Apple Computer a travaillé au développement d'un système d'exploitation dont les caractéristiques étaient semblables à celles de NeXTSTEP. Ce projet, connu sous le nom de Copland, traînait en longueur et Apple a finalement décidé de l'arrêter, pour trouver la version suivante de Mac OS auprès d'une autre société. Après avoir étudié les systèmes d'exploitation existants, Apple a choisi

NeXTSTEP. La société NeXT étant petite, Apple l'a simplement rachetée en décembre 1996.

Quelle est ma place dans cette histoire ? J'écrivais du code pour les ordinateurs NeXT à Wall Street, jusqu'au jour où NeXT m'a embauché pour enseigner la programmation OpenStep à d'autres développeurs. J'étais employé chez NeXT lorsque la société a fusionné avec Apple. J'ai donc formé de nombreux ingénieurs d'Apple au développement d'applications pour Mac OS X. Je ne travaille plus pour Apple et enseigne à présent la programmation Cocoa pour Big Nerd Ranch, Inc.

NeXTSTEP est devenu Mac OS X. Il se fonde sur Unix. Vous disposez de tous les programmes Unix standard, comme le serveur web Apache, sur Mac OS X, qui est plus stable que Windows et Mac OS 9. L'interface utilisateur est spectaculaire. En tant que développeur, vous allez apprécier Mac OS X car Cocoa vous permettra d'écrire des applications complètes de manière très efficace et élégante.

Outils

Vous apprécierez Cocoa, mais peut-être pas immédiatement. Tout d'abord, vous devez apprendre les bases. Commençons par les outils que nous utiliserons.

Tous les outils nécessaires au développement avec Cocoa font partie des Mac OS X Developer Tools, qui sont fournis gratuitement avec Mac OS X. Si ces outils du développeur ajoutent une dizaine d'applications pratiques à votre système, vous en utiliserez principalement deux : Xcode et Interface Builder. Le compilateur C de GNU (gcc) sert à compiler le code, tandis que le débogueur de GNU (gdb) vous aidera à trouver vos erreurs.

Xcode gère toutes les ressources qui composent une application : code, image, son, etc. L'écriture du code se fait dans Xcode, qui peut compiler et lancer votre application. Depuis Xcode, il est également possible d'invoquer et de contrôler le débogueur.

Interface Builder est un concepteur d'interfaces graphiques. Il vous permet d'agencer des fenêtres et de leur ajouter des widgets. Cependant, ses possibilités ne s'arrêtent pas là. Interface Builder permet au développeur de créer des objets et de modifier leurs attributs. La plupart de ces objets sont des éléments d'interfaces graphiques, comme des boutons et des champs de saisie, mais certains seront des instances des classes que vous aurez créées.

Langage

Tous les exemples de ce livre sont écrits en Objective-C. Ce langage est une extension simple et élégante de C. Si vous connaissez déjà le langage C et un langage orienté objet, comme Java ou C++, sa maîtrise ne vous prendra qu'environ deux heures.

Il est possible de développer des applications Cocoa en Ruby ou Python. Cet ouvrage ne s'intéressera pas à ces techniques, mais vous trouverez toutes les informations nécessaires sur le Web. Cependant, pour les comprendre, vous devez avoir une connaissance minimale d'Objective-C.

Objective-C a récemment fait l'objet d'une révision majeure. Tout le code présenté dans ce livre se fonde sur Objective-C 2. Dans Objective-C 2.0, Apple a ajouté un ramasse-miettes que vous pouvez choisir d'activer ou non. Le code proposé fonctionne avec ou sans le ramasse-miettes.

Le code Objective-C est compilé par gcc, le compilateur C de GNU. Ce compilateur vous permet de mélanger librement du code C, du code C++ et du code Objective-C dans le même fichier.

Le débogueur de GNU, gdb, servira à définir des points d'arrêt et à examiner les variables pendant l'exécution. Objective-C laisse une grande liberté au programmeur, qui peut donc introduire de nombreuses erreurs et sera heureux de disposer d'un débogueur performant.

Objets, classes, méthodes et messages

Le développement avec Cocoa se fait en utilisant des techniques orientées objet. Cette section revient rapidement sur les termes employés dans la programmation orientée objet. Si vous n'avez aucune connaissance dans ce domaine, commencez par lire l'ouvrage *The Objective-C Language*, dont le fichier PDF est disponible sur le site web d'Apple (**http://developer.apple.com/documentation/Cocoa/Conceptual/ObjectiveC/ObjC.pdf**).

Un *objet* peut être comparé à une structure C : il occupe de la mémoire et contient des variables. Les variables d'un objet sont appelées *variables d'instance*. Voici donc les premières questions que l'on se pose généralement concernant la manipulation des objets : comment allouer de l'espace pour un objet ? Quelles sont les variables d'instance d'un objet ? Comment détruire un objet lorsqu'il est devenu inutile ?

Certaines variables d'instance d'un objet sont des pointeurs vers d'autres objets. Ces pointeurs permettent à l'objet de "connaître" un autre objet.

Les *classes* sont des structures qui créent des objets. Elles précisent les variables détenues par les objets et sont responsables de l'allocation de la mémoire pour les objets. Nous disons qu'un objet est une *instance* de la classe qui le crée (voir Figure 1.2).

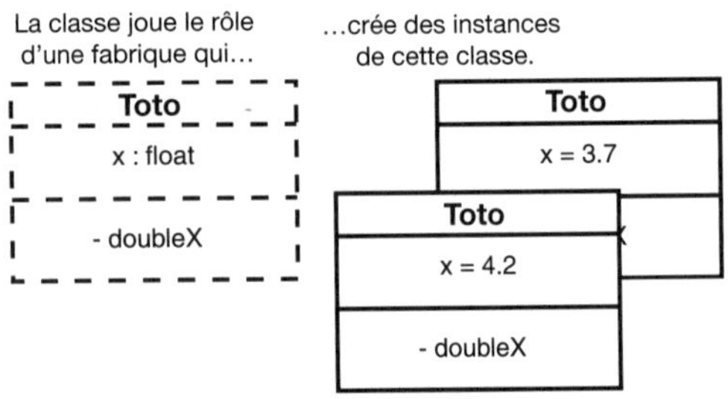

Figure 1.2

Création d'instances à partir de classes.

Un objet est plus élaboré qu'une structure, car des fonctions peuvent y être associées. Ces fonctions sont appelées *méthodes*. Pour invoquer une méthode, il faut envoyer un *message* à l'objet (voir Figure 1.3).

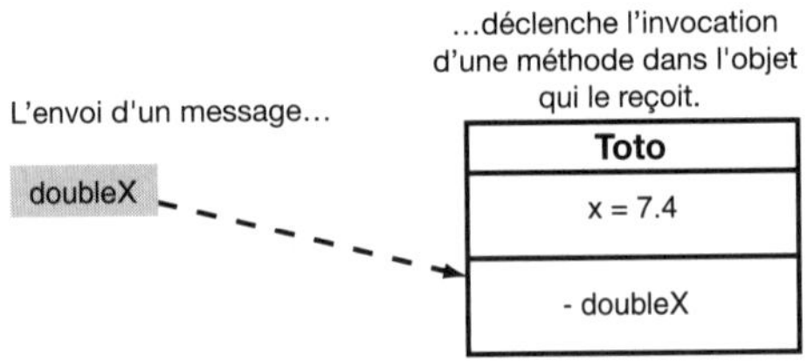

Figure 1.3

Invocation de méthodes par des messages.

Frameworks

Un *framework* est un ensemble de classes prévues pour être utilisées ensemble. Autrement dit, les classes sont compilées et réunies dans une bibliothèque de code réutilisable. Toutes les ressources associées sont placées dans un répertoire avec la bibliothèque. Le nom de ce répertoire possède l'extension `.framework`. Les frameworks intégrés à votre système se trouvent dans le répertoire `/System/Library/Frameworks`.

Cocoa est constitué de trois frameworks :

1. *Foundation*. Chaque langage de programmation orientée objet a besoin de classes standard. Les classes implémentant les chaînes, les dates, les listes, les threads et les minuteries se trouvent dans le framework Foundation.

2. *AppKit*. Tout ce qui se rapporte à l'interface utilisateur est fourni par le framework AppKit. Les classes implémentant les fenêtres, les boutons, les champs de saisie, les événements et les dessins se trouvent dans AppKit. Ce framework est également appelé *ApplicationKit*.

3. *Core Data*. Core Data facilite l'enregistrement des objets dans un fichier, puis leur chargement en mémoire. Il s'agit donc d'un framework de *persistance*.

D'autres frameworks se chargent de différents aspects, comme le chiffrement, QuickTime ou la gravure de CD, mais ce livre se concentre sur Foundation, AppKit et Core Data car ils sont les plus employés. Lorsque vous les maîtriserez, les autres frameworks seront plus accessibles.

Vous pouvez également créer vos propres frameworks à partir de vos classes. En général, lorsque plusieurs classes sont utilisées dans différentes applications, elles sont converties en un framework.

Comment lire cet ouvrage

En écrivant ce livre, je me suis imaginé en train de guider un ami parmi toutes les étapes qui lui permettraient de comprendre la programmation Cocoa. Cet ouvrage joue le rôle de guide pour ces activités. Très souvent, je vous demanderai de réaliser quelque chose, puis j'expliquerai les détails et la théorie. Si vous vous sentez perdu, poursuivez votre lecture. Normalement, l'aide recherchée se trouvera un ou deux paragraphes plus loin.

Si vous êtes toujours bloqué, vous pouvez obtenir de l'aide sur le site web consacré à ce livre : **www.bignerdranch.com/products/**. Vous y trouverez également des errata, des conseils, des exemples, ainsi que les solutions des exercices.

Chaque chapitre sera un guide qui vous accompagnera tout au long du processus de développement d'une application. Cependant, il ne s'agit pas d'un livre de recettes. Cet ouvrage enseigne des idées, tandis que les exercices montrent comment les mettre en œuvre. N'hésitez pas à expérimenter.

Les frameworks Cocoa contiennent environ trois cents classes. Elles sont toutes documentées dans la référence en ligne (accessible par l'intermédiaire du menu `Help` de Xcode). Les programmeurs Cocoa passent beaucoup de temps à parcourir ces pages. Cependant, sans un minimum de connaissances sur Cocoa, il est difficile de trouver les réponses à ses questions. Lorsqu'une nouvelle classe sera présentée dans cet ouvrage, recherchez-la dans la documentation de référence. Vous ne comprendrez peut-être pas toutes les informations qui s'y trouvent, mais cela vous permettra d'apprécier la richesse des frameworks. Lorsque vous aurez terminé la lecture de ce livre, la référence deviendra votre guide.

En général, Cocoa tient ses promesses : les choses classiques sont simples, les choses rares sont possibles. Si vous écrivez de nombreuses lignes de code pour réaliser une tâche somme toute ordinaire, vous avez probablement emprunté la mauvaise voie.

Conventions typographiques

Voici les conventions typographiques utilisées pour faciliter la lecture du contenu de cet ouvrage.

Les noms des classes commencent toujours par une majuscule, dans une police à chasse constante. Les noms des méthodes commencent par une minuscule et sont également dans une police à chasse constante tout comme les autres littéraux, y compris les noms des variables d'instance et les noms de fichiers. Par exemple, vous pourriez rencontrer les phrases "La classe `NSObject` définit la méthode `dealloc`" ou "Dans `MaClasse.m`, fixez la variable `couleurPreferee` à `nil`".

Erreurs classiques

Pour avoir regardé de nombreuses personnes travailler avec ce contenu, je sais que les mêmes erreurs se répètent des centaines de fois. Plus précisément, les erreurs d'emploi des majuscules et les connexions oubliées sont les plus fréquentes.

Les erreurs d'emploi des majuscules se produisent car les langages C et Objective-C sont sensibles à la casse. Le compilateur voit dans `Toto` et `toto` deux choses différentes. Si votre code ne compile pas, vérifiez que toutes les lettres majuscules et minuscules sont correctes.

Lors de la création d'une application, vous utiliserez Interface Builder pour connecter des objets entre eux. Si vous oubliez des connexions, votre application pourra certainement être compilée, mais son comportement sera aberrant. Dans ce cas, revenez dans Interface Builder et vérifiez les connexions.

Il est très facile de passer à côté de certains avertissements lors de la première compilation d'un fichier. Puisque Xcode effectue des compilations incrémentales, vous ne les verrez peut-être plus, jusqu'à ce que vous nettoyiez et recompiliez l'intégralité du projet. Si vous êtes bloqué, tentez un nettoyage et une recompilation.

Comment apprendre

Dans mes cours, j'accueille toutes sortes de personnes : brillantes et moins douées, motivées et plus fainéantes, expérimentées et novices. Inévitablement, celles à qui profite le mieux le cours présentent la même caractéristique : elles restent concentrées sur le sujet traité.

Pour rester concentré, il faut commencer par dormir suffisamment. Je vous suggère dix heures de sommeil par nuit lorsque vous devez assimiler de nouvelles idées. Avant de repousser ce conseil, faites le test. Vous vous réveillerez frais et dispos pour apprendre. *La caféine ne remplace pas le sommeil.*

Le deuxième point important est d'arrêter de réfléchir sur soi-même. Lorsqu'ils travaillent sur de nouvelles choses, de nombreux étudiants ont tendance à penser que "c'est difficile pour moi, je dois vraiment être stupide". Puisque la stupidité est une chose absolument terrible dans nos cultures, les étudiants passent des heures à développer des arguments justifiant pourquoi ils sont intelligents malgré leurs difficultés. Si vous empruntez cette voie, vous allez vous disperser.

J'ai eu un chef qui se nommait Rock. Rock était titulaire d'un diplôme en astrophysique de Cal Tech et n'avait jamais eu un poste dans lequel il utilisait ses connaissances du ciel. Un jour, je lui ai demandé s'il regrettait ce diplôme. "En réalité, mon diplôme en astrophysique prouve que j'ai une grande valeur, a-t-il répondu. Dans ce monde, certaines choses sont simplement difficiles. Lorsque je me bats contre quelque chose, je pense parfois que c'est difficile pour moi, je dois vraiment être stupide ; puis je me souviens que je suis titulaire d'un diplôme en astrophysique de Cal Tech. Je ne dois donc pas être si stupide."

Avant de poursuivre, dites-vous que vous n'êtes pas stupide et que certaines choses sont difficiles. Convaincu de cela et bien disposé, vous êtes prêt à conquérir Cocoa.

2

Premiers pas

Au sommaire de ce chapitre

- ✔ Dans Xcode
- ✔ Dans Interface Builder
- ✔ Retour dans Xcode
- ✔ Documentation

De nombreux ouvrages débutent par des aspects philosophiques. Si nous commencions ainsi, du papier précieux serait gaspillé. À la place, ce chapitre va vous guider tout au long de l'écriture de votre première application Cocoa. Une fois celle-ci terminée, vous serez enthousiasmé et confus, mais prêt pour la philosophie.

Le premier projet est une application qui fait office de générateur de nombres aléatoires. Elle possède deux boutons : `Initialiser le générateur avec l'heure` et `Générer un nombre aléatoire`. Une zone de texte affiche le nombre généré. Pour ce simple exemple, nous devrons déterminer le bouton sur lequel l'utilisateur clique et générer une sortie. Il est possible que les explications des manipulations demandées, ainsi que leurs raisons d'être, vous semblent un tantinet vagues, voire brutales. Ne vous inquiétez pas. Tous les détails arriveront à point nommé. Pour le moment, nous allons simplement jouer un peu. La Figure 2.1 présente l'application terminée.

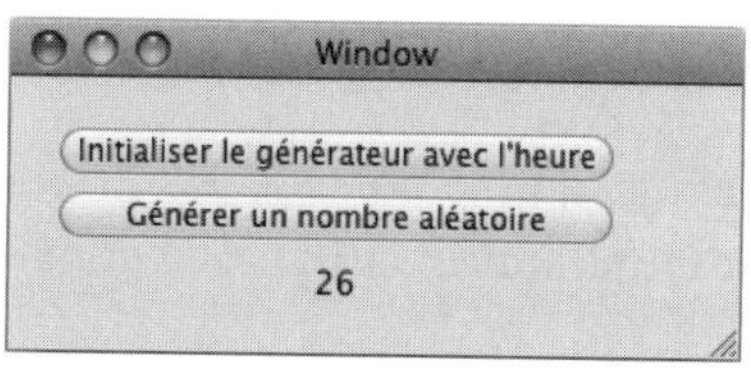

Figure 2.1
L'application terminée.

Dans Xcode

Si les outils du développeur ont été installés, vous trouverez Xcode dans le répertoire `/Developer/Applications/`. Faites glisser l'application sur le Dock, car vous allez devoir la lancer très souvent. Lancez Xcode.

Nous l'avons mentionné précédemment, Xcode conserve toutes les ressources qui composent votre application. Elles sont placées dans le *répertoire du projet*. La première étape du développement d'une nouvelle application consiste à créer un nouveau répertoire de projet, avec le squelette par défaut d'une application.

Créer un nouveau projet

Dans le menu `File`, choisissez `New Project…`. Dans la fenêtre qui apparaît (voir Figure 2.2), choisissez le type de projet que vous souhaitez créer : `Cocoa Application`. Vous noterez que bien d'autres types de projets sont également disponibles.

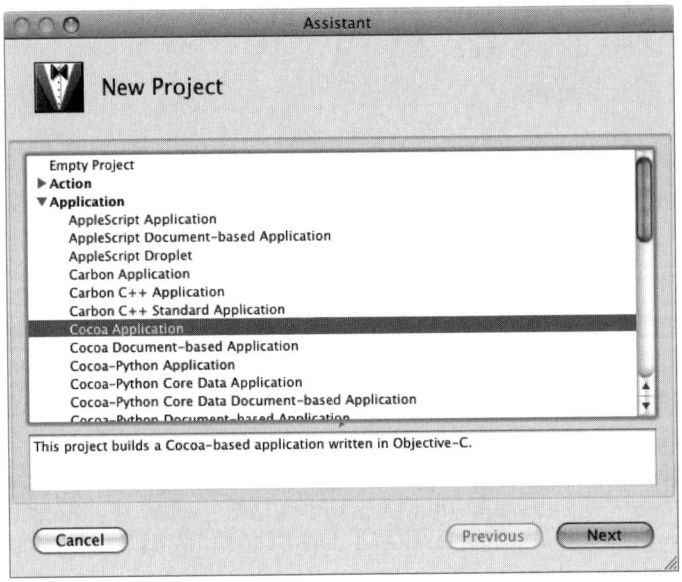

Figure 2.2
Choisir le type du projet.

Voici les principaux types de projets que nous utiliserons dans cet ouvrage :

- *Application*. Ce programme crée des fenêtres.
- *Tool*. Un programme qui ne possède pas d'interface utilisateur graphique. En général, un outil est un utilitaire en ligne de commande ou un démon qui s'exécute en arrière-plan.

- *Bundle* ou *framework*. Il s'agit d'un répertoire de ressources qui peuvent être utilisées dans une application ou un outil. Un bundle, également appelé plug-in, est chargé dynamiquement au moment de l'exécution. En général, une application se lie à un framework au moment de la compilation.

Pour le nom du projet, saisissez `RandomApp` (voir Figure 2.3). En général, chaque mot qui compose le nom d'une application commence par une lettre majuscule. Vous pouvez également indiquer où sera créé le répertoire du projet. Par défaut, il s'agit de votre dossier de départ. Cliquez sur le bouton `Finish`.

Figure 2.3

Nommer le projet.

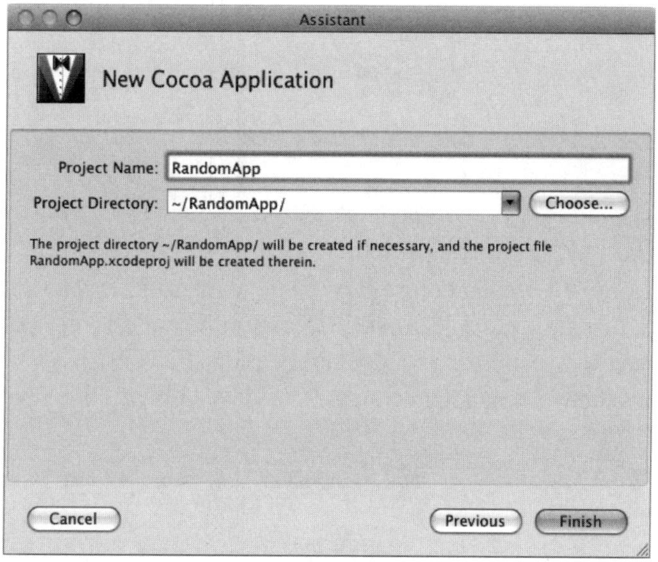

Le répertoire du projet, contenant le squelette d'une application, est créé automatiquement. À partir de ce squelette, nous allons créer le code source d'une application complète, puis compiler ce code source en application opérationnelle.

En examinant le nouveau projet dans Xcode, nous en obtenons une vue générale sur le côté gauche de la fenêtre. Chaque élément de cette vue représente un type d'information utile au programmeur. Certains éléments sont des fichiers, d'autres, des messages, comme les erreurs du compilateur ou les résultats d'une recherche. Nous allons modifier certains fichiers. Sélectionnez `RandomApp` pour obtenir la liste des fichiers qui seront compilés afin de créer une application.

Le squelette du projet qui a été créé peut être compilé et exécuté. L'application résultante est constituée d'un menu et d'une fenêtre. Pour compiler et exécuter le projet, cliquez sur l'icône de la barre d'outils qui représente un marteau et un cercle vert (voir Figure 2.4).

Figure 2.4

Squelette d'un projet.

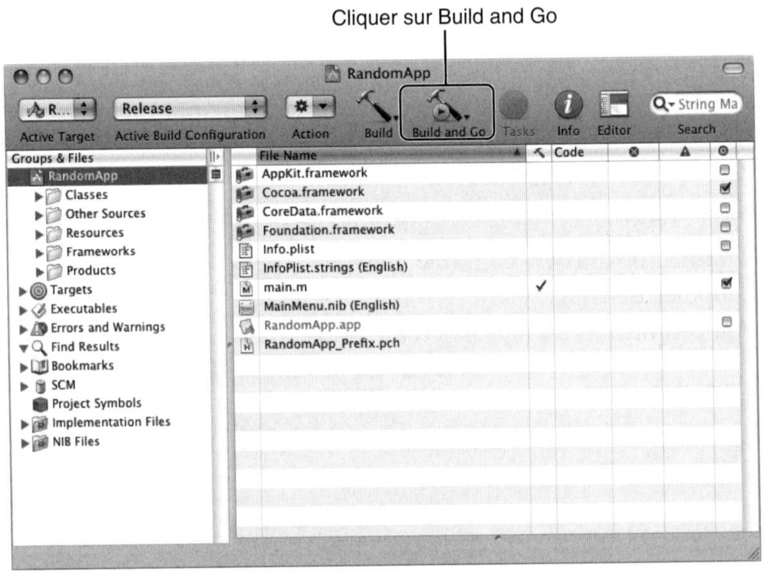

Pendant que l'application se lance, une icône sautille dans le Dock. Le nom de l'application apparaît dans le menu. Cela signifie qu'elle est active. Sa fenêtre peut être masquée par celle d'une autre application. Si vous ne la voyez pas, choisissez `Hide Others` dans le menu `RandomApp`. Vous devez obtenir une fenêtre vide (voir Figure 2.5).

Figure 2.5

Exécuter le projet.

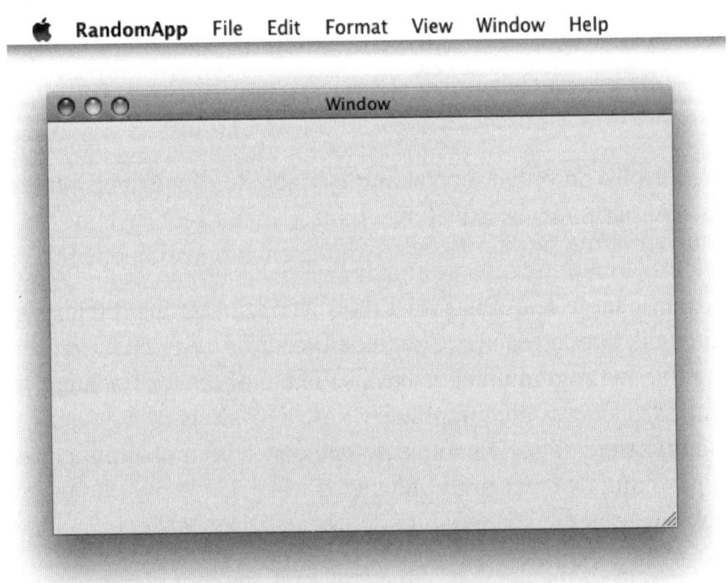

Bien qu'elle ne fasse pas grand-chose, il s'agit déjà d'une application parfaitement opérationnelle. Même l'impression fonctionne. L'application ne contient qu'une seule ligne de code. Examinons-la. Quittez `RandomApp` et revenez dans Xcode.

La fonction *main*

Sélectionnez `main.m` en cliquant simplement dessus. Si vous double-cliquez sur le nom du fichier, il s'ouvrira dans une nouvelle fenêtre. En raison du grand nombre de fichiers manipulés dans une journée, toutes ces fenêtres qui s'ouvrent peuvent devenir rapidement pénibles. Il est parfois préférable de travailler dans une seule fenêtre. Cliquez sur l'icône `Editor` afin de décomposer la fenêtre et de créer une vue d'édition qui affiche le code (voir Figure 2.6).

Figure 2.6

La fonction main().

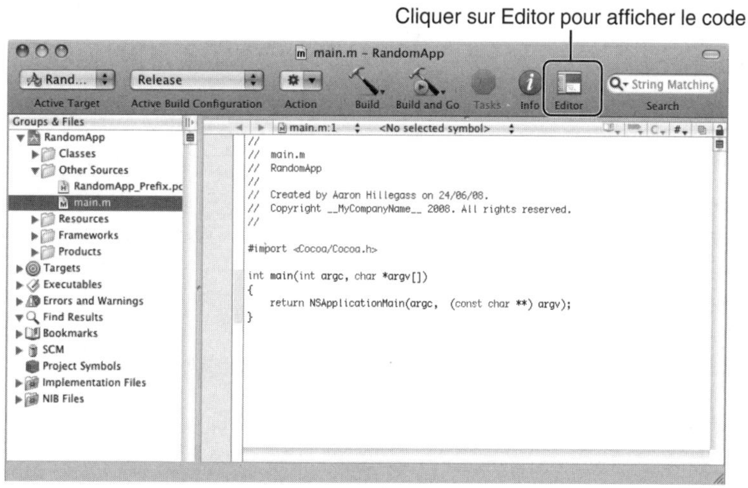

En règle générale, nous ne modifions pas le fichier `main.m` dans un projet de type Application. La fonction `main()` par défaut appelle simplement `NSApplicationMain()`, qui, à son tour, charge les objets de l'interface utilisateur présents dans un fichier *nib*. Les fichiers nib sont créés avec Interface Builder. (*Info :* NIB signifie NeXT Interface Builder, et NS est le diminutif de NeXTSTEP.) Après avoir chargé le fichier nib, l'application attend simplement les actions de l'utilisateur. Lorsqu'il clique ou tape sur le clavier, notre code est appelé automatiquement. Si vous n'avez jamais écrit d'application avec une interface utilisateur graphique, cela vous étonne peut-être : l'utilisateur a le contrôle et votre code réagit simplement à ses actions.

Dans Interface Builder

Dans la vue générale, sous `Resources`, nous voyons un fichier nib nommé `MainMenu.nib`. Double-cliquez dessus pour l'ouvrir dans Interface Builder (voir Figure 2.7). De nombreuses fenêtres vont apparaître, c'est donc le bon moment de masquer les autres applications. Dans le menu `Interface Builder`, vous trouverez la commande `Hide Others`.

Figure 2.7
MainMenu.nib.

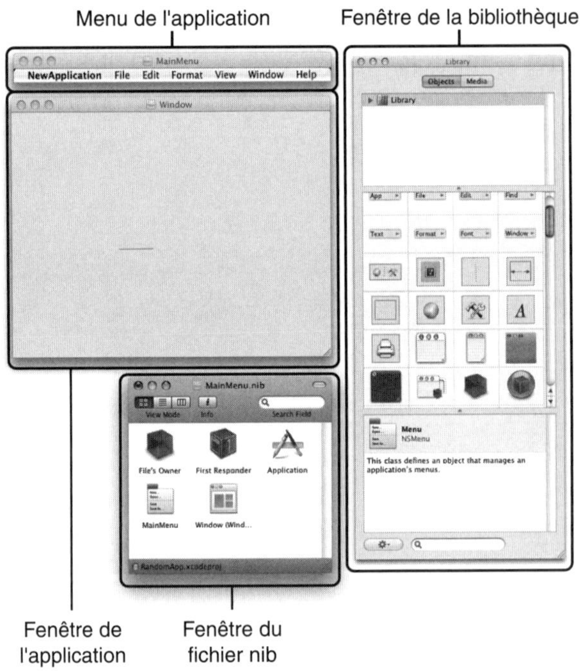

Interface Builder permet de créer et de modifier les objets de l'interface utilisateur, comme les fenêtres et les boutons, et de les enregistrer dans un fichier. Nous pouvons également créer des instances de nos propres classes et établir des connexions entre ces instances et les objets standard de l'interface utilisateur. Lorsqu'un utilisateur interagit avec les objets de l'interface, les connexions définies entre ces objets et nos classes déclenchent l'exécution de notre code.

La fenêtre Library

C'est dans la fenêtre Library que se trouvent les widgets que nous pouvons déposer dans notre interface utilisateur. Par exemple, si nous souhaitons un bouton, il suffit de le faire glisser depuis la fenêtre Library.

La fenêtre vierge

La fenêtre vierge représente une instance de la classe `NSWindow` présente dans notre fichier nib. Lorsque nous déposons dans cette fenêtre des objets provenant de la bibliothèque, ils sont ajoutés au fichier nib.

Après avoir créé des instances de ces objets et modifié leurs attributs, l'enregistrement d'un fichier nib revient à lyophiliser les objets dans le fichier. Lors de l'exécution de l'application, le fichier nib est lu et les objets sont réanimés. Mais les informaticiens disent que "les objets sont *archivés* dans le fichier nib par Interface Builder et sont *désarchivés* au moment de l'exécution de l'application".

Agencer l'interface

Nous allons la présenter pas à pas, mais n'oubliez pas que l'objectif est de créer une interface utilisateur semblable à celle illustrée à la Figure 2.8.

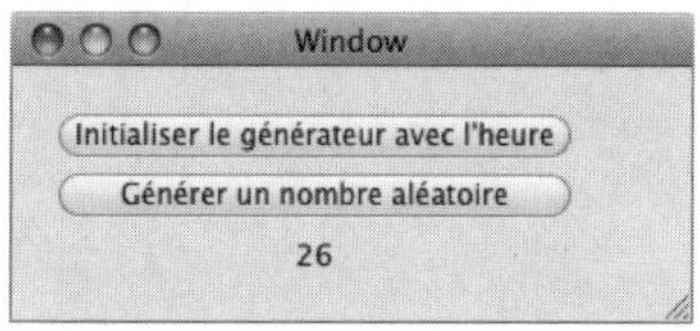

Figure 2.8
L'interface terminée.

Faites glisser un bouton depuis la fenêtre Library (voir Figure 2.9) vers la fenêtre vierge. Pour que cela soit plus facile, vous pouvez sélectionner le groupe `Cocoa > Views & Cells` dans la partie supérieure de la fenêtre Library.

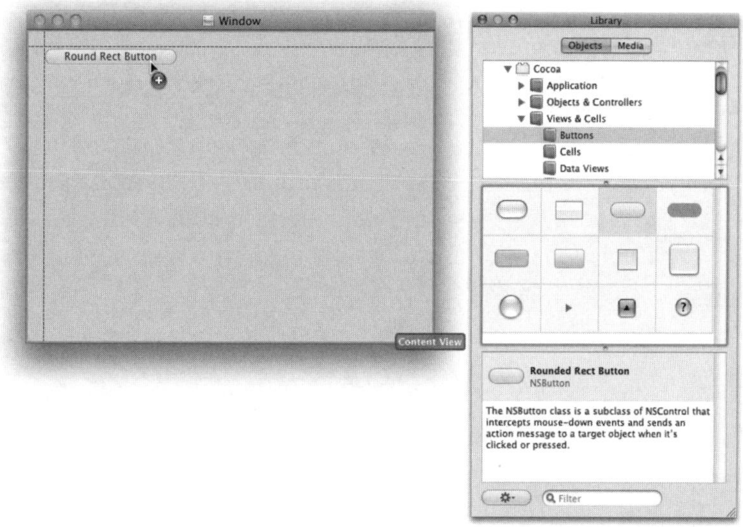

Figure 2.9
Faire glisser un bouton.

Double-cliquez sur le bouton pour fixer son intitulé à `Initialiser le générateur avec l'heure`. Copiez et collez le bouton. Fixez l'intitulé du nouveau bouton à `Générer un nombre aléatoire`. Faites glisser le champ de texte `Label` (voir Figure 2.10) et déposez-le sur la fenêtre.

Figure 2.10

Faire glisser un champ de texte.

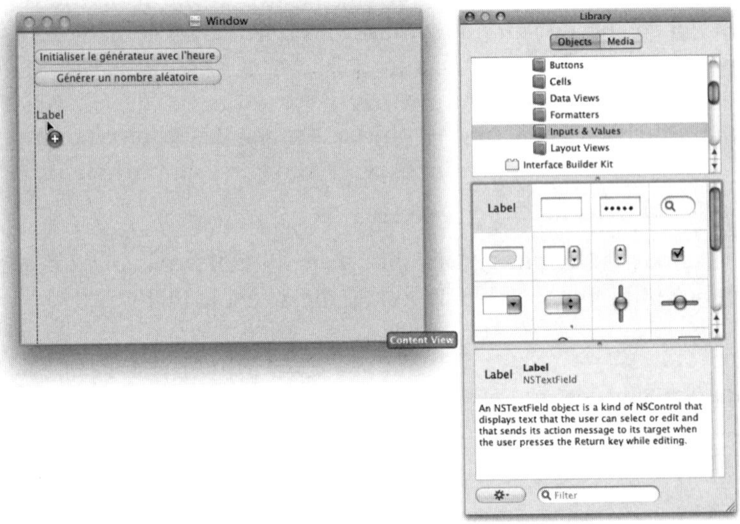

Pour que le champ de texte soit aussi large que les boutons, faites glisser ses bords gauche et droit vers les côtés de la fenêtre. Notez les lignes bleues qui apparaissent lorsque vous approchez du bord de la fenêtre. Ces guides vous aident à respecter les règles des interfaces graphiques utilisateur d'Apple.

Figure 2.11

Centrer le contenu du champ de texte.

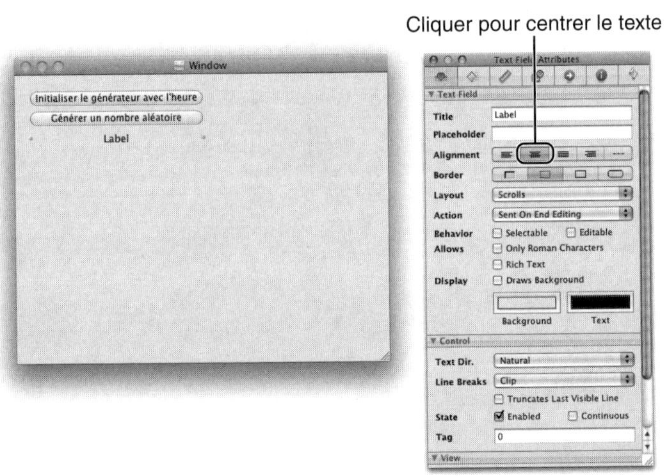

Diminuez la taille de la fenêtre.

Pour que le contenu du champ de texte soit centré, vous devez utiliser l'*inspecteur*. Sélectionnez le champ de texte et choisissez `Attributes Inspector` dans le menu `Tools`. Cliquez sur le bouton de centrage (voir Figure 2.11).

Conseil de travail : le matin, j'ouvre la fenêtre de l'inspecteur et ne la ferme plus de la journée.

La fenêtre du fichier nib

Dans le fichier nib, certains objets, comme les boutons, sont visibles tandis que d'autres, comme nos propres objets contrôleurs, sont invisibles. Les icônes qui représentent les objets invisibles apparaissent dans la *fenêtre du fichier nib.*

Dans cette fenêtre, intitulée `MainMenu.nib`, nous voyons les icônes qui représentent le menu principal et la fenêtre principale. `First Responder` est un objet fictif, mais dont le rôle est essentiel. Nous y reviendrons au Chapitre 21. Dans ce fichier nib, `File's Owner` correspond à l'objet `NSApplication` de l'application. Cet objet prend des événements dans la file d'attente des événements et les dirige vers la fenêtre appropriée. Nous détaillerons `File's Owner` au Chapitre 12.

Créer une classe

En Objective-C, chaque classe est définie par deux fichiers : un fichier d'en-tête et un fichier d'implémentation. Le fichier d'en-tête, également appelé fichier d'interface, déclare les variables d'instance et les méthodes de la classe. Le fichier d'implémentation définit le rôle de ces méthodes.

Revenez dans Xcode et sélectionnez `File > New File` pour créer une nouvelle classe Objective-C (choisissez `Cocoa > Objective-C class`). Nommez le fichier `Foo.m` (voir Figure 2.12).

Figure 2.12

Créer une nouvelle classe.

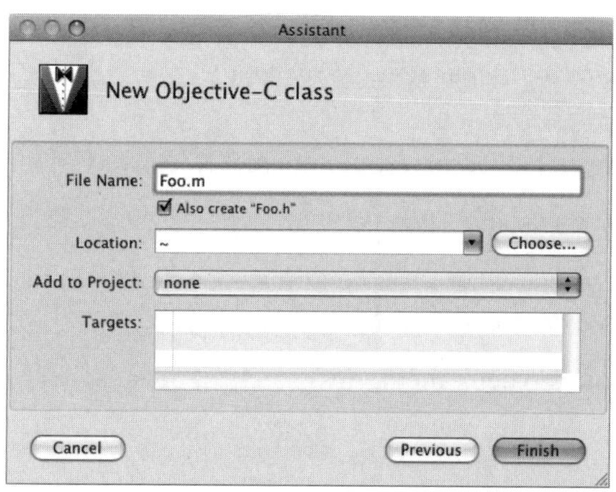

Les fichiers `Foo.h` et `Foo.m` sont ajoutés à notre projet. S'ils n'apparaissent pas dans le groupe `Classes`, faites-les y glisser (voir Figure 2.13).

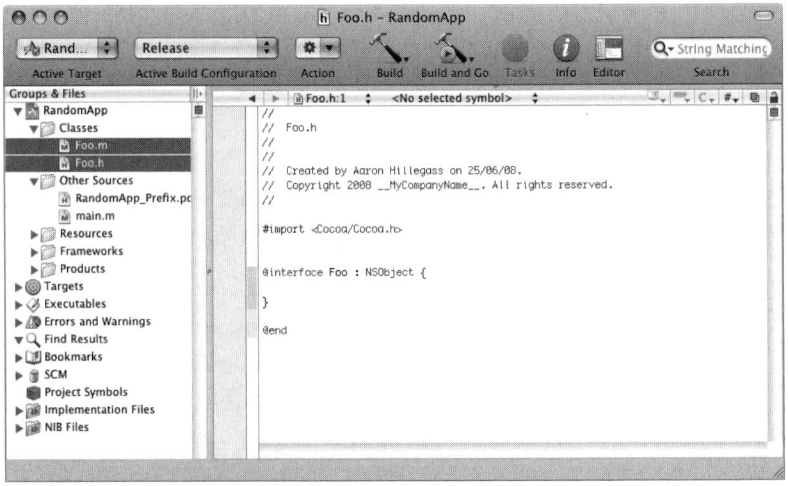

Figure 2.13
Placer Foo.h *et* Foo.m *dans le groupe* Classes.

Dans `Foo.h`, nous allons ajouter les variables d'instance et les méthodes de la classe. Les variables d'instance, qui sont des pointeurs vers d'autres objets, sont appelées *outlets*. Les méthodes, dont l'invocation peut être déclenchée par des objets de l'interface utilisateur, sont appelées *actions*.

Modifiez `Foo.h` de la manière suivante :

```
#import <Cocoa/Cocoa.h>

@interface Foo : NSObject {
    IBOutlet NSTextField *textField;
}
- (IBAction)seed:(id)sender;
- (IBAction)generate:(id)sender;
@end
```

À partir de ce fichier, un programmeur Objective-C déduira les trois points suivants :

1. `Foo` est une sous-classe de `NSObject`.
2. `Foo` possède une variable d'instance, `textField`, qui est un pointeur sur une instance de la classe `NSTextField`.
3. `Foo` possède deux méthodes, `seed:` et `generate:`, qui sont des méthodes d'action.

Par convention, les noms des méthodes et des variables d'instance commencent par une lettre minuscule. Si le nom est composé de plusieurs mots, chaque mot commence par une lettre majuscule, par exemple `couleurFavorite`. De même, par convention, les noms de classes commencent par une majuscule, par exemple `Foo`.

Enregistrez `Foo.h`.

Créer une instance

Nous allons à présent créer une instance de la classe `Foo` dans le fichier nib. Retournez dans Interface Builder. À partir de la fenêtre Library, faites glisser un `Object` bleu (sous `Cocoa > Objects & Controllers`) pour le déposer dans la fenêtre du fichier nib (voir Figure 2.14).

Figure 2.14

Squelette d'un projet.

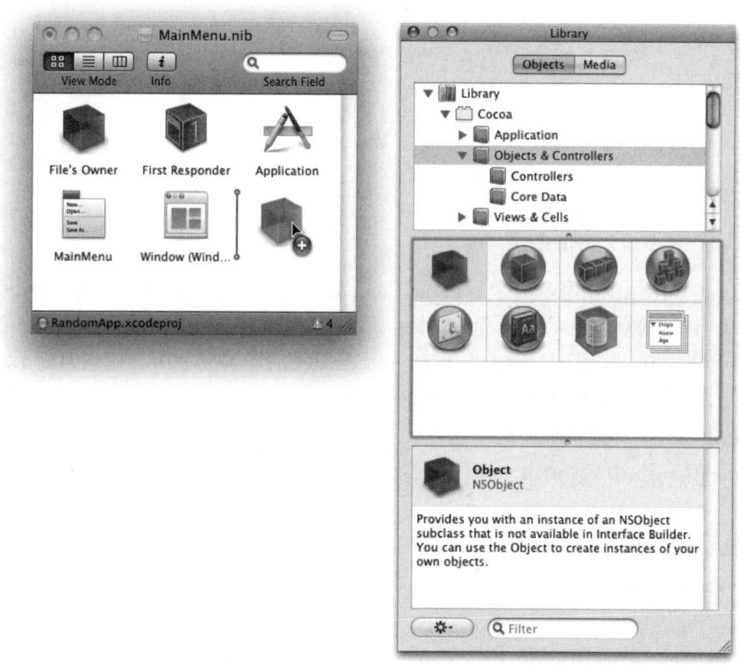

Dans l'inspecteur `Identity`, fixez sa classe à `Foo` (voir Figure 2.15). Nos actions et nos outlets doivent apparaître dans l'inspecteur. Si ce n'est pas le cas, vérifiez `Foo.h`. Vous avez dû faire une erreur ou ne l'avez pas enregistré.

Figure 2.15
Définir la classe.

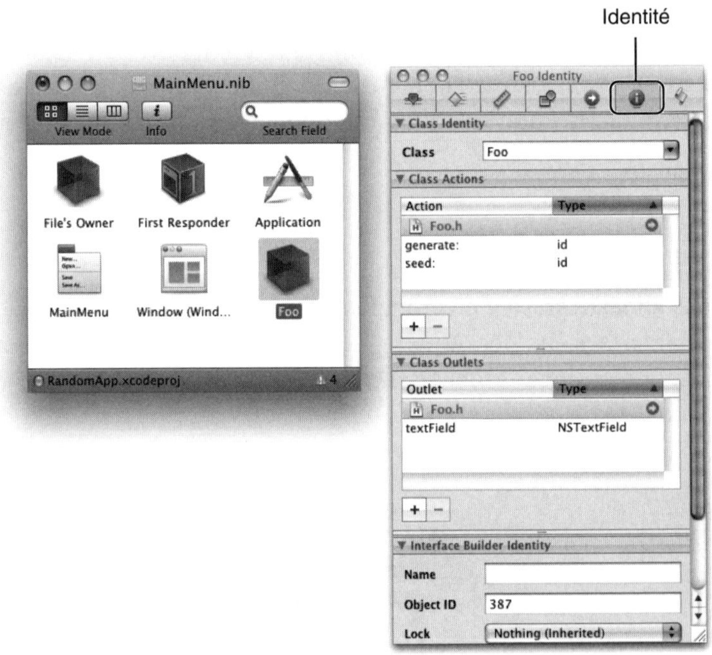

Établir les connexions

La programmation orientée objet met l'accent sur les rapports entre les objets. Nous allons présenter les objets les uns aux autres. Les programmeurs Cocoa diraient : "Nous allons à présent définir les outlets de nos objets." Pour présenter un objet à un autre, il suffit de faire glisser, tout en maintenant enfoncée la touche Contrôle, le second (celui qui va connaître l'autre) vers le premier (celui qui est présenté). La Figure 2.16 montre un diagramme qui illustre les connexions entre les objets de notre exemple.

Figure 2.16
Graphe d'objets.

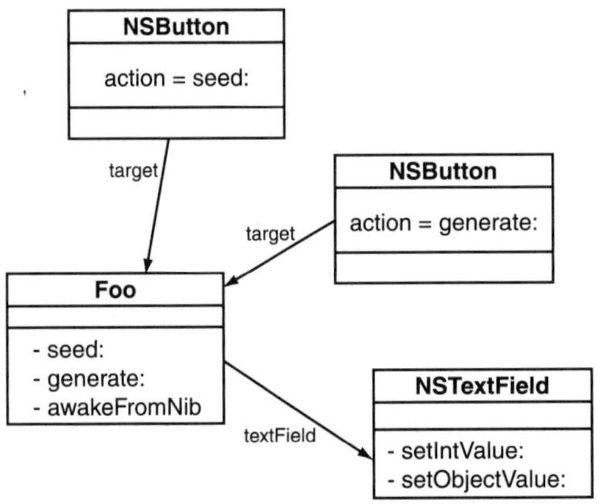

La variable d'instance `textField` de `Foo` doit pointer sur l'objet `NSTextField` de la fenêtre qui affiche actuellement `Label`. Cliquez du bouton droit (ou faites un Contrôle-clic si votre souris n'a qu'un bouton) sur le symbole qui représente l'instance de `Foo` pour le champ de texte. Le panneau de l'inspecteur apparaît. Faites glisser le cercle à côté de `textField` vers le champ de texte qui affiche `Label` (voir Figure 2.17).

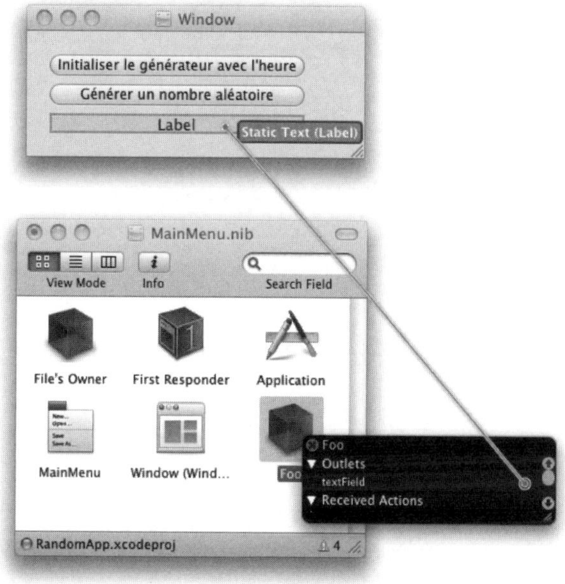

Figure 2.17
Fixer l'outlet textField.

Cette opération suffit pour les pointeurs : vous devez simplement fixer le pointeur `text-Field` de l'objet `Foo` de manière à le faire pointer sur le champ de texte.

Nous allons à présent fixer l'outlet `target` du bouton `Initialiser` pour qu'il pointe sur l'instance de `Foo`. Par ailleurs, le bouton doit déclencher l'invocation de la méthode `seed:` de `Foo`. Faites glisser, en maintenant la touche Contrôle enfoncée, le bouton `Initialiser` vers l'instance de `Foo`. Lorsque le panneau apparaît, choisissez `seed:` (voir Figure 2.18).

Nous devons également fixer la variable d'instance `target` du bouton `Générer` pour qu'il pointe sur l'instance de `Foo` et qu'il déclenche l'invocation de la méthode `generate:`. Faites glisser, en maintenant la touche Contrôle enfoncée, le bouton `Générer` vers l'instance de `Foo`. Choisissez `generate:` dans le panneau `Received Actions` (voir Figure 2.19).

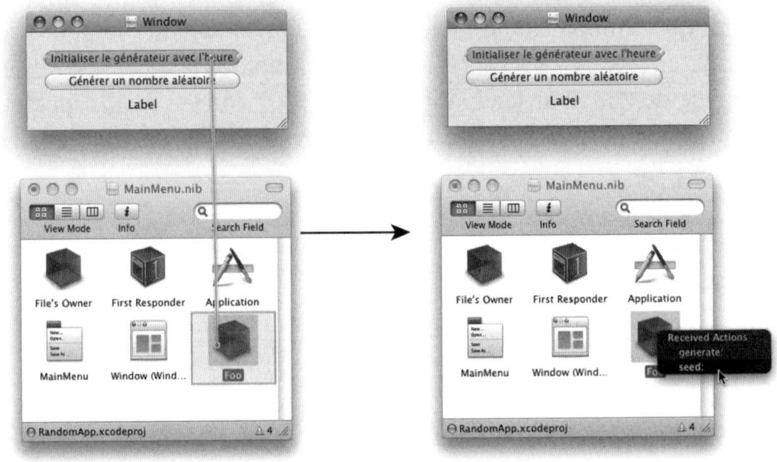

Figure 2.18

Fixer la cible et l'action du bouton Initialiser.

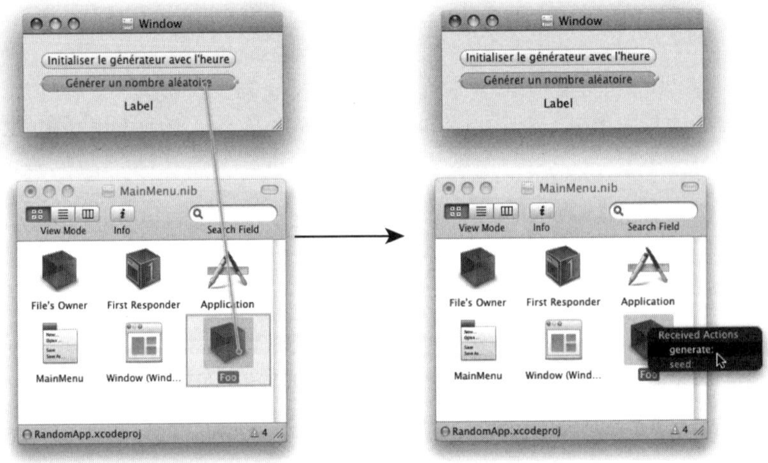

Figure 2.19

Fixer la cible et l'action du bouton Générer.

Nous en avons terminé avec Interface Builder. Enregistrez le fichier, masquez l'application, puis retournez dans Xcode.

Retour dans Xcode

S'il s'agit de votre premier contact avec du code Objective-C, vous serez sans doute étonné de découvrir qu'il est assez différent d'un code C++ ou Java. La syntaxe est peut-être différente, mais les concepts sous-jacents sont identiques.

Par exemple, voici comment déclarer une classe en Java :

```
import com.masociete.Tata;
import com.masociete.Titi;

public class Toto extends Tata implements Titi {
...méthodes et variables d'instance...
}
```

Ce code indique que la classe `Toto` hérite de la classe `Tata` et implémente les méthodes déclarées dans l'interface `Titi`.

Voici la déclaration de la classe équivalente en Objective-C :

```
#import <masociete/Tata.h>
#import <masociete/Titi.h>

@interface Toto : Tata <Titi> {
...variables d'instance...
}
...méthodes...
@end
```

Si vous connaissez Java, Objective-C n'est en réalité pas si étrange. Comme Java, Objective-C autorise seulement l'héritage simple. Autrement dit, une classe ne possède qu'une seule classe mère (ou superclasse).

Types et constantes en Objective-C

Les programmeurs Objective-C utilisent quelques types qui n'existent pas dans le monde C.

- `id` est un pointeur vers n'importe quel type d'objet.
- `BOOL` est identique à `char`, mais il est utilisé comme une valeur booléenne.
- `YES` vaut 1.
- `NO` vaut 0.
- `IBOutlet` est une macro dont l'évaluation ne donne rien. Vous pouvez l'ignorer. Elle sert d'indication à Interface Builder lorsqu'il lit la déclaration d'une classe dans un fichier `.h`.
- `IBAction` équivaut à `void` et sert d'indication à Interface Builder.
- `nil` est identique à `NULL`. Nous utilisons `nil` à la place de `NULL` pour les pointeurs vers des objets.

Le fichier d'en-tête

Cliquez sur Foo.h. Examinez-le pendant un moment. Il déclare que Foo est une classe fille (ou sous-classe) de NSObject. Des variables d'instance sont déclarées entre les accolades.

```
#import <Cocoa/Cocoa.h>

@interface Foo : NSObject
{
   IBOutlet NSTextField *textField;
}
- (IBAction)generate:(id)sender;
- (IBAction)seed:(id)sender;
@end
```

#import équivaut à la directive #include du préprocesseur C. Cependant, #import s'assure que le fichier n'est inclus qu'une seule fois. <Cocoa/Cocoa.h> est importé car il contient la déclaration de NSObject, qui est la superclasse de Foo.

La déclaration de la classe commence par @interface. Le caractère @ n'est pas utilisé dans le langage C. Pour réduire les conflits entre le code C et le code Objective-C, les mots clés d'Objective-C commencent par @. Voici quelques autres mots clés reconnus dans Objective-C : @end, @implementation, @class, @selector, @protocol, @property et @synthesize.

En général, il est plus facile de saisir du code lorsque l'indentation en fonction de la syntaxe est activée. Dans les préférences de Xcode, ouvrez le panneau Indentation et cochez la case intitulée Syntax-aware indenting (voir Figure 2.20).

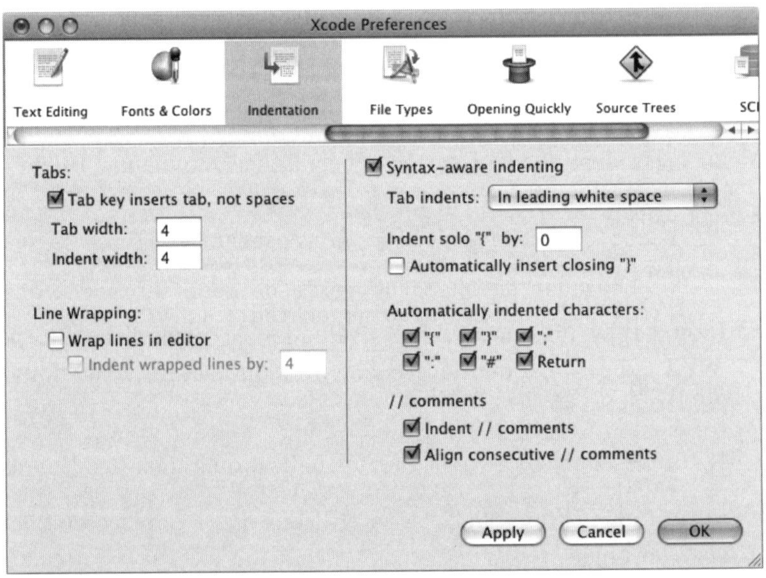

Figure 2.20

Activer l'indentation en fonction de la syntaxe.

Modifier le fichier d'implémentation

Examinons à présent `Foo.m`. Il contient l'implémentation des méthodes. En C++ ou Java, voici comment une méthode serait implémentée :

```
public void incrementer(Object source) {
    compteur++;
    champTexte.setIntValue(compteur);
}
```

En clair, cela signifie "`incrementer` est une méthode d'instance publique qui prend un objet en seul argument. La méthode ne retourne aucune valeur. Elle incrémente la variable d'instance `compteur` et envoie ensuite le message `setIntValue()` à l'objet `champTexte` en lui passant `compteur` en argument".

Voici la méthode équivalente en Objective-C :

```
- (void)incrementer:(id)source
{
    compteur++;
    [champTexte setIntValue:compteur];
}
```

Objective-C est un langage très simple. Les spécificateurs de visibilité n'existent pas : toutes les méthodes sont publiques et toutes les variables d'instance sont protégées. En réalité, il existe des spécificateurs de visibilité pour les variables d'instance, mais ils sont rarement utilisés. Par défaut, ces variables sont protégées et cela fonctionne parfaitement.

Au Chapitre 3, nous reviendrons en détail sur Objective-C. Pour le moment, copiez simplement les méthodes suivantes :

```
#import "Foo.h"

@implementation Foo

- (IBAction)generate:(id)sender
{
    // Générer un nombre entre 1 et 100.
    int generated;
    generated = (random() % 100) + 1;

    NSLog(@"Nombre généré = %d", generated);

    // Demander au champ de texte de modifier son contenu.
    [textField setIntValue:generated];
}

- (IBAction)seed:(id)sender
{
    // Initialiser le générateur de nombres aléatoires avec l'heure.
    srandom(time(NULL));
    [textField setStringValue:@"Générateur initialisé"];
}

@end
```

Puisque `IBAction` équivaut à `void`, aucune de ces méthodes ne retourne une valeur.

Objective-C est une extension du langage C et, à ce titre, nous permet d'appeler les fonctions, comme `random()` et `srandom()`, fournies par les bibliothèques C et Unix standard.

Avant de compiler et d'exécuter des applications, nous allons modifier les préférences de Xcode. Tout d'abord, il existe un journal, habituellement appelé *la console,* où toutes les erreurs d'exécution du code apparaissent. Ensuite, au cours d'une journée, vous basculerez plusieurs centaines de fois entre le fichier `.h` et le fichier `.m` correspondant. Le raccourci clavier équivalant à cette opération est Commande-Option-Flèche vers le haut. Vous souhaitez que les deux fichiers apparaissent dans la même fenêtre (voir Figure 2.21).

Figure 2.21

Fichiers connexes dans la même fenêtre, et effacement du journal.

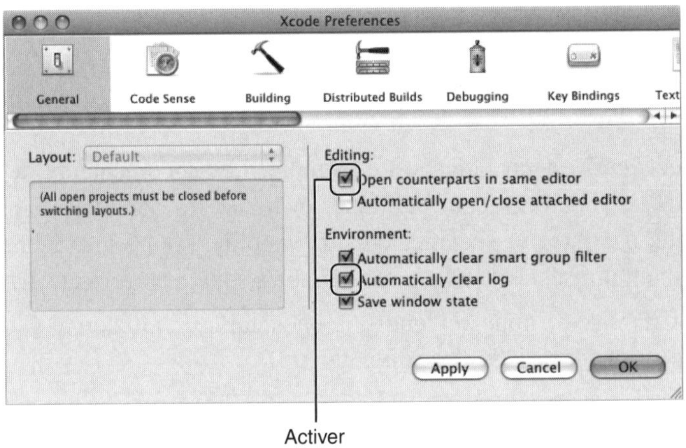

Compiler et exécuter

L'application est à présent terminée. Cliquez sur `Build and Go`. Si l'application est déjà en cours d'exécution, une boîte de dialogue vous demande si elle doit être stoppée. Confirmez l'arrêt.

Si le code contient une erreur, le compilateur génère un message qui signale un problème. Une indication d'erreur apparaît dans le coin inférieur droit de la fenêtre. Cliquez sur le lien `Failed` pour ouvrir la fenêtre `Build Results`, qui détaille les problèmes. Cliquez sur les différentes erreurs pour sélectionner la ligne de code en cause dans la partie inférieure de la fenêtre. Dans l'exemple illustré à la Figure 2.22, le programmeur a oublié un point-virgule.

Lancez l'application. Cliquez sur les boutons pour constater la génération des nombres aléatoires. Félicitations, vous venez de créer une application Cocoa opérationnelle !

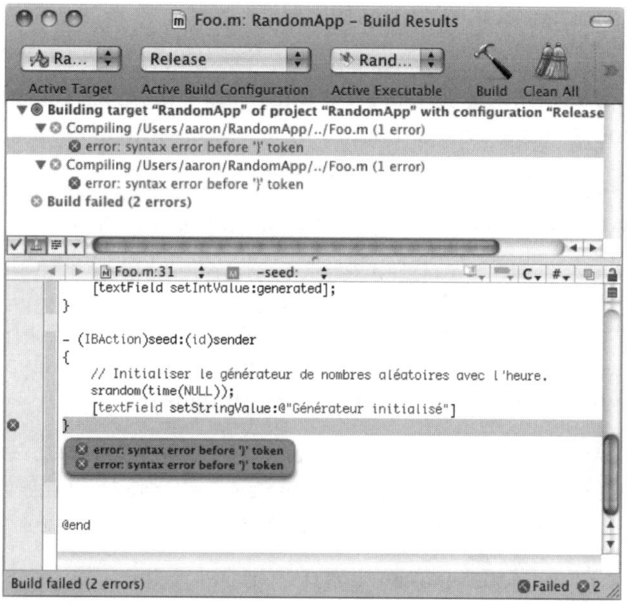

Figure 2.22

Compiler l'application.

Avez-vous vu des messages de journalisation sur la console ? Lorsque les choses se passent mal, les classes Cocoa envoient des messages sur la console. Vous devez donc la surveiller pendant les tests de l'application. Pour l'afficher, vous trouverez une commande dans le menu Run, mais il est sans doute préférable de la conserver en permanence. Dans les préférences de Xcode, activez l'affichage de la console dès le lancement d'une application (voir Figure 2.23).

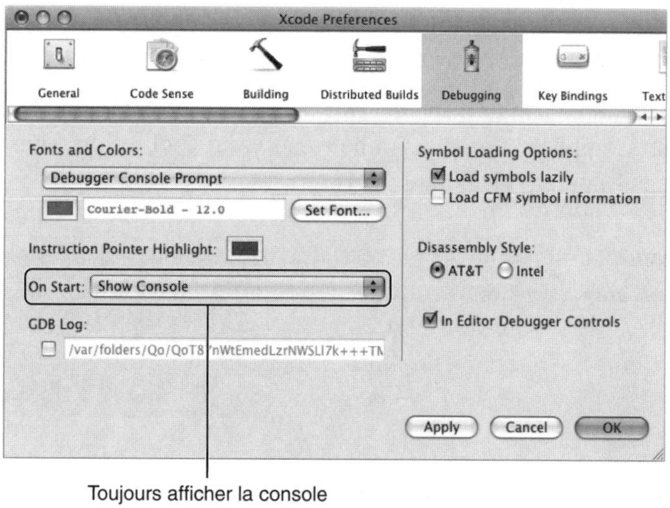

Figure 2.23

Afficher la console lors du démarrage d'une application.

La méthode *awakeFromNib*

L'application présente un léger défaut. Lorsqu'elle démarre, le mot `Label` apparaît dans le champ de texte à la place de toute autre information intéressante. Corrigeons ce problème. Nous allons faire en sorte que le champ de texte affiche l'heure et la date au moment du lancement de l'application.

Le fichier nib est une collection d'objets qui ont été archivés. Lorsque le programme est démarré, les objets reprennent vie avant que l'application ne prenne en charge les événements de l'utilisateur. Ce mécanisme est un peu inhabituel. La plupart des concepteurs d'interface graphique génèrent un code source qui agence les éléments de l'interface. Au lieu de cela, Interface Builder permet au développeur de modifier l'état des objets de l'interface et de l'enregistrer dans un fichier.

Après avoir été ressuscités, mais avant le traitement des événements, tous les objets reçoivent automatiquement le message `awakeFromNib`. Nous allons ajouter une méthode `awakeFromNib` qui initialisera la valeur du champ de texte.

Ajoutez la méthode `awakeFromNib` dans le fichier `Foo.m`. Pour le moment, saisissez simplement son code. Vous le comprendrez plus tard. En bref, il crée une instance de `NSCalendarDate` qui représente l'heure actuelle. Ensuite, il demande au champ de texte de fixer sa valeur d'après le nouvel objet représentant la date :

```
- (void)awakeFromNib
{
    NSCalendarDate *now;
    now = [NSCalendarDate calendarDate];
    [textField setObjectValue:now];
}
```

L'ordre d'apparition des méthodes dans le fichier n'a pas d'importance. Assurez-vous simplement de les ajouter après `@implementation` et avant `@end`.

Vous n'aurez jamais à appeler `awakeFromNib` ; cette méthode est invoquée automatiquement. Compilez et exécutez à nouveau votre application. Vous devriez voir apparaître la date et l'heure (voir Figure 2.24).

Figure 2.24
L'application terminée.

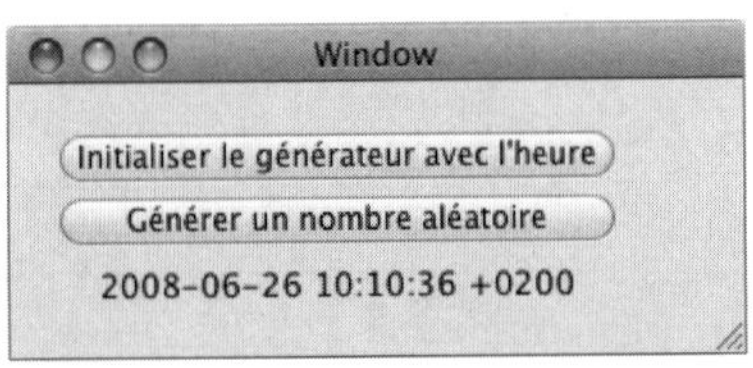

En Cocoa, de nombreuses choses, comme `awakeFromNib`, sont appelées automatiquement. La confusion que vous pourriez ressentir en lisant ce livre peut provenir de ces invocations automatiques. Il n'est pas toujours évident de savoir si des méthodes doivent être appelées explicitement ou si elles le sont automatiquement. J'essaierai de faire une distinction claire.

Documentation

Avant de clore ce chapitre, vous devez savoir trouver la documentation, car elle vous sera très utile si vous bloquez lors d'un exercice. Pour accéder à la documentation, le plus simple est de choisir `Documentation` dans le menu `Help` de Xcode (voir Figure 2.25).

Figure 2.25

La documentation.

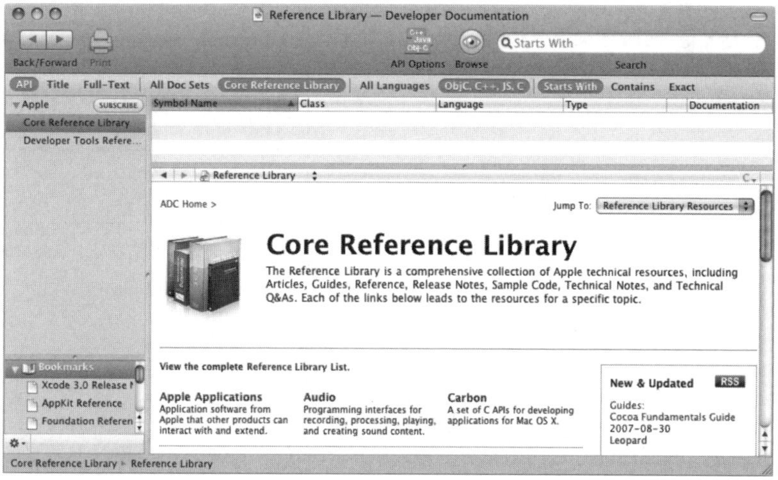

Si tout en maintenant la touche Option enfoncée vous double-cliquez sur le nom d'une méthode, d'une classe ou d'une fonction, Xcode recherche automatiquement ce terme dans la documentation.

Travail réalisé

Nous venons de réaliser toutes les étapes de création d'une application Cocoa simple :

- créer un nouveau projet ;
- agencer une interface ;
- créer des classes personnalisées ;
- connecter l'interface aux classes personnalisées ;
- ajouter du code aux classes personnalisées ;

- compiler ;
- tester.

Examinons brièvement la chronologie d'une application. Lorsque le processus démarre, il exécute la fonction `NSApplicationMain`, qui crée une instance de `NSApplication`. L'objet d'application lit le fichier nib principal et extrait les objets qu'il contient. Tous ces objets reçoivent le message `awakeFromNib`. Ensuite, l'objet d'application vérifie la présence d'événements. Le déroulement de ces opérations est illustré à la Figure 2.26.

Figure 2.26
Chronologie d'une application.

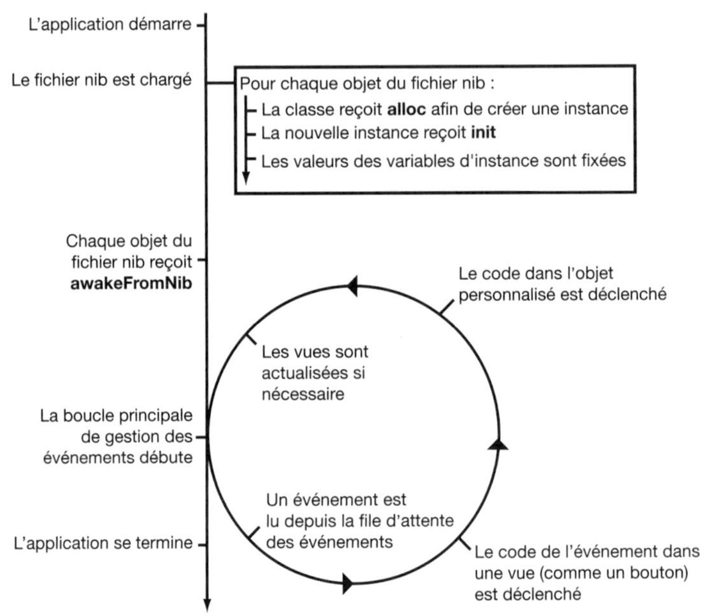

Lorsqu'il reçoit un événement de type clavier ou souris, le serveur de fenêtres place les données correspondantes dans la file d'attente des événements, à destination de l'application concernée (voir Figure 2.27).

L'objet d'application lit les données d'un événement à partir de sa file d'attente et les transmet à un objet d'interface utilisateur, comme un bouton. L'invocation de notre code est alors déclenchée. Si le code modifie les données d'une vue, celle-ci est à nouveau affichée. Ensuite, l'objet d'application vérifie si un nouvel événement est présent dans sa file d'attente. Ce processus de vérification de l'arrivée d'événements et de réaction à leur présence constitue la *boucle principale de gestion des événements*.

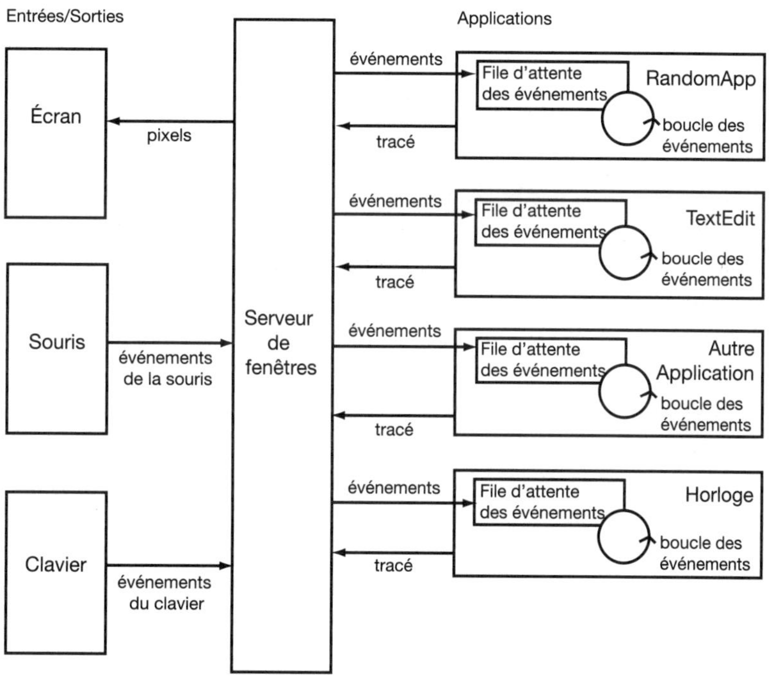

Figure 2.27
Le rôle du serveur de fenêtres.

Lorsque l'utilisateur clique sur `Quitter` dans le menu, `NSApp` reçoit le message `terminate:`. Cela termine le processus et tous les objets sont détruits.

Êtes-vous perplexe, troublé ? Poursuivez votre lecture avec le chapitre suivant afin d'obtenir des réponses à vos interrogations.

3

Objective-C

Au sommaire de ce chapitre

- ✔ Créer et utiliser des instances
- ✔ Utiliser les classes existantes
- ✔ Créer ses propres classes
- ✔ Le débogueur
- ✔ Travail réalisé
- ✔ Pour les plus curieux : mécanisme des messages

Il était une fois un homme, nommé Brad Cox, qui avait décidé que le monde devait passer à un style de programmation plus modulaire. Le langage C était répandu et puissant. Smalltalk était un langage orienté objet, non typé et élégant. Brad Cox a introduit dans C les mécanismes de classes et d'envoi de messages de Smalltalk. Le résultat, *Objective-C*, est une extension très simple du langage C. En réalité, Objective-C était à l'origine un simple préprocesseur C et une bibliothèque.

Objective-C n'est pas un langage propriétaire. Il s'agit d'un standard ouvert qui existe depuis des années dans le compilateur GNU C (gcc) de la FSF (*Free Software Foundation*). Cocoa a été développé en utilisant Objective-C, et la programmation Cocoa se fait généralement en Objective-C.

Pour enseigner le langage C et les concepts de base de l'orienté objet, il faudrait un livre complet. Au lieu d'écrire ce livre, ce chapitre suppose que vous avez déjà quelques notions de C et de la programmation orientée objet et présente les bases d'Objective-C. Si vous correspondez à ce profil, vous constaterez que l'apprentissage d'Objective-C est facile. Dans le cas contraire, l'ouvrage *The Objective-C Language* d'Apple sera une bonne introduction.

Créer et utiliser des instances

Au Chapitre 1, nous avons mentionné que les classes servaient à créer des objets, que les objets avaient des méthodes et qu'il était possible d'envoyer des messages aux objets pour déclencher l'invocation des méthodes. Dans cette section, vous allez apprendre à créer un objet, à lui envoyer des messages et à le détruire lorsqu'il est devenu inutile.

Nous allons prendre en exemple la classe `NSMutableArray`. Pour créer une nouvelle instance de cette classe, il suffit de lui envoyer le message `alloc` :

```
[NSMutableArray alloc];
```

Cette méthode retourne un pointeur sur l'espace qui a été alloué pour l'objet. Nous pouvons placer ce pointeur dans une variable :

```
NSMutableArray *toto;
toto = [NSMutableArray alloc];
```

Il est important de ne pas oublier que, dans le langage Objective-C, `toto` est uniquement un pointeur. Dans ce cas, il pointe sur un objet.

Avant d'utiliser l'objet désigné par `toto`, nous devons nous assurer qu'il a été initialisé. La méthode `init` se charge de cette opération. Nous écrivons donc un code semblable au suivant :

```
NSMutableArray *toto;
toto = [NSMutableArray alloc];
[toto init];
```

Étudions la dernière ligne. Elle envoie le message `init` à l'objet sur lequel pointe la variable `toto`. Nous disons donc "`toto` est le destinataire du message `init`". Vous noterez que l'envoi d'un message implique un destinataire (l'objet désigné par `toto`) et un message (`init`), le tout placé entre des crochets. Il est également possible d'envoyer des messages à des *classes*, comme l'illustre l'envoi du message `alloc` à la classe `NSMutableArray`.

La méthode `init` retourne l'objet initialisé. C'est pourquoi les envois de ce message sont toujours écrits comme suit :

```
NSMutableArray *toto;
toto = [[NSMutableArray alloc] init];
```

Lorsqu'un objet est devenu inutile, nous pouvons le détruire. Le Chapitre 4 traite de ce sujet (et de tout ce qui concerne `NSAutoreleasePool`).

Certaines méthodes prennent un argument. Dans ce cas, le nom de la méthode, appelé *sélecteur*, se termine par des deux-points (`:`). Par exemple, pour ajouter des objets à la fin d'un tableau, nous utilisons la méthode `addObject:` (en supposant que `tata` est un pointeur sur un autre objet) :

```
[toto addObject:tata];
```

Si la méthode attend plusieurs arguments, le sélecteur est en plusieurs parties. Par exemple, pour ajouter un objet à un indice précis, nous écrivons le code suivant :

```
[toto insertObject:tata atIndex:5];
```

Notez que `insertObject:atIndex:` est un seul sélecteur, non deux. Il déclenche l'invocation d'une méthode avec deux arguments. Cela pourra sembler étrange aux programmeurs C et Java, mais très classique aux programmeurs Smalltalk. La syntaxe facilite également la lecture du code. Par exemple, il est assez fréquent de voir une méthode C++ semblable à la suivante :

```
if (x.intersectionArc(35.0, 19.0, 23.0, 90.0, 120.0))
```

Il est beaucoup plus facile de comprendre la signification du code suivant :

```
If ([x intersectionArcAvecRayon:35.0
                      centreAX:19.0
                             Y:23.0
                   debutAngle:90.0
                     finAngle:120.0])
```

Si ce code vous semble bizarre pour le moment, attendez un peu. La plupart des programmeurs finissent très rapidement par apprécier la syntaxe d'envoi de messages d'Objective-C.

Vous êtes déjà arrivé au stade où vous pouvez lire du code Objective-C simple. Il est donc temps d'écrire un programme qui va créer une instance de `NSMutableArray` et la remplir avec dix instances de `NSNumber`.

Utiliser les classes existantes

S'il n'est pas déjà ouvert, lancez Xcode. Fermez tous les projets sur lesquels vous étiez en train de travailler. Dans le menu `File`, choisissez `New Project...`. Dans la fenêtre qui s'ouvre, sélectionnez `Foundation Tool` (voir Figure 3.1).

Un *Foundation Tool* (outil de base) ne possède pas d'interface graphique et s'utilise généralement sur la ligne de commande ou en arrière-plan comme un démon. Contrairement à un projet d'application, nous modifions toujours la fonction `main` d'un Foundation Tool.

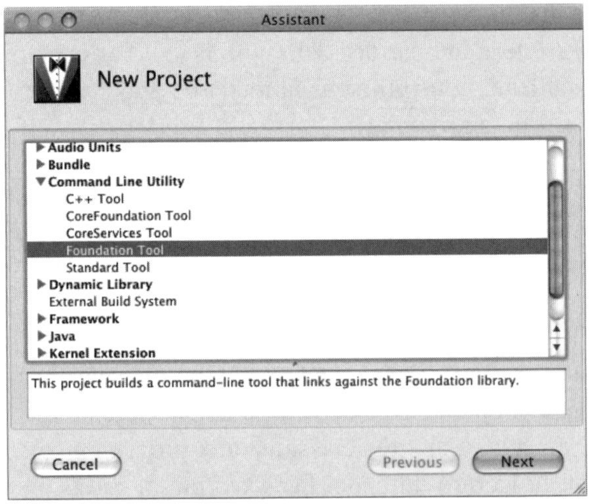

Figure 3.1

Choisir le type du projet.

Nommez le projet `lottery` (voir Figure 3.2). Contrairement aux noms des applications, les noms des outils sont généralement en minuscules.

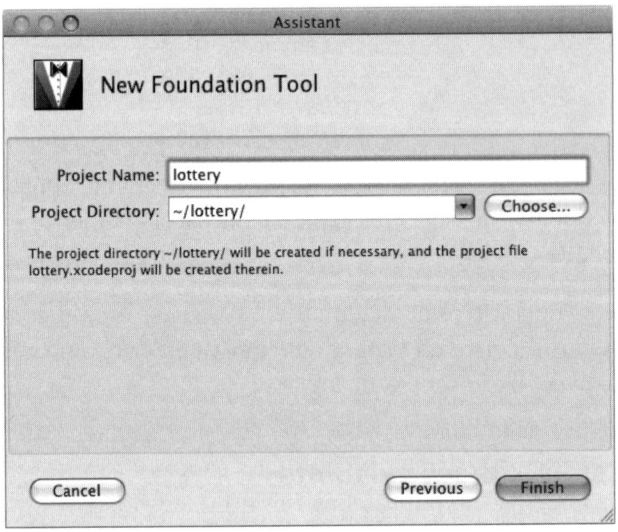

Figure 3.2

Nommer le projet.

Lorsque le nouveau projet apparaît, sélectionnez `lottery.m` dans `Source`, puis modifiez ce fichier de la manière suivante :

```
#import <Foundation/Foundation.h>

int main (int argc, const char * argv[])
{
```

```
    NSAutoreleasePool *pool = [[NSAutoreleasePool alloc] init];

    NSMutableArray *array;
    array = [[NSMutableArray alloc] init];
    int i;
    for (i = 0; i < 10; i++) {
        NSNumber *newNumber = [[NSNumber alloc] initWithInt:(i * 3)];
        [array addObject:newNumber];
    }

    for ( i = 0; i < 10; i++) {
        NSNumber *numberToPrint = [array objectAtIndex:i];
        NSLog(@"Le nombre d'indice %d est %@",  i, numberToPrint);
    }

    [pool drain];
    return 0;
}
```

Voici une explication détaillée de ce code :

```
#import <Foundation/Foundation.h>
```

Cette ligne inclut les en-têtes de toutes les classes qui se trouvent dans le framework Foundation. Puisque ces en-têtes sont déjà compilés, cette instruction n'est pas aussi lourde que vous pourriez le penser.

```
int main (int argc, const char *argv[])
```

La fonction `main` est déclarée comme elle le serait dans n'importe quel programme C Unix.

```
    NSAutoreleasePool *pool = [[NSAutoreleasePool alloc] init];
```

Ce code déclare une variable et la fait pointer sur une nouvelle instance de `NSAutoreleasePool`. Nous reviendrons sur l'importance des pools à libération automatique (*autorelease pool*) au chapitre suivant.

```
    NSMutableArray *array;
```

Cette ligne déclare une variable : `array` est un pointeur sur une instance de `NSMutableArray`. Notez que le tableau n'existe pas encore. Le code déclare simplement un pointeur qui fera référence au tableau une fois qu'il aura été créé.

```
    array = [[NSMutableArray alloc] init];
```

Voilà la création de l'instance `NSMutableArray` et son affectation à la variable `array` qui pointe dessus.

```
    for (i = 0; i < 10; i++) {
        NSNumber *newNumber = [[NSNumber alloc] initWithInt:(i*3)];
        [array addObject:newNumber];
    }
```

Dans la boucle `for`, une variable locale, nommée `newNumber`, est créée. Elle pointe sur une nouvelle instance de `NSNumber`. Ensuite, cet objet est ajouté au tableau.

Le tableau n'effectue aucune copie des objets `NSNumber`. À la place, il conserve simplement une liste de pointeurs sur les objets `NSNumber`. Les programmeurs Objective-C font très peu de copies d'objets, car cette approche est rarement nécessaire.

```
for ( i = 0; i < 10; i++) {
    NSNumber *numberToPrint = [array objectAtIndex:i];
    NSLog(@"Le nombre d'indice %d est %@", i, numberToPrint);
}
```

Ce code affiche le contenu du tableau sur la console. `NSLog` est une fonction semblable à la fonction `printf()` de C. Elle prend une chaîne de format et une liste de variables séparées par des virgules, dont les valeurs remplaceront les paramètres dans la chaîne de format. Lors de l'affichage, `NSLog` ajoute avant la chaîne le nom de l'application et une estampille temporelle.

Avec `printf`, par exemple, il faut utiliser `%x` pour afficher un entier sous forme hexadécimale. Avec `NSLog`, nous disposons de toutes les options de `printf`, avec en plus `%@` pour afficher un objet. L'objet reçoit le message `description` et la chaîne retournée remplace le paramètre `%@`. Nous reviendrons sur la méthode `description` un peu plus loin.

Le Tableau 3.1 recense toutes les options reconnues par `NSLog`.

Tableau 3.1 : Options reconnues dans les chaînes de format d'Objective-C

Symbole	*Affichage*
`%@`	identifiant
`%d, %D, %i`	long
`%u, %U`	long non signé
`%hi`	court
`%hu`	court non signé
`%qi`	long long
`%qu`	long long non signé
`%x, %X`	long non signé sous forme hexadécimale
`%o, %O`	long non signé sous forme octale
`%f, %e, %E, %g, %G`	double
`%c`	char non signé sous forme de caractère ASCII

Tableau 3.1 : Options reconnues dans les chaînes de format d'Objective-C *(suite)*

Symbole	*Affichage*
%C	unichar sous forme de caractère Unicode
%s	char * (une chaîne C de caractères ASCII terminée par null)
%S	unichar * (une chaîne C de caractères Unicode terminée par null)
%p	void * (une adresse affichée sous forme hexadécimale en commençant par 0x)
%%	caractère %

INFO

Si vous trouvez que le signe @ qui précède les guillemets dans @"Le nombre d'indice %d est %@" est un peu étrange, n'oubliez pas qu'Objective-C n'est que le langage C avec quelques extensions. En particulier, les chaînes sont des instances de la classe NSString. En C, les chaînes de caractères sont simplement des pointeurs sur un tampon de caractères qui se termine par le caractère null. Les chaînes C et les instances de NSString peuvent être utilisées dans le même fichier. Pour différencier les chaînes C constantes et les NSString constants, nous devons placer le signe @ avant les guillemets ouvrants d'une constante NSString:

```
// Chaîne C.
char *toto;
// NSString.
NSString *tata;
toto = "Voici une chaîne C";
tata = @"Voici une NSString";
```

En programmation Cocoa, nous utilisons principalement NSString. Lorsqu'une chaîne de caractères doit être fournie, les classes des frameworks attendent un NSString. Cependant, si nous disposons déjà d'un ensemble de fonctions C qui attendent des chaînes C, nous utiliserons plus souvent char *.

Voici comment convertir des chaînes C en NSString :

```
const char *toto = "Bla bla";
NSString *tata;
// Créer un NSString à partir d'une chaîne C.
tata = [NSString stringWithUTF8String:toto];

// Créer une chaîne C à partir d'un NSString.
toto = [tata UTF8String];
```

Puisqu'un NSString peut contenir des chaînes Unicode, il faut traiter correctement les caractères sur plusieurs octets dans les chaînes C. Cela peut se révéler assez difficile et long. Outre le problème lié aux octets multiples, nous devons également tenir compte du fait que certaines langues se lisent de droite à gauche. Dès que c'est possible, utilisez un NSString à la place d'une chaîne C.

Le code de `main()` se termine ainsi :

```
        [pool drain];
        return 0;
    }
```

Nous reviendrons sur les pools à libération automatique au chapitre suivant.

Dans la barre d'outils, la liste déroulante `Active Build Configuration` propose deux choix : `Debug` et `Release`. Pendant que nous travaillons sur l'application, il est préférable de choisir le mode `Debug`. Avant de la livrer, nous effectuerons une compilation en mode `Release`. Quelles sont les différences entre ces deux modes ? Une compilation `Release` est universelle et ne contient pas de symbole de débogage. Elle prend deux fois plus de temps et n'inclut aucune information qui permet au débogueur de travailler.

Cliquez sur `Build and Go` (voir Figure 3.3).

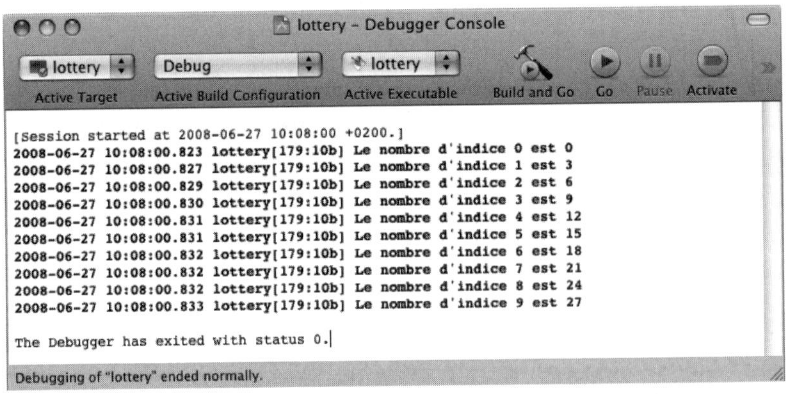

Figure 3.3
Une exécution complète.

Si la console n'apparaît pas, sélectionnez `Run > Console`.

Envoyer des messages à *nil*

Avec la plupart des langages orientés objet, le programme se plantera si un message est envoyé à `nil`. Les applications écrites dans ces langages multiplient les tests de `nil` avant l'envoi d'un message. Par exemple, en Java, les instructions suivantes sont très fréquentes :

```
if (toto != null) {
    toto.faitCeTravail();
}
```

En Objective-C, rien n'interdit d'envoyer un message à `nil`. Le message est simplement annulé, ce qui élimine les tests de contrôle. Par exemple, le code suivant se compile et s'exécute sans aucune erreur :

```
id toto;
toto = nil;
int tata = [toto compter];
```

Cette approche diffère de celle des autres langages, mais vous vous habituerez rapidement.

Si vous vous demandez pourquoi une méthode n'est jamais appelée, il est fort probable que le pointeur utilisé, que vous supposez non `nil`, soit en réalité à `nil`.

Dans l'exemple précédent, quelle est la valeur affectée à `tata` ? Zéro. Si `tata` était un pointeur, il serait fixé à `nil` (c'est-à-dire zéro pour les pointeurs). Pour tous les autres types, la valeur est moins prévisible.

NSObject, NSArray, NSMutableArray et *NSString*

Nous avons utilisé les objets Cocoa standard : `NSObject`, `NSMutableArray` et `NSString`. Les noms des classes fournies avec Cocoa commencent par le préfixe `NS` ; celles que nous allons créer ne commencent *pas* par `NS`. Ces classes font partie du framework Foundation. La Figure 3.4 présente un graphe d'héritage pour ces classes.

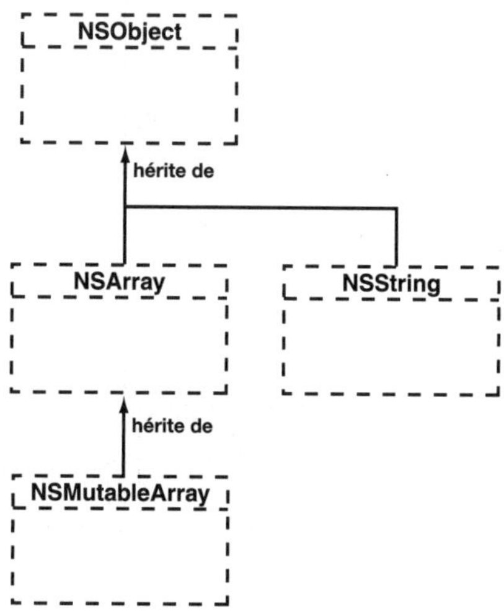

Figure 3.4
Graphe d'héritage.

Examinons les méthodes les plus utilisées de ces classes. La liste complète se trouve dans la documentation en ligne accessible à partir du menu `Help` de Xcode.

NSObject

`NSObject` constitue la racine de toute la hiérarchie des classes Objective-C. Voici une description des méthodes de `NSObject` les plus utilisées :

`- (id)`**`init`**

Initialise le destinataire après allocation de sa mémoire. Un message `init` est généralement associé à un message `alloc` dans la même ligne de code :

```
LaClasse *nouvelObjet = [[LaClasse alloc] init];
```

`- (NSString *)`**`description`**

Retourne un `NSString` qui décrit le destinataire. Dans le débogueur, la commande d'affichage d'un objet ("po") invoque cette méthode. Une bonne méthode `description` facilite le débogage. Par ailleurs, si nous utilisons `%@` dans une chaîne de format, l'objet de substitution reçoit le message `description`. La valeur retournée par cette méthode est placée dans la chaîne consignée. Par exemple, dans la fonction principale, la ligne

```
NSLog(@"Le nombre d'indice %d est %@", i, numberToPrint);
```

équivaut à

```
NSLog(@"Le nombre d'indice %d est %@", i,
                              [numberToPrint description]);
```

`- (BOOL)`**`isEqual:`**`(id)anObject`

Retourne `YES` si le destinataire et `anObject` sont égaux, `NO` dans le cas contraire. Elle s'utilise de la manière suivante :

```
if ([monObjet isEqual:autreObjet]) {
    NSLog(@"Ils sont égaux.");
}
```

Mais que signifie réellement *égal* ? Dans `NSObject`, cette méthode retourne `YES` si et seulement si le destinataire et `anObject` représentent le même objet ; autrement dit, si les deux sont des pointeurs vers le même emplacement en mémoire.

Bien évidemment, *égal* n'a pas toujours cette signification. Par conséquent, cette méthode est redéfinie par de nombreuses classes afin d'implémenter une idée d'égalité mieux adaptée. Par exemple, `NSString` redéfinit cette méthode afin de comparer les caractères du destinataire et de `anObject`. S'ils contiennent les mêmes caractères, dans le même ordre, les deux chaînes sont considérées égales.

Par conséquent, si `x` et `y` sont des `NSString`, il existe une différence importante entre l'expression :

```
x == y
```

et l'expression

```
[x isEqual:y]
```

La première compare les deux pointeurs. La seconde compare les caractères dans les chaînes. Cependant, si `x` et `y` sont des instances d'une classe qui ne redéfinit pas la méthode `isEqual:` de `NSObject`, les deux expressions sont équivalentes.

NSArray

Un `NSArray` est une liste de pointeurs vers d'autres objets. Il est indexé par des entiers. Ainsi, lorsque le tableau contient *n* objets, ces objets sont indexés par les entiers 0 à $n - 1$. Il est interdit de placer des `nil` dans un `NSArray`. Autrement dit, il n'y a pas de "trous" dans un `NSArray`, ce qui risque de perturber les programmeurs habitués au type `Object[]` de Java. `NSArray` dérive de `NSObject`.

Un `NSArray` est créé avec tous les objets qui s'y trouveront. Il est impossible d'ajouter ou de retirer des objets dans une instance de `NSArray`. Nous disons que `NSArray` est *immuable*. Sa sous-classe modifiable, `NSMutableArray`, sera présentée plus loin. Dans certains cas, l'immuabilité est intéressante. Grâce à cette caractéristique, tout un ensemble d'objets peuvent partager un `NSArray` sans s'inquiéter de sa modification éventuelle par l'un des objets. `NSString` et `NSNumber` sont également immuables. Au lieu de modifier une chaîne ou un nombre, nous devons simplement en créer un autre avec la nouvelle valeur. Dans le cas de `NSString`, il existe également la classe `NSMutableString`, dont les instances peuvent être modifiées.

Voici les méthodes de `NSArray` les plus utilisées :

`- (unsigned)`**`count`**

Retourne le nombre d'objets contenus dans le tableau.

`- (id)`**`objectAtIndex:`**`(unsigned)i`

Retourne l'objet d'indice `i`. Si `i` désigne un emplacement hors du tableau, une erreur d'exécution est générée.

`- (id)`**`lastObject`**

Retourne l'objet qui a la plus grande valeur d'indice. Si le tableau est vide, retourne `nil`.

- (BOOL)**containsObject:**(id)anObject

  Retourne YES si anObject est présent dans le tableau. Cette méthode détermine si un objet est présent dans le tableau en envoyant un message isEqual: à chaque objet du tableau et en passant anObject en paramètre.

- (unsigned)**indexOfObject:**(id)anObject

  Recherche anObject dans le destinataire et retourne le plus petit indice de la valeur du tableau qui est égale à anObject. Des objets sont considérés comme égaux si la méthode isEqual: retourne YES. Si aucun des objets du tableau n'est égal à anObject, cette méthode retourne NSNotFound.

NSMutableArray

NSMutableArray dérive de la classe NSArray mais la complète en lui adjoignant la possibilité d'ajouter et de supprimer les objets. Pour créer un tableau modifiable à partir d'un tableau immuable, nous utilisons la méthode mutableCopy de NSArray.

Voici les méthodes de NSMutableArray les plus utilisées :

- (void)**addObject:**(id)anObject

  Insère anObject à la fin du destinataire. Il est interdit d'ajouter nil à un tableau.

- (void)**addObjectsFromArray:**(NSArray *)otherArray

  Ajoute les objets contenus dans otherArray à la fin de la liste des objets du destinataire.

- (void)**insertObject:**(id)anObject **atIndex:**(unsigned)index

  Insère anObject dans le destinataire à l'emplacement désigné par index. Si cet emplacement est déjà occupé, les objets à index et après sont décalés d'une position afin de faire de la place. Puisque index ne peut pas être supérieur au nombre d'éléments du tableau, une erreur est générée si anObject est nil ou si index est supérieur à la taille actuelle du tableau.

- (void)**removeAllObjects**

  Vide le destinataire de tous ses éléments.

- (void)**removeObject:**(id)anObject

  Retire du tableau toutes les occurrences d'anObject. Les correspondances sont déterminées en fonction de la réponse d'anObject au message isEqual:.

- (void)**removeObjectAtIndex:**(unsigned)index

Supprime l'objet à l'emplacement désigné par `index` et déplace tous les éléments après `index` d'une position vers le bas afin de combler le trou. Une erreur est générée si `index` correspond à un emplacement après la fin du tableau.

Nous l'avons mentionné précédemment, il est impossible d'ajouter `nil` dans un tableau. Cependant, nous souhaitons parfois placer dans un tableau un objet qui ne représente rien. La classe `NSNull` est précisément là pour cela. Il existe une seule instance de `NSNull`. Si nous voulons prévoir un emplacement vide dans un tableau, nous utilisons `NSNull` de la manière suivante :

```
[monTableau addObject:[NSNull null]];
```

NSString

Un `NSString` représente un tampon de caractères Unicode. En Cocoa, toutes les manipulations de chaînes de caractères se font avec `NSString`. Pour des raisons pratiques, le langage Objective-C reconnaît également la construction `@"..."` pour créer un objet de chaîne constant à partir d'une chaîne ASCII 7 bits :

```
NSString *temp = @"Voici une chaîne constante.";
```

`NSString` dérive `NSObject`. Voici ses méthodes les plus utilisées :

- (id)**initWithFormat:**(NSString *)format, ...

Fonctionne comme `sprintf`. `format` est une chaîne qui contient des spécifications, comme `%d`. Les arguments supplémentaires remplacent ces spécifications :

```
int x = 5;
char *y = "abc";
id z = @"123";
NSString *aString = [[NSString alloc] initWithFormat:
            @"L'entier %d, la chaîne C %s et la NSString %@",
            x, y, z];
```

- (unsigned int)**length**

Retourne le nombre de caractères du destinataire.

- (NSString *)**stringByAppendingString:**(NSString *)aString

Retourne un objet de chaîne obtenue en ajoutant `aString` au destinataire. Par exemple, le code suivant génère la chaîne "Erreur : lecture du fichier impossible".

```
NSString *baliseErreur = @"Erreur : ";
NSString *texteErreur = @"lecture du fichier impossible";
NSString *messageErreur;
messageErreur = [baliseErreur stringByAppendingString: texteErreur];
```

"Hérite de", "Utilise" et "Connaît"

Les programmeurs Cocoa débutants ont tendance à créer des sous-classes de `NSString` et de `NSMutableArray`. Ne faites pas comme eux. Les bons programmeurs Objective-C ne le font jamais. À la place, ils utilisent `NSString` et `NSMutableArray` comme éléments d'objets plus grands. Cette technique est appelée *composition*. Par exemple, une classe `CompteBancaire` pourrait être une sous-classe de `NSMutableArray`. En effet, un compte bancaire n'est-il pas simplement une suite de transactions ? Le novice empruntera cette voie. En revanche, l'expert créera une classe `CompteBancaire` qui dérive de `NSObject` et qui contient une variable d'instance nommée `transactions` qui pointera vers un `NSMutableArray`.

Il est important de bien comprendre la différence entre *utilise* et *est une sous-classe de*. Le débutant dira "`CompteBancaire` hérite de `NSMutableArray`", tandis que l'expert dira "`CompteBancaire` utilise `NSMutableArray`". Parmi les idiomes classiques d'Objective-C, *utilise* est beaucoup plus fréquent que *est une sous-classe de*.

Nous verrons qu'il est beaucoup plus facile d'utiliser une classe que de créer une sous-classe. L'héritage implique un code plus long et exige une meilleure compréhension de la classe mère. En utilisant la composition à la place de l'héritage, les développeurs Cocoa peuvent tirer profit de classes très puissantes sans réellement comprendre leur fonctionnement.

Dans le langage fortement typé, comme C++, l'héritage est essentiel. Dans un langage non typé, comme Objective-C, l'héritage est simplement une astuce qui permet au développeur d'économiser de la saisie. Ce livre ne contient que deux graphes d'héritage. Tous les autres sont des graphes d'objets qui montrent les objets connus d'autres objets. Il s'agit d'une information beaucoup plus importante pour le programmeur Cocoa.

Créer ses propres classes

Là où je vis, le gouvernement d'État a décidé que les personnes sans instruction avaient globalement trop d'argent : nous pouvons jouer à la loterie chaque semaine. Imaginons qu'un billet de loterie possède deux numéros entre 1 et 100. Nous allons écrire un programme qui génère des billets de loterie pour les dix semaines suivantes. Chaque objet `LotteryEntry` possède une date et deux entiers aléatoires (voir Figure 3.5). En plus d'apprendre à créer des classes, vous allez construire un outil qui va certainement vous rendre riche.

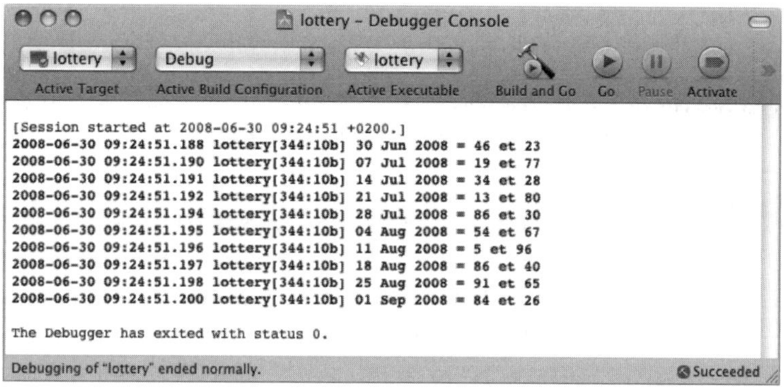

Figure 3.5

Le programme complet.

Créer la classe *LotteryEntry*

Nous allons tout d'abord créer des fichiers pour la classe `LotteryEntry`. Dans le menu `File`, choisissez `New file...`, et sélectionnez le type `Objective-C class`. Nommez le fichier `LotteryEntry.m` (voir Figure 3.6).

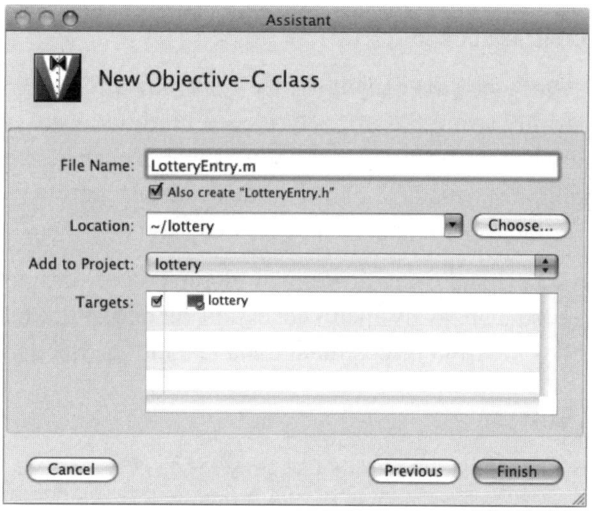

Figure 3.6

Nom du fichier.

Cette opération crée également le fichier `LotteryEntry.h`.

LotteryEntry.h

Saisissez le code suivant dans `LotteryEntry.h` :

```
#import <Foundation/Foundation.h>

@interface LotteryEntry : NSObject {
    NSCalendarDate *entryDate;
```

```
        int firstNumber;
        int secondNumber;
    }
    - (void)prepareRandomNumbers;
    - (void)setEntryDate:(NSCalendarDate *)date;
    - (NSCalendarDate *)entryDate;
    - (int)firstNumber;
    - (int)secondNumber;
    @end
```

Nous avons créé un fichier d'en-tête pour une nouvelle classe nommée `LotteryEntry`. Cette classe hérite de `NSObject`. Le fichier d'en-tête déclare trois variables d'instance : `entryDate`, `firstNumber` et `secondNumber` :

- `entryDate` est un `NSCalendarDate`.
- `firstNumber` et `secondNumber` sont des entiers.

Nous avons également déclaré cinq méthodes dans la nouvelle classe :

- `prepareRandomNumbers` fixera les variables `firstNumber` et `secondNumber` à des valeurs aléatoires comprises entre 1 et 100. Cette méthode ne prend aucun argument et ne retourne aucune valeur.
- `entryDate` et `setEntryDate:` permettront à d'autres objets de lire et de fixer la valeur de la variable `entryDate`. La méthode `entryDate` retournera la valeur de la variable `entryDate`. La méthode `setEntryDate:` permettra de fixer la valeur de la variable `entryDate`. Les méthodes qui permettent de lire et de fixer les valeurs des variables sont appelées *accesseurs* (ou méthodes d'accès).
- Des accesseurs sont également définis pour lire les variables `firstNumber` et `secondNumber`. Mais aucun accesseur ne permet de fixer la valeur de ces variables, car elles le seront directement dans la méthode `prepareRandomNumbers`.

LotteryEntry.m

Saisissez le code suivant dans `LotteryEntry.m` :

```
#import "LotteryEntry.h"

@implementation LotteryEntry

- (void)prepareRandomNumbers
{
    firstNumber = random() % 100 + 1;
    secondNumber = random() % 100 + 1;
}

- (void)setEntryDate:(NSCalendarDate *)date
{
    entryDate = date;
}
```

```
- (NSCalendarDate *)entryDate
{
    return entryDate;
}

- (int)firstNumber
{
    return firstNumber;
}

- (int)secondNumber
{
    return secondNumber;
}
@end
```

Voici chaque méthode expliquée :

- `prepareRandomNumbers` utilise la fonction standard `random` pour générer un nombre pseudo-aléatoire. L'opérateur modulo (`%`) et l'addition avec 1 permettent d'obtenir un nombre dans l'intervalle 1–100.
- `setEntryDate:` fixe le pointeur `entryDate` à une nouvelle valeur.
- `entryDate`, `firstNumber` et `secondNumber` retournent les valeurs des variables.

Modifier *lottery.m*

Revenons à présent au fichier `lottery.m`. De nombreuses lignes sont restées les mêmes, mais plusieurs ont changé. La modification la plus importante concerne l'utilisation d'objets `LotteryEntry` à la place d'objets `NSNumber`.

Voici le nouveau code commenté (la saisie des commentaires est facultative) :

```
#import <Foundation/Foundation.h>
#import "LotteryEntry.h"

int main (int argc, const char *argv[]) {

    NSAutoreleasePool *pool = [[NSAutoreleasePool alloc] init];

    // Créer l'objet contenant la date.
    NSCalendarDate *now = [[NSCalendarDate alloc] init];

    // Initialiser le générateur de nombres aléatoires.
    srandom(time(NULL));
    NSMutableArray *array;
    array = [[NSMutableArray alloc] init];

    int i;
    for (i = 0; i < 10; i++){

        // Créer un objet date/heure qui corresponde à 'i' semaines
        // à partir d'aujourd'hui.
```

```
            NSCalendarDate *iWeeksFromNow;
            iWeeksFromNow = [now dateByAddingYears:0
                                          months:0
                                            days:(i * 7)
                                           hours:0
                                         minutes:0
                                         seconds:0];

            // Créer une instance de LotteryEntry.
            LotteryEntry *newEntry = [[LotteryEntry alloc] init];
            [newEntry prepareRandomNumbers];
            [newEntry setEntryDate:iWeeksFromNow];

            // Ajouter l'objet LotteryEntry au tableau.
            [array addObject:newEntry];

        }

        for (LotteryEntry *entryToPrint in array) {
            // Afficher son contenu.
            NSLog(@"%@", entryToPrint);
        }
        [pool drain];
        return 0;
    }
```

Faites attention à la deuxième boucle. Elle se fonde sur un mécanisme Objective-C pour énumérer les membres d'une collection.

Le programme crée un tableau d'objets `LotteryEntry`, comme l'illustre la Figure 3.7.

Figure 3.7

Graphe d'objets.

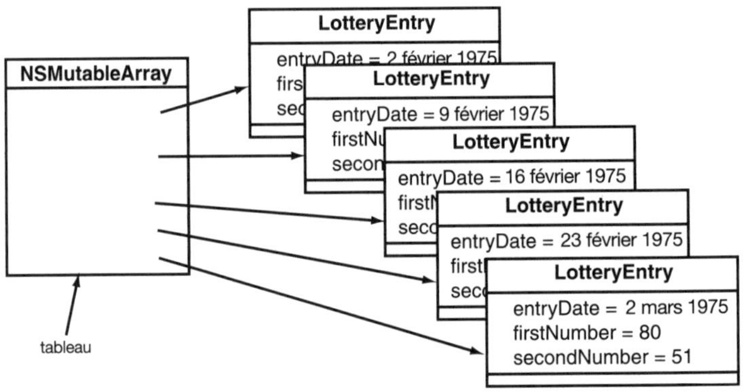

Implémenter une méthode *description*

Compilez et exécutez l'application. Vous devez obtenir un résultat semblable à celui présenté à la Figure 3.8.

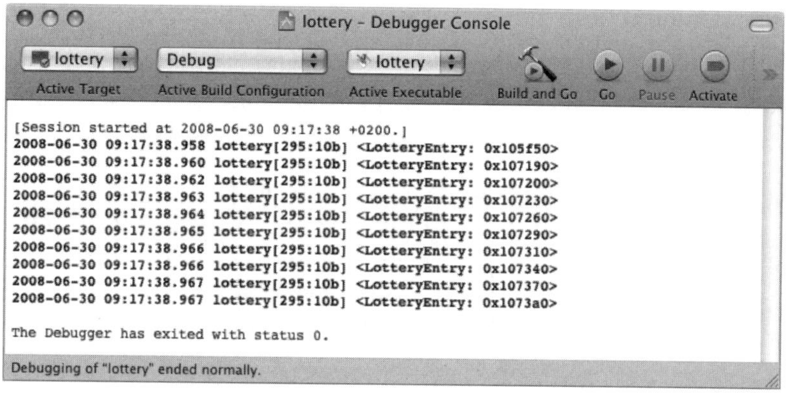

Figure 3.8
Exécution complète.

Ce n'est pas vraiment ce que nous attendions. Le programme est supposé donner les dates et les numéros à jouer à ces dates-là, alors que nous n'obtenons que des nombres en hexadécimal. En réalité, ces valeurs sont données par la méthode `description` par défaut définie dans `NSObject`. Nous allons donc faire en sorte que les objets `LotteryEntry` se présentent de manière plus intéressante.

Ajoutez une méthode `description` dans `LotteryEntry.m` :

```
- (NSString *)description
{
    NSString *result;
    result = [[NSString alloc] initWithFormat:@"%@ = %d et %d",
              [entryDate descriptionWithCalendarFormat:@"%d %B %Y"],
              firstNumber, secondNumber];
    return result;
}
```

Compilez et exécutez l'application. Vous devez à présent obtenir la date et les numéros (voir Figure 3.9).

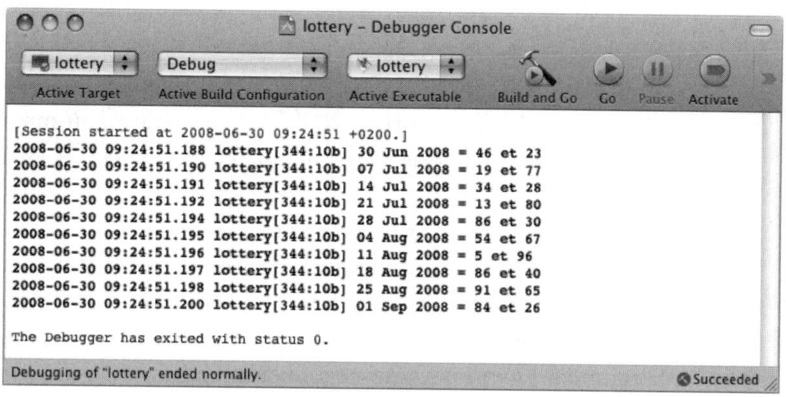

Figure 3.9
Exécution avec une méthode description.

NSCalendarDate

Avant d'aborder de nouvelles idées, examinons plus attentivement la classe `NSCalendarDate`. Les instances de cette classe contiennent une date et une heure, un fuseau horaire et une chaîne de format. `NSCalendarDate` hérite de `NSDate`.

Les instances de `NSCalendarDate` sont globalement immuables : il est impossible de changer le jour ou l'heure d'une date après que l'instance a été créée, mais il est possible de modifier sa chaîne de format et son fuseau horaire. En raison de cette caractéristique, de nombreux objets partagent souvent un seul objet de date. Il est rarement nécessaire de créer une copie d'un objet `NSCalendarDate`.

Voici les méthodes de `NSCalendarDate` les plus utilisées :

```
+ (id)calendarDate
```

Cette méthode crée et retourne une date calendaire initialisée à la date et à l'heure courante, avec le format par défaut correspondant aux paramètres régionaux. Le fuseau horaire est celui fixé sur l'ordinateur.

Il s'agit d'une *méthode de classe*. Dans le fichier d'interface, le fichier d'implémentation et la documentation, les méthodes de classe sont facilement reconnaissables car elles commencent par + à la place de -.

L'invocation d'une méthode de classe est déclenchée par l'envoi d'un message à la classe à la place d'une instance. Par exemple, voici comment invoquer cette méthode :

```
NSCalendarDate *aujourdhui;
aujourdhui = [NSCalendarDatecalendarDate];
```

```
+ (id)dateWithYear:(int)year
              month:(unsigned)month
                day:(unsigned)day
               hour:(unsigned)hour
             minute:(unsigned)minute
             second:(unsigned)second
           timeZone:(NSTimeZone *)unFuseauHoraire
```

Cette méthode de classe retourne un objet à libération automatique. Plus précisément, elle crée et retourne une date calendaire initialisée à l'aide des valeurs indiquées. La valeur de l'année doit inclure le siècle (par exemple 2001 à la place de 1). Les autres valeurs sont standard : 1 à 12 pour le mois, 1 à 31 pour le jour, 0 à 23 pour les heures et 0 à 59 pour les minutes et les secondes. L'extrait de code suivant crée une date fixée au 3 août 2000, à 16 h 00, pour le fuseau horaire PST (*Pacific Standard Time*). `timeZoneWithName:` retourne un objet `NSTimeZone` qui représente le fuseau horaire dont le nom est passé en paramètre :

```
NSTimeZone *pacific = [NSTimeZone timeZoneWithName:@"PST"]
NSCalendarDate *ete = [NSCalendarDate dateWithYear:2000
                                             month:8
                                               day:3
                                              hour:16
                                            minute:0
                                            second:0
                                          timeZone:pacific];
```

```
- (NSCalendarDate *)dateByAddingYears:(int)year
                               months:(int)month
                                 days:(int)day
                                hours:(int)hour
                              minutes:(int)minute
                              seconds:(int)second
```

Cette méthode retourne une date à partir des décalages donnés pour l'année, le mois, le jour, l'heure, les minutes et les secondes. Un décalage positif représente le futur, tandis qu'un décalage négatif indique le passé. Nous avons utilisé cette méthode dans `lottery.m`. Voici comment créer une date qui correspond à six mois après `ete` :

```
NSCalendarDate *hiver = [ete dateByAddingYears:0
                                        months:6
                                          days:0
                                         hours:0
                                       minutes:0
                                       seconds:0];
```

`- (int)`**`dayOfCommonEra`**

Cette méthode retourne le nombre de jours écoulés depuis l'année 1 après Jésus-Christ.

`- (int)`**`dayOfMonth`**

Cette méthode retourne un nombre qui indique le jour du mois (1 à 31) du destinataire.

`- (int)`**`dayOfWeek`**

Cette méthode retourne un nombre qui indique le jour de la semaine (0 à 6) du destinataire (0 représente le dimanche).

`- (int)`**`dayOfYear`**

Cette méthode retourne un nombre qui indique le jour de l'année (1 à 366) du destinataire.

`- (int)`**`hourOfDay`**

Cette méthode retourne l'heure (0 à 23) du destinataire.

`- (int)minuteOfHour`

Cette méthode retourne la valeur des minutes (0 à 59) du destinataire.

`- (int)monthOfYear`

Cette méthode retourne un nombre qui indique le mois de l'année (1 à12) du destinataire.

`- (void)setCalendarFormat:(NSString *)format`

Cette méthode fixe le format par défaut du calendrier du destinataire. Il s'agit d'une chaîne de caractères qui contient des indicateurs de conversion de date, recensés au Tableau 3.2.

Tableau 3.2 : Indicateurs reconnus dans la chaîne de format d'un calendrier

Symbole	*Signification*
`%y`	Année sans le siècle (00–99)
`%Y`	Année avec le siècle ("1990")
`%b`	Nom abrégé du mois ("Jan")
`%B`	Nom complet du mois ("Janvier")
`%m`	Mois sous forme de nombre décimal (01–12)
`%a`	Nom abrégé du jour de la semaine ("Lun")
`%A`	Nom complet du jour de la semaine ("Lundi")
`%w`	Jour de la semaine sous forme de nombre décimal (0–6), où 0 représente le dimanche
`%d`	Jour du mois sous forme de nombre décimal (01–31)
`%e`	Identique à `%d` mais sans le 0 initial
`%j`	Jour de l'année sous forme de nombre décimal (001–366)
`%H`	Heure au format 24 heures sous forme de nombre décimal (00–23)
`%I`	Heure au format 12 heures sous forme de nombre décimal (01–12)
`%p`	Suffixe AM/PM pour les paramètres régionaux
`%M`	Minutes sous forme de nombre décimal (00–59)
`%S`	Secondes sous forme de nombre décimal (00–59)

Tableau 3.2 : Indicateurs reconnus dans la chaîne de format d'un calendrier *(suite)*

Symbole	*Signification*
`%F`	Millisecondes sous forme de nombre décimal (000–999)
`%x`	Date avec la représentation qui correspond aux paramètres régionaux
`%X`	Heure avec la représentation qui correspond aux paramètres régionaux
`%c`	Raccourci pour `%X %x`, le format local de la date et de l'heure
`%Z`	Nom du fuseau horaire
`%z`	Décalage du fuseau horaire en heures et minutes par rapport à GMT (HHMM)
`%%`	Caractère `%`

`- (NSDate *)`**`laterDate:`**`(NSDate *)anotherDate`

Cette méthode, héritée de `NSDate`, compare le destinataire à `anotherDate` et retourne le plus tard des deux.

`- (NSTimeInterval)`**`timeIntervalSinceDate:`**`(NSDate *)anotherDate`

Cette méthode retourne l'intervalle en secondes qui sépare le destinataire et `anotherDate`. Si le destinataire est antérieur à `anotherDate`, la valeur retournée est négative. `NSTimeInterval` est identique à `double`.

Méthodes d'initialisation

La fonction `main` contient les lignes suivantes :

```
newEntry = [[LotteryEntry alloc] init];
[newEntry prepareRandomNumbers];
```

Elles créent une nouvelle instance, puis appellent immédiatement `prepareRandomNumbers` pour initialiser les variables `firstNumber` et `secondNumber`. Cette opération devrait être effectuée par la méthode d'initialisation, ou initialiseur. Nous allons donc redéfinir la méthode `init` de la classe `LotteryEntry`.

Dans le fichier `LotteryEntry.m`, transformez `prepareRandomNumbers` en méthode `init` :

```
- (id)init
{
    [super init];
    firstNumber = random() % 100 + 1;
    secondNumber = random() % 100 + 1;
    return self;
}
```

La méthode `init` commence par appeler l'initialiseur de la classe mère, puis initialise ses propres variables et retourne ensuite `self`, qui est un pointeur sur l'objet lui-même – l'objet qui est en train d'exécuter cette méthode. Si vous êtes un programmeur Java ou C++, `self` est l'équivalent de `this`.

À présent, supprimez la ligne suivante dans `lottery.m` :

```
[newEntry prepareRandomNumbers];
```

Dans `LotteryEntry.h`, retirez la déclaration suivante :

```
- (void)prepareRandomNumbers;
```

Compilez et exécutez votre programme pour vérifier son bon fonctionnement.

Dans Cocoa, quelques initialiseurs retourneront `nil` si l'initialisation n'a pas été possible. Puisque ce peut être le cas de l'initialiseur de la classe mère, le programmeur consciencieux écrira le code suivant :

```
- (id)init
{
    if (![super init])
        return nil;

    firstNumber = random() % 100 + 1];
    secondNumber = random() % 100 + 1];
    return self;
}
```

Cette version fonctionnera dans tous les cas et se révèle la forme la plus juste. Cependant, aucune des classes utilisées dans cet ouvrage n'a besoin de ce contrôle. Pour des raisons de simplicité, nous l'omettrons donc.

Méthodes d'initialisation avec arguments

La partie de code correspondante dans `lottery.m` doit à présent contenir les deux lignes suivantes :

```
LotteryEntry *newEntry = [[LotteryEntry alloc] init];
[newEntry setEntryDate:iWeeksFromNow];
```

Il serait beaucoup plus propre de passer la date en argument à l'initialiseur. Modifiez ces lignes de la manière suivante :

```
LotteryEntry *newEntry = [[LotteryEntry alloc]
                            initWithEntryDate:iWeeksFromNow];
```

Déclarez ensuite la méthode dans `LotteryEntry.h` :

```
- (id)initWithEntryDate:(NSCalendarDate *)theDate;
```

Changez et renommez la méthode `init` dans `LotteryEntry.m` :

```
- (id)initWithEntryDate:(NSCalendarDate *)theDate
{
    if (![super init])
        return nil;

    entryDate = theDate;
    firstNumber = random() % 100 + 1;
    secondNumber = random() % 100 + 1;
    return self;
}
```

Compilez et exécutez le programme. Il doit toujours fonctionner correctement.

Cependant, la classe `LotteryEntry` présente un problème. Nous voulons l'envoyer par courrier électronique à notre copain Rex. Celui-ci envisage de l'utiliser dans son programme, mais ne réalise pas que nous avons écrit `initWithEntryDate:`. Il écrit donc les lignes de code suivantes :

```
NSCalendarDate *aujourdhui = [NSCalendarDate calendarDate];
LotteryEntry *grosGain = [[LotteryEntry alloc] init];
[grosGain setEntryDate:aujourdhui];
```

Ce code ne génère pas d'erreur. Il remonte simplement dans l'arborescence d'héritage jusqu'à ce qu'il trouve la méthode `init` de `NSObject`. Mais, dans ce cas, les variables `firstNumber` et `secondNumber` ne sont pas initialisées correctement – elles sont toutes deux égales à zéro.

Pour éviter que Rex ne souffre de sa propre ignorance, il faut redéfinir `init` afin qu'elle invoque l'initialiseur avec une date par défaut :

```
- (id)init
{
    return [self initWithEntryDate:[NSCalendarDate calendarDate]];
}
```

Ajoutez cette méthode dans votre fichier `LotteryEntry.m`.

Notez que le véritable travail est toujours réalisé par `initWithEntryDate:`. Puisqu'une classe peut avoir plusieurs initialiseurs, celui qui se charge du travail s'appelle *initialiseur désigné*. Si une classe possède plusieurs initialiseurs, l'initialiseur désigné prend généralement le plus grand nombre d'arguments. Vous devez clairement indiquer lequel est l'initialiseur désigné. Vous remarquerez que l'initialiseur désigné de `NSObject` est `init`.

Conventions de création des initialiseurs

Voici les règles que les programmeurs Cocoa s'obligent à suivre lors de la création des initialiseurs :

- Il est inutile de créer un initialiseur dans une classe si ceux de la classe mère suffisent.
- Si un initialiseur doit être créé, il faut redéfinir l'initialiseur désigné de la classe mère.
- Si plusieurs initialiseurs sont créés, un seul doit se charger du véritable travail – l'initialiseur désigné.
- L'initialiseur désigné d'une classe appelle l'initialiseur désigné de la classe mère.

Un jour viendra où vous serez obligé de créer une classe qui doit absolument prendre un argument. Redéfinissez l'initialiseur désigné de la classe mère afin qu'il lance une exception :

```
- (id)init
{
    [self dealloc];
    @throw [NSException exceptionWithName:@"BNRBadInitCall"
                  reason:@"Initialisation avec le mauvais initialiseur:"
                userInfo:nil];
    return nil;
}
```

Le débogueur

La FSF (*Free Software Foundation*) a développé le compilateur (gcc) et le débogueur (gdb) qui sont fournis avec les outils du développeur d'Apple. Au fil des années, Apple a apporté des améliorations importantes à ces deux outils. Cette section explique comment placer des points d'arrêt, invoquer le débogueur et examiner les valeurs des variables.

En examinant le code, vous avez sans doute remarqué une marge grise à gauche de la fenêtre. Si vous cliquez dans cette marge, un point d'arrêt est ajouté sur la ligne correspondante. Dans le fichier `lottery.m`, placez un point d'arrêt sur la ligne suivante (voir Figure 3.10) :

```
[array addObject:newEntry];
```

Compilez et exécutez le code. Xcode démarre le programme dans le débogueur car nous avons défini des points d'arrêt. Le débogueur demande quelques secondes pour se lancer, puis il exécute le programme jusqu'au point d'arrêt (voir Figure 3.11).

Figure 3.10

Définir un point d'arrêt.

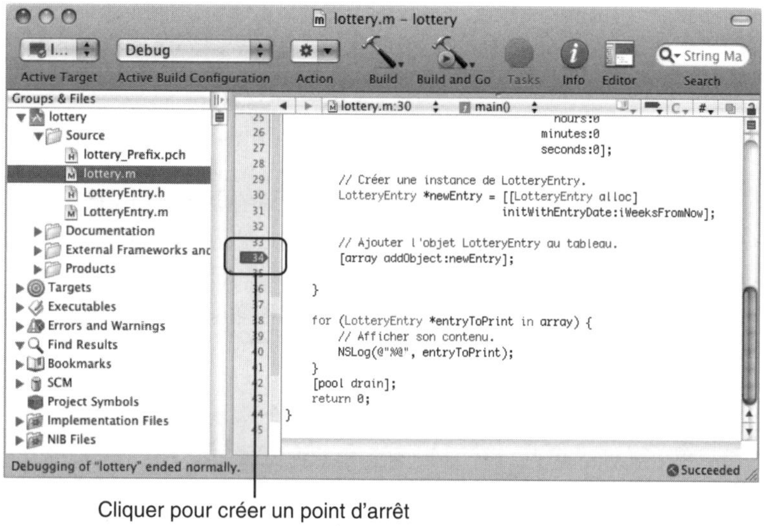

Figure 3.11

L'exécution stoppe au point d'arrêt.

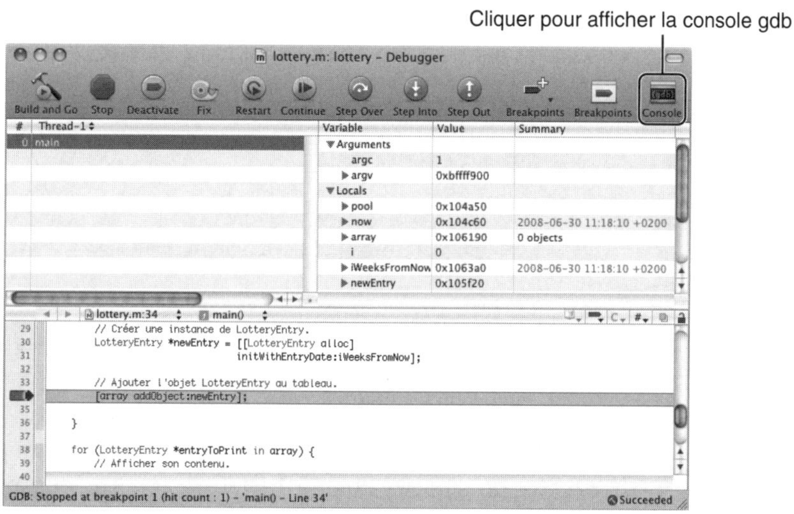

La liste située à gauche affiche les blocs d'activation de la pile. Puisque le point d'arrêt se trouve dans `main()`, la pile n'est pas très profonde. Dans la vue générale de droite, nous pouvons voir les variables et leur valeur. La variable `i` vaut actuellement 0.

Au-dessus des informations de la pile se trouvent les boutons qui permettent de suspendre, de poursuivre, d'exécuter l'intégralité d'une fonction, d'entrer dans l'exécution d'une fonction et d'exécuter jusqu'à la fin d'une fonction. Cliquez sur le bouton `Continue` pour exécuter une autre itération de la boucle. Cliquez sur le bouton `Step Over` pour exécuter le code ligne par ligne.

Étant issu du monde Unix, le débogueur gdb est conçu pour une utilisation depuis une console. Pour accéder à gdb en mode terminal, il suffit de cliquer sur l'icône intitulée `Console`.

La console donne accès à toutes les possibilités de gdb. Par exemple, la commande "print-object" ("po") est très utile. Si une variable est un pointeur sur un objet, la commande "po" lui envoie le message `description` et le résultat est affiché sur la console. Essayez d'afficher la variable `newEntry` :

```
po newEntry
```

Vous devez obtenir le résultat fourni par votre méthode `description` (voir Figure 3.12).

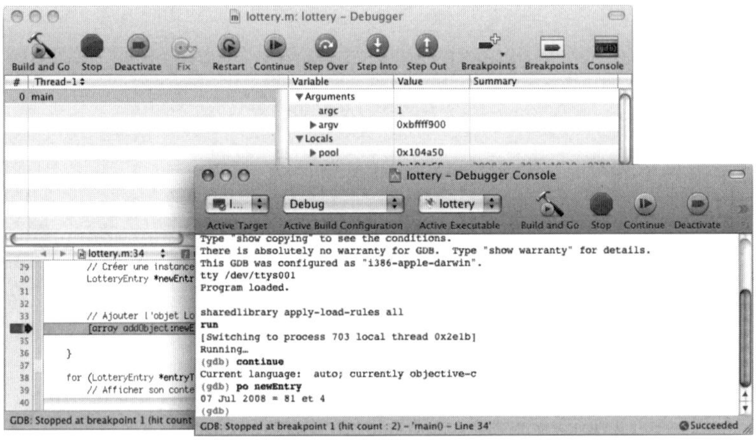

Figure 3.12
Utiliser la console gdb.

Lorsque quelque chose se passe mal, des exceptions sont lancées. Pour que le débogueur s'arrête dès l'arrivée d'une exception, il faut ajouter un point d'arrêt *symbolique*. Tout point d'arrêt qui ne correspond pas à un numéro de ligne est un point d'arrêt symbolique. Dans notre exemple, nous avons besoin d'un point d'arrêt sur la fonction `objc_exception_throw`. Pour afficher la fenêtre des points d'arrêt dans Xcode, choisissez l'option de menu `Run > Show > Breakpoints`. Désactivez (décochez) le point d'arrêt existant. Double-cliquez là où c'est indiqué et saisissez `objc_exception_throw` (voir Figure 3.13).

Pour tester ce point d'arrêt automatique, essayons de consulter la valeur enregistrée dans un indice qui se trouve en dehors d'un tableau. Juste après la création du tableau, demandez son premier objet :

```
array = [[NSMutableArray alloc] init];
NSLog(@"premier élément = %@", [array objectAtIndex:0]);
```

Compilez et démarrez le programme. Il doit s'arrêter dès que l'exception est lancée.

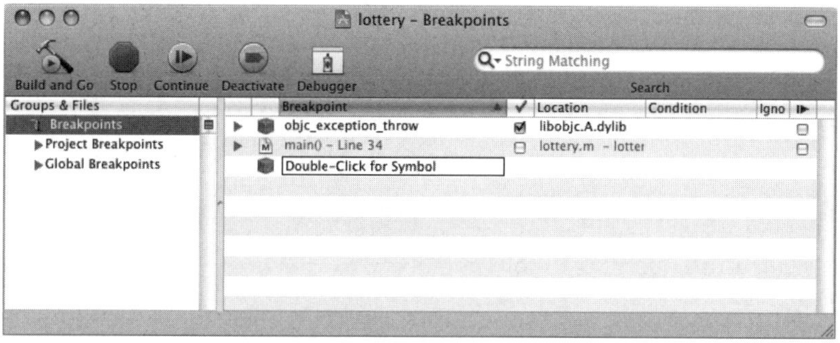

Figure 3.13
Définir un point d'arrêt symbolique.

Lors du débogage des programmes Cocoa, vous risquez de rencontrer un problème fréquent : ils s'exécutent lentement, pendant un moment assez long, dans un piètre état. En utilisant un macro `NSAssert()`, nous pouvons faire en sorte que le programme lance une exception dès que cela va mal. Par exemple, dans `initWith-EntryDate:`, nous pourrions lancer une exception si l'argument vaut `nil`. Ajoutez un appel à `NSAssert()` :

```
- (id)initWithEntryDate:(NSCalendarDate *)theDate
{
    if (![super init])
        return nil;

    NSAssert(theDate != nil, @"L'argument ne doit pas être nil.");
    entryDate = theDate;
    firstNumber = random() % 100 + 1;
    secondNumber = random() % 100 + 1;
    return self;
}
```

Compilez et exécutez le programme. Puisque le code est correct, aucune exception n'est lancée. Modifiez donc l'assertion afin qu'elle soit incorrecte :

```
NSAssert(theDate == nil, @"Argument must be non-nil");
```

Compilez et exécutez l'application. Un message, qui comprend le nom de la classe et d'une méthode, est journalisé ; une exception est lancée. Lorsque `NSAssert()` est employée avec intelligence, la découverte des bogues est beaucoup plus rapide.

Les assertions ne seront probablement pas utiles une fois l'application terminée. Dans la plupart des projets, il existe deux configurations de compilation : `Debug` et `Release`. En mode `Debug`, il est intéressant de contrôler toutes les assertions. En revanche, en mode `Release`, ce n'est pas la peine. C'est pourquoi il est très fréquent de désactiver le contrôle des assertions dans la configuration `Release`. Pour cela, affichez les informations de compilation en double-cliquant sur la cible `lottery`. Allez dans l'onglet `Build` et sélectionnez la configuration `Release`. Sous `GCC Preprocessing`, ajoutez `NS_BLOCK_ASSERTIONS` à `Preprocessor Macros` (voir Figure 3.14).

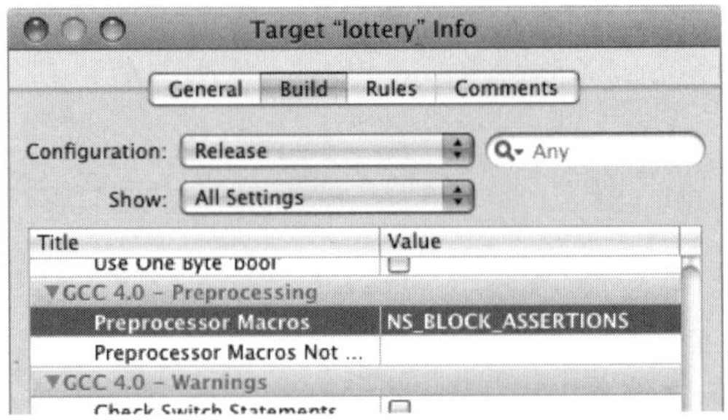

Figure 3.14
Désactiver le contrôle des assertions.

À présent, si vous compilez et exécutez l'application en mode `Release`, vous constaterez que les assertions ne sont pas vérifiées. Avant d'aller plus loin, corrigez votre assertion : elle doit vérifier que les dates ne sont *pas* `nil`.

`NSAssert()` fonctionne uniquement à l'intérieur des méthodes Objective-C. Si nous devons ajouter une insertion dans une fonction C, nous utilisons `NSCAssert()`.

Vous en savez à présent assez pour commencer à utiliser le débogueur. Vous trouverez des informations plus détaillées sur le débogueur de la FSF dans la documentation disponible sur le site **www.gnu.org/**.

Travail réalisé

Nous avons écrit un programme simple en Objective-C, avec une fonction `main()` qui crée plusieurs objets. Certains de ces objets sont des instances de `LotteryEntry`, une classe que nous avons créée. Le programme consigne des informations sur la console.

À ce stade, vous avez acquis les principales connaissances quant à Objective-C. Objective-C n'est pas un langage complexe. La suite de cet ouvrage s'intéressera aux frameworks qui composent Cocoa. Nos prochaines applications vont toutes réagir aux événements ; il ne s'agira pas d'outils en ligne de commande.

Pour les plus curieux : mécanisme des messages

Nous l'avons mentionné précédemment, un objet peut être comparé à une structure C. `NSObject` déclare une variable d'instance nommée `isa`. Puisque `NSObject` est la racine de l'arborescence d'héritage des classes, chaque objet possède sa variable `isa`, qui est un pointeur sur la structure de classe qui a créé l'objet (voir Figure 3.15). La structure de classe comprend les noms et les types des variables d'instance de la classe, ainsi que l'implémentation des méthodes de la classe. Et également un pointeur vers la structure de classe de sa classe mère.

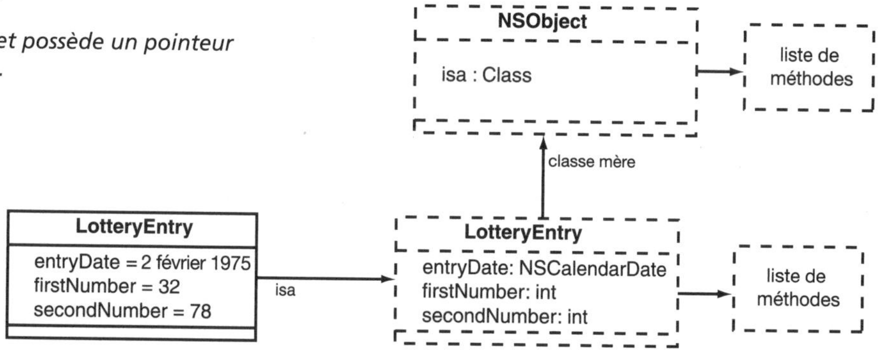

Figure 3.15

Chaque objet possède un pointeur sur sa classe.

Les méthodes sont indexées par le sélecteur, qui est du type `SEL`. Bien que `SEL` soit défini comme `char *`, il est plus facile de le considérer comme un entier (`int`). Chaque nom de méthode est associé à un entier unique. Par exemple, le nom de méthode `addObject:` pourrait être associé au nombre 12. Lorsque nous recherchons des méthodes, nous utilisons le sélecteur, non la chaîne `@"addObject:"`.

Dans les structures de données Objective-C, un tableau associe les noms des méthodes à leur sélecteur. La Figure 3.16 montre un exemple.

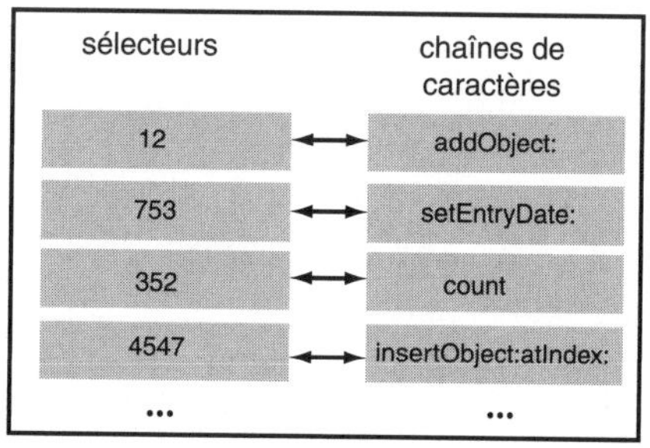

Figure 3.16

Le tableau des sélecteurs.

À la compilation, le compilateur examine les sélecteurs dès qu'il rencontre un envoi de messages. Alors, l'instruction

```
[monObjet addObject:votreObjet];
```

devient (en supposant que le sélecteur d'`addObject:` soit 12)

```
objc_msgSend(monObject, 12, votreObjet);
```

`objc_msgSend()` examine le pointeur `isa` de `monObjet` pour obtenir sa structure de classe et recherche la méthode associée au nombre 12. Si elle ne trouve aucune méthode, elle suit le pointeur vers la classe mère. Si celle-ci n'a pas de méthode correspondant à 12, la recherche continue vers le sommet de l'arborescence. Lorsque la racine est atteinte, sans que la méthode soit trouvée, la fonction lance une exception.

Cette gestion des messages est clairement une solution très dynamique. Les structures de classe peuvent être modifiées à l'exécution. En particulier, avec la classe `NSBundle`, il est relativement facile d'ajouter des classes et des méthodes à un programme pendant son exécution. Cette technique très puissante est utilisée pour créer des applications qui peuvent être étendues par d'autres développeurs.

Exercice

Changez la chaîne de format des objets de date dans la classe `LotteryEntry`.

4

Gestion de la mémoire

Au sommaire de ce chapitre

- ✔ Activer et désactiver le ramasse-miettes
- ✔ Programmer avec le ramasse-miettes
- ✔ Programmer avec les compteurs de références

Supposons qu'il existe deux instances de la classe `Personne`, chacune avec un pointeur `couleurFavorite` sur un objet de couleur. Si deux personnes partagent les mêmes goûts de couleur, les pointeurs `couleurFavorite` désigneront le même objet de couleur. Avec le temps, leurs goûts en matière de couleur peuvent changer. À un moment donné, elles pourraient en venir à détester la couleur (voir Figure 4.1).

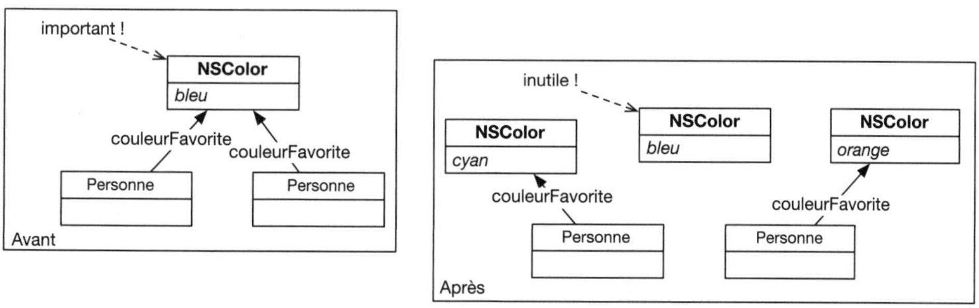

Figure 4.1
Le problème.

Nous ne souhaitons pas que cette couleur orpheline occupe de l'espace dans la mémoire de notre programme. Nous voulons que la mémoire soit désallouée afin de pouvoir y placer de nouveaux objets, mais nous devons être certains que la couleur n'est pas retirée alors que des objets y font encore référence.

Ce problème est plutôt complexe. Apple propose deux solutions :

1. L'ancienne solution se fonde sur des *compteurs de références* (*retain counts*) : chaque objet possède un compteur de références qui indique le nombre d'objets détenant des pointeurs vers cet objet. Si deux personnes préfèrent la même couleur, le compteur de références de cette couleur doit être égal à 2. Lorsqu'il atteint zéro, l'objet est désalloué.

2. La nouvelle solution, introduite dans OS X 10.5, est un *ramasse-miettes* (*garbage collector*) qui a en charge l'intégralité du graphe des objets et qui recherche les objets ne pouvant pas être atteints à partir des variables. Les objets inatteignables sont automatiquement désalloués.

Quels sont les avantages et les inconvénients de ces deux solutions ? Les compteurs de références sont assez lourds. Nous devons garder (*retain*) explicitement les objets que nous souhaitons manipuler et les libérer explicitement lorsqu'ils ne nous intéressent plus. Ce mécanisme crée également un problème désagréable : un objet A garde un objet B, et B garde A. Cela crée un îlot d'objets inatteignables qui ne disparaîtront jamais, car ils se gardent entre eux. Il s'agit d'un cycle de gardes (*retain cycle*). La Figure 4.2 illustre un cycle de gardes classique.

Figure 4.2

Un îlot d'objets inatteignables.

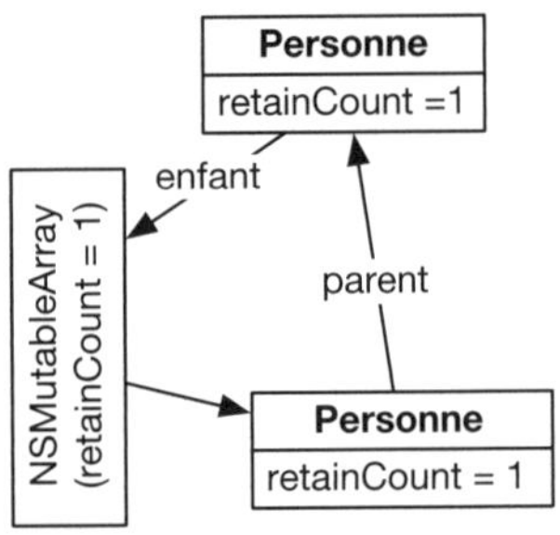

Pourquoi ne pas toujours utiliser le ramasse-miettes ? Tout simplement parce qu'il n'est pas disponible sur les systèmes Mac OS antérieurs à la version 10.5 et que les applications ne fonctionneront donc pas. Par ailleurs, le ramasse-miettes demande du temps processeur pour analyser les objets, à la recherche de ceux qui ne sont plus atteignables. Cela peut dégrader les performances. Dans une application qui réalise du traitement audio ou vidéo, le ramasse-miettes peut provoquer des hoquets dans le traitement pendant qu'il effectue son analyse.

Activer et désactiver le ramasse-miettes

Dans la vue globale `Groups and Files` de Xcode, il existe un groupe nommé `Targets`. Chaque projet possède au moins une cible (`target`). La cible représente un processus de compilation et résulte généralement en un produit. Par exemple, un projet pourrait avoir deux cibles : la première construit une application, tandis que la seconde construit l'importateur Spotlight pour le fichier de données de cette application.

Reprenez le projet de loterie. Double-cliquez sur la cible `lottery` afin d'ouvrir l'inspecteur. Examinez le panneau `Build`. C'est là que nous pouvons ajuster tous les paramètres qui contrôlent la compilation du programme.

Dans le champ de recherche, saisissez `Garbage`. De nombreuses lignes disparaissent et vous obtenez `Objective-C Garbage Collection`. Vous pouvez alors choisir d'activer ou non le ramasse-miettes. Si vous sélectionnez `Unsupported`, le ramasse-miettes n'est pas activé (voir Figure 4.3).

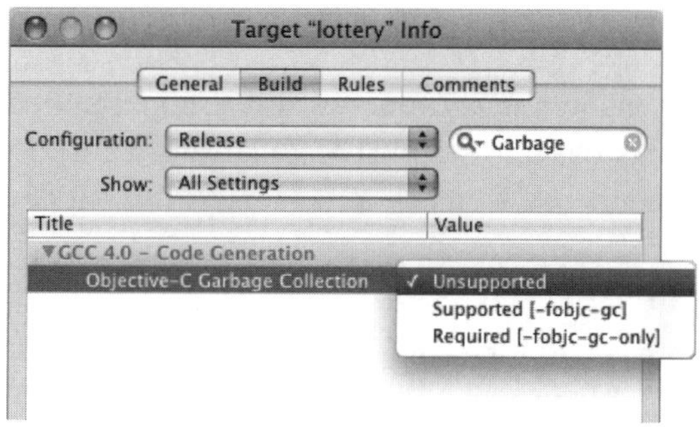

Figure 4.3
Activer/désactiver le ramasse-miettes.

Les deux autres choix activent le ramasse-miettes. Vous devez recompiler l'application pour que les modifications prennent effet. La différence entre `Supported` et `Required` ne présente un intérêt que si vous créez un framework ou un plug-in qui sera utilisé dans une autre application.

Le code de cet ouvrage est en *mode dual*. Avec un tel code, les fuites de mémoire n'existent pas, que le ramasse-miettes soit activé ou non. Lorsque nous écrivons une application, nous pouvons choisir si nous souhaitons utiliser le ramasse-miettes. Nous ne sommes pas obligés de toujours écrire du code en mode dual.

Dans le futur, vous pourrez décider que le compteur de références n'est pas pour vous et d'utiliser le ramasse-miettes dans tous les programmes. Personne ne vous en voudra. Cependant, pour le moment, vous devez connaître le mécanisme des compteurs de références. Lorsque vous examinez du code ancien ou du code qui utilise des frameworks de bas niveau, par exemple CoreFoundation, vous devez comprendre le fonctionnement de ce mécanisme.

Si le mécanisme du compteur de références vous perturbe réellement, lisez la section suivante sur le ramasse-miettes et sautez la suite du chapitre. Dans les chapitres suivants, ignorez simplement les appels à `retain`, `release` ou `autorelease`. Ces méthodes ne font rien lorsque le ramasse-miettes est activé. De même, ignorez toute implémentation de `dealloc`, car elle ne sera jamais invoquée si le ramasse-miettes est activé.

Programmer avec le ramasse-miettes

Une application possède une instance de `NSGarbageCollector` si et seulement si elle utilise le ramasse-miettes. Ajoutez la ligne en gras vers la fin de `lottery.m` :

```
[pool drain];
NSLog(@"GC = %@", [NSGarbageCollector defaultCollector]);
return 0;
```

Compilez et exécutez l'application. Le ramasse-miettes est-il utilisé ?

Si nous utilisons le ramasse-miettes, il est important de ne pas conserver de références aux objets dont nous n'avons plus besoin. Dans la fonction `main` de `lottery`, nous devons fixer les pointeurs `now` et `array` à `nil` lorsqu'ils sont devenus inutiles. Ajoutez les lignes en gras :

```
    }
    // 'now' est devenu inutile.
    now = nil;

    for (LotteryEntry *entryToPrint in array) {
        NSLog(@"%@", entryToPrint);
    }
    // 'array' est devenu inutile.
    array = nil;
    [pool drain];
    NSLog(@"GC = %@", [NSGarbageCollector defaultCollector]);
    return 0;
}
```

À présent, le ramasse-miettes sait qu'il peut désallouer l'instance de `NSCalendarDate` sur laquelle pointait `now` et l'instance de `NSMutableArray` sur laquelle pointait `array`. En réalité, le programme se terminera probablement avant que le ramasse-miettes ait le temps de désallouer ces objets.

Le ramasse-miettes facilite la tâche du programmeur. Nous avons vu tout ce qu'il est nécessaire de savoir sur ce sujet. Le reste de ce chapitre est consacré aux compteurs de références.

Programmer avec les compteurs de références

Pour la suite de ce chapitre, supposons que l'application doit être compatible avec Mac OS X 10.4. Par conséquent, nous devons oublier le côté pratique du ramasse-miettes et utiliser le mécanisme des compteurs de références.

Chaque objet possède un compteur de références de type entier. Lorsqu'un objet est créé par la méthode `alloc`, son compteur de références est fixé à 1. Lorsque ce compteur arrive à zéro, l'objet est désalloué. Le compteur de références est incrémenté en envoyant le message `retain` à l'objet. Il est décrémenté en envoyant le message `release` à l'objet.

Le compteur de références d'un objet doit représenter le nombre d'objets qui possèdent des références sur cet objet. Lorsque le compteur de références est égal à zéro, cela signifie que plus personne n'a besoin de cet objet. Il est donc désalloué afin que l'espace mémoire qu'il occupait puisse servir à nouveau.

Ce principe est souvent expliqué par la métaphore du chien et des laisses. Toute personne qui souhaite que le chien reste dans les parages le garde en attachant une laisse à son collier. Plusieurs personnes peuvent retenir le chien. Tant que le chien a au moins une laisse, il ne peut pas partir. Dès que ce nombre de personnes tombe à 0, le chien est libéré. Le compteur de références d'un objet correspond donc au nombre de laisses sur cet objet (voir Figure 4.4).

Figure 4.4
Des objets qui se gardent.

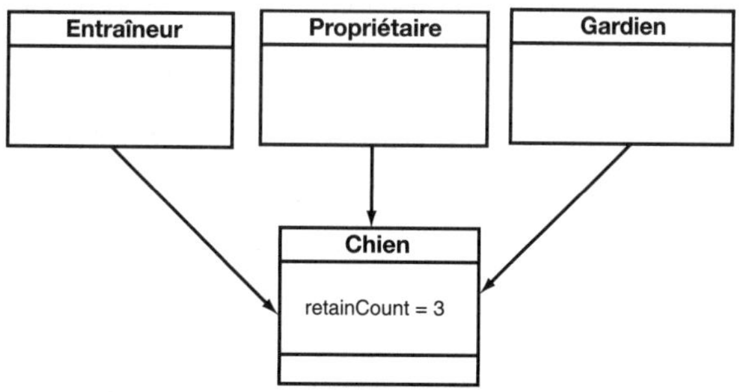

Le compteur de références apporte un contrôle précis sur la désallocation des objets, mais il impose une gestion soignée des gardes et des libérations des objets. Si un objet est libéré trop tôt, il sera désalloué prématurément et le programme se crashera. Si un objet est gardé trop tard, il ne sera jamais désalloué et la mémoire sera gaspillée.

Nous allons à présent modifier le code pour gérer correctement les gardes et les libérations. Revenez au projet de loterie, en ayant désactivé le ramasse-miettes.

Nous devons libérer la date et le tableau dès qu'ils sont devenus inutiles :

```
        }
        // 'now' est devenu inutile.
        [now release];
        now = nil;

        for (LotteryEntry *entryToPrint in array) {
            NSLog(@"%@", entryToPrint);
        }
        // 'array' est devenu inutile.
        [array release];
        array = nil;
        [pool drain];
        NSLog(@"GC = %@", [NSGarbageCollector defaultCollector]);
        return 0;
}
```

Le tableau sera dorénavant correctement désalloué avant que le processus ne se termine.

Lorsqu'un objet est ajouté à un tableau, aucune copie de l'objet n'est créée. À la place, le tableau stocke un pointeur sur l'objet et lui envoie le message `retain`. Lorsque le tableau est désalloué, tous les objets qu'il contient reçoivent le message `release`. Lorsqu'un objet est retiré d'un tableau, il reçoit également le message `release`.

Qu'en est-il des objets `LotteryEntry` ? Examinons rapidement la vie d'un objet `LotteryEntry` dans notre application :

- Lorsqu'un tel objet est créé, son compteur de références est fixé à 1.
- Lorsqu'il est ajouté au tableau, son compteur de références passe à 2.
- Lorsque le tableau est désalloué, l'objet est libéré. Cette opération décrémente le compteur de références, qui vaut donc 1.

L'objet `LotteryEntry` n'est pas désalloué. Dans cet exemple, le processus se termine juste après et le système d'exploitation récupère toute la mémoire. Par conséquent, l'absence de désallocation ne constitue pas vraiment un problème. Cependant, si un programme s'exécute pendant une longue durée, une telle fuite de mémoire pourrait se révéler problématique. Pour vous exercer à être un programmeur Objective-C consciencieux, corrigez le code.

Après avoir inséré le numéro dans le tableau, libérez-le. Voici la nouvelle version de la boucle :

```
        LotteryEntry *newEntry;
        newEntry = [[LotteryEntry alloc] initWithEntryDate:iWeeksFromNow];
        [array addObject:newEntry];
        [newEntry release];
    }
```

Implémenter *dealloc*

Lorsqu'un objet dont le compteur de références vaut 1 reçoit le message `release`, la méthode `dealloc` est invoquée. Elle doit libérer tous les objets qui sont retenus, puis appeler la méthode `dealloc` de la classe mère. Ajoutez la méthode `dealloc` suivante dans `LotteryEntry.m` :

```
- (void)dealloc
{
    NSLog(@"désallocation de %@", self);
    [entryDate release];
    [super dealloc];
}
```

Dans la méthode `initWithEntryDate:`, il ne faut pas oublier de retenir `entryDate`. Ajoutez l'invocation correspondante à `retain` :

```
- (id)initWithEntryDate:(NSCalendarDate *)theDate
{
    if (![super init])
        return nil;

    entryDate = [theDate retain];
    firstNumber = random() % 100 + 1;
    secondNumber = random() % 100 + 1;
    return self;
}
```

Vérifiez que le ramasse-miettes est désactivé, puis compilez et exécutez l'application. Elle doit fonctionner parfaitement et vous devriez constater la désallocation des billets (voir Figure 4.5).

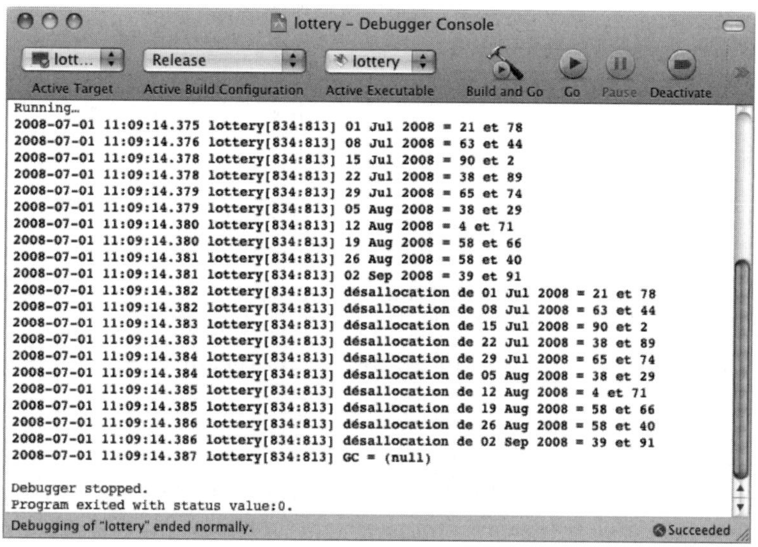

Figure 4.5

Exécuter l'application sans le ramasse-miettes.

Cependant, il reste encore une fuite de mémoire.

Créer des objets à libération automatique

Nous avons écrit la méthode de description suivante :

```
- (NSString *)description
{
    NSString *result;
    result = [[NSString alloc] initWithFormat:@"%@ = %d et %d",
                [entryDate descriptionWithCalendarFormat:@"%d %B %Y"],
                firstNumber, secondNumber];
    return result;
}
```

Ce code fonctionne parfaitement, mais il conduit à une fuite de mémoire ennuyeuse. L'opération `alloc` produit toujours un objet dont le compteur de références est égal à 1. Par conséquent, le compteur de références de la chaîne retournée vaut 1. Tout objet qui demande la chaîne va la garder. Le compteur de références passera alors à 2. Lorsque la chaîne ne l'intéressera plus, l'objet la libérera. Le compteur de références reviendra alors à 1. La chaîne n'est donc jamais désallouée.

Nous pouvons alors essayer la modification suivante :

```
- (NSString *)description
{
    NSString *result;
    result = [[NSString alloc] initWithFormat:@"%@ = %d et %d",
                [entryDate descriptionWithCalendarFormat:@"%d %B %Y"],
                firstNumber, secondNumber];
    [result release];
    return result;
}
```

Ce code ne fonctionne pas du tout. Lorsque la chaîne reçoit le message `release`, son compteur de références passe à zéro et elle est donc désallouée. L'objet qui demande la chaîne reçoit un pointeur sur un objet qui a été libéré.

Le problème est donc le suivant : nous devons retourner une chaîne, mais nous ne devons pas la garder. Ce problème est récurrent dans les frameworks. Nous en arrivons donc à l'utilisation de `NSAutoreleasePool` dans les applications sans ramasse-miettes.

Des objets sont ajoutés au pool de libération automatique (*autorelease pool*) courant lorsqu'ils reçoivent le message `autorelease`. Lorsque ce pool est vidé, il envoie le message `release` à tous les objets qu'il contient.

Autrement dit, un objet à libération automatique est marqué de manière à recevoir un message `release` à un moment donné dans le futur. Dans une application Cocoa, un pool de libération automatique est créé avant chaque traitement d'un événement ; il est vidé après ce traitement. Ainsi, à moins que les objets des pools de libération automatique ne soient retenus, ils seront détruits dès que l'événement aura été traité.

Pour notre exemple, voici la solution correcte :

```
- (NSString *)description
{
    NSString *result;
    result = [[NSString alloc] initWithFormat:@"%@ = %d et %d",
             [entryDate descriptionWithCalendarFormat:@"%d %B %Y"],
             firstNumber, secondNumber];
    [result autorelease];
    return result;
}
```

Règles de libération

- Les objets créés avec `alloc`, `new`, `copy` ou `mutableCopy` ont un compteur de références égal à 1 et ne sont pas placés dans le pool de libération automatique.
- Si un objet est obtenu par n'importe quelle autre méthode, il faut supposer que son compteur de références est égal à 1 et qu'il se trouve dans le pool de libération automatique. S'il ne doit pas être désalloué avec le pool de libération automatique, il doit être gardé explicitement.

Puisque nous avons fréquemment besoin d'objets que nous n'allons pas conserver, de nombreuses classes possèdent des méthodes de classe qui retournent des objets à libération automatique. Par exemple, `NSString` offre la méthode `stringWithFormat:`. La solution correcte la plus simple serait donc la suivante :

```
- (NSString *)description
{
    return [NSString stringWithFormat:@"%@ = %d et %d",
                [entryDate descriptionWithCalendarFormat:@"%d %B %Y"],
                firstNumber, secondNumber];
}
```

Objets temporaires

Un objet à libération automatique ne sera pas libéré avant la fin de la boucle de gestion des événements. Ce fonctionnement en fait un candidat parfait à l'obtention d'un résultat intermédiaire. Par exemple, s'il existe un tableau d'objets `NSString`, il est possible de créer une chaîne à partir de tous les éléments mis en majuscules et concaténés :

```
- (NSString *)concatenerToutEnMajuscules
{
    int i;
    NSString *res = @"";
    NSString *maj;

    for (i=0; i < [monTableau count]; i++) {
      maj = [[monTableau objectAtIndex:i] uppercaseString];
      res = [NSString stringWithFormat:@"%@%@", res, maj];
    }
    return maj;
}
```

Avec cette méthode, si le tableau contient treize chaînes, vingt-six chaînes à libération automatique seront créées : treize par `uppercaseString` et treize par `stringWithFormat:`. La chaîne constante initiale est un cas particulier et ne compte pas. L'une des chaînes résultantes est retournée et peut être gardée par l'objet qui l'a demandée. Les vingt-cinq autres chaînes sont désallouées automatiquement à la fin de la boucle des événements. Notez que, dans cet exemple, les performances seront certainement meilleures en concaténant la chaîne mise en majuscules à un `NSMutableString` au lieu de créer une nouvelle chaîne et de l'ajouter au pool de libération automatique à chaque tour de boucle.

Méthodes accesseurs

Un objet possède des variables d'instance. Les autres objets ne peuvent pas accéder directement à ces variables. Pour que d'autres objets puissent lire et fixer une variable d'instance, un objet fournit généralement un couple de méthodes d'accès.

Par exemple, si une classe `Rex` possède une variable d'instance nommée `fido`, la classe fournira probablement au moins deux autres méthodes : `fido` et `setFido:`. La méthode `fido` permet à d'autres objets de lire la valeur de la variable `fido`. La méthode `setFido:` leur permet de fixer sa valeur.

Lorsque la variable n'est pas un pointeur, les méthodes accesseurs sont plutôt simples. Par exemple, si une classe possède une variable d'instance `toto` de type `int`, voici les accesseurs à créer :

```
- (int)toto
{
    return toto;
}

- (void)setToto:(int)x
{
    toto = x;
}
```

Elle permet aux autres objets d'obtenir et de fixer la valeur de `toto`.

La question se complique lorsque `toto` est un pointeur sur un objet. Dans la méthode "set", il faut vérifier que la nouvelle valeur est gardée et que l'ancienne est libérée (voir Figure 4.6). Si l'on suppose que `toto` est un pointeur sur une `NSCalendarDate`, il existe trois idiomes classiques pour les méthodes "set". Les trois fonctionnent correctement et vous rencontrerez probablement des programmeurs Cocoa expérimentés qui défendront la supériorité de l'un ou de l'autre. Nous verrons les avantages et les inconvénients de chacun.

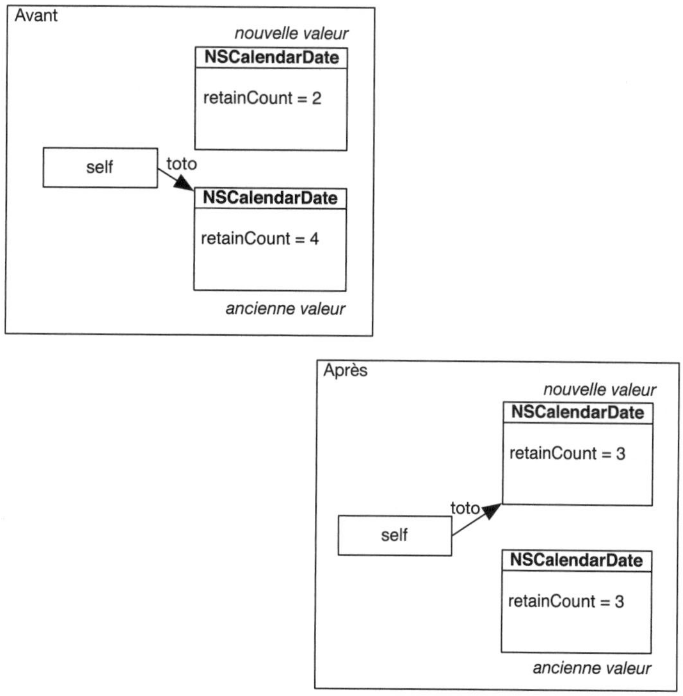

Figure 4.6
Avant et après setToto.

Le premier idiome est "garder puis libérer" :

```
- (void)setToto:(NSCalendarDate *)x
{
    [x retain];
    [toto release];
    toto = x;
}
```

Dans ce cas, il est important de garder avant de libérer. Supposons que l'ordre soit inversé. Si `x` et `toto` sont des pointeurs sur le même objet dont le compteur de références vaut 1, la libération provoquera la désallocation de l'objet avant qu'il soit gardé.

Inconvénient : s'ils ont la même valeur, cette méthode effectue des opérations de garde et de libération inutiles.

Le deuxième idiome est "vérifier avant de modifier" :

```
- (void)setToto:(NSCalendarDate *)x
{
    if (toto != x) {
      [toto release];
      toto = [x retain];
    }
}
```

Dans ce cas, la variable n'est affectée que si elle est différente de la valeur passée en argument. *Inconvénient :* une instruction `if` supplémentaire est nécessaire.

Le troisième idiome est "libérer automatiquement l'ancienne valeur" :

```
- (void)setToto:(NSCalendarDate *)x
{
    [toto autorelease];
    toto = [x retain];
}
```

Dans ce cas, l'ancienne valeur est libérée automatiquement. *Inconvénient :* une erreur dans les compteurs de références provoquera un crash dans une boucle d'événements déroulée après l'erreur. Ce comportement ne facilite pas la découverte du bogue. Dans les deux premiers idiomes, le dysfonctionnement apparaîtra plus proche de l'erreur. Par ailleurs, `autorelease` implique un surcoût qui risque de réduire les performances.

Puisque vous connaissez les inconvénients, vous pouvez choisir par vous-même l'idiome à suivre. Dans ce livre, nous utiliserons "garder puis libérer".

La méthode "get" pour un objet est identique à celle pour une variable qui n'est pas un pointeur :

```
- (NSCalendarDate *)toto
{
    return toto;
}
```

Les programmeurs Java auraient certainement nommé cette méthode `getToto`. Il ne le faut pas. Les programmeurs Objective-C l'appellent `toto`. Dans les idiomes classiques d'Objective-C, une méthode qui commence par `get` prend en argument une adresse où des données peuvent être copiées. Par exemple, si nous possédons un objet `NSColor` et si nous souhaitons obtenir ses composantes rouge, verte, bleue et alpha, nous appellerons `getRed:green:blue:alpha:` de la manière suivante :

```
float r, g, b, a;

[maCouleurFavorite getRed:&r green:&g blue:&b alpha:&a];
```

Pour les lecteurs qui auraient oublié leur C, `&` retourne l'adresse à laquelle la variable conserve ses données.

Si nous utilisons des accesseurs pour lire les variables, la méthode `description` ressemblera à la suivante :

```
- (NSString *)description
{
    return [NSString stringWithFormat:@"%@ = %d et %d",
        [self entryDate], [self firstNumber], [self secondNumber]];
}
```

Les puristes de l'orienté objet prétendront qu'il s'agit de la seule implémentation correcte de la méthode `description`.

Modifiez `setEntryDate:` dans `LotteryEntry.m` pour retenir correctement la nouvelle valeur et libérer l'ancienne :

```
- (void)setEntryDate:(NSCalendarDate *)date
{
    [date retain];
    [entryDate release];
    entryDate = date;
}
```

Travail réalisé

Nous avons écrit un programme simple en Objective-C, avec une fonction `main()` qui crée plusieurs objets. Certains de ces objets sont des instances de `LotteryEntry`, une classe que nous avons créée. Le programme consigne des informations sur la console.

À ce stade, vous avez acquis les principales connaissances quant à Objective-C. Objective-C n'est pas un langage complexe. La suite de cet ouvrage s'intéressera aux frameworks qui composent Cocoa. Les prochaines applications réagiront toutes aux événements ; il ne s'agira pas d'outils en ligne de commande.

5

Cible et action

Au sommaire de ce chapitre

- ✔ Principales sous-classes de *NSControl*
- ✔ Débuter l'exemple SpeakLine
- ✔ Organiser le fichier nib
- ✔ Implémenter la classe *AppController*
- ✔ Pour les plus curieux : fixer la cible par programmation
- ✔ Conseils de débogage

Il était une fois une société, nommée Taligent, qui avait été créée par IBM et Apple pour développer un ensemble d'outils et de bibliothèques semblables à Cocoa. Alors que Taligent était au sommet de sa notoriété, j'ai rencontré l'un de ses ingénieurs à un salon. Je lui ai demandé de créer une application simple : une fenêtre contenant un bouton et où un clic sur le bouton ferait apparaître les mots "Hello, World!" dans un champ de texte. L'ingénieur a créé un projet et s'est mis à écrire des sous-classes à tout-va : sous-classes de la fenêtre, du bouton et du gestionnaire d'événements. Ensuite, il a commencé à générer du code : des dizaines de lignes pour placer le bouton et le champ de texte sur la fenêtre. Après 45 minutes, j'ai dû partir. L'application ne fonctionnait toujours pas. Ce jour-là, j'ai compris que l'entreprise n'avait aucun avenir. Deux années plus tard, Taligent avait définitivement fermé ses portes.

La plupart des outils C++ et Java fonctionnent sur les mêmes principes que ceux de Taligent. Le développeur écrit des sous-classes de nombreuses classes standard et génère de nombreuses lignes de code pour que les contrôles apparaissent sur les fenêtres. En réalité, la plupart de ces outils rencontrent un certain succès.

Pour développer une application fondée sur le framework AppKit, nous créerons rarement des sous-classes de celles qui représentent les fenêtres, les boutons ou les événements. À la place, nous écrirons des objets qui fonctionnent avec les classes existantes. De plus, nous ne produirons pas du code d'affichage des contrôles sur les fenêtres. À la place, le fichier nib contiendra toutes ces informations. L'application résultante contiendra un nombre bien inférieur de lignes de code. Au début, cela vous semblera alarmant. Avec le temps, la plupart des programmes trouvent cela très élégant.

Pour comprendre le framework AppKit, il est sans doute plus facile de commencer par la classe `NSControl`. `NSButton`, `NSSlider`, `NSTextView` et `NSColorWell` sont toutes des sous-classes de `NSControl`. Un contrôle possède une *cible* (*target*) et une *action*. La cible n'est qu'un pointeur sur un autre objet. L'action est un message (un sélecteur) à envoyer à la cible. Rappelez-vous le Chapitre 2. Nous avons défini la cible et l'action de deux boutons : l'objet `Foo` est devenu la cible des deux boutons, tandis que `seed:` est devenue l'action d'un premier bouton (voir Figure 5.1) et `generate:`, l'action du second.

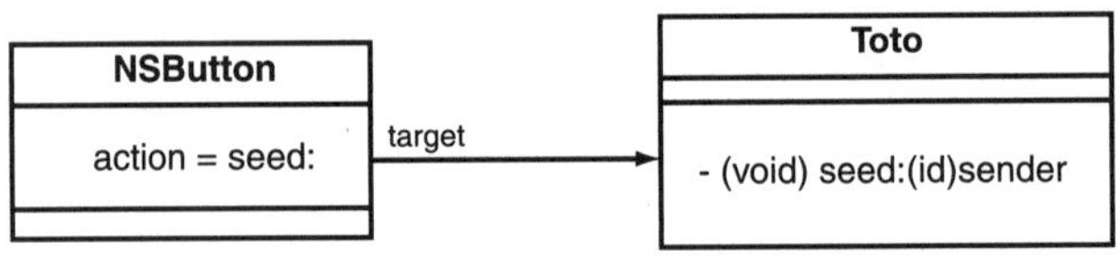

Figure 5.1
Un bouton possède une cible (target) et une action.

Lorsque l'utilisateur interagit avec le contrôle, celui-ci envoie le message de son action à sa cible. Par exemple, lors du clic sur le bouton, le bouton envoie l'action à la cible (voir Figure 5.2).

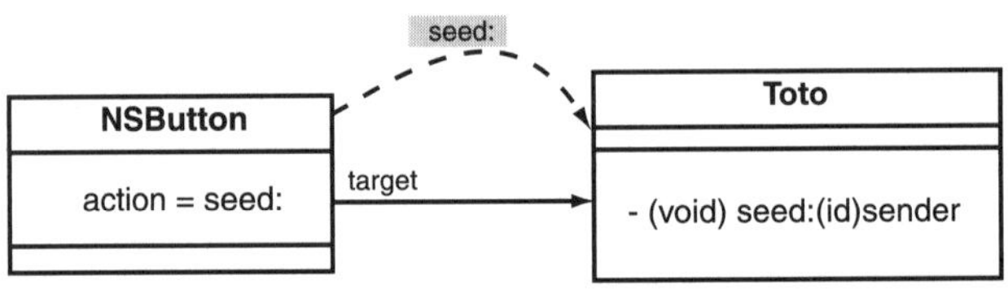

Figure 5.2
Le bouton envoie un message.

La méthode d'action prend un argument : l'émetteur. Le destinataire connaît ainsi le contrôle qui a envoyé le message. Très souvent, l'émetteur sera rappelé pour obtenir plus d'informations. Par exemple, une case à cocher enverra son message d'action lorsqu'elle est activée et désactivée. Après avoir reçu ce message, le destinataire peut rappeler la case à cocher pour savoir si elle est actuellement activée ou désactivée :

```
- (IBAction)basculerToto:(id)emetteur
{
    BOOL estACtif = [emetteur state];
    ...
}
```

Afin de mieux comprendre `NSControl`, nous devons faire connaissance avec ses ancêtres. `NSControl` hérite de `NSView`, qui hérite de `NSResponder`, qui hérite de `NSObject`. Chaque membre de la famille apporte de nouvelles possibilités (voir Figure 5.3).

Figure 5.3

Graphe d'héritage de NSControl.

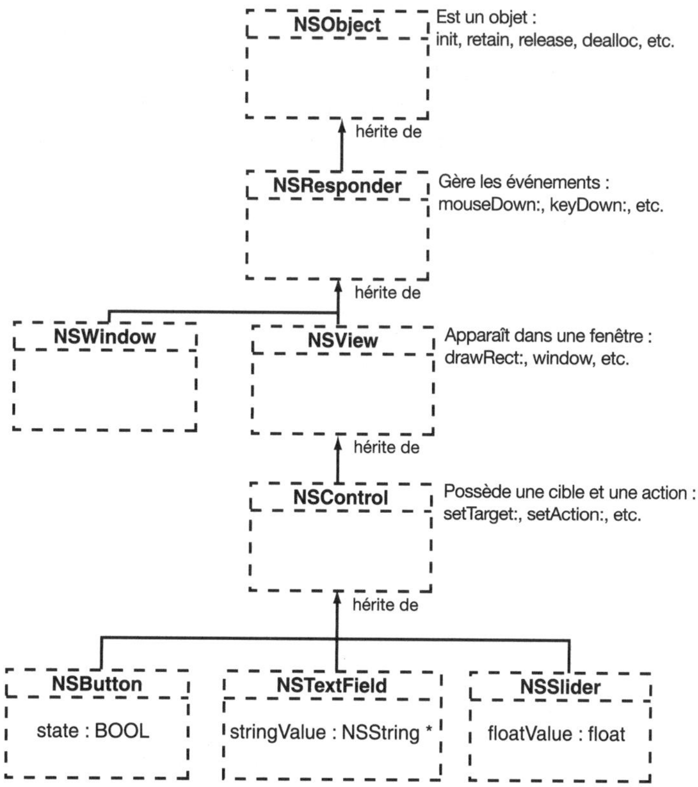

Au sommet de la hiérarchie de classe se trouve `NSObject`. Toutes les classes dérivent de `NSObject`, qui fournit les méthodes de base : `retain`, `release`, `dealloc` et `init`. `NSResponder` est une sous-classe de `NSObject`. Les répondeurs sont en mesure de traiter des événements avec des méthodes comme `mouseDown:` et `keyDown:`. `NSView` est une sous-classe de `NSResponder`. Une vue `NSView` réserve un emplacement dans une fenêtre où elle se dessine elle-même. Nous pouvons créer des sous-classes de `NSView` pour afficher des graphiques et permettre à l'utilisateur de glisser et de déposer des données. `NSControl` dérive de `NSView` et ajoute la cible et l'action.

Principales sous-classes de *NSControl*

Avant d'utiliser des contrôles, examinons brièvement les trois contrôles les plus utilisés : `NSButton`, `NSSlider` et `NSTextField`.

NSButton

Les instances de `NSButton` peuvent avoir diverses apparences : ovales, carrées, cases à cocher. Leurs comportements en réponse à un clic peuvent également être différents : bascules (comme une case à cocher) ou temporairement actives (comme la plupart des autres boutons). Aux boutons peuvent être associés des icônes et des sons. La Figure 5.4 présente l'inspecteur `Attributes` pour un `NSButton` dans Interface Builder.

Figure 5.4
L'inspecteur d'un bouton.

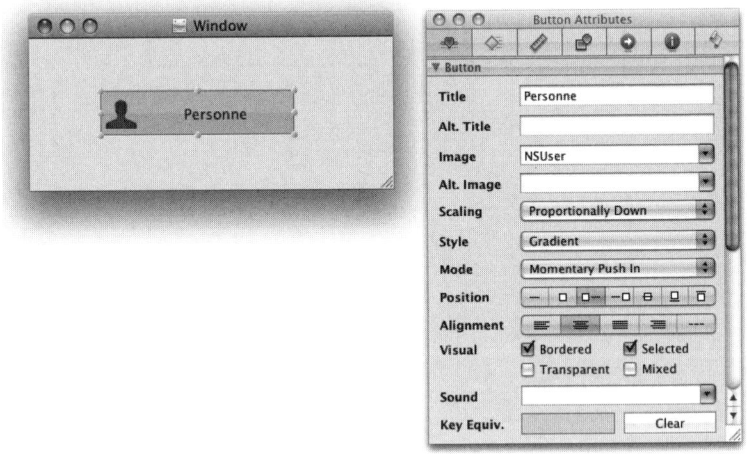

Voici les trois méthodes des boutons les plus souvent invoquées :

`- (void)`**`setEnabled:`**`(BOOL)yn`

L'utilisateur peut cliquer sur un bouton activé. Les boutons désactivés sont grisés.

`- (int)`**`state`**

Cette méthode retourne `NSOnState` (qui vaut 1) si le bouton est sélectionné, et `NSOffState` (qui vaut 0) si le bouton n'est pas sélectionné. Elle permet de savoir si une case est cochée ou décochée.

`- (void)`**`setState:`**`(int)aState`

Cette méthode sélectionne ou désélectionne un bouton. Elle permet donc de cocher ou de décocher une case directement depuis le code. `aState` doit être fixé à `NSOnState` pour cocher la case et à `NSOffState` pour la décocher.

NSSlider

Les instances de `NSSlider` sont verticales ou horizontales. Elles peuvent envoyer l'action à la cible de manière continue pendant qu'elles sont manipulées, ou attendre que l'utilisateur relâche le bouton de la souris. Un curseur peut être complété de graduations et empêcher les utilisateurs de choisir des valeurs situées entre ces graduations (voir Figure 5.5). Il existe également des curseurs circulaires.

Figure 5.5

L'inspecteur d'un curseur.

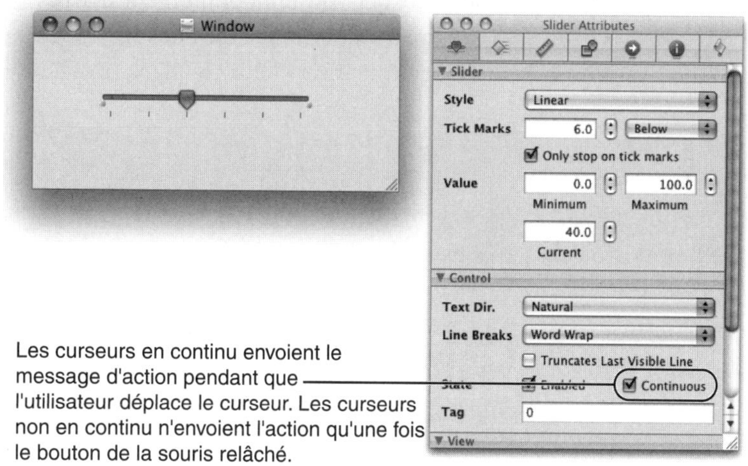

Voici les deux méthodes de `NSSlider` les plus utilisées :

`- (void)`**`setFloatValue:`**`(float)x`

Déplace le curseur à la position `x`.

`- (float)`**`floatValue`**

Retourne la position actuelle du curseur.

NSTextField

Une instance de `NSTextField` permet à l'utilisateur de saisir une seule ligne de texte. Les champs de texte peuvent être modifiables ou non. Les champs de texte non modifiables servent généralement d'étiquettes dans une fenêtre. Par rapport aux boutons et aux curseurs, les champs de texte sont relativement complexes. Nous reviendrons en détail sur ces contrôles dans les chapitres suivants. La Figure 5.6 présente l'inspecteur `Attributes` pour un `NSTextField` dans Interface Builder.

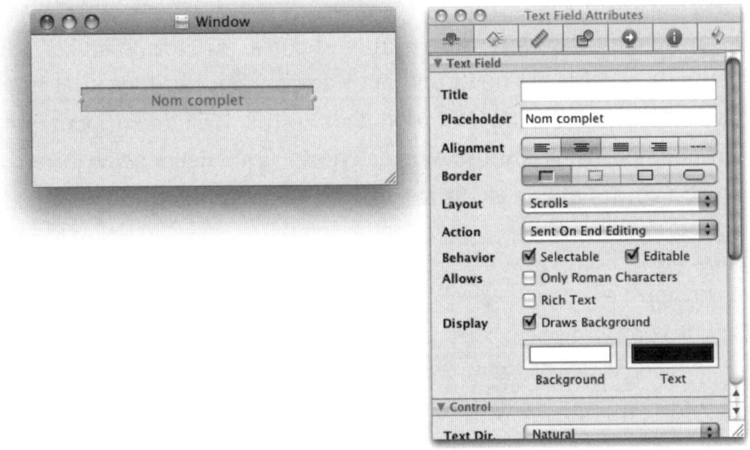

Figure 5.6

L'inspecteur d'un champ de texte.

Les champs de texte contiennent un emplacement pour une chaîne de caractères. Lorsque le champ est vide, l'emplacement de la chaîne est affiché en gris.

`NSSecureTextField` est une sous-classe de `NSTextField`. Il est utilisé pour saisir discrètement des données, comme des mots de passe. Lorsque l'utilisateur appuie sur les touches, des puces apparaissent à la place des caractères saisis. Les fonctions couper et copier sont désactivées dans un `NSSecureTextField`.

Voici les méthodes de `NSTextField` les plus utilisées :

```
- (NSString *)stringValue
- (void)setStringValue:(NSString *)aString
```

Ces méthodes permettent d'obtenir et de fixer la chaîne de caractères affichée dans le champ de texte.

```
- (NSObject *)objectValue
- (void)setObjectValue:(NSObject *)obj
```

Ces méthodes permettent d'obtenir et de fixer les données affichées dans le champ de texte sous forme d'un type d'objet quelconque.

Ce fonctionnement est très utile lorsqu'on utilise un formateur. Les `NSFormatter` sont responsables de la conversion d'une chaîne en un autre type, et inversement. Si aucun formateur n'est défini, ces méthodes s'appuient sur la méthode `description`.

Par exemple, il est possible d'utiliser un champ de texte pour laisser l'utilisateur saisir une date. En tant que programmeur, nous avons besoin non pas de la chaîne que l'utilisateur saisit, mais d'une instance de `NSCalendarDate`. En attachant un `NSDateFormatter` au champ de texte, nous faisons en sorte que la méthode `objectValue` de ce champ de texte retourne un `NSCalendarDate`. Par ailleurs, lorsque nous appelons `setObjectValue:` avec un `NSCalendarDate`, le `NSDateFormatter` met cet objet sous forme d'une chaîne de caractères présentée à l'utilisateur. Nous créerons une classe de formateur personnalisé au Chapitre 23.

La Figure 5.7 présente d'autres contrôles dont vous pourriez avoir besoin. Déplacez-les, étudiez-les et examinez leur fonctionnement lorsque vous exécutez l'application.

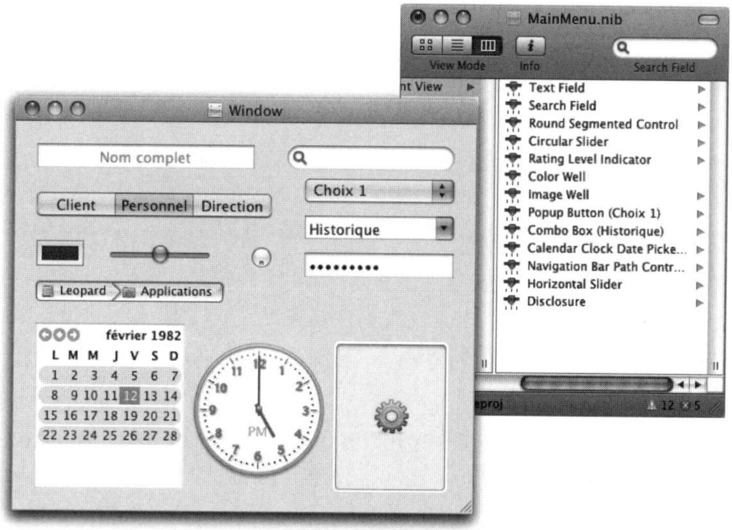

Figure 5.7
Divers contrôles.

Débuter l'exemple SpeakLine

Pour servir d'exemple à l'emploi des contrôles, nous allons écrire une application qui permet aux utilisateurs de saisir une ligne de texte et de l'écouter, dictée par le synthétiseur vocal de Mac OS X. À la fin de ce chapitre, l'application ressemblera à celle illustrée à la Figure 5.8.

Figure 5.8
L'application terminée.

La Figure 5.9 présente le graphe des objets qui seront créés, ainsi que leurs relations les uns avec les autres. Toutes les classes dont les noms commencent par `NS` font partie des frameworks Cocoa et existent donc déjà. Notre code sera dans la classe `AppController`.

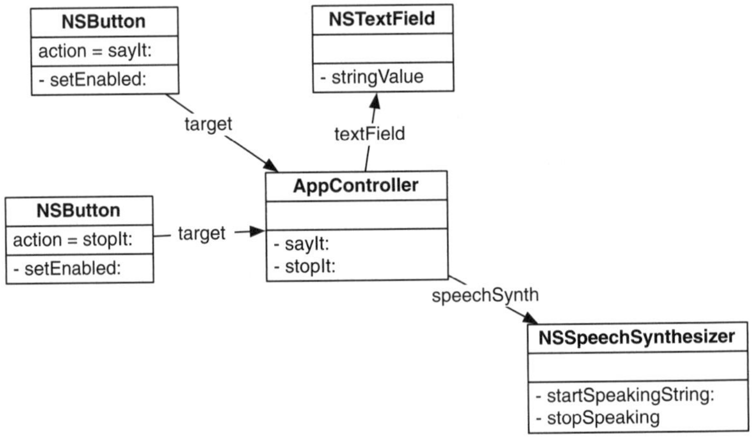

Figure 5.9
Graphe d'objets.

Dans Xcode, créez un nouveau projet de type `Cocoa Application`. Nommez-le `SpeakLine`.

Organiser le fichier nib

Double-cliquez sur `MainMenu.nib` pour l'ouvrir dans Interface Builder. À partir de la fenêtre Library, faites glisser un champ de texte et deux boutons. Double-cliquez sur le champ de texte pour lui affecter le contenu "Les chaussettes de l'archiduchesse sont sèches" (lu avec un bel accent anglais), ou "Peter Piper picked a peck of pickled peppers", ou n'importe quel texte que vous aimeriez entendre prononcé par la machine. Modifiez les étiquettes des boutons afin qu'ils affichent `Lire` et `Arrêter`. Le résultat doit ressembler à celui présenté à la Figure 5.8.

Dans Xcode, créez une nouvelle classe et nommez-la `AppController`. Elle sera la cible des deux boutons. Chaque contrôle déclenchera une méthode d'action différente. Ajoutez le code suivant dans `AppController.h` :

```
#import <Cocoa/Cocoa.h>

@interface AppController : NSObject
{
    IBOutlet NSTextField *textField;
}
- (IBAction)sayIt:(id)sender;
- (IBAction)stopIt:(id)sender;
@end
```

Pour créer une instance de `AppController` dans le fichier nib, faites glisser un cube `NSObject` bleu dans la fenêtre du fichier nib. Dans l'inspecteur `Identity`, fixez sa classe à `AppController` (voir Figure 5.10).

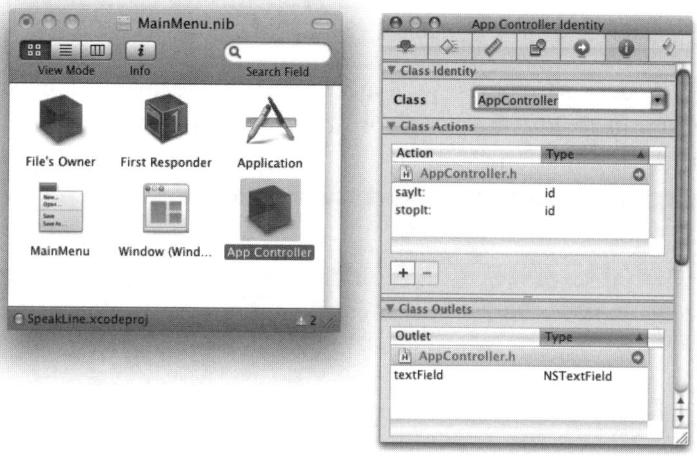

Figure 5.10
Fixer l'identité.

Établir des connexions dans Interface Builder

Créer des connexions s'apparente à présenter des gens. Nous disons "Mme Dupont, voici le Dr Martin". S'il est important que le Dr Martin connaisse également Mme Dupont, nous poursuivons par "Dr Martin, voici Mme Dupont". Dans Interface Builder, nous faisons glisser l'objet qui doit connaître l'autre objet vers celui-ci. Si nécessaire, nous pouvons également procéder dans l'autre sens pour créer une connexion opposée.

Par exemple, lorsqu'un utilisateur clique sur le bouton `Arrêter`, celui-ci doit envoyer un message à notre `AppController`. Par conséquent, le bouton doit connaître `AppController`. Faites glisser, tout en maintenant la touche Contrôle enfoncée, le bouton vers `AppController`. Lorsque le menu contextuel apparaît, sélectionnez l'action `stopIt:` (voir Figure 5.11).

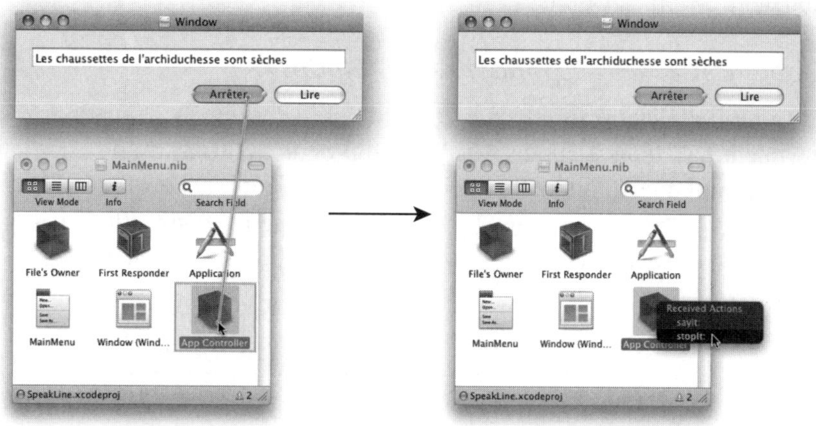

Figure 5.11
Fixer l'action du bouton Arrêter.

Procédez de la même manière pour affecter l'action `sayIt:` d'`AppController` au bouton `Lire`.

Pour que le Mac puisse prononcer la ligne de texte, `AppController` doit la demander au champ de texte. Par conséquent, `AppController` doit posséder un pointeur vers le champ de texte. Faites un Contrôle-clic sur `AppController`. Lorsque la liste des outlets apparaît, faites glisser l'outlet `textField` sur le champ de texte (voir Figure 5.12).

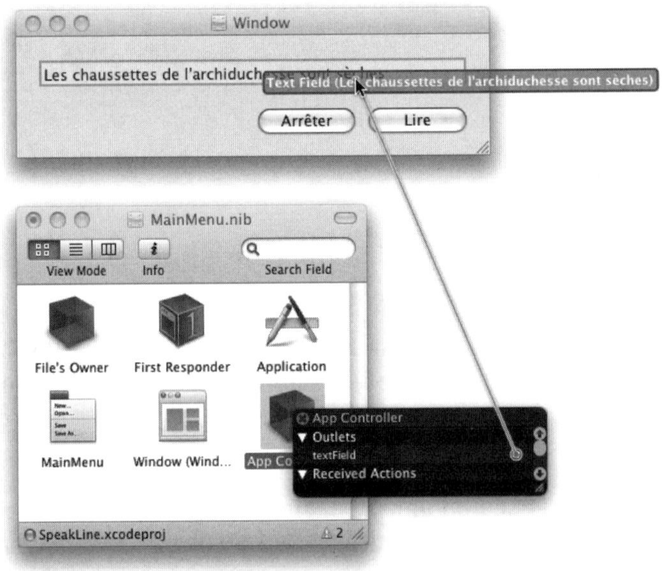

Figure 5.12
Connecter AppController *au champ de texte.*

À ce stade, vous avez établi toutes les connexions illustrées dans le graphe d'objets de la Figure 5.9, sauf une. La connexion manquante, `speechSynth`, sera créée par le code, non dans Interface Builder.

Outlet *initialFirstResponder* de *NSWindow*

Lorsque l'application s'exécute et que la nouvelle fenêtre apparaît, les utilisateurs ne devraient pas avoir à cliquer sur le champ de texte avant d'effectuer leur saisie. Nous pouvons indiquer à la fenêtre la vue initiale qui doit recevoir les événements du clavier. Faites un Contrôle-clic sur l'icône de la fenêtre pour afficher son panneau des connexions. Faites glisser `initialFirstResponder` vers le champ de texte.

Implémenter la classe *AppController*

Nous devons à présent écrire du code. Retournez dans Xcode et sélectionnez le fichier `AppController.h`. Ajoutez la variable d'instance `speechSynth` de type `NSSpeechSynthesizer` :

```
#import <Cocoa/Cocoa.h>

@interface AppController : NSObject
{
    IBOutlet NSTextField *textField;
    NSSpeechSynthesizer *speechSynth;
}
- (IBAction)sayIt:(id)sender;
- (IBAction)stopIt:(id)sender;

@end
```

Ouvrez le fichier `AppController.m`. C'est là que nous allons programmer le travail des méthodes :

```
#import "AppController.h"

@implementation AppController

- (id)init
{
    [super init];

    // Les journaux peuvent aider le novice à comprendre ce qui
    // se passe et à trouver les bogues.
    NSLog(@"init");

    // Créer une nouvelle instance de NSSpeechSynthesizer
    // avec la voix par défaut.
    speechSynth = [[NSSpeechSynthesizer alloc] initWithVoice:nil];
    return self;
}

- (IBAction)sayIt:(id)sender
{
    NSString *string = [textField stringValue];

    // La chaîne est-elle vide ?
    if ([string length] == 0) {
        NSLog(@"la chaîne de %@ est vide", textField);
        return;
    }
    [speechSynth startSpeakingString:string];
    NSLog(@"Lecture de : %@", string);
}

- (IBAction)stopIt:(id)sender
{
    NSLog(@"Arrêt en cours");
    [speechSynth stopSpeaking];
}
@end
```

L'application est terminée. Compilez-la et exécutez-la. Elle doit lire à haute voix le texte saisi dans le champ de texte et vous devez pouvoir l'arrêter au milieu de la phrase.

Note finale : un élément de menu (une instance de `NSMenuItem`) possède également une cible et une action. Tout le contenu de ce chapitre s'applique également aux éléments de menu.

Pour les plus curieux : fixer la cible par programmation

Sachez que l'action d'un contrôle est un sélecteur. `NSControl` offre la méthode suivante :

```
- (void)setAction:(SEL)aSelector
```

Cependant, comment pouvons-nous obtenir un sélecteur ? La directive `@selector` du compilateur d'Objective-C lui demande de rechercher le sélecteur à notre place. Par exemple, voici comment fixer l'action d'un bouton à la méthode `dessinerCasimir:` :

```
SEL monSelecteur;
monSelecteur = @selector(dessinerCasimir:);
[monBouton setAction:monSelecteur];
```

À la compilation, `@selector(dessinerCasimir:)` sera remplacé par le sélecteur de `dessinerCasimir:`.

Pour déterminer le sélecteur d'un `NSString` à l'exécution, nous pouvons utiliser la fonction `NSSelectorFromString()` :

```
SEL monSelecteur;
monSelecteur = NSSelectorFromString(@"dessinerCasimir:");
[monBouton setTarget:unObjetAvecUneMethodeDessinerCasimir];
[monBouton setAction:monSelecteur];
```

Exercice

Cet exercice représente un challenge important que vous devez réussir avant de poursuivre. S'il est facile de suivre les instructions, vous devrez un jour créer votre propre application. Vous allez commencer à prendre votre indépendance. N'hésitez pas à revenir aux exemples précédents en cas de besoin.

Créez une application qui aura une seule fenêtre ouverte. Il ne s'agit donc pas d'une application à base de documents. La Figure 5.13 présente la fenêtre avant la saisie. La Figure 5.14 montre la fenêtre affichée à l'utilisateur par l'application.

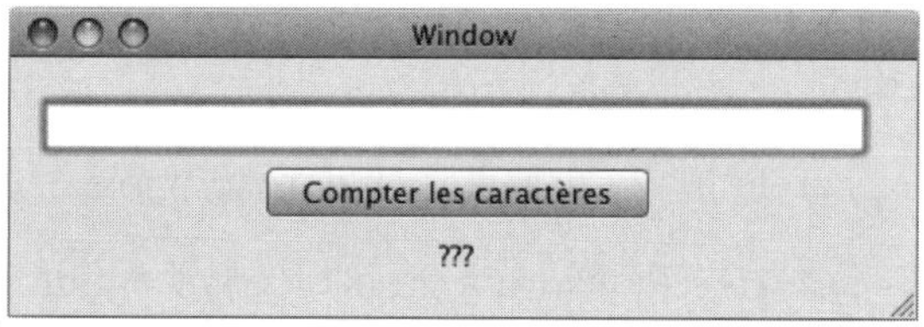

Figure 5.13
Avant toute saisie.

Lorsque l'utilisateur saisit une chaîne de caractères puis clique sur le bouton, le message affiche la chaîne et le nombre de caractères qu'elle contient (voir Figure 5.14).

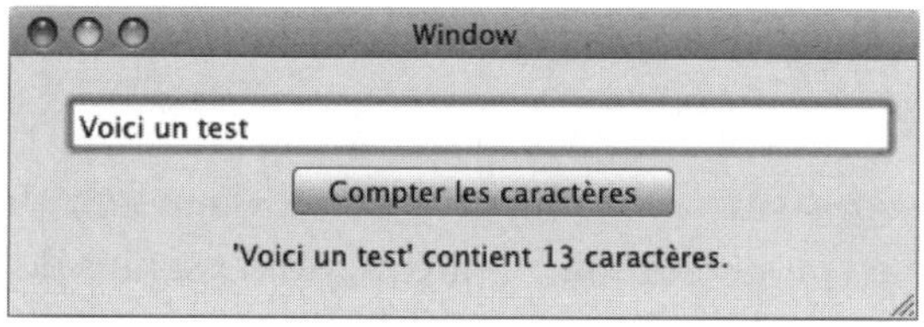

Figure 5.14
Après une saisie.

Il est important de savoir comment utiliser les classes Cocoa dans les applications. Pour cet exercice, vous devez trouver que la classe `NSTextField` offre les méthodes suivantes :

```
- (NSString *)stringValue
- (void)setStringValue:(NSString *)aString
```

Il vous sera également utile de connaître les méthodes suivantes de la classe `NSString` :

```
- (int)length
+ (NSString *)stringWithFormat:(NSString *),...
```

Vous devrez créer un objet contrôleur avec deux outlets et une action. C'est certainement difficile, mais vous n'êtes pas stupide. Bonne chance !

Conseils de débogage

Puisque vous écrivez à présent du code sans le recopier simplement depuis cet ouvrage, vous êtes prêt à recevoir quelques conseils de débogage.

Examinez toujours la console. Si un objet et Cocoa lancent une exception, elle sera consignée sur la console et la boucle des événements sera redémarrée. Si vous n'examinez pas la console, vous ne serez pas averti de l'erreur.

Utilisez toujours la configuration `Debug` *pendant le développement.* Dans la configuration `Release`, les symboles de débogage sont absents. Le débogueur se comportera de manière quelque peu étrange lorsqu'il analysera un programme qui ne contient aucun symbole de débogage.

Voici quelques problèmes classiques et leurs solutions :

- *Il ne se passe rien.* Vous avez probablement oublié d'établir une connexion dans Interface Builder. Un pointeur est donc `nil`. N'oubliez pas que les messages envoyés à `nil` n'ont aucun effet.
- *Malgré la connexion, il ne se passe toujours rien.* Vous avez probablement mal écrit le nom d'une méthode. Objective-C est sensible à la classe. Par conséquent, `setToto:` est totalement différent de `settoto:`. Essayez d'ajouter une instruction de journalisation ou de placer un point d'arrêt sur la méthode pour savoir si elle est invoquée.
- *L'application se crashe.* L'envoi d'un message à un objet qui a été désalloué conduit au crash du programme. Ce comportement est plus difficile à obtenir si vous utilisez le ramasse-miettes. Le dépistage de l'origine de ces dysfonctionnements peut se révéler complexe. En effet, l'objet incriminé a déjà été désalloué. Une manière de procéder consiste à demander aux frameworks de convertir les objets en *zombies* au lieu de les désallouer. Lorsque nous envoyons un message à un zombie, il lance une exception explicative du genre "Vous avez essayé d'envoyer le message `-count` à une instance libérée de la classe `Fido`". Le débogueur s'arrêtera alors sur la ligne correspondante.

  Pour activer les zombies, double-cliquez sur l'exécutable dans Xcode. Dans le panneau Info, ajoutez deux variables d'environnement : `NSZombiesEnabled` à `YES`, et `CFZombieLevel` à `1` (voir Figure 5.15).
- *Les objets ne sont pas libérés, mais le programme se crashe toujours.* Vérifiez le type des arguments. Le code suivant, par exemple, est une bonne manière de crasher l'application :

  ```
  int x = 5;
  NSLog(@"x vaut %@", x);
  ```
- *Interface Builder ne me laisse pas créer une connexion.* Un fichier `.h` est corrompu. Manque-t-il un point-virgule ? Une variable est-elle déclarée `NSTabView` à la place de `NSTableView` ? Examinez attentivement le code.

Figure 5.15

Activer les zombies.

6

Objets assistants

Au sommaire de ce chapitre

- ✔ Délégation
- ✔ *NSTableView* et sa source de données
- ✔ Agencer l'interface utilisateur
- ✔ Établir des connexions
- ✔ Modifier *AppController.m*
- ✔ Pour les plus curieux : fonctionnement de la délégation

Il était une fois, avant *Alerte à Malibu*, un homme sans nom. Knight Industries avait décidé que, si cet homme était équipé de pistolets, de roues et de fusées d'appoint, il pourrait devenir l'arme parfaite contre le crime. Cette société a tout d'abord pensé : "Créons une sous-classe et redéfinissons tout ce qu'il faut pour ajouter les pistolets, les roues et les fusées d'appoint." Le problème était que, pour créer une sous-classe de Michael Knight, il aurait fallu tout connaître de sa constitution interne pour y brancher des fusils et des fusées d'appoint. Par conséquent, elle a choisi de créer un objet assistant nommé KITT (*Knight Industries 2000*).

Cette approche est totalement différente de celle choisie pour RoboCop. RoboCop était un homme dont on a créé une sous-classe et que l'on a étendu. Le projet RoboCop a nécessité des dizaines de chirurgiens pour que l'homme devienne une machine de guerre. C'est la solution qu'ont choisie de nombreux frameworks orientés objet.

Tout en s'approchant du repaire d'un trafiquant d'armes, Michael Knight parlerait à KITT à l'aide de sa montre radio. "KITT, dirait-il, je dois aller de l'autre côté du mur." KITT répondrait en explosant le mur à l'aide d'une roquette. Après avoir détruit le mur, KITT redonnerait le contrôle à Michael, qui avancerait tranquillement parmi les décombres.

Dans le framework Cocoa, de nombreux objets sont étendus de cette manière. Autrement dit, il existe un objet qui doit être étendu pour répondre à nos besoins. Au lieu de créer une sous-classe de la vue tableau, nous lui fournissons simplement un objet assistant. Par exemple, lorsqu'une vue tableau doit s'afficher, elle se tourne vers l'objet assistant et lui demande : "Combien de lignes de données dois-je afficher ?" Ou : "Que dois-je afficher dans la première colonne, deuxième ligne ?"

Ainsi, pour étendre une classe Cocoa existante, nous écrivons le plus souvent un objet assistant. Ce chapitre se focalise sur la création d'objets assistants et leur connexion aux objets Cocoa standard.

Délégation

Dans l'application `SpeakLine` du Chapitre 5, l'interface serait plus facile à utiliser si le bouton `Arrêter` était désactivé jusqu'à ce que le synthétiseur vocal commence sa lecture et si le bouton `Lire` était activé lorsque le synthétiseur vocal est silencieux. Pour cela, l'application `AppController` doit activer le bouton lorsqu'elle démarre le synthétiseur vocal et le désactiver lorsqu'il s'arrête.

Dans le framework Cocoa, de nombreuses classes possèdent une variable d'instance nommée `delegate`. Nous pouvons affecter à cette variable un pointeur sur un objet assistant. Dans la documentation d'une classe, les méthodes déléguées sont clairement décrites. Par exemple, la classe `NSSpeechSynthesizer` délègue les méthodes suivantes :

```
- (void)speechSynthesizer:(NSSpeechSynthesizer *)sender
        didFinishSpeaking:(BOOL)finishedSpeaking

- (void)speechSynthesizer:(NSSpeechSynthesizer *)sender
            willSpeakWord:(NSRange)characterRange
                 ofString:(NSString *)string

- (void)speechSynthesizer:(NSSpeechSynthesizer *)sender
         willSpeakPhoneme:(short)phonemeOpcode
```

Le programmeur d'Apple qui a écrit la classe `NSSpeechSynthesizer` a défini ces points d'accroche (*hook*). Il est Michael Knight. Nous sommes KITT.

Parmi les trois messages que le synthétiseur vocal envoie à son délégué, seul le premier, `speechSynthesizer:didFinishSpeaking:`, nous intéresse vraiment.

Dans votre application, nous allons faire d'`AppController` le délégué du synthétiseur vocal et implémenter `speechSynthesizer:didFinishSpeaking:`. Cette méthode sera appelée automatiquement lorsque l'énoncé sera terminé. Le nouveau graphe d'objets est présenté à la Figure 6.1.

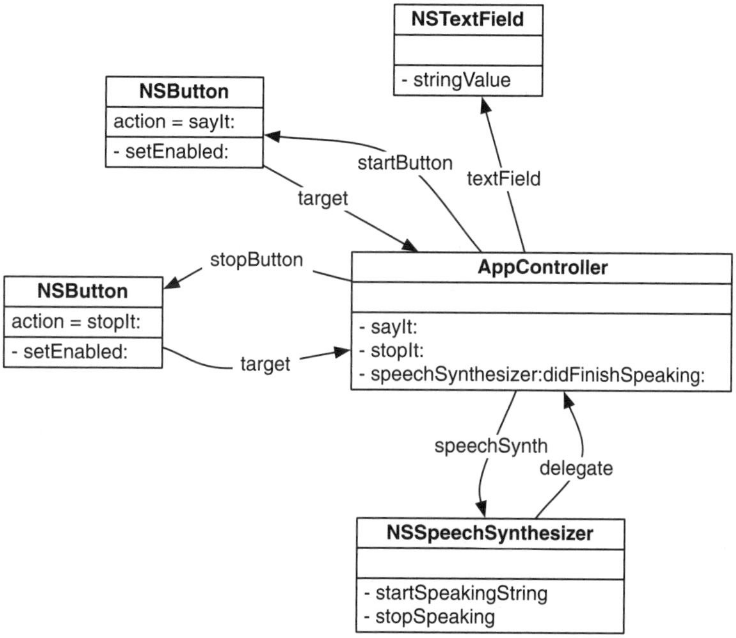

Figure 6.1

Nouveau graphe d'objets de SpeakLine.

Nous ne sommes pas obligés d'implémenter les autres méthodes déléguées. Les méthodes implémentées seront invoquées, les méthodes non implémentées seront ignorées. Le premier argument est toujours l'objet qui envoie le message. Dans ce cas, il s'agit du synthétiseur vocal.

Dans `AppController.m`, affectez le synthétiseur vocal à l'outlet `delegate` :

```
- (id)init
{
    [super init];
    NSLog(@"init");
    speechSynth = [[NSSpeechSynthesizer alloc] initWithVoice:nil];
    [speechSynth setDelegate:self];
    return self;
}
```

Ensuite, ajoutez la méthode déléguée. Pour le moment, elle consigne simplement un message :

```
- (void)speechSynthesizer:(NSSpeechSynthesizer *)sender
        didFinishSpeaking:(BOOL)complete
{
    NSLog(@"fin = %d", complete);
}
```

Compilez et exécutez l'application. La méthode déléguée est appelée lors d'un clic sur le bouton `Arrêter` ou lorsque l'énoncé en cours est terminé. `complete` vaut `YES` uniquement lorsque l'énoncé va jusqu'à la fin.

Pour activer et désactiver les boutons `Arrêter` et `Lire`, nous avons besoin d'outlets. Ajoutez les variables d'instance suivantes dans `AppController.h` :

```
IBOutlet NSButton *stopButton;
IBOutlet NSButton *startButton;
```

Enregistrez le fichier.

Retournez dans Interface Builder et faites un Contrôle-clic sur `AppController`. Faites glisser l'outlet `stopButton` vers le bouton `Arrêter`. Faites de même pour l'outlet `startButton` vers le bouton `Lire` (voir Figure 6.2).

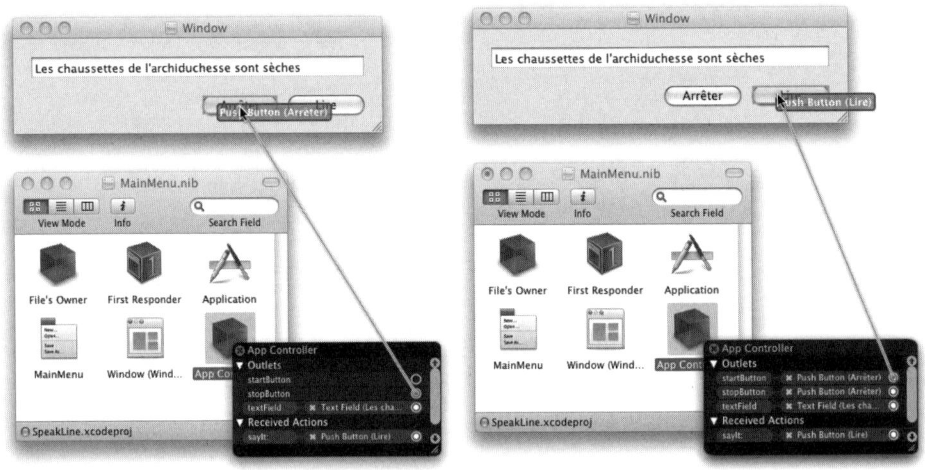

Figure 6.2

Définir les outlets stopButton *et* startButton.

Le bouton `Arrêter` doit être désactivé lorsqu'il apparaît initialement à l'écran. Sélectionnez ce bouton et désactivez-le dans l'inspecteur `Attributes` (voir Figure 6.3). Enregistrez le fichier nib.

Dans Xcode, nous allons modifier le fichier `AppController.m` pour que les boutons soient activés et désactivés au bon moment. Dans `sayIt:`, nous activons le bouton `Arrêter` et désactivons le bouton `Lire` :

```
- (IBAction)sayIt:(id)sender
{
    NSString *string = [textField stringValue];
    if ([string length] == 0) {
        return;
    }

    [speechSynth startSpeakingString:string];
    NSLog(@"Lecture de : %@", string);
```

```
        [stopButton setEnabled:YES];
        [startButton setEnabled:NO];
    }
```

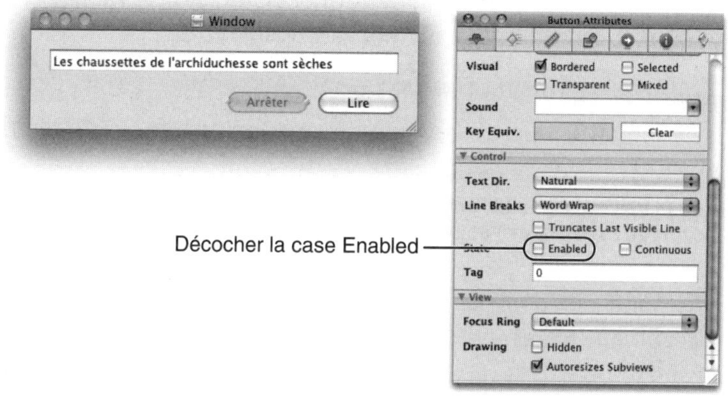

Figure 6.3

Désactiver le bouton Arrêter.

Dans `speechSynthesizer:didFinishSpeaking:`, nous replaçons les boutons dans leur état initial :

```
- (void)speechSynthesizer:(NSSpeechSynthesizer *)sender
        didFinishSpeaking:(BOOL)complete
{
    NSLog(@"fin = %d", complete);
    [stopButton setEnabled:NO];
    [startButton setEnabled:YES];
}
```

Compilez et exécutez l'application. Le bouton `Arrêter` doit être activé uniquement lorsque le synthétiseur est en cours de lecture. Le bouton `Lire` doit être activé uniquement lorsque le synthétiseur est silencieux.

NSTableView et sa source de données

Nous allons à présent ajouter une vue tableau qui permettra à l'utilisateur de changer la voix (voir Figure 6.4).

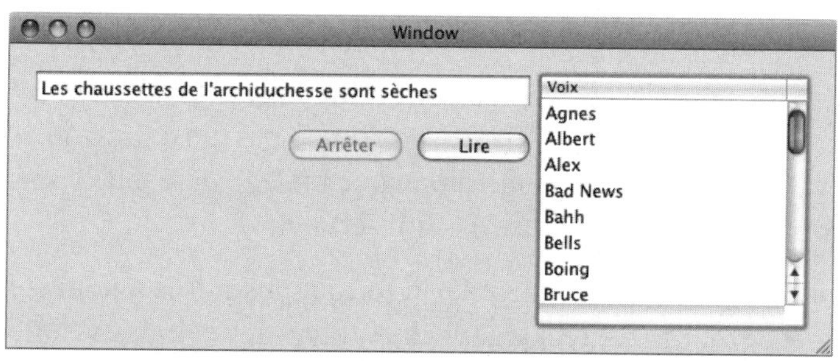

Figure 6.4

L'application terminée.

Une vue tableau permet d'afficher des colonnes de données. Un `NSTableView` possède un objet assistant nommé `dataSource` (voir Figure 6.5). Le tableau suppose que la source de données offre certaines méthodes. Nous disons que "la source de données doit se conformer au protocole informel de `NSTableDataSource`". Plus simplement, elle doit implémenter les deux méthodes suivantes :

```
- (int)numberOfRowsInTableView:(NSTableView *)aTableView
```

La source de données retourne le nombre de lignes à afficher.

```
- (id)tableView:(NSTableView *)aTableView
    objectValueForTableColumn:(NSTableColumn *)aTableColumn
                          row:(int)rowIndex
```

La source de données retourne l'objet qui doit être affiché sur la ligne `rowIndex` de la colonne `aTableColumn`.

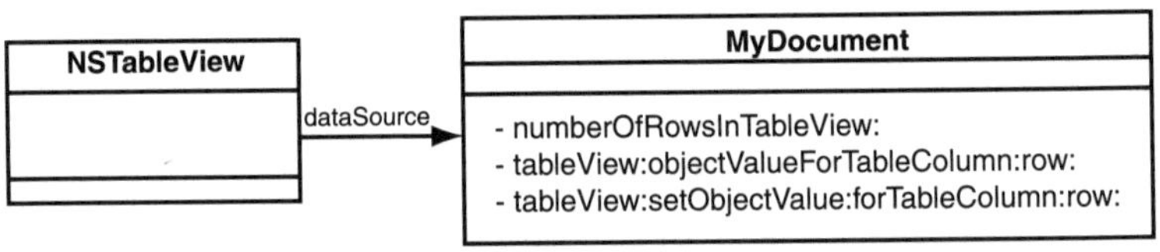

Figure 6.5

La source de données de NSTableView.

Si des cellules du tableau doivent pouvoir être modifiées, il faut alors implémenter une autre méthode :

```
- (void)tableView:(NSTableView *)aTableView
   setObjectValue:(id)anObject
   forTableColumn:(NSTableColumn *)aTableColumn
              row:(int)rowIndex
```

La source de données prend l'entrée que l'utilisateur place sur la ligne `rowIndex` de `aTableColumn`. Il est inutile d'implémenter cette méthode si le tableau n'est pas modifiable.

Vous remarquerez que nous avons une attitude très passive envers l'apparition des données. La source de données attend jusqu'à ce que la vue tableau demande les données. Lors de leur premier contact avec `NSTableView`, ou `NSBrowser` et `NSOutlineView`, qui fonctionnent de manière très similaire, la plupart des programmeurs veulent donner des ordres à la vue tableau en lui disant "tu afficheras 7 sur la troisième ligne de la cinquième colonne". Cela ne fonctionne pas ainsi. Lorsqu'il est prêt à afficher la troisième ligne et la cinquième colonne, le tableau demande à sa source de données l'objet correspondant. Notre classe est son serviteur.

Pour que le tableau récupère les informations mises à jour, il faut invoquer sa méthode `reloadData`. La vue rechargera alors toutes les cellules visibles.

Nous allons à présent faire en sorte que notre instance d'`AppController` devienne la source de données de la vue tableau. Cela se fait en deux étapes : implémenter les deux méthodes indiquées précédemment et affecter l'instance d'`AppController` à l'outlet `dataSource` de la vue tableau. La Figure 6.6 présente le graphe d'objets correspondant.

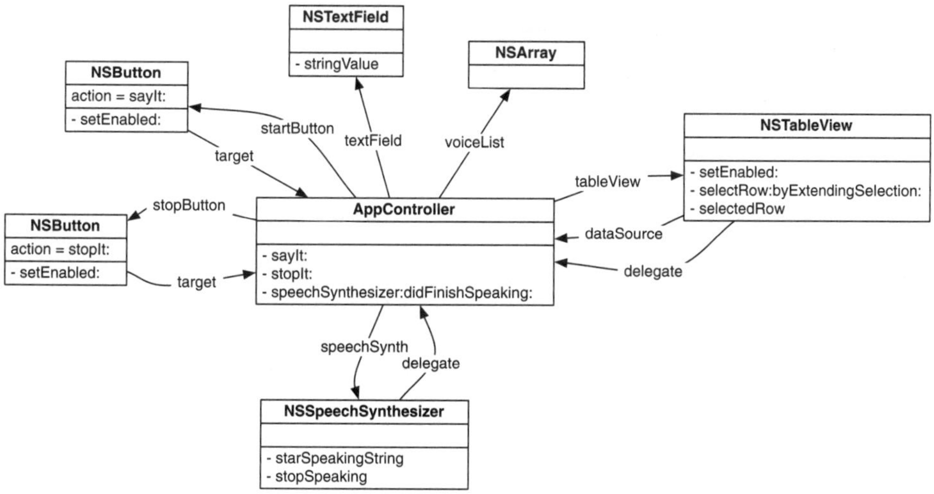

Figure 6.6

Graphe d'objets.

Tout d'abord, ajoutez la déclaration de deux variables d'instance dans `AppController.h` :

```
#import <Cocoa/Cocoa.h>

@interface AppController : NSObject
{
    IBOutlet NSTextField *textField;
    NSSpeechSynthesizer *speechSynth;
    IBOutlet NSButton *startButton;
    IBOutlet NSButton *stopButton;
    IBOutlet NSTableView *tableView;
    NSArray *voiceList;
}
```

Enregistrez le fichier. Dans `AppController.m`, modifiez la méthode `init` de manière à initialiser `voiceList` :

```
- (id)init
{
    [super init];
    speechSynth = [[NSSpeechSynthesizer alloc] initWithVoice:nil];
    [speechSynth setDelegate:self];
    voiceList = [[NSSpeechSynthesizer availableVoices] retain];
    return self;
}
```

Agencer l'interface utilisateur

Ouvrez MainMenu.nib. Nous allons modifier la fenêtre pour qu'elle ressemble à celle illustrée à la Figure 6.7.

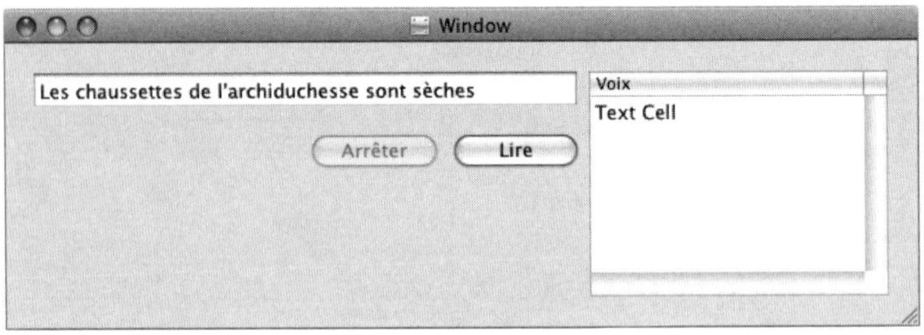

Figure 6.7

L'interface terminée.

Faites glisser un NSTableView sur la fenêtre (voir Figure 6.8).

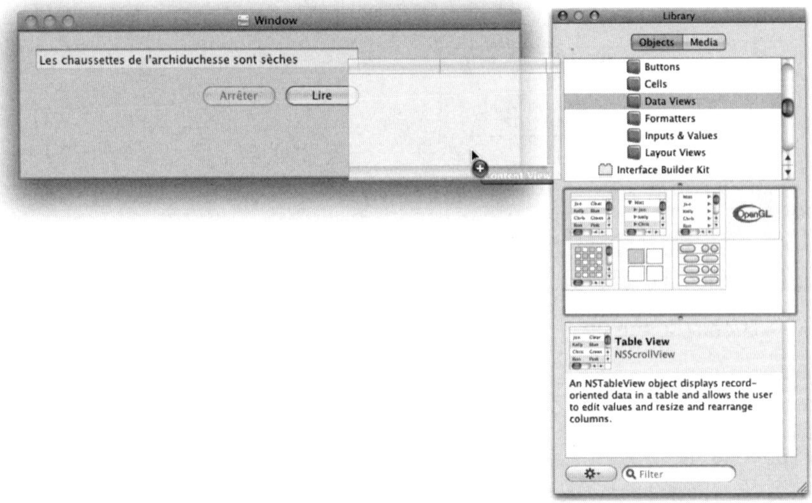

Figure 6.8

Déposer une vue tableau sur la fenêtre.

Sélectionnez la vue tableau afin d'examiner ses attributs dans l'inspecteur (voir Figure 6.9). Ce sera peut-être difficile car la vue tableau se trouve à l'intérieur d'une vue défilement et la colonne de la vue tableau se trouve dans celle-ci. Faites des essais. Vous saurez que vous aurez sélectionné la vue tableau lorsque l'intitulé de la fenêtre de l'inspecteur est Table View Attributes. Dans l'inspecteur, configurez le tableau pour qu'il ne contienne qu'une seule colonne. Désactivez également la sélection de colonne.

Cliquez sur l'en-tête de la colonne afin de l'intituler Voix.

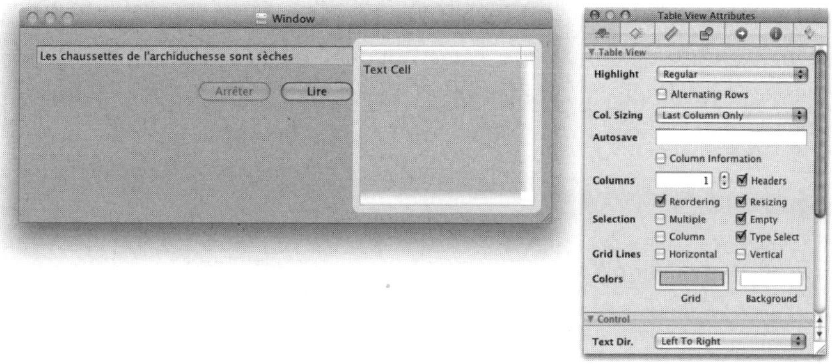

Figure 6.9
Inspecter la vue tableau.

Établir des connexions

Nous allons commencer par affecter notre instance d'`AppController` à l'outlet `dataSource` de `NSTableView`. Pour cela, sélectionnez le `NSTableView`. Faites un Contrôle-clic dans la vue tableau pour afficher le panneau des connexions. Faites glisser l'outlet `dataSource` vers `AppController`.

Si vous ne voyez pas `dataSource` dans l'inspecteur, vous avez en réalité sélectionné le `NSScrollView`, non le `NSTableView` qui se trouve à l'intérieur. La vue défilement correspond à l'objet qui prend en charge le défilement et les barres associées. Nous y reviendrons en détail au Chapitre 17. Pour le moment, cliquez simplement à l'intérieur de la vue tableau jusqu'à ce que l'intitulé du panneau des connexions affiche `NSTableView` (voir Figure 6.10).

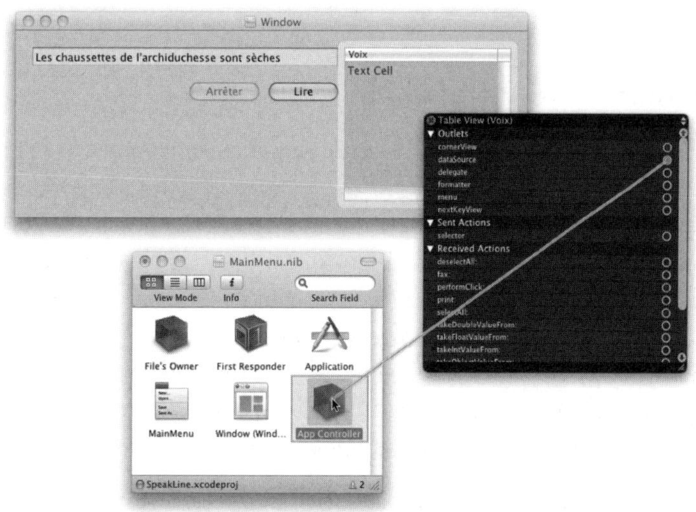

Figure 6.10
Fixer l'outlet dataSource *de la vue tableau.*

Par ailleurs, configurez la vue tableau pour que son délégué soit `AppController`.

Nous devons également connecter l'outlet `tableView` de l'objet `AppController` à la vue tableau. Pour cela, faites un Contrôle-clic sur `AppController` et connectez son outlet `tableView` à la vue tableau (voir Figure 6.11).

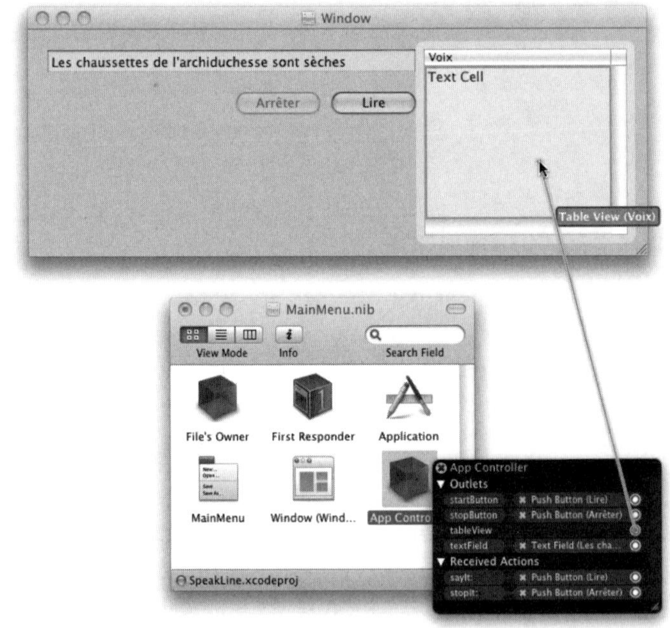

Figure 6.11
Fixer l'outlet tableView *de l'objet* AppController.

Enregistrez le fichier nib et fermez-le.

Modifier *AppController.m*

Ajoutez les méthodes de la source de données dans `AppController.m` :

```
- (int)numberOfRowsInTableView:(NSTableView *)tv
{
    return [voiceList count];
}

- (id)tableView:(NSTableView *)tv
        objectValueForTableColumn:(NSTableColumn *)tableColumn
                              row:(int)row
{
    NSString *v = [voiceList objectAtIndex:row];
    return v;
}
```

L'identifiant d'une voix est une longue chaîne, comme `com.apple.speech.synthesis.voice.Fred`. Pour ne conserver que le nom `Fred`, il suffit de remplacer la dernière méthode par la suivante :

```
- (id)tableView:(NSTableView *)tv
    objectValueForTableColumn:(NSTableColumn *)tableColumn
                              row:(int)row
{
    NSString *v = [voiceList objectAtIndex:row];
    NSDictionary *dict = [NSSpeechSynthesizer attributesForVoice:v];
    return [dict objectForKey:NSVoiceName];
}
```

Les copies d'écran présentées dans ce chapitre ont été faites avec cette version.

Construisez et exécutez l'application. Pour le moment, vous obtenez la liste des voix disponibles, mais le choix d'une voix n'a aucun effet.

Hormis l'outlet `dataSource`, une vue tableau possède également une outlet `delegate`. Le délégué est informé des changements de sélection. Dans `AppController.m`, implémentez la méthode `tableViewSelectionDidChange:`. La classe `NSNotification` sera présentée plus loin dans ce livre. Pour le moment, sachez simplement que nous passons un objet de notification en argument à cette méthode déléguée.

```
- (void)tableViewSelectionDidChange:(NSNotification *)notification
{
    int row = [tableView selectedRow];
    if (row == -1) {
        return;
    }
    NSString *selectedVoice = [voiceList objectAtIndex:row];
    [speechSynth setVoice:selectedVoice];
    NSLog(@"nouvelle voix = %@", selectedVoice);
}
```

Le synthétiseur vocal refuse de changer de voix pendant qu'il parle. Nous devons donc empêcher l'utilisateur de changer la ligne sélectionnée. La vue tableau doit être activée et désactivée en lien avec le bouton `Lire` :

```
- (IBAction)sayIt:(id)sender
{
    NSString *string = [textField stringValue];
    if ([string length] == 0) {
        return;
    }

    [speechSynth startSpeakingString:string];
    NSLog(@"Lecture de : %@", string);
    [stopButton setEnabled:YES];
    [startButton setEnabled:NO];
    [tableView setEnabled:NO];
}
```

```
- (void)speechSynthesizer:(NSSpeechSynthesizer *)sender
        didFinishSpeaking:(BOOL)complete
{
    NSLog(@"fin = %d", complete);
    [stopButton setEnabled:NO];
    [startButton setEnabled:YES];
    [tableView setEnabled:YES];
}
```

Les utilisateurs voudront connaître la voix choisie par défaut dans le tableau au démarrage de l'application. Dans `awakeFromNib`, nous sélectionnons la ligne correspondante et procédons à un défilement de la liste si nécessaire :

```
- (void)awakeFromNib
{
    // Lorsque la vue tableau apparaît à l'écran, la voix par défaut
    // doit être sélectionnée.
    NSString *defaultVoice = [NSSpeechSynthesizer defaultVoice];
    int defaultRow = [voiceList indexOfObject:defaultVoice];
    [tableView selectRow:defaultRow byExtendingSelection:NO];
    [tableView scrollRowToVisible:defaultRow];
}
```

Compilez et exécutez l'application. Pendant que le synthétiseur vocal dicte la phrase, un bip doit se faire entendre si l'utilisateur tente de changer la voix. Lorsque le synthétiseur est silencieux, il doit pouvoir changer la voix.

Erreurs classiques dans l'implémentation d'un délégué

Voici les deux erreurs les plus fréquentes dans l'implémentation d'un délégué :

- *Faute d'orthographe dans le nom de la méthode*. La méthode ne sera pas appelée et vous ne recevrez aucune erreur ou aucun avertissement de la part du compilateur. La meilleure manière d'éviter ce problème consiste à copier et à coller la déclaration de la méthode à partir de la documentation ou du fichier d'en-tête.
- *Oublier de fixer l'outlet delegate*. Le compilateur ne générera aucun message d'erreur ou d'avertissement pour cette erreur.

Délégués d'objets

La délégation est un motif de conception que vous rencontrerez en de nombreux points de Cocoa. Voici quelques classes du framework AppKit qui possèdent une outlet `delegate` :

```
NSAlert
NSAnimation
NSApplication
NSBrowser
NSDatePicker
NSDrawer
NSFontManager
NSImage
NSLayoutManager
```

```
NSMatrix
NSMenu
NSPathControl
NSRuleEditor
NSSavePanel
NSSound
NSSpeechRecognizer
NSSpeechSynthesizer
NSSplitView
NSTabView
NSTableView
NSText
NSTextField
NSTextStorage
NSTextView
NSTokenField
NSToolbar
NSWindow
```

Pour les plus curieux : fonctionnement de la délégation

Le délégué n'est pas obligé d'implémenter toutes les méthodes, mais celles qui sont implémentées seront invoquées. Dans de nombreux langages, ce fonctionnement est impossible. Comment est-il obtenu en Objective-C ?

`NSObject` possède la méthode suivante :

```
- (BOOL)respondsToSelector:(SEL)aSelector
```

Puisque tous les objets héritent, directement ou indirectement, de `NSObject`, ils disposent tous de cette méthode. Elle retourne `YES` si l'objet définit la méthode nommée `aSelector`. Vous remarquerez qu'`aSelector` est du type `SEL`, non `NSString`.

Supposons que nous participions à l'implémentation de la classe `NSTableView`. Nous devons écrire le code qui change la sélection d'une ligne pour une autre. Nous pensons donc "je dois consulter le délégué". Pour cela, nous ajoutons un morceau de code semblable au suivant :

```
// La ligne sélectionnée va être "rowIndex"

// Comportement par défaut.
BOOL ok = YES;

// Vérifier si le délégué implémente la méthode.
if ([delegate
respondsToSelector:@selector(tableView:shouldSelectRow:)])
{
// Exécuter la méthode.
ok = [delegate tableView:self shouldSelectRow:rowIndex];
}

// Utiliser la valeur retournée.
if (ok)
{
     ...modifier la sélection...
}
```

Le message est envoyé au délégué uniquement s'il implémente la méthode. Dans le cas contraire, le comportement par défaut est appliqué. En réalité, le résultat de `respondsToSelector:` est généralement placé dans un cache géré par l'objet qui possède l'outlet `delegate`. Cela permet d'améliorer considérablement les performances par rapport au code précédent.

Après avoir écrit cette méthode, nous devons mentionner son existence dans la documentation de la classe.

Si nous souhaitons avoir connaissance des contrôles sur l'existence des méthodes du délégué, nous pouvons redéfinir `respondsToSelector:` dans celui-ci :

```
- (BOOL)respondsToSelector:(SEL)aSelector
{
    NSString *methodName = NSStringFromSelector(aSelector);
    NSLog(@"respondsToSelector:%@", methodName);
    return [super respondsToSelector:aSelector];
}
```

Vous pouvez ajouter cette méthode dans `AppController.m`.

Exercice : créer un délégué

Créez une nouvelle application avec une fenêtre. Écrivez un objet qui sert de délégué pour la fenêtre. Lorsque l'utilisateur redimensionne la fenêtre, assurez-vous qu'elle est toujours deux fois plus large que haute.

Voici la signature de la méthode déléguée à implémenter :

```
- (NSSize)windowWillResize:(NSWindow *)sender
                    toSize:(NSSize)frameSize
```

Le premier argument est la fenêtre en cours de redimensionnement. Le second est une structure C qui contient la taille demandée par l'utilisateur :

```
typedef struct _NSSize {
    float width;
    float height;
} NSSize;
```

Voici comment créer un objet `NSSize` dont la largeur est égale à 200 points et la hauteur, à 100 points :

```
NSSize mySize;
mySize.width = 200.0;
mySize.height = 100.0;
NSLog(@"mySize de largeur %f et de hauteur %f", mySize.width,
mySize.height);
```

Vous pouvez fixer la taille initiale de la fenêtre dans Interface Builder avec l'inspecteur `Size`.

Exercice : créer une source de données

Vous avez créé une application qui gère un pense-bête. L'utilisateur saisira des tâches dans un champ de texte. Lorsqu'il cliquera sur le bouton `Ajouter`, la chaîne sera ajoutée à un tableau modifiable. La nouvelle tâche apparaîtra également à la fin de la liste (voir Figure 6.12).

Figure 6.12

Diagramme de l'exercice.

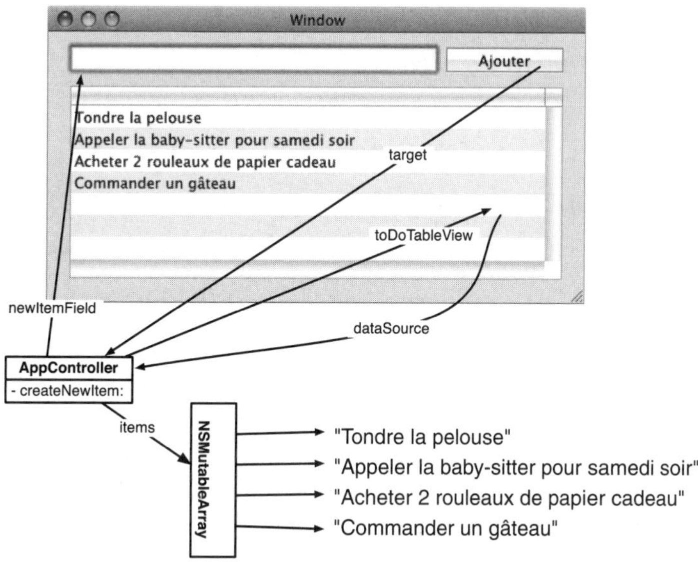

Vous pouvez également faire en sorte que le tableau soit modifiable. *Aide :* `NSMutable-Array` possède une méthode `-replaceObjectAtIndex:withObject:`.

7

Modèles de conception KVC et KVO

Au sommaire de ce chapitre

- ✔ KVC
- ✔ Liaisons
- ✔ KVO
- ✔ Créer des clés observables
- ✔ Propriétés et leurs attributs
- ✔ Pour les plus curieux : chemin de clé
- ✔ Pour les plus curieux : KVO

Le modèle de conception KVC (*Key-Value Coding*) définit l'accès à la valeur d'une variable d'après son nom. Ce nom n'est rien d'autre qu'une chaîne de caractères, mais il est appelé *clé* (*key*). Par exemple, imaginons une classe nommée `Personne` avec une variable d'instance `nomFamille` de type `NSString` :

```
@interface Personne : NSObject
{
    NSString *nomFamille;
}
...
@ends
```

Voici comment fixer la valeur de la variable `nomFamille` d'une instance de `Personne` :

```
Personne *p = [[Personne alloc] init];
[p setValue:@"Durand" forKey:@"nomFamille"];
```

La lecture de la valeur de `nomFamille` se fait de la manière suivante :

```
NSString *x = [s valueForKey:@"nomFamille"];
```

Les méthodes `setValue:forKey:` et `valueForKey:` sont définies dans la classe `NSObject`. Même si cela ne semble pas une révolution, la possibilité de lire et de fixer la valeur d'une variable en indiquant son nom est réellement puissante. La suite de ce chapitre est un exemple simple qui illustrera une partie de cette puissance.

KVC

Dans Xcode, créez un nouveau projet de type `Cocoa Application` et nommez-le `KVCFun`. Ajoutez au projet un nouveau fichier de type `Objective-C Class`. Nommez la classe `AppController`.

À ce stade de notre exploration de KVC, nous avons simplement besoin de créer une instance d'`AppController` avec le fichier `MainMenu.nib`. Faites glisser un objet personnalisé et fixez sa classe à `AppController` (voir Figure 7.1).

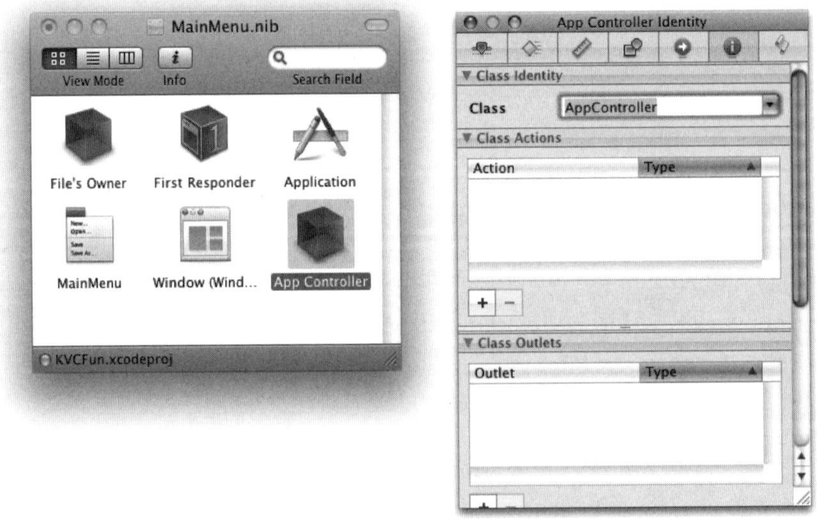

Figure 7.1
Créer AppController.

Enregistrez le fichier nib. Retournez dans Xcode, ouvrez `AppController.h` et ajoutez une variable d'instance de type `int` nommée `fido` :

```
@interface AppController : NSObject
{
    int fido;
}
@end
```

Dans AppController.m, nous allons créer une méthode init qui fixe et lit la valeur de fido en utilisant le codage clé-valeur. Cette approche est un peu stupide car elle représente un long chemin détourné pour arriver à un résultat simple. Il s'agit simplement d'illustrer le propos, non de trouver une solution efficace.

Le chemin est détourné car le codage clé-valeur se fonde sur des objets. Ainsi, au lieu de passer un int, nous devons créer un NSNumber. Ajoutez la méthode suivante dans AppController.m :

```
- (id)init
{
    [super init];
    [self setValue:[NSNumber numberWithInt:5]
           forKey:@"fido"];
    NSNumber *n = [self valueForKey:@"fido"];
    NSLog(@"fido = %@", n);
    return self;
}
```

Le mécanisme de KVC convertira automatiquement le NSNumber en un int avant de l'utiliser pour fixer la valeur de fido. Compilez et exécutez l'application, mais ne vous attendez pas à des miracles. Lorsque la fenêtre vide apparaît, le message "fido = 5" est affiché sur la console.

Si des méthodes accesseurs pour obtenir et fixer la valeur de fido sont définies, elles seront utilisées. Cependant, elles doivent être nommées de manière adéquate. La méthode "get" doit être nommée fido, et la méthode "set" doit être nommée setFido:. Notez qu'il ne s'agit pas d'une simple convention. Si vous ne donnez pas aux accesseurs des noms standard, ils ne seront pas appelés par les méthodes de KVC. Ajoutez fido et setFido: dans AppController.m :

```
- (int)fido
{
    NSLog(@"-fido va retourner %d", fido);
    return fido;
}
- (void)setFido:(int)x
{
    NSLog(@"-setFido: est invoquée avec %d", x);
    fido = x;
}
```

Déclarez ces méthodes dans `AppController.h` :

```
- (int)fido;
- (void)setFido:(int)x;
```

Compilez et exécutez l'application. Vous remarquerez que les méthodes accesseurs ont été invoquées.

Liaisons

Dans Cocoa, de nombreux objets graphiques possèdent des *liaisons*. Si nous lions une clé, comme `fido`, à un attribut de l'objet graphique, comme sa valeur ou sa couleur de texte, la vue synchronise automatiquement ces deux paramètres. Nous allons ajouter un curseur, lier sa valeur à `fido` et voir comment le codage clé-valeur intervient dans leur synchronisation.

Ouvrez `MainMenu.nib` et déposez un curseur dans la fenêtre. Dans l'inspecteur `Attributes`, cochez la case `Continuous` (voir Figure 7.2).

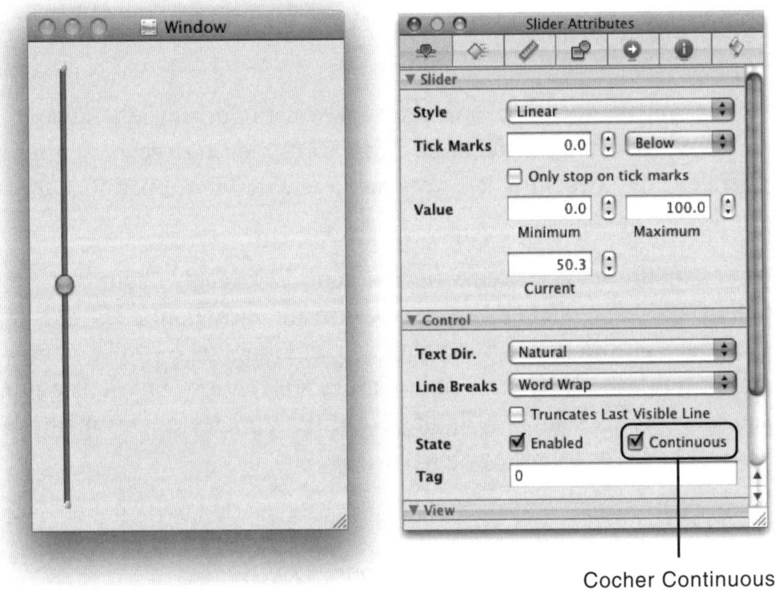

Figure 7.2
Créer un curseur continu.

Dans l'inspecteur `Bindings`, liez la valeur (`value`) du curseur à la clé `fido` de l'instance d'`AppController` (voir Figure 7.3).

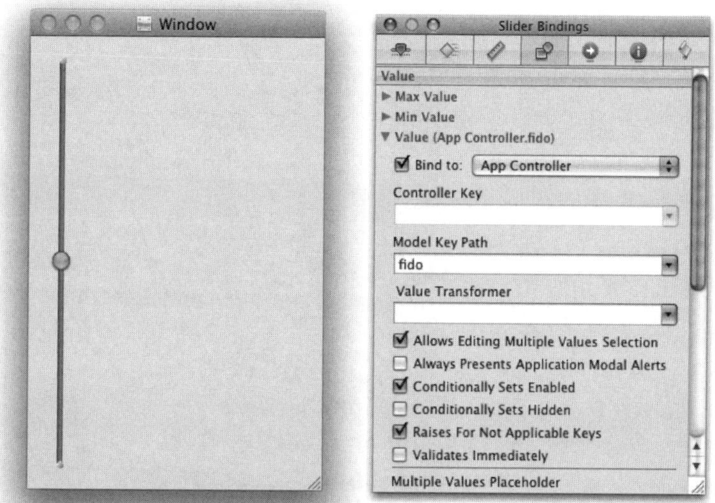

Figure 7.3
Lier la valeur d'un curseur à fido.

Compilez et exécutez l'application. Vous remarquerez que le curseur obtient sa valeur initiale en invoquant `valueForKey:`, ce qui déclenche l'appel de la méthode `fido`. Lorsque vous déplacez le curseur, il invoque `setValue:forKey:` afin d'actualiser la variable `fido`, ce qui déclenche l'appel de la méthode `setFido:`.

KVO

Que se passe-t-il si la valeur de `fido` est modifiée sans passer par le curseur ? Comment celui-ci peut-il connaître la nouvelle valeur ? Tout cela est possible grâce à l'observation clé-valeur (KVO, *Key-Value Observing*).

Lorsque le curseur est créé, il indique à `AppController` qu'il observe sa clé `fido`. Dès que la valeur de `fido` est modifiée par les méthodes accesseurs ou par le codage clé-valeur, `AppController` envoie un message au curseur pour lui signaler la modification de `fido`.

Ouvrez à nouveau `MainMenu.nib`. Ajoutez un champ de texte `Label` à la fenêtre et liez sa valeur à la clé `fido` d'`AppController` (voir Figure 7.4).

Compilez et exécutez l'application. Vous remarquerez que la méthode `setFido:` est invoquée dès que vous déplacez le curseur. Cela signale au champ de texte que la variable `fido` a été modifiée. Le champ de texte appelle `valueForKey:` pour obtenir la nouvelle valeur de `fido`. Vous voyez alors l'invocation de la méthode `fido`.

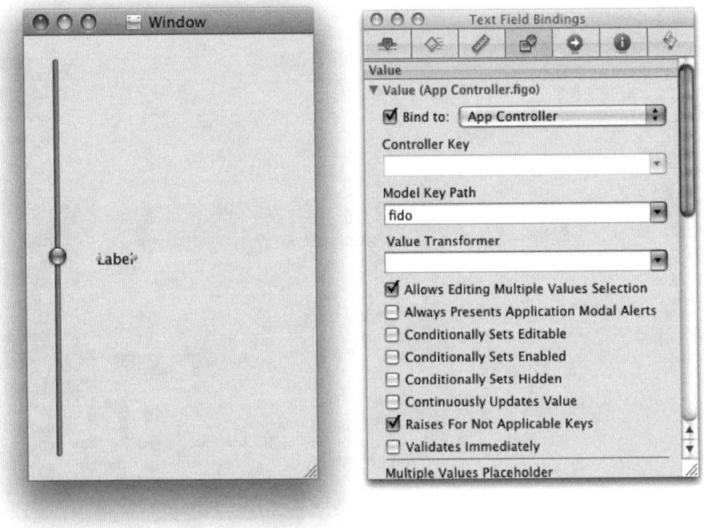

Figure 7.4
Lier la valeur d'un champ de texte à fido.

Créer des clés observables

À la section précédente, nous avons expliqué que l'utilisation des accesseurs ou de KVC pour changer la valeur d'une clé permet d'invoquer automatiquement les observateurs pour leur signaler la modification. Que se passe-t-il si nous modifions directement la variable ?

Ouvrez `AppController.h` et déclarez une nouvelle méthode d'action :

```
- (IBAction)incrementFido:(id)sender;
```

Dans `AppController.m`, implémentez cette méthode :

```
- (IBAction)incrementFido:(id)sender
{
    fido++;
    NSLog(@"fido vaut à présent %d", fido);
}
```

Ouvrez `MainMenu.nib`. Ajoutez un bouton à la fenêtre, intitulez-le `Incrémenter Fido` et faites glisser le bouton, en maintenant la touche Contrôle enfoncée, vers l'instance d'`AppController`. Le bouton doit déclencher l'action `incrementFido:` (voir Figure 7.5).

Vous pourriez espérer qu'un clic sur le bouton ajustera le curseur et que le champ de texte se mettra à jour tout seul. Malheureusement, ce n'est pas le cas. Compilez et exécutez l'application pour essayer.

Figure 7.5

Fixer la cible et l'action d'un bouton.

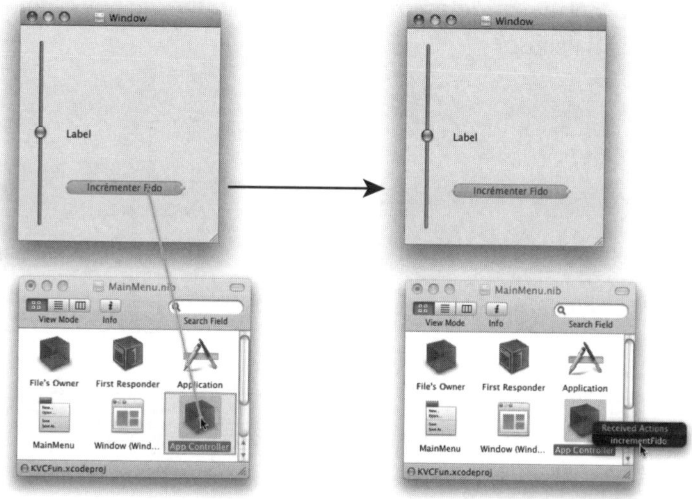

Si la variable est modifiée directement, il faut le signaler explicitement aux observateurs. Modifiez la méthode `incrementFido:` :

```
- (IBAction)incrementFido:(id)sender
{
    [self willChangeValueForKey:@"fido"];
    fido++;
    NSLog(@"fido vaut à présent %d", fido);
    [self didChangeValueForKey:@"fido"];
}
```

Compilez et exécutez l'application. Le bouton `Incrémenter Fido` doit avoir le comportement attendu.

Deux autres solutions fonctionnent également. Tout d'abord, il est possible d'utiliser le codage clé-valeur :

```
- (IBAction)incrementFido:(id)sender
{
    NSNumber *n = [self valueForKey:@"fido"];
    NSNumber *npp = [NSNumber numberWithInt:[n intValue] + 1];
    [self setValue:npp forKey:@"fido"];
}
```

Ou bien la méthode accesseur pour modifier `fido` :

```
- (IBAction)incrementFido:(id)sender
{
    [self setFido:[self fido] + 1];
}
```

Saisissez cette version, puis testez-la.

La Figure 7.6 illustre le graphe d'objets que nous avons créé. Les demi-flèches représentent les liaisons.

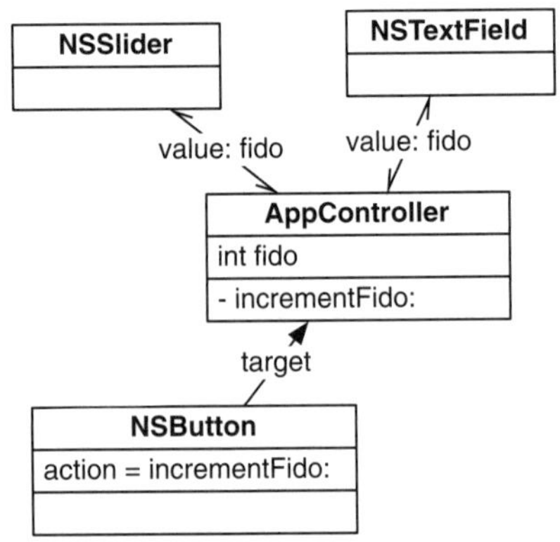

Figure 7.6
Graphe d'objets.

Propriétés et leurs attributs

Vous le constatez, nous passons beaucoup de temps à appeler des méthodes accesseurs. Dans Objective-C 2.0, Apple donne aux programmeurs la possibilité d'appeler des accesseurs en utilisant la notation à point. Si nous avons un pointeur `personne` vers un objet qui offre la méthode "get" nommée `naissance`, nous pouvons l'invoquer de la manière suivante :

```
NSLog(@"La date de naissance de personne est %@", personne.naissance);
```

Voici comment appeler `setNaissance:` :

```
personnes.naissance = [NSDate date];
```

Je pense que cet ajout au langage est un tantinet stupide car la syntaxe d'envoi des messages existe déjà. Je ne l'utiliserai donc pas dans cet ouvrage.

Revenons à l'écriture des méthodes accesseurs. Si notre objet possède douze variables d'instance, devons-nous écrire douze méthodes "set" et douze méthodes "get" ?

@property et *@synthesize*

Dans Objective-C 2.0, Apple a proposé une manière très élégante d'éliminer toute cette quantité de code. Dans le fichier `AppController.h`, remplacez la déclaration des méthodes `fido` et `setFido:` par la déclaration d'une *propriété* :

```
@interface AppController : NSObject {
    int fido;
}
@property(readwrite, assign) int fido;
@end
```

Cette seule ligne équivaut à la déclaration des méthodes `setFido:` et `fido`.

Dans `AppController.m`, nous pouvons utiliser `@synthesize` pour implémenter les méthodes des accesseurs. Supprimez les méthodes `fido` et `setFido:`, puis remplacez-les par la ligne suivante :

```
@synthesize fido;
```

Vous remarquerez que tout fonctionne comme auparavant. Naturellement, les messages ne sont plus consignés sur la console.

Attributs d'une propriété

De manière générale, une propriété est déclarée de la manière suivante :

```
@property (attributs) nom de type;
```

Les attributs peuvent être `readwrite` (par défaut) ou `readonly`. Lorsqu'une propriété est marquée `readonly`, aucune méthode "set" n'est définie.

Pour décrire le fonctionnement de la méthode "set", les attributs peuvent également inclure l'un des mots clés suivants : `assign`, `retain` ou `copy`. Voici leur rôle :

- `assign` (par défaut) génère une simple affectation. La nouvelle valeur n'est pas gardée. Si nous manipulons un objet et si nous n'utilisons pas le ramasse-miettes, `assign` ne fera sans doute pas l'affaire.
- `retain` libère l'ancienne valeur et garde la nouvelle. Cet attribut est utilisé uniquement pour les propriétés de type objet. Si nous utilisons le ramasse-miettes, `assign` et `retain` sont équivalents.
- `copy` crée une copie de la nouvelle valeur et l'affecte à la variable. Cet attribut s'emploie généralement pour les propriétés de type chaîne de caractères.

Enfin, les attributs peuvent également inclure le mot clé `nonatomic`. Si l'application est multithread, il est parfois important que les méthodes "set" soient *atomiques*. Autrement dit, l'exécution de la méthode "set" depuis un thread n'entrera pas en conflit avec l'exécution de la même méthode à partir d'un autre thread. Par défaut, la directive `@synthesize` génère des accesseurs ayant cette propriété. Lorsque l'application n'utilise pas le ramasse-miettes, cela implique la génération d'un verrou pour qu'un seul thread à la fois exécute la méthode "set". La gestion des verrous crée un surcoût. Lorsque les accesseurs d'une propriété n'ont pas besoin d'être atomiques, il est possible d'éliminer ce surcoût en ajoutant `nonatomic` aux attributs.

Pour les plus curieux : chemin de clé

Les objets sont souvent organisés en réseau. Par exemple, une personne pourrait être mariée à une femme qui possède un scooter d'un certain modèle (voir Figure 7.7).

Figure 7.7

Des objets composent un graphe direct.

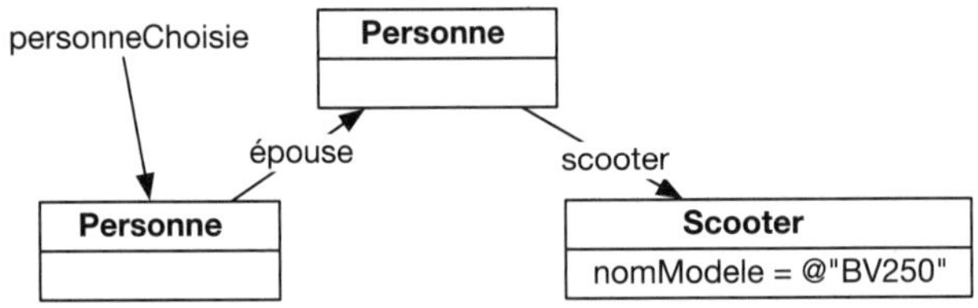

Pour obtenir le modèle du scooter de l'épouse de la personne choisie, nous pouvons utiliser un chemin de clé :

```
NSString *nm;
nm = [personneChoisie valueForKeyPath:@"epouse.scooter.nomModele"];
```

Nous disons que `epouse` et `scooter` sont des relations de la classe `Personne` et que `nomModele` est un attribut de la classe `Scooter`.

Les chemins de clés peuvent également inclure des opérateurs. Par exemple, s'il existe un tableau d'objets `Personne`, nous pouvons obtenir la moyenne des augmentations espérées à l'aide des chemins de clés :

```
NSNumber *moyenne;
moyenne = [employes valueForKeyPath:@"@avg.augmentationAttendue"];
```

Voici les opérateurs les plus utilisés :

```
@avg
@count
@max
@min
@sum
```

Puisque vous connaissez à présent les chemins de clés, nous pouvons créer des liaisons par programmation. Supposons que nous ayons un champ de texte et que nous voulions y afficher la moyenne des augmentations attendues obtenue à partir des objets affichés par un contrôleur de tableau. Nous pouvons créer la liaison suivante :

```
[champTexte bind:@"value"
       toObject:controleurEmployes
    withKeyPath:@"arrangedObjects.@avg.augmentationAttendue"
        options:nil];
```

Bien entendu, il est généralement plus facile de créer une liaison depuis Interface Builder.

Pour retirer la liaison, utilisez la méthode `unbind:` :

```
[champTexte unbind:@"value"];
```

Pour les plus curieux : KVO

Comment le champ de texte devient-il un observateur pour la clé `fido` dans l'objet `AppController` ? Lorsqu'il est ressuscité depuis le fichier nib, le champ de texte s'ajoute lui-même en tant qu'observateur. Si nous voulons devenir un observateur de cette clé, nous devons écrire une ligne de code semblable à la suivante :

```
[appController addObserver:self
                forKeyPath:@"fido"
                   options:NSKeyValueObservingOld
                   context:somePointer];
```

Cette méthode est définie dans `NSObject`. C'est notre façon de dire "envoie-moi un message dès que la valeur de `fido` change". Les options et le contexte déterminent les données supplémentaires jointes au message. La méthode déclenchée ressemble à celle-ci :

```
- (void)observeValueForKeyPath:(NSString *)keyPath
                      ofObject:(id)object
                        change:(NSDictionary *)change
                       context:(void *)context
{
...
}
```

Dans ce cas, `keyPath` doit être `@"fido"` et `object` doit être l'`AppController`. `context` est le pointeur `somePointer` fourni comme contexte lorsque nous sommes devenus un observateur. Le dictionnaire `change` est un ensemble de couples clé-valeur qui peut contenir l'ancienne valeur de `fido` et/ou la nouvelle.

8

NSArrayController

Au sommaire de ce chapitre

- ✔ Débuter l'application RaiseMan
- ✔ Codage clé-valeur et nil
- ✔ Ajouter le tri
- ✔ Pour les plus curieux : trier sans *NSArrayController*

Dans la programmation orientée objet, le motif de conception *Modèle-Vue-Contrôleur* (MVC) est très répandu. Dans ce motif, chaque classe écrite doit entrer dans l'une des catégories suivantes :

- *Modèle*. Les classes de la catégorie Modèle décrivent les données. Par exemple, si nous développions des systèmes bancaires, nous aurions probablement à créer une classe modèle nommée `CompteEpargne` qui détiendrait une liste des opérations et le solde courant. Les meilleures classes modèles ne comprennent rien qui concerne l'interface utilisateur et peuvent être employées dans plusieurs applications.
- *Vue*. Les classes de la catégorie Vue font partie de l'interface graphique utilisateur. Par exemple, `NSSlider` est une classe vue. Les meilleures classes vues sont des classes à usage général qui peuvent être utilisées dans plusieurs applications.
- *Contrôleur*. Les classes de la catégorie Contrôleur sont propres à chaque application et sont responsables de la gestion du flux de l'application. Si l'utilisateur doit consulter des données, un objet contrôleur lit le modèle depuis un fichier ou une base de données, puis l'affiche à l'aide de la vue. Lorsque l'utilisateur modifie des données, la vue informe le contrôleur, qui actualise le modèle. Le contrôleur enregistre également les données dans le système de fichiers ou la base de données.

Jusqu'à Mac OS X 10.3, les programmeurs Cocoa écrivaient énormément de code dans leurs contrôleurs pour les échanges de données entre les modèles et les vues. Pour faciliter l'écriture de ce type de contrôleurs, Apple a introduit la classe `NSController` et les liaisons.

`NSController` est une classe abstraite (voir Figure 8.1). `NSObjectController`, une sous-classe de `NSController`, affiche le *contenu* d'un objet. `NSArrayController` est un contrôleur dont le contenu est un tableau d'objets de données. Dans cet exercice, nous utiliserons un `NSArrayController`.

Figure 8.1

Classes contrôleurs.

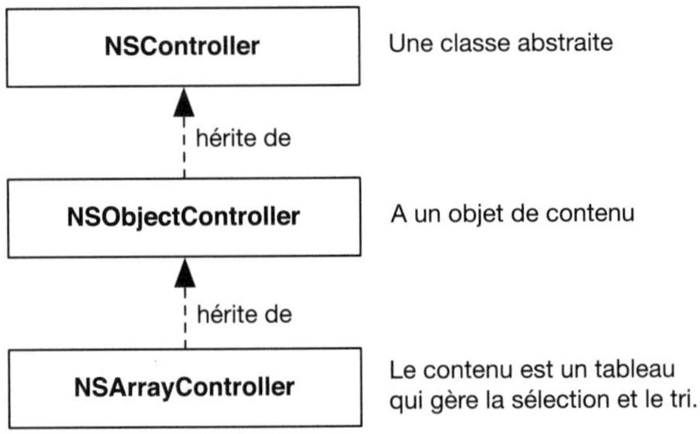

Débuter l'application RaiseMan

Dans les chapitres à venir, nous allons créer une application complète qui permettra de suivre les employés et l'augmentation attribuée à chacun à la fin de l'année. Au fur et à mesure, nous ajouterons l'enregistrement des données, l'annulation d'une action, les préférences de l'utilisateur et l'impression. À la fin de ce chapitre, l'application ressemblera à celle illustrée à la Figure 8.2.

Figure 8.2

L'application terminée.

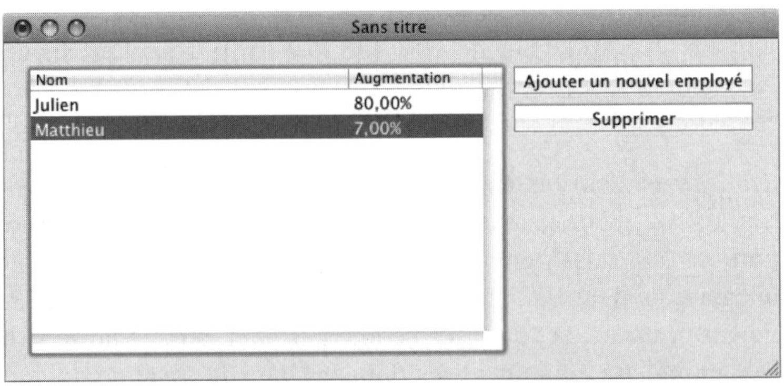

Les programmeurs Cocoa expérimentés savent qu'une telle application peut être écrite avec CoreData. Cependant, je veux montrer comment le faire manuellement. Ensuite, CoreData ne semblera plus aussi magique.

Dans Xcode

Créez un nouveau projet, de type `Cocoa Document-based Application` et de nom `RaiseMan`.

Qu'est-ce qu'une application basée sur les documents ? Il s'agit d'une application dans laquelle plusieurs documents peuvent être ouverts simultanément. TextEdit, par exemple, est une application de ce type, contrairement à Préférences Système. Le chapitre suivant reviendra plus en détail sur ce type d'application.

Le graphe d'objets de l'application est présenté à la Figure 8.3. Les colonnes d'une table sont connectées au `NSArrayController` par des liaisons, non par des outlets.

Figure 8.3
Graphe d'objets.

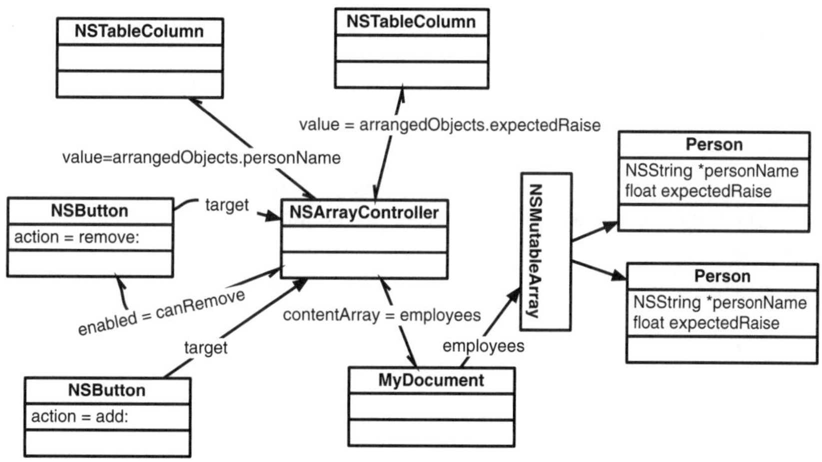

La classe `MyDocument`, une sous-classe de `NSDocument`, a déjà été créée pour nous. L'objet de document est responsable de la lecture et de l'écriture des fichiers. Dans cet exercice, nous utiliserons un `NSArrayController` et des liaisons pour construire notre interface simple. Pour le moment, nous n'ajouterons aucun code à `MyDocument`.

Pour créer une nouvelle classe `Person`, sélectionnez `File > New File...`. Parmi tous les choix proposés, choisissez `Objective-C Class`. Nommez le nouveau fichier `Person.m` et vérifiez qu'un fichier `Person.h` est également créé (voir Figure 8.4).

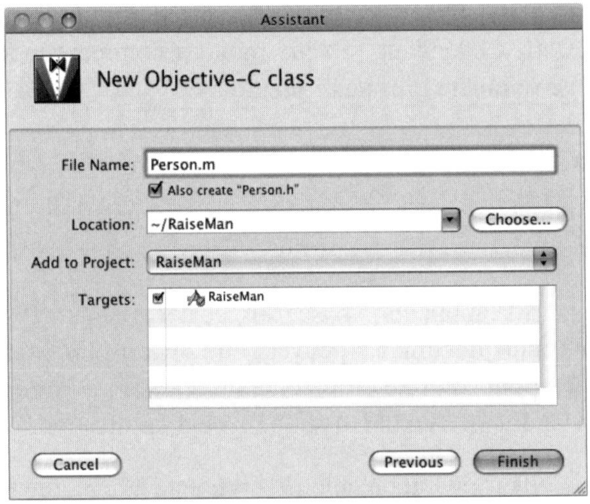

Figure 8.4
Créer une classe Person.

Modifiez le fichier `Person.h` pour déclarer deux propriétés :

```
#import <Foundation/Foundation.h>

@interface Person : NSObject {
    NSString *personName;
    float expectedRaise;
}
@property (readwrite, copy) NSString *personName;
@property (readwrite) float expectedRaise;
@end
```

Ensuite, implémentez ces méthodes dans `Person.m` et redéfinissez `init` et `dealloc` :

```
#import "Person.h"

@implementation Person

- (id)init
{
    [super init];
    expectedRaise = 5.0;
    personName = @"Nouvelle personne";
    return self;
}

- (void)dealloc
{
    [personName release];
    [super dealloc];
}
@synthesize personName;
@synthesize expectedRaise;
@end
```

`Person` est une classe modèle – elle ne contient aucune information concernant l'interface utilisateur. En tant que telle, elle n'a pas besoin de tout savoir sur les frameworks Cocoa. Par conséquent, au lieu d'importer `Cocoa/Cocoa.h`, nous importons `Foundation/Foundation.h`. Les deux approches fonctionnent, mais importer le plus petit framework est plus élégant. Cela indique, par exemple, que cette classe peut être réutilisée dans un outil en ligne de commande.

Dans `MyDocument.h`, déclarez le tableau `employees` qui contiendra des instances de la classe `Person` :

```
@interface MyDocument : NSDocument
{
    NSMutableArray *employees;
}
- (void)setEmployees:(NSMutableArray *)a;
```

Dans `MyDocument.m`, créez la méthode `setEmployees:`. Dans `dealloc`, utilisez-la pour libérer le tableau :

```
- (id)init
{
    [super init];
    employees = [[NSMutableArray alloc] init];
    return self;
}

- (void)dealloc
{
    [self setEmployees:nil];
    [super dealloc];
}

- (void)setEmployees:(NSMutableArray *)a
{
    // Cette méthode "set" est inhabituelle. Nous lui ajouterons
    // beaucoup d'intelligence au chapitre suivant.
    if (a == employees)
        return;

    [a retain];
    [employees release];
    employees = a;
}
```

Dans Interface Builder

Dans Xcode, double-cliquez sur `MyDocument.nib` pour l'ouvrir dans Interface Builder.

Supprimez le champ de texte `Your document contents here`. Faites glisser une vue tableau et deux boutons dans la fenêtre. Modifiez les intitulés et organisez-les comme l'illustre la Figure 8.5.

Figure 8.5

Fenêtre de document.

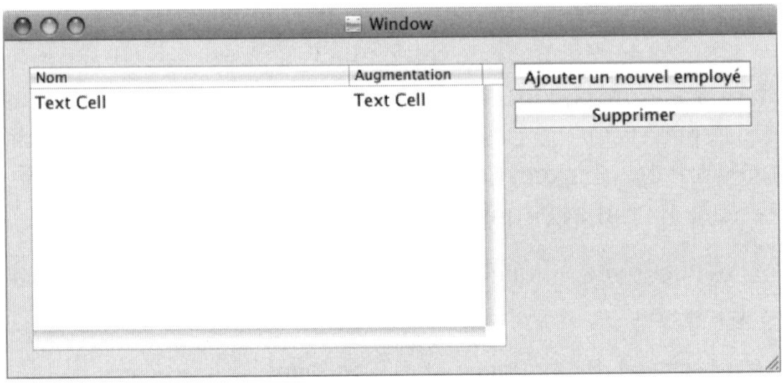

Depuis la catégorie `Cocoa > Objects & Controllers > Controllers`, faites glisser un `NSArrayController` dans la fenêtre du fichier nib.

Dans l'inspecteur `Attributes`, fixez `Class Name` à `Person`. Ajoutez des clés pour `personName` et `expectedRaise` (voir Figure 8.6).

Figure 8.6

Classes contrôleur.

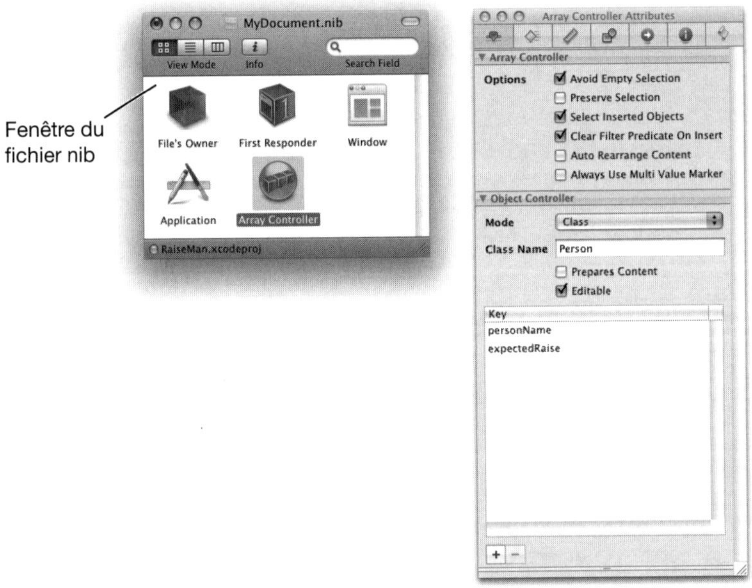

Liez le `Content Array` du contrôleur de tableau au tableau `employees` de `File's Owner`, qui est une instance de `MyDocument` (voir Figure 8.7).

La première colonne de la vue tableau affichera le nom de chaque employé. Cliquez puis double-cliquez sur la colonne pour la sélectionner. Dans ce livre, à aucun moment nous ne créerons une liaison avec la vue défilement, la vue tableau ou la cellule.

Figure 8.7

Lier le Content Array.

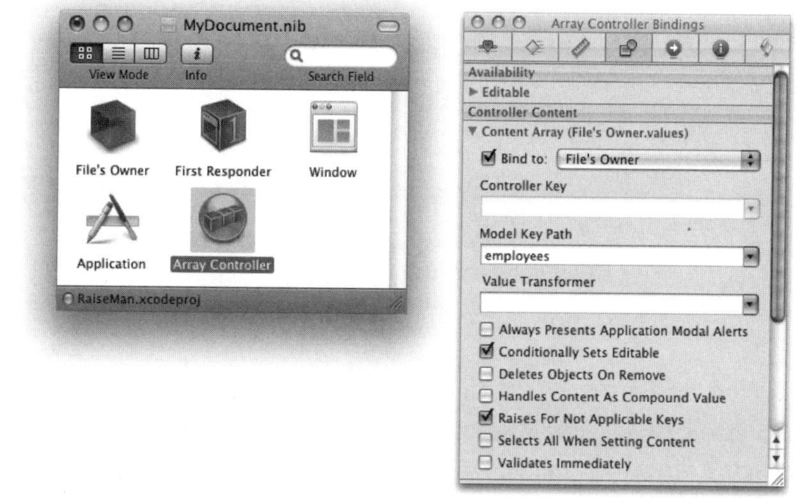

Ces opérations sont des erreurs fréquentes. Vous devez donc garder un œil sur l'intitulé de la fenêtre de l'inspecteur. Dans l'inspecteur `Bindings`, fixez `value` de manière à afficher la valeur de `personName` d'`arrangedObjects` du `NSArrayController` (voir Figure 8.8).

Figure 8.8

Lier la colonne personName.

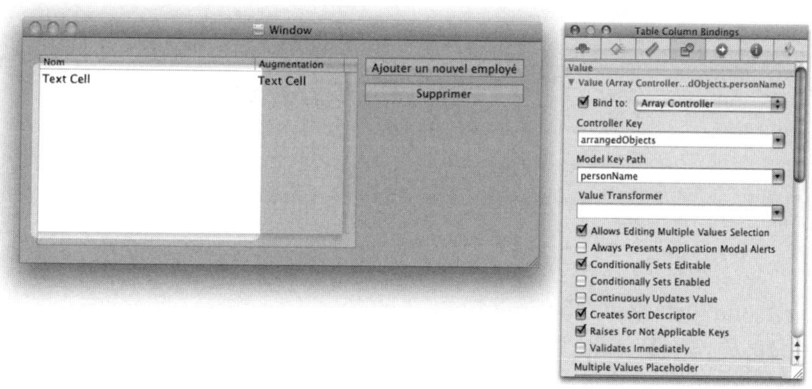

La seconde colonne de la vue tableau affiche l'augmentation attendue de chaque employé. Faites glisser un formateur de nombres (depuis `Library > Cocoa > Views & Cells > Formatters`) dans la cellule de la colonne. Dans l'inspecteur, configurez le formateur pour qu'il affiche le nombre sous forme de pourcentage (voir Figure 8.9).

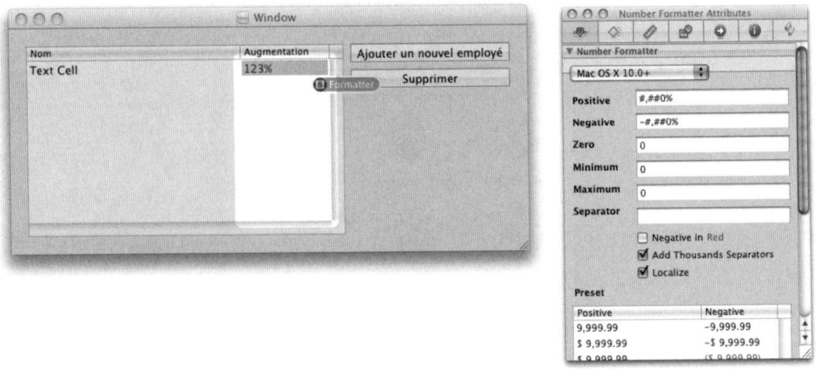

Figure 8.9
Ajouter un formateur de nombres.

Sélectionnez à nouveau la seconde colonne. Dans l'inspecteur `Bindings`, fixez `value` de manière à afficher la valeur d'`expectedRaise` d'`arrangedObjects` du `NSArrayController` (voir Figure 8.10).

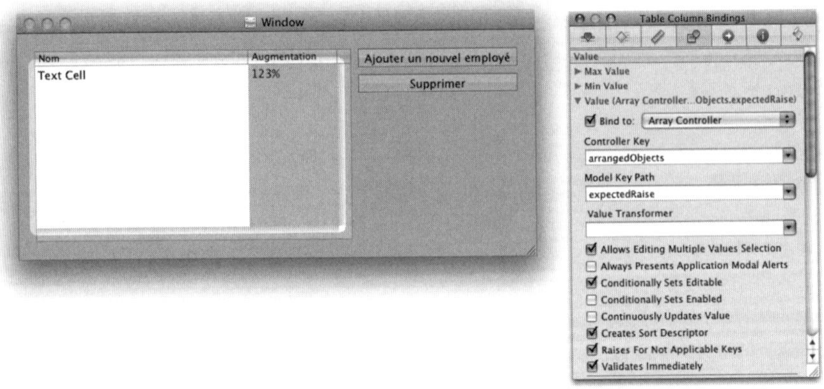

Figure 8.10
Lier la seconde colonne à expectedRaise d'arranged-Objects.

En maintenant la touche contrôle enfoncée, faites glisser le bouton `Ajouter un nouvel employé` vers le contrôleur de tableau pour qu'il devienne sa cible. Fixez l'action à `add:`.

Procédez de même pour le bouton `Supprimer`, en fixant l'action à `remove:`. Dans l'inspecteur `Bindings`, liez l'attribut `enabled` du bouton à l'attribut `canRemove` du `NSArrayController` (voir Figure 8.11).

L'utilisateur voudra également pouvoir supprimer les employés sélectionnés en appuyant sur la touche Suppr de son clavier. Sélectionnez le bouton, puis, dans l'inspecteur `Attributes`, fixez l'équivalent clavier (`Key Equiv.`) à la touche Suppr (voir Figure 8.12).

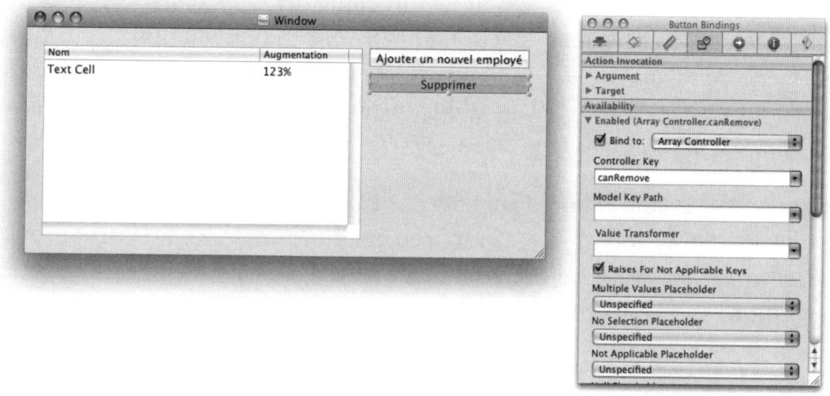

Figure 8.11

Lier l'attribut enabled *au bouton de suppression.*

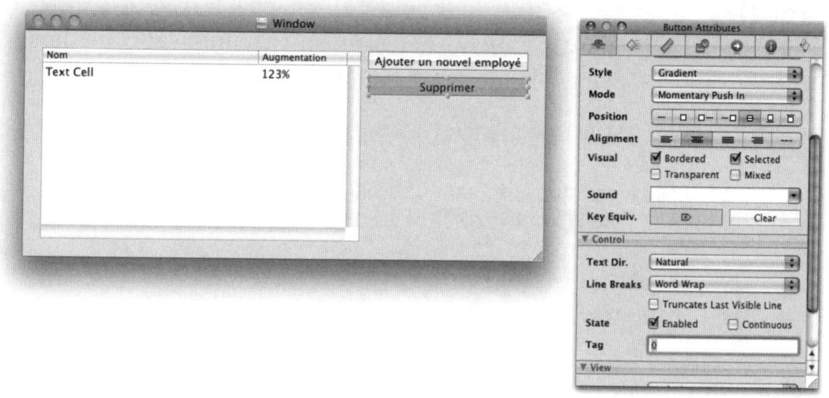

Figure 8.12

La touche Suppr doit activer le bouton de suppression.

Compilez et exécutez l'application. Vous devez pouvoir créer et supprimer des objets `Person`. Vous devez également pouvoir modifier les attributs des objets `Person` en utilisant la vue tableau. Enfin, vous devez être en mesure d'ouvrir plusieurs documents sans titre. Non, vous ne pouvez pas enregistrer ces documents dans des fichiers ; ce sera pour bientôt.

Codage clé-valeur et nil

Vous aurez remarqué que notre exemple contient très peu de code. Nous avons décrit ce qui doit être affiché dans chaque colonne à l'aide d'Interface Builder, mais aucun code n'appelle les méthodes accesseurs de la classe `Person`. Comment cela peut-il fonctionner ? La réponse tient dans le codage clé-valeur (KVC, *Key-Value Coding*), qui permet d'obtenir des classes génériques utilisables, comme `NSArrayController`.

Les méthodes KVC se chargent automatiquement des conversions de type. Par exemple, lorsque l'utilisateur saisit une nouvelle augmentation, le formateur crée une instance de `NSNumber`. La méthode KVC `setValue:forKey:` le convertit automatiquement en un type `float` avant d'invoquer `setExpectedRaise:`. Ce fonctionnement est extrêmement pratique.

Cependant, la conversion d'un `NSDecimalNumber *` en un `float` pose un problème : les pointeurs peuvent être `nil`, contrairement aux `float`. Si `setValue:forKey:` reçoit une valeur `nil` qui doit être convertie en un type non pointeur, elle appelle une méthode spécifique :

```
- (void)setNilValueForKey:(NSString *)s
```

Cette méthode, définie dans `NSObject`, lance une exception. Ainsi, si l'utilisateur laisse le champ de l'augmentation vide, l'objet lance une exception. En général, la méthode `setNilValueForKey:` est redéfinie afin de donner une valeur par défaut à la variable d'instance. Dans notre exemple, nous allons redéfinir cette méthode dans la classe `Person` et fixer `expectedRaise` à 0.0. Ajoutez la méthode suivante dans `Person.m` :

```
- (void)setNilValueForKey:(NSString *)key
{
    if ([key isEqual:@"expectedRaise"]) {
       [self setExpectedRaise:0.0];
    } else {
       [super setNilValueForKey:key];
    }
}
```

Lorsqu'un formateur a été attribué, comme nous l'avons fait, il est parfois inutile de redéfinir `setNilValueForKey:` car le formateur, en fonction de sa configuration, peut empêcher la saisie de valeurs `nil`.

Ajouter le tri

Pendant que l'application s'exécute, cliquez sur les en-têtes des colonnes. Le tri fonctionne, mais ne correspond pas forcément à ce que nous attendons. En effet, le tri se fonde sur la méthode `compare:`, qui tient compte de la casse de manière un peu particulière. Ainsi, "Z" vient avant "a". Changeons la méthode utilisée pour le tri.

Ouvrez `MyDocument.nib`. Les critères de tri se définissent dans l'inspecteur `Attributes` de chaque colonne. Les utilisateurs pourront choisir l'attribut qui servira au tri des données, en cliquant sur l'en-tête de la colonne qui contient cet attribut.

Sélectionnez la colonne qui affiche `personName`. Dans l'inspecteur, fixez `Sort Key` à `personName` et `Selector` à `caseInsensitiveCompare:` (voir Figure 8.13).

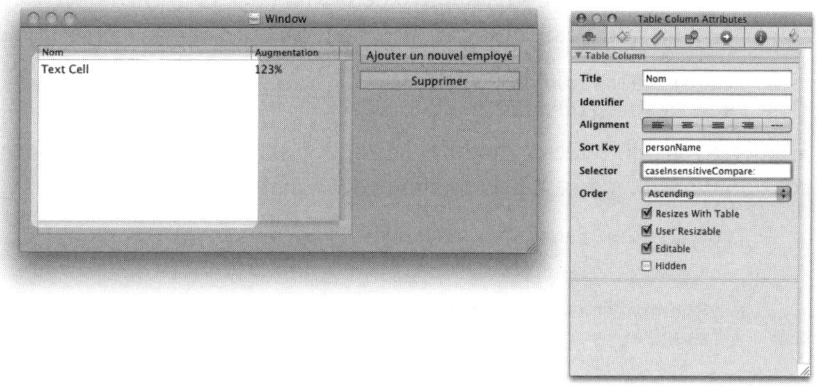

Figure 8.13
Trier sur la base de personName.

La méthode `caseInsensitiveCompare:` est définie par `NSString`. Voici un exemple d'utilisation :

```
NSString *x = @"Piaggio";
NSString *y = @"Italjet"
NSComparisonResult result = [x caseInsensitiveCompare:y];

// x viendra-t-il en premier dans le dictionnaire ?
if (result == NSOrderedAscending) {
      ...
}
```

`NSComparisonResult` est un simple entier. `NSOrderedAscending` vaut -1, `NSOrderedSame` vaut 0 et `NSOrderedDescending` vaut 1.

Compilez et exécutez l'application. Cliquez sur l'en-tête de la colonne pour trier les données. Cliquez à nouveau sur l'en-tête pour obtenir les données en ordre inverse.

Pour les plus curieux : trier sans *NSArrayController*

Au Chapitre 6, nous avons créé une vue tableau en implémentant explicitement les méthodes `dataSource`. Vous vous demandez peut-être comment nous pourrions implémenter le tri dans notre application.

Les informations ajoutées aux colonnes sont rassemblées dans un tableau d'objets `NSSortDescriptor`. Un descripteur de tri comprend la clé, un sélecteur et un indicateur d'ordre de tri des données (croissant ou décroissant). Si nous disposons d'un `NSMutableArray` d'objets, nous pouvons employer la méthode suivante pour le trier :

```
- (void)sortUsingDescriptors:(NSArray *)sortDescriptors
```

Une méthode dataSource facultative de la vue tableau est invoquée lorsque l'utilisateur clique sur l'en-tête d'une colonne disposant d'un descripteur de tri :

```
- (void)tableView:(NSTableView *)tableView
   sortDescriptorsDidChange:(NSArray *)oldDescriptors
```

Si nous avons un tableau modifiable qui contient les informations d'une vue tableau, nous pouvons implémenter la méthode de la manière suivante :

```
- (void)tableView:(NSTableView *)tableView
            sortDescriptorsDidChange:(NSArray *)oldDescriptors
{
    NSArray *newDescriptors = [tableView sortDescriptors];
    [myArray sortUsingDescriptors:newDescriptors];
    [tableView reloadData];
}
```

Et voilà, le tri a été ajouté à l'application.

Exercice 1

Modifiez l'application afin que les personnes soient triées en fonction de la longueur de leur nom. Vous pouvez réaliser cet exercice uniquement à partir d'Interface Builder ; l'astuce est d'utiliser un chemin de clé. *Conseil :* les chaînes de caractères offrent une méthode `length`.

Exercice 2

Dans la première édition de ce livre, l'application RaiseMan n'utilisait pas un `NSArrayController` ni le mécanisme des liaisons (ces possibilités ont été ajoutées dans Mac OS X 10.3). Les concepts décrits dans les chapitres précédents étaient donc employés. L'exercice consiste à réécrire l'application RaiseMan à l'ancienne. Les liaisons semblent souvent quelque peu magiques et il est bon de savoir comment réaliser les choses sans avoir recours à la magie.

Vous devez démarrer un nouveau projet, car, au chapitre suivant, nous poursuivrons le projet existant.

La classe `Person` ne sera pas modifiée. Dans `MyDocument.nib`, l'identifiant de chaque colonne sera le nom de la variable à afficher. Ensuite, la classe `MyDocument` sera la source de données de la vue tableau et la cible des deux boutons. `MyDocument` comprendra un tableau d'objets `Person` qu'elle affichera. Pour vous permettre de démarrer, voici le fichier `MyDocument.h` :

```
#import <Cocoa/Cocoa.h>
@class Person;

@interface MyDocument : NSDocument
```

```
{
    NSMutableArray *employees;
    IBOutlet NSTableView *tableView;
}
- (IBAction)createEmployee:(id)sender;
- (IBAction)deleteSelectedEmployees:(id)sender;
@end
```

Voici les parties intéressantes de `MyDocument.m` :

```
- (id)init
{
    [super init];
    employees = [[NSMutableArray alloc] init];
    return self;
}
- (void)dealloc
{
    [employees release];
    [super dealloc];
}

#pragma mark Action methods

- (IBAction)deleteSelectedEmployees:(id)sender
{
    // Quelle est la ligne sélectionnée ?
    NSIndexSet *rows = [tableView selectedRowIndexes];

    // La sélection est-elle vide ?
    if ([rows count] == 0) {
        NSBeep();
        return;
    }
    [employees removeObjectsAtIndexes:rows];
    [tableView reloadData];
}

- (IBAction)createEmployee:(id)sender
{
    Person *newEmployee = [[Person alloc] init];
    [employees addObject:newEmployee];
    [newEmployee release];
    [tableView reloadData];
}

#pragma mark Table view dataSource methods

- (int)numberOfRowsInTableView:(NSTableView *)aTableView
{
    return [employees count];
}

- (id)tableView:(NSTableView *)aTableView
      objectValueForTableColumn:(NSTableColumn *)aTableColumn
                            row:(int)rowIndex
{
```

```
    // Quel est l'identifiant de la colonne ?
    NSString *identifier = [aTableColumn identifier];

    // Quelle est la personne ?
    Person *person = [employees objectAtIndex:rowIndex];

    // Quelle est la valeur de l'identifiant nommé ?
    return [person valueForKey:identifier];
}

- (void)tableView:(NSTableView *)aTableView
    setObjectValue:(id)anObject
    forTableColumn:(NSTableColumn *)aTableColumn
               row:(int)rowIndex
{
    NSString *identifier = [aTableColumn identifier];
    Person *person = [employees objectAtIndex:rowIndex];

    // Fixer la valeur de l'identifiant nommé.
    [person setValue:anObject forKey:identifier];
}
```

Lorsque votre application sera opérationnelle, n'oubliez pas d'ajouter le tri !

9

NSUndoManager

Au sommaire de ce chapitre

- ✔ *NSInvocation*
- ✔ Fonctionnement de *NSUndoManager*
- ✔ Ajouter l'annulation à RaiseMan
- ✔ Observation clé-valeur
- ✔ Annuler les modifications
- ✔ Commencer la modification lors de l'ajout
- ✔ Pour les plus curieux : fenêtres et gestionnaire d'annulation

Grâce à `NSUndoManager`, nous pouvons ajouter des possibilités d'annulation à nos applications, et ce de manière très élégante. Lorsque des objets sont ajoutés, modifiés ou supprimés, le gestionnaire d'annulation conserve une trace de tous les messages qui doivent être envoyés pour annuler ces actions. Lorsque le mécanisme d'annulation est invoqué, le gestionnaire d'annulation conserve une trace de tous les messages qui doivent être envoyés pour rétablir ces actions. Ce mécanisme se fonde sur deux piles d'objets `NSInvocation`.

Ce sujet est plutôt complexe pour être présenté si tôt dans un livre. Cependant, l'annulation interagit avec l'architecture à base de documents. En étudiant cet aspect maintenant, nous pourrons voir le fonctionnement de l'architecture à base de documents au chapitre suivant.

NSInvocation

Comme vous pouvez l'imaginer, il est commode d'empaqueter un message, y compris le sélecteur, le destinataire et tous les arguments, sous forme d'un objet pouvant être invoqué à loisir. Un tel objet est une instance de `NSInvocation`.

La retransmission d'un message constitue l'utilisation la plus pratique des invocations. Lorsqu'un objet reçoit un message qu'il ne comprend pas, le système de distribution des messages vérifie, avant de lancer une exception, si l'objet implémente la méthode suivante :

```
- (void)forwardInvocation:(NSInvocation *)x
```

Dans l'affirmative, le message envoyé est empaqueté sous forme d'un `NSInvocation` et `forwardInvocation:` est invoquée avec cet objet en paramètre.

Fonctionnement de *NSUndoManager*

Supposons que l'utilisateur ouvre un nouveau document RaiseMan et procède à trois modifications :

- insérer un nouvel enregistrement ;
- changer le nom, de "Nouvelle personne" à "Rex Fido" ;
- changer l'augmentation, de 0 à 20.

Au cours de chaque modification, le contrôleur ajoute dans la pile des annulations une invocation qui permettra d'annuler cette modification. Pour simplifier le propos, nous dirons "l'*inverse* de la modification est ajouté à la pile des annulations". La Figure 9.1 illustre la pile des annulations après ces trois modifications.

Figure 9.1
La pile des annulations.

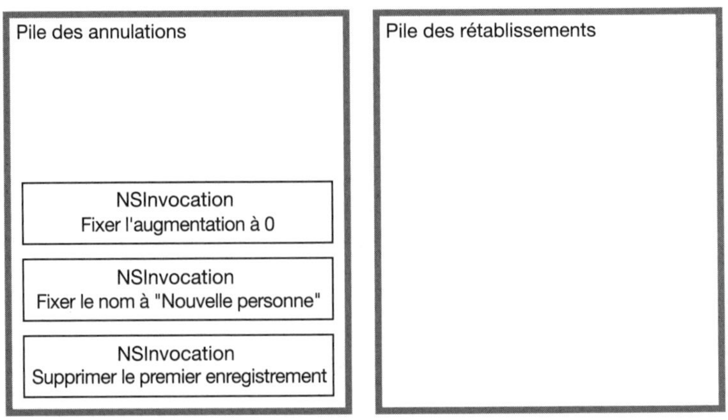

Si l'utilisateur clique sur l'entrée de menu `Undo` (annuler), la première invocation est retirée de la pile, puis appelée. L'augmentation de la personne est alors remise à zéro.

Si l'utilisateur clique à nouveau sur `Undo`, le nom de la personne revient à "Nouvelle personne".

Chaque fois qu'un élément est retiré de la pile des annulations et invoqué, l'inverse de l'opération d'annulation doit être ajouté à la pile des rétablissements. Ainsi, après avoir annulé les deux opérations précédentes, la pile des annulations et la pile des rétablissements ressembleront à celles illustrées à la Figure 9.2.

Figure 9.2
La pile des annulations revue.

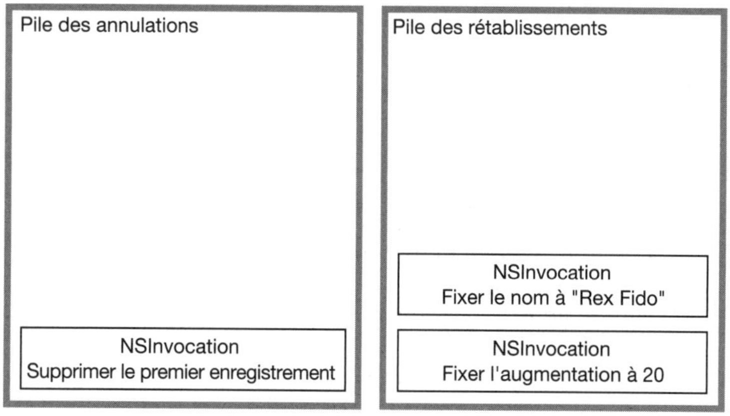

Le gestionnaire d'annulation est relativement intelligent. Lorsque l'utilisateur effectue des modifications, les invocations d'annulation vont dans la pile des annulations. Lorsqu'il annule des modifications, les invocations d'annulation vont dans la pile des rétablissements. Lorsqu'il rétablit des modifications, les invocations d'annulation vont dans la pile des annulations. Toutes ces opérations sont réalisées automatiquement pour nous. Notre seul travail consiste à fournir au gestionnaire d'annulation les invocations inverses appropriées.

Supposons à présent que nous écrivions une méthode nommée `chauffer` et que l'inverse de cette méthode soit `refroidir`. Voici comment mettre en œuvre l'annulation :

```
- (void)chauffer
{
    temperature = temperature + 10;
    [[undoManager prepareWithInvocationTarget:self] refroidir];
    [self afficherLesChangementsDeTemperature];
}
```

La méthode `prepareWithInvocationTarget:` note la cible et retourne le gestionnaire d'annulation. Celui-ci redéfinit ensuite `forwardInvocation:` de manière à ajouter l'invocation de `refroidir` dans la pile des annulations.

Pour terminer l'exemple, nous devons implémenter `refroidir` :

```
- (void)refroidir
{
    temperature = temperature - 10;
    [[undoManager prepareWithInvocationTarget:self] chauffer];
    [self afficherLesChangementsDeTemperature];
}
```

Nous avons de nouveau indiqué l'opération inverse au gestionnaire d'annulation. Si `refroidir` est invoquée suite à une annulation, l'inverse sera placé dans la pile des rétablissements.

Les invocations placées dans les piles sont regroupées. Par défaut, toutes les invocations ajoutées dans une pile au cours d'un même événement forment un groupe. Par conséquent, si une action de l'utilisateur provoque des modifications dans plusieurs objets, elles seront toutes annulées par un seul clic sur l'entrée de menu `Undo`.

Le gestionnaire d'annulation peut également modifier l'intitulé des entrées de menu `Undo` et `Redo`. Par exemple, `Undo Insertion` est plus explicite que `Undo`. Voici comment modifier l'étiquette de l'entrée de menu :

```
[undoManager setActionName:@"Insertion"];
```

Comment obtenons-nous un gestionnaire d'annulation ? Nous pouvons en créer un explicitement, mais chaque instance de `NSDocument` possède déjà son propre gestionnaire d'annulation.

Ajouter l'annulation à RaiseMan

Donnons à l'utilisateur la possibilité d'annuler les effets d'un clic sur les boutons `Ajouter un nouvel employé` et `Supprimer`, ainsi que la possibilité d'annuler les modifications apportées aux objets `Person` dans le tableau. Le code nécessaire ira dans la classe `MyDocument`.

Lorsque je conçois une classe, j'ai tendance à imaginer mes variables d'instance avec l'un des quatre rôles suivants :

1. *Attributs simples*. Par exemple, chaque étudiant possède un prénom. Les attributs simples sont généralement des nombres ou des instances de `NSString`, `NSDate` ou `NSData`.

2. *Relations "à un"*. Par exemple, chaque étudiant est lié à une école. Cela ressemble à un attribut simple, mais le type est un objet complexe, non un type de base.

   Les relations "à un" sont implémentées à l'aide de pointeurs. Une instance de `Student` possède un pointeur sur une instance de `School`.

3. *Relations "à plusieurs" ordonnées*. Par exemple, chaque liste de lecture possède une liste de titres. Les chansons sont données dans un ordre précis. Les relations de ce type sont généralement implémentées à l'aide d'un `NSMutableArray`.

4. *Relations "à plusieurs" non ordonnées*. Par exemple, chaque service possède un ensemble d'employés. Ces employés peuvent être affichés dans un ordre particulier, par exemple en fonction de leur nom de famille, mais il n'est pas inhérent à la relation. Les relations de ce type sont généralement implémentées à l'aide d'un `NSMutableSet`.

Nous avons vu précédemment comment définir des attributs simples et des relations "à un" en utilisant le codage clé-valeur. Il ne faut pas oublier que l'accès à une valeur, par exemple de `fido`, se fera avec les accesseurs, s'ils existent. De même, nous pouvons créer des accesseurs pour les relations "à plusieurs" ordonnées ou non.

Par exemple, supposons qu'une instance de `PlayList` utilise un `NSMutableArray` d'objets `Song`. Pour manipuler ce tableau à l'aide de KVC, nous devons demander à la liste de lecture son `mutableArrayValueForKey:`. Nous obtenons alors un objet mandataire (*proxy*). Cet objet sait qu'il représente le tableau qui contient les chansons.

```
id arrayProxy = [playlist mutableArrayValueForKey:@"songs"];
int songCount = [arrayProxy count];
```

Dans cet exemple, lorsque nous demandons accès à la valeur de `count` de l'objet mandataire, celui-ci demande à l'objet `PlayList` s'il possède une méthode `countOfSongs`. Dans l'affirmative, il appelle la méthode et retourne le résultat. Dans le cas contraire, il reçoit le tableau des chansons et lui demande sa valeur de `count` (voir Figure 9.3). Le nom de la méthode `countOfSongs` n'est pas simplement une convention. Le mécanisme du codage clé-valeur recherche une méthode au nom correctement formé.

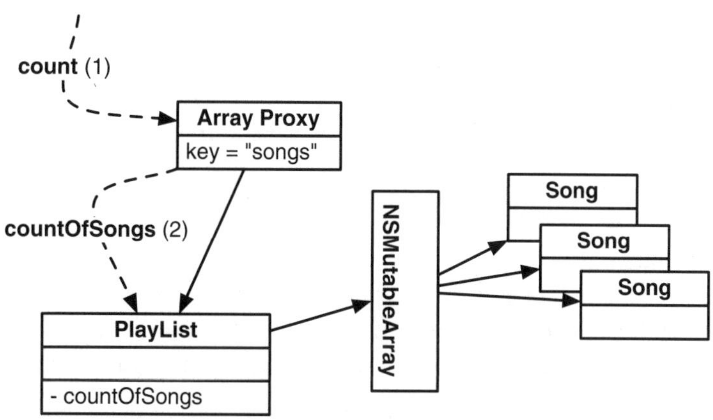

Figure 9.3
Codage clé-valeur pour les relations "à plusieurs" ordonnées.

Il existe plusieurs cas, dont voici la liste :

```
id arrayProxy = [playlist mutableArrayValueForKey:@"songs"];

int x = [arrayProxy count];      // est identique à
int x = [playlist countOfSongs]; // si countOfSongs existe.

id y = [arrayProxy objectAtIndex:5]       // est identique à
id y = [playlist objectInSongsAtIndex:5]; // si la méthode existe.

[arrayProxy insertObject:p atIndex:4]       // est identique à
[playlist insertObject:p inSongsAtIndex:4]; // si la méthode existe.

[arrayProxy removeObjectAtIndex:3]        // est identique à
[playlist removeObjectFromSongsAtIndex:3] // si la méthode existe.
```

Pour les relations "à plusieurs" non ordonnées, nous disposons d'un ensemble d'appels semblables (voir Figure 9.4).

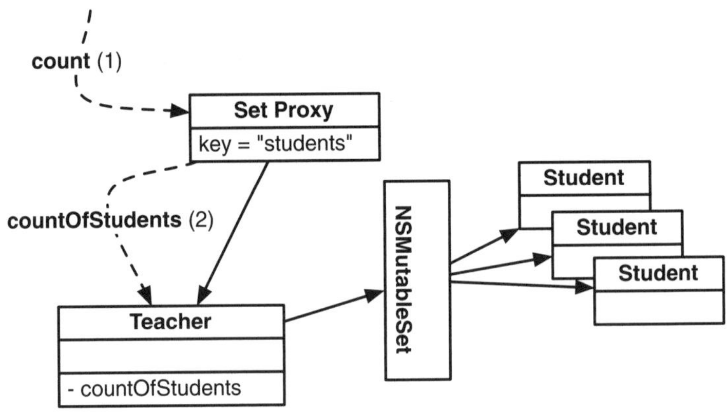

Figure 9.4
Codage clé-valeur pour les relations "à plusieurs" non ordonnées.

```
id setProxy = [teacher mutableSetValueForKey:@"students"];

int x = [setProxy count];           // est identique à
int x = [teacher countOfStudents]; // si countOfStudents existe.

[setProxy addObject:newStudent];           // est identique à
[teacher addStudentsObject:newStudent]; // si la méthode existe.

[setProxy removeObject:expelledStudent];          // est identique à
[teacher removeStudentsObject:expelledStudent]; // si la méthode existe.
```

Puisque nous avons lié le `contentArray` du contrôleur de tableau au tableau `employees` de l'objet `MyDocument`, le contrôleur utilisera le codage clé-valeur pour ajouter et retirer des objets `Person`. Nous allons en tirer profit pour ajouter des invocations d'annulation dans la pile correspondante lorsque les personnes sont ajoutées et retirées. Ajoutez les méthodes suivantes dans `MyDocument.m` :

```
- (void)insertObject:(Person *)p inEmployeesAtIndex:(int)index
{
    NSLog(@"ajout de %@ à %@", p, employees);
    // Ajouter l'opération inverse dans la pile des annulations.
    NSUndoManager *undo = [self undoManager];
    [[undo prepareWithInvocationTarget:self]
                      removeObjectFromEmployeesAtIndex:index];
    if (![undo isUndoing]) {
        [undo setActionName:@"Insérer la personne"];
    }

    // Ajouter la personne dans le tableau.
    [employees insertObject:p atIndex:index];
}

- (void)removeObjectFromEmployeesAtIndex:(int)index
{
    Person *p = [employees objectAtIndex:index];
    NSLog(@"suppression de %@ de %@", p, employees);
    // Ajouter l'opération inverse dans la pile des annulations.
    NSUndoManager *undo = [self undoManager];
    [[undo prepareWithInvocationTarget:self] insertObject:p
                                  inEmployeesAtIndex:index];
    if (![undo isUndoing]) {
        [undo setActionName:@"Supprimer la personne"];
    }

    [employees removeObjectAtIndex:index];
}
```

Ces méthodes seront appelées automatiquement lorsque le `NSArrayController` voudra insérer ou supprimer des objets `Person`, par exemple lorsque les boutons d'ajout et de suppression lui envoient les messages `insert:` et `remove:`.

Déclarez ces méthodes dans `MyDocument.h` :

```
- (void)removeObjectFromEmployeesAtIndex:(int)index;
- (void)insertObject:(Person *)p inEmployeesAtIndex:(int)index;
```

Puisque nous utilisons la classe `Person`, nous devons en informer le compilateur au début de `MyDocument.h` :

```
#import <Cocoa/Cocoa.h>
@class Person;
```

Nous devons également importer `Person.h` au début de `MyDocument.m` :

```
#import "Person.h"
```

Nous venons de mettre en place l'annulation des suppressions et des insertions. L'annulation des modifications sera un peu plus complexe. Avant de nous atteler à cette tâche, compilez et exécutez l'application. Testez les possibilités d'annulation disponibles. Vous remarquerez que le rétablissement fonctionne également.

Observation clé-valeur

Au Chapitre 7, nous avons présenté le codage clé-valeur. Pour rappel, KVC est une manière de lire et de changer la valeur d'une variable en utilisant son nom. L'*observation clé-valeur* (KVO, *Key-Value Observing*) nous permet d'être informés des modifications.

Pour mettre en œuvre l'annulation des modifications, notre objet document doit être informé des modifications apportées aux clés `expectedRaise` et `personName` pour tous les objets `Person` qu'il contient. Une méthode de `NSObject` nous permet de nous enregistrer comme observateur de ces modifications :

```
- (void)addObserver:(NSObject *)observer
         forKeyPath:(NSString *)keyPath
            options:(NSKeyValueObservingOptions)options
            context:(void *)context
```

Le paramètre `observer` précise l'objet qui doit être informé des changements apportés à un certain chemin de clé (`keyPath`). La variable `options` indique quelles informations concernant la modification seront fournies à l'observateur. Par exemple, elles peuvent contenir l'ancienne valeur (avant la modification) et la nouvelle valeur (après la modification). La variable `context` est un pointeur sur les données qui doivent être envoyées avec les autres informations. Elles sont quelconques et peuvent servir n'importe quels objectifs. En général, je la laisse à `NULL`.

Lorsqu'un changement se produit, l'observateur reçoit le message suivant :

```
- (void)observeValueForKeyPath:(NSString *)keyPath
                      ofObject:(id)object
                        change:(NSDictionary *)change
                       context:(void *)context
```

L'observateur est informé du chemin de clé qui a changé, ainsi que de l'objet concerné. `change` est un dictionnaire qui, selon les options indiquées lors de l'inscription en tant qu'observateur, peut contenir l'ancienne et/ou la nouvelle valeur. Bien entendu, le pointeur `context` indiqué au moment de cet enregistrement est également fourni. En général, je l'ignore.

Annuler les modifications

La première étape consiste à enregistrer l'objet document comme observateur des modifications apportées à ses objets `Person`. Ajoutez les méthodes suivantes dans `MyDocument.m` :

```
- (void)startObservingPerson:(Person *)person
{
    [person addObserver:self
             forKeyPath:@"personName"
```

```
                options:NSKeyValueObservingOptionOld
                context:NULL];

    [person addObserver:self
             forKeyPath:@"expectedRaise"
                options:NSKeyValueObservingOptionOld
                context:NULL];
}

- (void)stopObservingPerson:(Person *)person
{
    [person removeObserver:self forKeyPath:@"personName"];
    [person removeObserver:self forKeyPath:@"expectedRaise"];
}
```

Elles sont appelées chaque fois qu'un objet `Person` rejoint ou quitte le document :

```
- (void)insertObject:(Person *)p inEmployeesAtIndex:(int)index
{
    //  Ajouter l'opération inverse dans la pile des annulations.
    NSUndoManager *undo = [self undoManager];
    [[undo prepareWithInvocationTarget:self]
         removeObjectFromEmployeesAtIndex:index];
    if (![undo isUndoing]) {
        [undo setActionName:@"Insérer la personne"];
    }

    // Ajouter la personne dans le tableau.
    [self startObservingPerson:p];
    [employees insertObject:p atIndex:index];
}

- (void)removeObjectFromEmployeesAtIndex:(int)index
{
    Person *p = [employees objectAtIndex:index];
    // Ajouter l'opération inverse dans la pile des annulations.
    NSUndoManager *undo = [self undoManager];
    [[undo prepareWithInvocationTarget:self] insertObject:p
                                       inEmployeesAtIndex:index];
    if (![undo isUndoing]) {
        [undo setActionName:@"Supprimer la personne"];
    }
    [self stopObservingPerson:p];
    [employees removeObjectAtIndex:index];
}

- (void)setEmployees:(NSMutableArray *)a
{
    if (a == employees)
        return;

    for (Person *person in employees) {
        [self stopObservingPerson:person];
    }
```

```
        [a retain];
        [employees release];
        employees = a;

        for (Person *person in employees) {
            [self startObservingPerson:person];
        }
    }
```

Implémentons à présent la méthode qui effectue les modifications, ainsi que son rôle inverse :

```
- (void)changeKeyPath:(NSString *)keyPath
             ofObject:(id)obj
              toValue:(id)newValue
{
    // setValue:forKeyPath: provoquera l'appel de la méthode KVO,
    // qui prend en charge les annulations.
    [obj setValue:newValue forKeyPath:keyPath];
}
```

Implémentons la méthode qui sera invoquée dès qu'un objet `Person` est modifié, soit par l'utilisateur, soit par la méthode `changeKeyPath:ofObject:toValue:`. Elle place un appel à `changeKeyPath:ofObject:toValue:` sur la pile avec l'ancienne valeur de la clé modifiée.

```
- (void)observeValueForKeyPath:(NSString *)keyPath
                      ofObject:(id)object
                        change:(NSDictionary *)change
                       context:(void *)context
{
    NSUndoManager *undo = [self undoManager];
    id oldValue = [change objectForKey:NSKeyValueChangeOldKey];

    // Les objets NSNull servent à représenter nil dans un
dictionnaire.
    if (oldValue == [NSNull null]) {
        oldValue = nil;
    }
    NSLog(@"ancienne valeur = %@", oldValue);
    [[undo prepareWithInvocationTarget:self] changeKeyPath:keyPath
                                                  ofObject:object
                                                   toValue:oldValue];
    [undo setActionName:@"Modification"];
}
```

Cela devrait aller. Après avoir compilé l'application, les fonctions annuler et rétablir devraient être parfaitement opérationnelles.

Lorsqu'une modification est apportée au document, un point apparaît dans le bouton rouge de fermeture situé dans la barre de titre de la fenêtre. Il indique qu'un changement a été apporté au document sans que celui-ci ait été enregistré. Au chapitre suivant, nous verrons comment enregistrer les documents dans des fichiers.

Commencer la modification lors de l'ajout

L'application fonctionne parfaitement, mais les utilisateurs se plaignent : "Pourquoi dois-je double-cliquer dans le champ de texte pour commencer la modification après avoir ajouté une personne ? Je vais évidemment changer immédiatement le nom de la nouvelle personne. Pourriez-vous passer en mode modification au moment de l'ajout ?"

Assez bizarrement, ce n'est pas aussi simple qu'il y paraît. Je vais donc donner le code nécessaire. Tout d'abord, `MyDocument.h` aura besoin d'une action et de deux variables d'instance :

```
@interface MyDocument : NSDocument
{
    NSMutableArray *employees;
    IBOutlet NSTableView *tableView;
    IBOutlet NSArrayController *employeeController;
}
- (IBAction)createEmployee:(id)sender;
```

Enregistrez ce fichier ; vous devez toujours enregistrer un fichier `.h` pour que ses outlets et ses actions soient visibles dans Interface Builder. Dans Interface Builder, faites glisser, en maintenant la touche Contrôle enfoncée, le bouton d'ajout vers `File's Owner` (qui est l'instance de `MyDocument`). Fixez son action à `createEmployee:` (voir Figure 9.5).

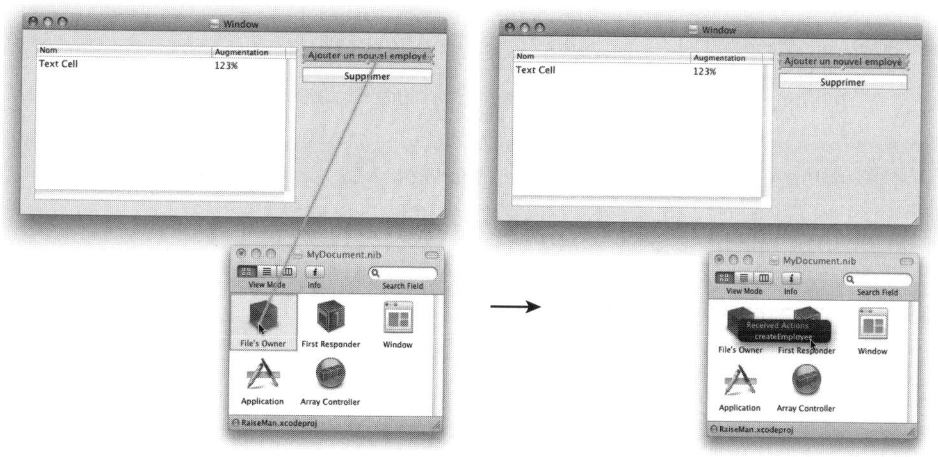

Figure 9.5

Fixer la cible et l'action du bouton d'ajout.

Faites un Contrôle-clic sur `File's Owner` et connectez l'outlet `tableView` à la vue tableau, puis l'outlet `employeeController` au contrôleur de tableau (voir Figure 9.6).

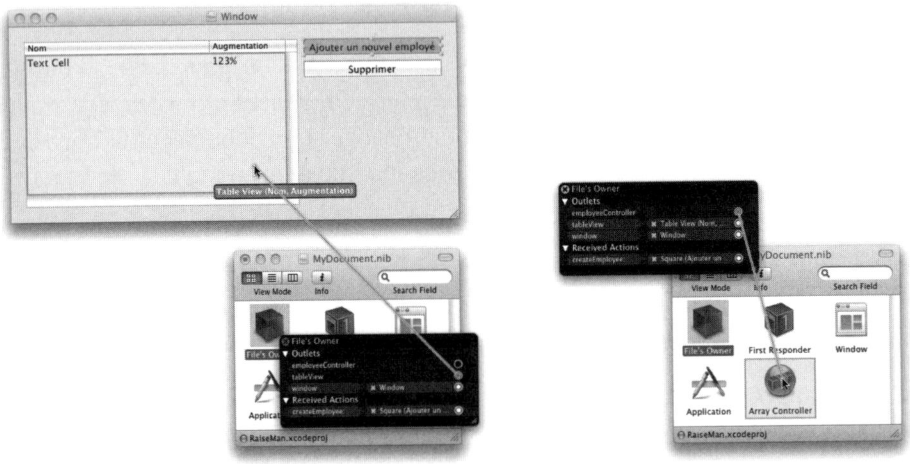

Figure 9.6

Fixer les outlets.

Dans `MyDocument.m`, ajoutez la méthode `createEmployee:` :

```
- (IBAction)createEmployee:(id)sender
{
    NSWindow *w = [tableView window];

    // Essayer de terminer toute modification en cours.
    BOOL editingEnded = [w makeFirstResponder:w];
    if (!editingEnded) {
        NSLog(@"Impossible d'arrêter la modification");
        return;
    }
    NSUndoManager *undo = [self undoManager];

    // Une modification a-t-elle déjà eu lieu dans cet événement ?
    if ([undo groupingLevel]) {
        // Fermer le dernier groupe.
        [undo endUndoGrouping];
        // Ouvrir un nouveau groupe.
        [undo beginUndoGrouping];
    }
    // Créer l'objet.
    Person *p = [employeeController newObject];

    // L'ajouter au tableau de contenu de 'employeeController'
    [employeeController addObject:p];
    [p release];

    // Trier à nouveau (l'utilisateur a pu trier une colonne).
    [employeeController rearrangeObjects];
```

```
    // Obtenir le tableau trié.
    NSArray *a = [employeeController arrangedObjects];

    // Rechercher l'objet ajouté.
    int row = [a indexOfObjectIdenticalTo:p];
    NSLog(@"starting edit of %@ in row %d", p, row);

    // Commencer l'édition dans la première colonne.
    [tableView editColumn:0
                      row:row
                withEvent:nil
                   select:YES];
}
```

Pour le moment, vous n'êtes pas supposé comprendre chaque ligne de ce code, mais examinez la méthode afin d'en comprendre l'esprit. Compilez et exécutez l'application.

Pour les plus curieux : fenêtres et gestionnaire d'annulation

Une vue peut ajouter des modifications au gestionnaire d'annulation. Par exemple, `NSTextView` peut placer dans le gestionnaire d'annulation chaque modification apportée au texte. Cela peut se faire dans Interface Builder (voir Figure 9.7).

Figure 9.7

L'inspecteur de NSTextView.

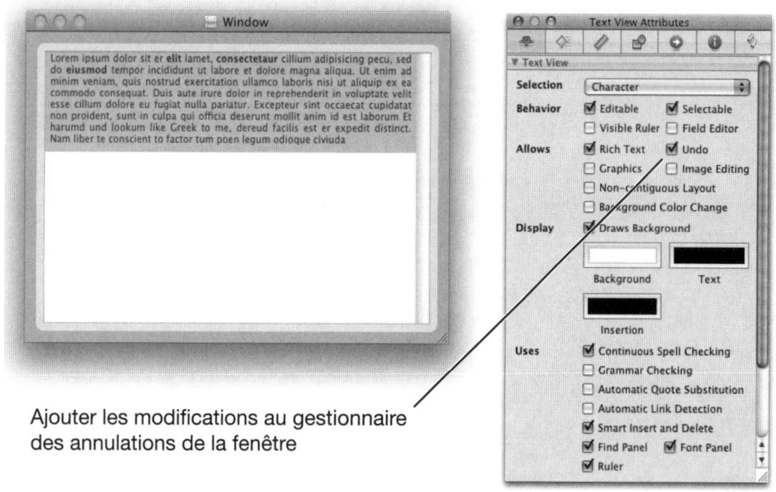

Comment la vue texte connaît-elle le gestionnaire d'annulation à utiliser ? Tout d'abord, elle demande à son délégué. Le délégué de `NSTextView` peut implémenter la méthode suivante :

```
- (NSUndoManager *)undoManagerForTextView:(NSTextView *)tv
```

Ensuite, elle demande à sa fenêtre. Pour cela, `NSWindow` dispose de la méthode suivante :

```
- (NSUndoManager *)undoManager
```

Le délégué de la fenêtre peut fournir un gestionnaire d'annulation pour la fenêtre en implémentant la méthode suivante :

```
- (NSUndoManager *)windowWillReturnUndoManager:(NSWindow *)window
```

Les entrées de menu `Undo/Redo` reflètent l'état du gestionnaire d'annulation pour la fenêtre active.

10

Archivage

Au sommaire de ce chapitre

- ✔ *NSCoder* et *NSCoding*
- ✔ L'architecture de document
- ✔ Enregistrer et *NSKeyedArchiver*
- ✔ Charger et *NSKeyedUnarchiver*
- ✔ Affecter une extension et une icône au type de fichier
- ✔ Pour les plus curieux : empêcher les boucles infinies
- ✔ Pour les plus curieux : créer un protocole
- ✔ Pour les plus curieux : applications basées sur des documents sans annulation
- ✔ Identifiants de type universel

Lorsqu'un programme orienté objet s'exécute, un graphe d'objets complexe est créé. Il est souvent nécessaire de représenter ce graphe d'objets sous forme d'un flux d'octets. Cette opération se nomme *archivage* (voir Figure 10.1). Ce flux d'octets peut ensuite être envoyé au travers d'une connexion réseau ou écrit dans un fichier. Par exemple, lorsque vous enregistrez un fichier nib, Interface Builder archive des objets dans un fichier. Les programmeurs Java appellent ce processus *sérialisation*.

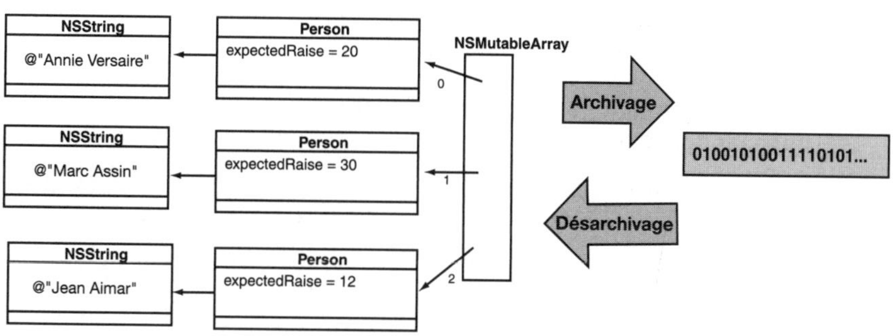

Figure 10.1
Archivage.

Pour recréer le graphe des objets à partir du flux d'octets, nous devons *désarchiver* celui-ci. Par exemple, lorsque l'application démarre, elle désarchive les objets présents dans le fichier nib créé par Interface Builder.

Même si les objets possèdent à la fois des variables et des méthodes d'instance, seules les variables d'instance et le nom de la classe sont placés dans l'archive. Autrement dit, seules les données, non le code, vont dans l'archive. Par conséquent, si une application archive un objet et une autre application désarchive le même objet, les deux applications doivent contenir le code de la classe. Par exemple, dans le fichier nib, nous avons employé des classes comme `NSWindow` et `NSButton` issues du framework AppKit. Si l'application n'est pas liée au framework AppKit, elle sera incapable de créer les instances de `NSWindow` et de `NSButton` qu'elle trouve dans l'archive.

Une publicité pour un shampooing disait "je l'ai dit à deux amis, qui l'ont dit à deux amis, qui l'ont dit à deux amis, et ainsi de suite, et ainsi de suite, et ainsi de suite". L'idée était que, tant que le shampooing était présenté à des amis, toutes les personnes que cela pouvait intéresser finiraient par utiliser le shampooing. L'archivage d'un objet fonctionne de manière semblable. Nous archivons un objet racine, qui archive les objets auxquels il est attaché, qui archivent les objets auxquels ils sont attachés, et ainsi de suite, et ainsi de suite, et ainsi de suite. Au final, chaque objet concerné arrivera dans l'archive.

L'archivage se fait en deux étapes. Premièrement, nous devons indiquer aux objets comment s'archiver. Deuxièmement, nous devons déclencher l'archivage.

Le langage Objective-C possède une construction appelée *protocole*. Elle est identique à la construction Java appelée *interface*. Un protocole est ainsi une liste de déclarations de méthodes. Lorsque nous créons une classe qui implémente un protocole, cette classe promet d'implémenter toutes les méthodes déclarées dans le protocole.

NSCoder et *NSCoding*

`NSCoding` est l'un des protocoles. Si notre classe implémente `NSCoding`, elle promet d'implémenter les méthodes suivantes :

```
- (id)initWithCoder:(NSCoder *)coder
- (void)encodeWithCoder:(NSCoder *)coder
```

`NSCoder` est une abstraction d'un flux d'octets. Nous pouvons écrire nos données dans un codeur ou lire nos données depuis un codeur. La méthode `initWithCoder:` de notre objet lira des données à partir de codeur et les enregistrera dans les variables d'instance.

La méthode encodeWithCoder: de notre objet lira les variables d'instance et écrira leurs valeurs dans le codeur. Dans ce chapitre, nous allons implémenter cette méthode pour notre classe Person.

NSCoder est une *classe abstraite*. On ne crée jamais d'instances d'une classe abstraite. Une classe abstraite possède des caractéristiques dont héritent ses sous-classes. On crée des instances des sous-classes concrètes. Plus précisément, nous utiliserons NSKeyedUnarchiver pour lire des objets depuis un flux de données et NSKeyed-Archiver pour écrire des objets dans le flux de données.

Encoder

NSCoder offre de nombreuses méthodes, mais la plupart des programmeurs n'en utilisent que quelques-unes. Voici les méthodes les plus utilisées lors de l'encodage des données par l'intermédiaire d'un codeur :

```
- (void)encodeObject:(id)anObject forKey:(NSString *)aKey
```

Cette méthode écrit anObject dans le codeur et l'associe à la clé aKey. Elle déclenche l'invocation de la méthode encodeWithCoder: d'anObject (et ils l'ont dit à deux amis, qui l'ont dit à deux amis…).

Pour chaque type C primitif (par exemple int et float), NSCoder dispose d'une méthode d'encodage :

```
- (void)encodeBool:(BOOL)boolv forKey:(NSString *)key
- (void)encodeDouble:(double)realv forKey:(NSString *)key
- (void)encodeFloat:(float)realv forKey:(NSString *)key
- (void)encodeInt:(int)intv forKey:(NSString *)key
```

Pour apporter l'encodage à notre classe Person, ajoutez la méthode suivante dans Person.m :

```
- (void)encodeWithCoder:(NSCoder *)coder
{
    [coder encodeObject:personName forKey:@"personName"];
    [coder encodeFloat:expectedRaise forKey:@"expectedRaise"];
}
```

Si vous examinez la documentation de la classe NSString, vous constaterez qu'elle implémente le protocole NSCoding. Par conséquent, personName sait comment s'encoder.

Toutes les classes d'AppKit et Foundation les plus utilisées implémentent le protocole NSCoding, à l'exception notable de NSObject. Puisqu'elle dérive de NSObject, Person n'appelle pas [super encodeWithCoder:coder]. Si la classe mère de Person implémentait le protocole NSCoding, la méthode aurait été la suivante :

```
- (void)encodeWithCoder:(NSCoder *)coder
{
    [super encodeWithCoder:coder];
    [coder encodeObject:personName forKey:@"personName"];
    [coder encodeFloat:expectedRaise forKey:@"expectedRaise"];
}
```

L'appel de la méthode encodeWithCoder: de la classe mère donne à celle-ci la possibilité d'écrire ses variables dans le codeur. Ainsi, chaque classe de la hiérarchie archive uniquement ses variables d'instance, non celles de sa superclasse.

Décoder

Pour le décodage des données à partir de codeur, nous disposons de méthodes analogues :

```
- (id)decodeObjectForKey:(NSString *)aKey
- (BOOL)decodeBoolForKey:(NSString *)key
- (double)decodeDoubleForKey:(NSString *)key
- (float)decodeFloatForKey:(NSString *)key
- (int)decodeIntForKey:(NSString *)key
```

Si, pour quelque raison que ce soit, le flux ne contient pas les données correspondant à une clé, nous recevons zéro en résultat. Par exemple, si l'objet n'a pas écrit les données qui correspondent à la clé toto lorsque le flux a été écrit, le codeur retourne 0.0 lorsqu'on lui demande de décoder une valeur float pour la clé toto. Si nous lui demandons de décoder un objet pour la clé toto, il retourne nil.

Pour ajouter le décodage à notre classe Person, ajoutez la méthode suivante dans Person.m :

```
- (id)initWithCoder:(NSCoder *)coder
{
    [super init];
    personName = [[coder decodeObjectForKey:@"personName"] retain];
    expectedRaise = [coder decodeFloatForKey:@"expectedRaise"];
    return self;
}
```

Une fois encore, elle n'invoque pas la méthode initWithCoder: de la classe mère, car NSObject n'en possède pas. Si la superclasse de Person implémentait le protocole NSCoding, la méthode serait la suivante :

```
- (id)initWithCoder:(NSCoder *)coder
{
  [super initWithCoder:coder];
```

```
    personName = [[coder decodeObjectForKey:@"personName"] retain];
    expectedRaise = [coder decodeFloatForKey:@"expectedRaise"];
    return self;
}
```

Au Chapitre 3, nous avons précisé que l'initialiseur désigné faisait tout le travail et appelait l'initialiseur désigné de la classe mère. Par ailleurs, tous les autres initialiseurs invoquent l'initialiseur désigné. Puisque `Person` définit une méthode `init`, quel est son initialiseur désigné et pourquoi ce nouvel initialiseur ne l'appelle-t-il pas ? Il s'agit d'une très bonne question : `initWithCoder:` représente l'exception aux règles d'initialisation.

Nous avons à présent implémenté les méthodes du protocole `NSCoding`. Pour déclarer que la classe `Person` implémente le protocole `NSCoding`, nous devons modifier le fichier `Person.h`. Changez la déclaration de la classe de la manière suivante :

```
@interface Person : NSObject <NSCoding> {
```

Compilez ensuite le projet. Corrigez les erreurs qui pourraient se présenter. Si vous le souhaitez, vous pouvez exécuter l'application. Cependant, même si nous avons expliqué aux objets comment s'archiver, nous ne leur avons pas encore demandé de le faire. Vous ne verrez donc aucun changement dans le comportement de l'application.

L'architecture de document

Les applications qui manipulent de multiples documents ont de nombreux points communs. Elles créent toutes de nouveaux documents, ouvrent des documents existants, enregistrent ou impriment des documents ouverts et rappellent à l'utilisateur d'enregistrer des documents modifiés lorsqu'il ferme une fenêtre ou quitte l'application. Apple fournit trois classes, `NSDocumentController`, `NSDocument` et `NSWindowController`, qui s'occupent d'une grande partie des détails à notre place. Ces trois classes composent l'*architecture de document*.

L'architecture de document est associée au motif de conception Modèle-Vue-Contrôleur présenté au Chapitre 8. Dans RaiseMan, notre sous-classe de `NSDocument`, avec l'aide de `NSArrayController`, jouera le rôle de contrôleur, aura un pointeur vers les objets du modèle et sera responsable des fonctions suivantes :

- enregistrer les données du modèle dans un fichier ;
- charger des données du modèle à partir d'un fichier ;
- afficher les données du modèle dans les vues ;
- prendre les actions de l'utilisateur à partir des vues et mettre à jour le modèle.

Info.plist et *NSDocumentController*

Lorsqu'il compile une application, Xcode inclut un fichier nommé `Info.plist` ; nous modifierons plus loin ce fichier. Lorsque l'application est lancée, elle lit le fichier `Info.plist` afin de connaître le type des fichiers reconnus. Si elle détermine qu'elle fonctionne comme une application à base de documents, elle crée une instance de `NSDocumentController` (voir Figure 10.2).

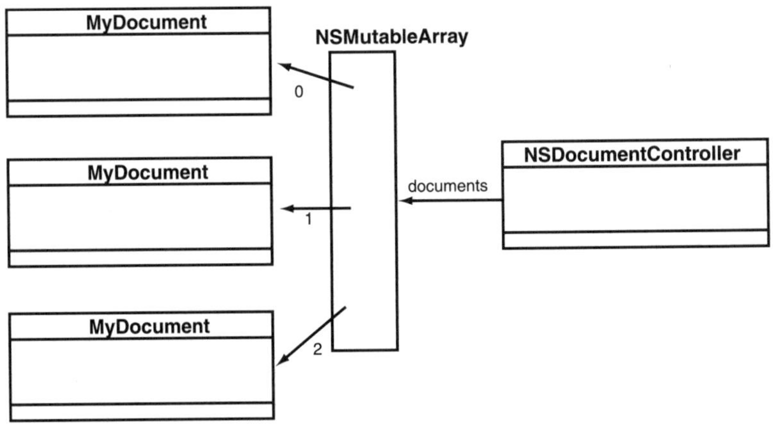

Figure 10.2
Contrôleur de document.

Nous avons rarement à traiter avec le contrôleur de document ; il se tient en arrière-plan et s'occupe de nombreux détails à notre place. Par exemple, lorsque nous cliquons sur les entrées de menu `Nouveau` (`New`) ou `Tout enregistrer` (`Save All`), le contrôleur de document traite la requête. Pour envoyer des messages au contrôleur de document, voici comment procéder :

```
NSDocumentController *dc;
dc = [NSDocumentController sharedDocumentController];
```

Le contrôleur de document possède un tableau d'objets de document, un pour chaque document ouvert.

NSDocument

Les objets de document sont des instances d'une sous-classe de `NSDocument`. Par exemple, dans notre application RaiseMan, les objets de document sont des instances de `MyDocument`. Pour de nombreuses applications, il suffit simplement d'étendre `NSDocument` ; il est inutile de s'occuper de `NSDocumentController` ou de `NSWindowController`.

Enregistrer

Les entrées de menu `Enregistrer` (`Save`), `Enregistrer sous...` (`Save As...`), `Tout enregistrer` (`Save All`) et `Fermer` (`Close`) sont toutes différentes, mais elles cachent toutes un même problème : placer le modèle dans un fichier ou une enveloppe de fichier. Une enveloppe de fichier est un répertoire qui, du point de vue de l'utilisateur, ressemble à un fichier. Pour prendre en charge ces entrées de menu, la sous-classe de `NSDocument` doit implémenter l'une des trois méthodes suivantes :

```
- (NSData *)dataOfType:(NSString *)aType
                 error:(NSError *)e
```

L'objet de document fournit le modèle à placer dans le fichier sous forme d'un objet `NSData`. `NSData` est principalement un tampon d'octets. Cette manière d'implémenter l'enregistrement dans une application à base de documents est la plus simple et la plus répandue. La méthode retourne `nil` si la création de l'objet de données est impossible, et l'utilisateur recevra un message d'alerte signalant l'échec de la tentative d'enregistrement. Le type est également passé en argument, ce qui permet d'enregistrer le document dans l'un des différents formats possibles. Par exemple, si nous écrivons un programme graphique, nous pouvons permettre à l'utilisateur d'enregistrer l'image dans un fichier gif ou jpg. Lors de la création de l'objet de données, `aType` précise le format d'enregistrement demandé par l'utilisateur. Si nous ne gérons qu'un seul type, nous pouvons simplement ignorer ce paramètre. Pour indiquer que l'enregistrement des données est impossible, nous retournons `nil` et créons un objet `NSError` qui décrit le problème.

```
- (NSFileWrapper *)fileWrapperOfType:(NSString *)aType
                               error:(NSError *)e
```

L'objet de document retourne le modèle sous forme d'un objet `NSFileWrapper`. Il sera écrit dans le système de fichiers, à l'emplacement indiqué par l'utilisateur.

```
- (BOOL)writeToURL:(NSURL *)absoluteURL
            ofType:(NSString *)typeName
             error:(NSError **)outError
```

L'objet de document reçoit l'URL et le type. Il est responsable de l'enregistrement des données dans l'URL. En général, l'URL est un fichier sur le système de fichiers. Cette méthode retourne `YES` si l'enregistrement est réussi, `NO` en cas d'échec. Si nous retournons `NO`, nous devons également créer un objet `NSError` qui décrit le problème.

`NSError` peut amener une certaine confusion. Voici l'idée sous-jacente : si la méthode est incapable d'effectuer son travail, elle crée un objet `NSError` et place un pointeur sur cette erreur dans l'adresse fournie. Par exemple, si nous voulons lire un objet `NSData` depuis un fichier, nous passons l'adresse où un pointeur sur l'erreur devra être stocké :

```
NSError *e;
NSData *d = [NSData dataWithContentsOfFile:@"/tmp/x.txt"
                                   options:0
                                     error:&error];
// La lecture a-t-elle échoué ?
if (d == nil) {
      NSLog(@"Erreur de lectuire : %@", [error localizedDescription];
}
```

Ainsi, `NSData` retournera un objet de données ou créera un objet d'erreur.

Dans les méthodes d'enregistrement et de chargement, nous aurons en charge la création d'un objet `NSError` en cas d'échec.

Charger

Les entrées de menu `Ouvrir...` (`Open...`), `Ouvrir l'élément récent` (`Open Recent`) et `Revenir à la version enregistrée` (`Revert To Saved`), bien que toutes différentes, cachent le même problème de base : obtenir le modèle à partir d'un fichier ou d'une enveloppe de fichier. Pour prendre en charge ces entrées, la sous-classe de `NSDocument` doit implémenter l'une des trois méthodes suivantes :

```
- (BOOL)readFromData:(NSData *)data
              ofType:(NSString *)typeName
               error:(NSError **)outError
```

Le document reçoit un objet `NSData` dans lequel se trouve le contenu du fichier que l'utilisateur tente d'ouvrir. La méthode retourne `YES` si elle a réussi à créer un modèle à partir des données. Si elle retourne `NO`, l'utilisateur verra un message d'alerte qui explique pourquoi la conversion du fichier a échoué. Le contenu du panneau d'alerte est déterminé par l'objet `NSError` indiqué.

```
- (BOOL)readFromFileWrapper:(NSFileWrapper *)fileWrapper
                     ofType:(NSString *)typeName
                      error:(NSError **)outError
```

Le document lit les données depuis un objet `NSFileWrapper`.

```
- (BOOL)readFromURL:(NSURL *)absoluteURL
             ofType:(NSString *)typeName
              error:(NSError **)outError
```

L'objet de document reçoit une URL, en général un chemin vers un fichier du système de fichiers. Le document lit les données à partir du fichier.

Après avoir implémenté une méthode d'enregistrement et une méthode de chargement, le document sait comment lire et écrire des fichiers. Lors de l'ouverture d'un fichier, il lit le fichier de document avant d'examiner le fichier nib. Par conséquent, il est impossible d'envoyer des messages aux objets de l'interface utilisateur juste après le chargement de fichiers (puisqu'ils n'existent pas encore). Pour résoudre ce problème, l'objet de document reçoit la méthode suivante après la lecture du fichier nib :

```
- (void)windowControllerDidLoadNib:(NSWindowController *)x
```

Dans la sous-classe de `NSDocument`, nous implémenterons cette méthode afin d'actualiser les objets de l'interface utilisateur.

Si l'utilisateur choisit `Revenir à la version enregistrée` dans le menu, le modèle est chargé, mais `windowControllerDidLoadNib:` n'est pas invoquée. Dans ce cas, l'actualisation des objets de l'interface utilisateur doit se faire dans la méthode qui charge les données, juste pour le cas où l'opération aurait été un retour à la version enregistrée. Pour tenir compte de cette possibilité, une solution classique consiste à examiner l'un des ensembles d'outlets dans le fichier nib. S'il vaut `nil`, cela signifie que le fichier nib n'a pas été chargé et qu'il est inutile d'actualiser l'interface utilisateur.

NSWindowController

La dernière classe de l'architecture de document est `NSWindowController`, mais elle ne nous sera pas utile dans l'immédiat. Chaque fenêtre ouverte par un document crée une instance de `NSWindowController`. Puisque la plupart des applications n'ont qu'une seule fenêtre par document, le comportement par défaut du contrôleur de fenêtre est parfaitement adapté. Néanmoins, voici quelques situations dans lesquelles nous pourrions avoir à créer notre sous-classe de `NSWindowController` :

- Nous devons avoir plusieurs fenêtres sur le même document. Par exemple, dans un programme de CAO, une fenêtre de texte pourrait décrire le solide et une autre fenêtre, afficher un rendu du solide.
- Nous voulons placer la logique du contrôleur de l'interface utilisateur et la logique du contrôleur du modèle dans des classes séparées.
- Nous voulons créer une fenêtre sans objet `NSDocument` correspondant (ce sera le cas au Chapitre 12).

Enregistrer et *NSKeyedArchiver*

Notre objet sait comment s'encoder et se décoder. Nous allons à présent l'utiliser pour ajouter les fonctions d'enregistrement et de chargement à notre application. Lorsque les personnes doivent être enregistrées dans un fichier, il sera demandé à la classe `MyDocument` de créer une instance de `NSData`. Une fois cet objet créé et retourné, il sera écrit automatiquement dans un fichier.

Pour créer un objet NSData, nous allons utiliser la classe NSKeyedArchiver. Elle offre la méthode de classe suivante :

```
+ (NSData *)archivedDataWithRootObject:(id)rootObject
```

Cette méthode archive les objets dans le tampon d'octets de l'objet NSData.

Une fois encore, nous revenons à l'idée "je l'ai dit à deux amis, qui l'ont dit à deux amis". Lorsque nous encodons un objet, il encode ses objets, qui encodent leurs objets, etc. Dans notre cas, nous allons encoder le tableau employees. Il encodera les objets Person dont il détient des références. Puisque nous avons implémenté encodeWithCoder:, chaque objet Person encodera à son tour la chaîne personName et la valeur en virgule flottante expectedRaise.

Pour ajouter les possibilités d'enregistrement à notre application, nous modifions la méthode dataOfType:error: de MyDocument.m :

```
- (NSData *)dataOfType:(NSString *)aType
                 error:(NSError **)outError
{
    // Fin de modification.
    [[tableView window] endEditingFor:nil];

    // Créer un objet NSData à partir du tableau des employés.
    return [NSKeyedArchiver archivedDataWithRootObject:employees];
}
```

Vous remarquerez que l'argument d'erreur est ignoré. Il n'y aura pas d'erreurs.

Charger et *NSKeyedUnarchiver*

Nous ajoutons à présent le chargement des fichiers. Une fois encore, NSDocument s'occupe d'une grande partie des détails pour nous.

Pour le désarchivage, nous utiliserons NSKeyedUnarchiver, qui offre une méthode très pratique :

```
+ (id)unarchiveObjectWithData:(NSData *)data
```

Dans la classe MyDocument, nous modifions la méthode readFromData:ofType:error: de la manière suivante :

```
- (BOOL)readFromData:(NSData *)data
              ofType:(NSString *)typeName
               error:(NSError **)outError
{
    NSLog(@"Lecture des données de type %@", typeName);
    NSMutableArray *newArray = nil;
    @try {
        newArray = [NSKeyedUnarchiver unarchiveObjectWithData:data];
    }
    @catch (NSException *e) {
```

```
        if (outError) {
            NSDictionary *d = [NSDictionary
                    dictionaryWithObject:@"Les données sont corrompues."
                                  forKey:NSLocalizedFailureReasonErrorKey];
            *outError = [NSError errorWithDomain:NSOSStatusErrorDomain
                                            code:unimpErr
                                        userInfo:d];
        }
        return NO;
    }
    [self setEmployees:newArray];
    return YES;
}
```

Nous pouvons actualiser l'interface utilisateur après le chargement du fichier nib, mais `NSArrayController` s'en chargera à notre place. La méthode `windowControllerDidLoadNib:` n'a rien à faire. Nous la laissons de côté pour le moment, pour y revenir au Chapitre 13 :

```
- (void)windowControllerDidLoadNib:(NSWindowController *)aController
{
    [super windowControllerDidLoadNib:aController];
}
```

Vous noterez que le fichier nib à charger est demandé au document lorsque celui-ci est ouvert ou créé. Cette méthode ne nécessite aucune modification :

```
- (NSString *)windowNibName
{
    return @"MyDocument";
}
```

La fenêtre est marquée automatiquement comme modifiée dès qu'un changement est effectué car nous avons correctement activé le mécanisme d'annulation. Lorsque nous signalons les modifications du document à son gestionnaire d'annulation, celui-ci marque automatiquement le document comme modifié.

À ce stade, l'application peut lire et écrire des fichiers. Compilez l'application et testez-la. Tout devrait fonctionner correctement, mais les fichiers auront l'extension `.????`. Nous devons assigner une extension à notre application dans le fichier `Info.plist`.

Affecter une extension et une icône au type de fichier

Nous aimerions que les fichiers de RaiseMan aient l'extension `.rsmn`, ainsi qu'une icône. Tout d'abord, trouvez un fichier `.icns` (par exemple `/Developer/Examples/AppKit/CompositeLab/BBall.icns`) et copiez-le dans le projet. Faites-la glisser depuis le Finder sur la vue `Groups and Files` de Xcode. Déposez-la dans le groupe `Resources` (voir Figure 10.3).

Figure 10.3

Déposer une icône dans un projet.

Xcode affiche une feuille dans laquelle vous devez cocher `Copy items into destination group's folder` (voir Figure 10.4). Le fichier de l'icône sera ainsi copié dans le répertoire du projet.

Figure 10.4

En faire une copie.

Pour préciser l'information de type du document, sélectionnez la cible RaiseMan dans Xcode et choisissez `Get Info` dans le menu `File`. Sous l'onglet `Properties`, fixez l'identifiant de l'application à `com.bignerdranch.RaiseMan`, et `Icon File` à `BBall`. Dans la liste des types de documents, fixez le nom à `RaiseMan Doc`, les extensions à `rsmn`, et l'icône du type de fichier à `BBall`. Toute cette procédure est résumée à la Figure 10.5. Les colonnes ont été réorganisées afin de présenter toutes les informations importantes.

Figure 10.5

Préciser l'icône et les types de document.

Compilez et exécutez l'application. Vous devez pouvoir enregistrer les données dans un fichier et les relire. Dans Finder, l'icône `BBall.icns` sera utilisée pour les fichiers `.rsmn`.

Une application est un répertoire qui contient les fichiers nib, les images, les sons et le code exécutable de l'application. Dans Terminal, exécutez les commandes suivantes :

```
> cd /Applications/TextEdit.app/Contents
> ls
```

Vous verrez trois choses intéressantes :

1. Le fichier `Info.plist`, qui comprend les informations concernant l'application, ses types de fichiers et ses icônes associées. Le Finder utilise ces informations.
2. Le répertoire `Mac OS/`, qui contient le code exécutable.
3. Le répertoire `Resources/`, dans lequel se trouvent les images, les sons et les fichiers nib de l'application. Vous y trouverez des ressources localisées pour différentes langues.

Pour les plus curieux : empêcher les boucles infinies

Le lecteur attentif pourrait s'interroger sur le point suivant : si l'objet A provoque l'encodage de l'objet B, et si l'objet B provoque l'encodage de l'objet C, et si l'objet C provoque l'encodage de l'objet A, l'archivage n'entre-t-il pas dans une boucle infinie ? Ce serait effectivement le cas si la classe `NSKeyedArchiver` n'avait pas été conçue en tenant compte de cette possibilité.

Lorsqu'un objet est encodé, un jeton unique est également placé dans le flux. Lorsqu'un objet est archivé, il est ajouté à la table des objets encodés sous ce jeton. Lorsque le même objet doit être à nouveau encodé, `NSKeyedArchiver` place uniquement un jeton dans le flux.

Lors du décodage d'un objet à partir du flux, `NSKeyedUnarchiver` place à la fois l'objet et son jeton dans une table. S'il trouve un jeton sans données associées, il sait qu'il doit prendre l'objet dans la table au lieu de créer une nouvelle instance.

Cette idée mène à la méthode de `NSCoder` qui perturbe souvent les développeurs lorsqu'ils lisent la documentation :

```
- (void)encodeConditionalObject:(id)anObject forKey:(NSString *)aKey
```

Cette méthode est employée lorsqu'un objet A possède un pointeur sur un objet B, mais que l'objet A ne se préoccupe pas réellement de savoir si B est archivé. Cependant, si un autre objet a archivé B, A voudrait que le jeton de B soit placé dans le flux. Si aucun autre objet n'a archivé B, il sera traité comme `nil`.

Par exemple, si nous écrivions une méthode `encodeWithCoder:` pour un objet `Moteur` (voir Figure 10.6), il pourrait avoir une variable d'instance nommée `voiture` qui serait un pointeur sur l'objet `Voiture` dont il fait partie. Si nous archivions simplement le `Moteur`, nous ne voudrions pas que l'intégralité de la `Voiture` soit archivée. Mais, si nous archivions la `Voiture`, nous voudrions que le pointeur `voiture` soit correctement affecté. Dans ce cas, nous ferions en sorte que l'objet `Moteur` encode le pointeur `voiture` de manière conditionnelle.

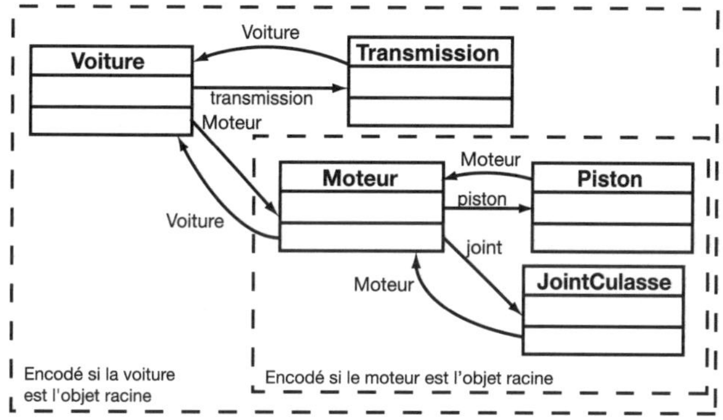

Figure 10.6
Exemple d'encodage conditionnel.

Pour les plus curieux : créer un protocole

Il est très facile de créer son propre protocole. En voici un exemple, avec deux méthodes, que l'on placerait généralement dans un fichier nommé `Toto.h` :

```
@protocol Toto
- (void)fido:(int)x;
- (float)rex;
@end
```

Objective-C 2.0 a ajouté `@optional` à la grammaire d'un protocole. Nous pouvons désormais indiquer les méthodes qui sont obligatoires et celles qui sont facultatives :

```
@protocol Toto
- (void)fido:(int)x;
- (float)rex;
@optional
- (int)medor;
- (void)filou:(int)x;
@end
```

Dans cet exemple, `fido:` et `rex` sont obligatoires, tandis que `medor` et `filou:` sont facultatives.

Si une classe doit implémenter le protocole `Toto` et le protocole `NSCoding`, voici comment la déclarer :

```
#import "Tata.h"
#import "Toto.h"

@interface Titi:Tata <Toto, NSCoding>
...etc.
@end
```

Une classe n'a pas à redéclarer les méthodes dont elle hérite de sa superclasse, pas plus qu'elle ne doit redéclarer les méthodes des protocoles qu'elle implémente. Par conséquent, dans notre exemple, le fichier d'interface de la classe `Titi` n'est pas obligé de lister toutes les méthodes de `Tata`, `Toto` et `NSCoding`.

Pour les plus curieux : applications basées sur des documents sans annulation

Le NSUndoManager de notre application sait lorsque des modifications n'ont pas été enregistrées. Par ailleurs, la fenêtre est automatiquement marquée comme modifiée. Que se passe-t-il si nous écrivons une application sans signaler les modifications au gestionnaire d'annulation ?

NSDocument garde une trace du nombre de modifications apportées. Il dispose pour cela de la méthode suivante :

```
- (void)updateChangeCount:(NSDocumentChangeType)change
```

Le paramètre NSDocumentChangeType peut prendre les valeurs NSChangeDone, NSChangeUndone ou NSChangeCleared. NSChangeDone incrémente le compteur de modifications, NSChangeUndone décrémente le compteur et NSChangeCleared l'initialise à zéro. La fenêtre est marquée modifiée tant que le compteur des modifications est différent de zéro.

Identifiants de type universel

L'un des problèmes récurrents en informatique se cache derrière la question : "Que représentent ces données ?" Sur le Mac, cette question se pose en plusieurs endroits : lorsqu'un fichier est ouvert depuis le Finder, lorsque des données sont copiées depuis le presse-papiers et lorsqu'un fichier est indexé par Spotlight ou affiché avec Coup d'œil. Jusqu'à présent, plusieurs réponses sont mises en œuvre : extension de fichiers, codes de créateur et types MIME.

Apple a décidé que la solution à long terme à ce problème résidait dans les identifiants de type universel (UTI, *universal type identifier*). Un UTI est une chaîne qui identifie le type d'un fichier. Les UTI sont organisés de manière hiérarchique.

Dans le fichier Info.plist de notre application, nous pouvons définir les UTI qu'elle peut lire et écrire, y compris de nouveaux UTI personnels. Info.plist est un fichier XML qui contient un ensemble de couples clé-valeur. Pour exporter de nouveaux UTI, nous devons ajouter une nouvelle clé : UTExportedTypeDeclarations. Par exemple, si nous souhaitons créer un UTI pour nos documents RaiseMan, voici ce que nous devons ajouter dans Info.plist :

```
<key>UTExportedTypeDeclarations</key>
<array>
    <dict>
        <key>UTTypeIdentifier</key>
        <string>com.bignerdranch.raiseman-doc</string>
        <key>UTTypeDescription</key>
        <string>RaiseMan Document</string>
```

```
            <key>UTTypeConformsTo</key>
            <array>
                  <string>public.data</string>
            </array>
            <key>UTTypeTagSpecification</key>
            <dict>
                  <key>com.apple.ostype</key>
                  <string>rsmn</string>
                  <key>public.filename-extension</key>
                  <array>
                       <string>rsmn</string>
                  </array>
            </dict>
      </dict>
</array>
```

Nous pouvons ensuite utiliser cet UTI dans l'inspecteur des propriétés (voir Figure 10.7).

Figure 10.7

Fixer l'UTI.

La liste de tous les UTI définis par le système est disponible dans la documentation d'Apple.

11

Bases de Core Data

Au sommaire de ce chapitre

- ✔ *NSManagedObjectModel*
- ✔ Interface
- ✔ Fonctionnement de Core Data

L'application implémentée jusqu'à présent gère un tableau d'objets, prend en charge les annulations et assure l'enregistrement et le chargement depuis un fichier. Vous l'imaginez sans peine, les applications de ce type sont très nombreuses. Apple a donc décidé d'en faciliter l'écriture :

- `NSArrayController` s'occupera du tableau des objets.
- Les liaisons élimineront une grande partie du code nécessaire à synchroniser les objets du modèle et les vues.
- `NSManagedObjectContext` observera les variables d'instance des objets de données, prendra en charge les annulations et s'occupera du chargement et de l'enregistrement des données.

En résumé, grâce à Core Data et aux liaisons, l'application RaiseMan que nous avons écrite peut être créée sans aucun code. Dans cette section, nous allons écrire une application Core Data (pas différente de RaiseMan) sans code.

NSManagedObjectModel

Pour savoir comment enregistrer et charger les données de nos objets, le système doit disposer d'informations sur ces données. Quels sont les noms des attributs de l'objet ? Quels sont leurs types ? Pour fournir ces informations, nous allons créer un modèle. Xcode propose un éditeur qui facilite la description des objets de données. Au moment de l'exécution, ce fichier sera lu et une instance de `NSManagedObjectModel` sera créée.

Le modèle utilise une terminologie quelque peu inhabituelle. À la place de *classe*, le modèle parle d'*entité*. À la place de *variable d'instance*, il emploie le mot *propriété*.

Dans le modèle, il existe deux sortes de propriétés : les *attributs* et les *relations*. Un attribut contient un type de données simple, comme une chaîne de caractères, une date ou un nombre. Nous reviendrons plus loin sur les relations.

L'application RaiseMan s'est appuyée sur une sous-classe de `NSDocument` nommée `MyDocument`. Dans l'application de ce chapitre, nous utiliserons une sous-classe de `NSPersistentDocument` nommée `MyDocument`. `NSPersistentDocument` lit automatiquement le modèle et crée un `NSManagedObjectContext`. Elle va nous éviter d'écrire de nombreuses lignes de code.

Démarrez Xcode et créez un nouveau projet de type `Core Data Document-based Application`. Nommez-le `CarLot`. Imaginons que nous possédions plusieurs voitures d'occasion. L'application va nous permettre d'effectuer le suivi des voitures que nous souhaitons vendre. Une fois terminée, elle ressemblera à celle illustrée à la Figure 11.1.

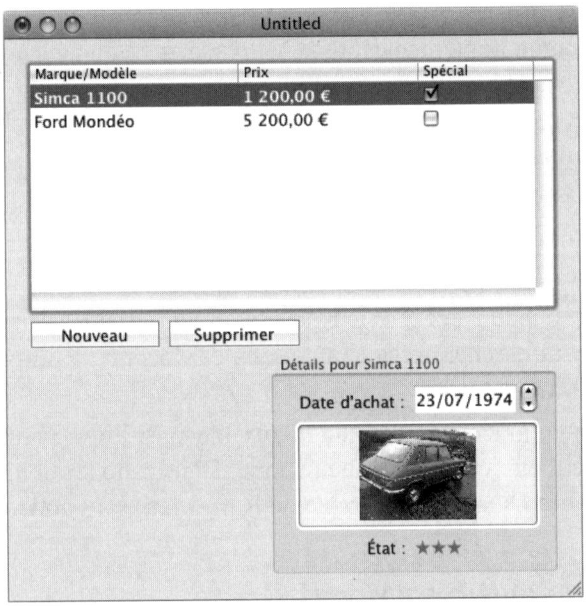

Figure 11.1
L'application terminée.

Dans le nouveau projet, sous `Models`, ouvrez `MyDocument.xcdatamodel`. En bas de la vue `Entity`, cliquez sur le bouton + pour créer une nouvelle entité. Nommez-la `Car`.

L'entité `Car` étant sélectionnée, choisissez `Add Attribute` dans le menu affiché par le bouton + en bas de la vue `Properties`. Ajoutez six attributs et donnez-leur les noms et les types suivants :

Nom	***Type***
`condition`	Int 16
`datePurchased`	Date
`makeModel`	String
`onSpecial`	Boolean
`photo`	Binary data
`price`	Decimal

La Figure 11.2 illustre le résultat dans l'outil de modélisation.

Figure 11.2

Le modèle terminé.

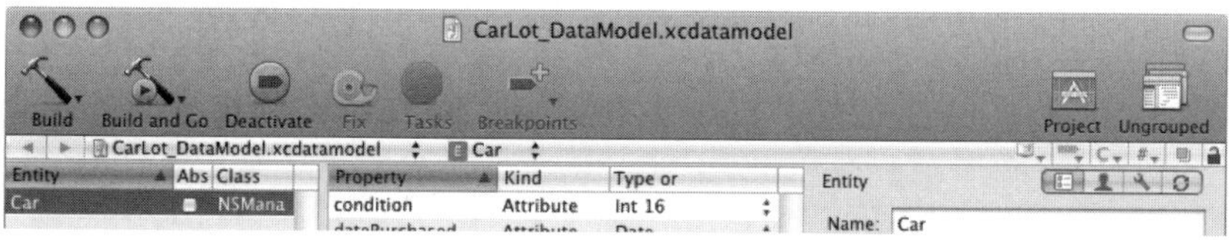

Nous pourrions évidemment ajouter bien d'autres choses dans le modèle, mais cela suffit pour cet exercice.

Interface

Ouvrez `MyDocument.nib`. Dans la fenêtre, supprimez le champ de texte `Your document contents here`. Faites glisser un contrôleur de tableau dans la fenêtre du fichier nib. Il sera utilisé par le `NSManagedObjectContext` de l'objet document pour obtenir et enregistrer des données. Servez-vous de l'inspecteur `Bindings` pour lier le `managedObjectContext` du contrôleur de tableau au `managedObjectContext` du `File's Owner` (voir Figure 11.3).

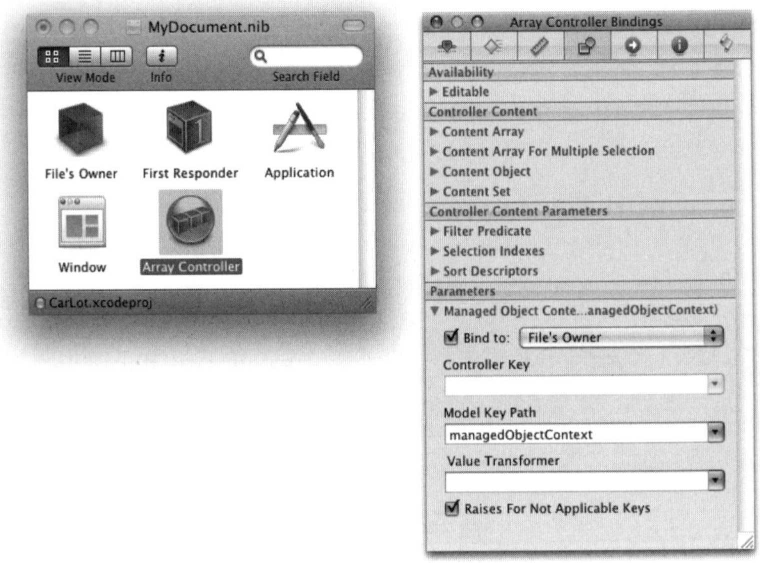

Figure 11.3
Donner au contrôleur de tableau un contexte d'objet géré.

Dans l'inspecteur `Attributes`, configurez le contrôleur de tableau afin qu'il prenne ses données depuis l'entité `Car` (voir Figure 11.4). Activez également l'option `Prepares Content` pour que le contrôleur de tableau les récupère immédiatement après sa création. L'étiquette sous les objets dans la fenêtre du fichier nib n'a pas d'importance. J'ai décidé de donner l'intitulé `Cars` au contrôleur de tableau. Lorsque le fichier nib contient plusieurs contrôleurs de tableau, les étiquettes permettent d'éliminer toute confusion.

Créer et configurer des vues

Faites glisser une vue tableau (depuis `Cocoa > Views & Cells > Data Views`). À l'aide de l'inspecteur `Attributes`, donnez-lui trois colonnes intitulées `Marque/Modèle`, `Prix` et `Spécial`. Déposez un formateur numérique (depuis `Cocoa > Views & Cells > Formatters`) sur la colonne `Prix`. Sélectionnez le formateur (représenté par un petit cercle dans la colonne) et configurez-le pour qu'il affiche une valeur monétaire.

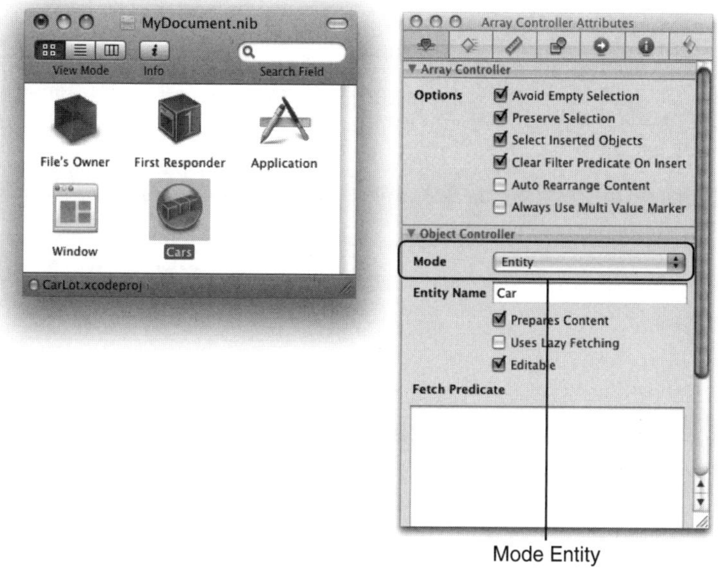

Figure 11.4
Inspecter les attributs du contrôleur de tableau Cars.

Choisissez le formateur 10.4+ et fixez le style à `Currency`. Cochez également les cases `Generate Decimal Numbers` et `Always Shows Decimal` (voir Figure 11.5).

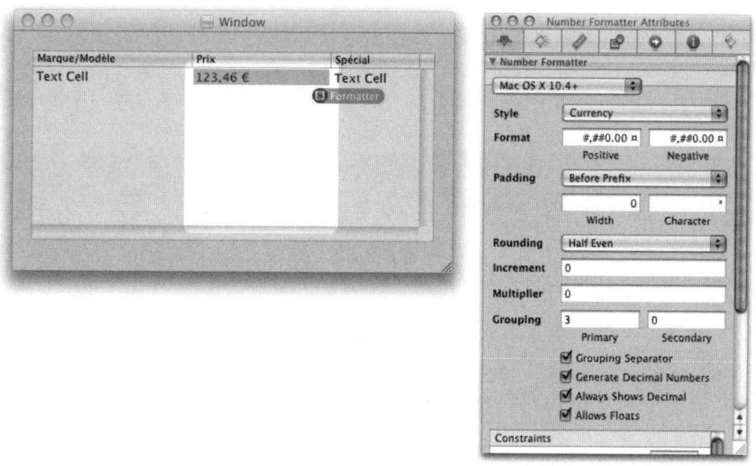

Figure 11.5
Configurer un formateur.

Puisque la troisième colonne contiendra des cases à cocher, faites glisser une cellule de type case à cocher (depuis `Cocoa > Views & Cells > Cells`) sur cette colonne. Sélectionnez la cellule et effacez son intitulé (voir Figure 11.6).

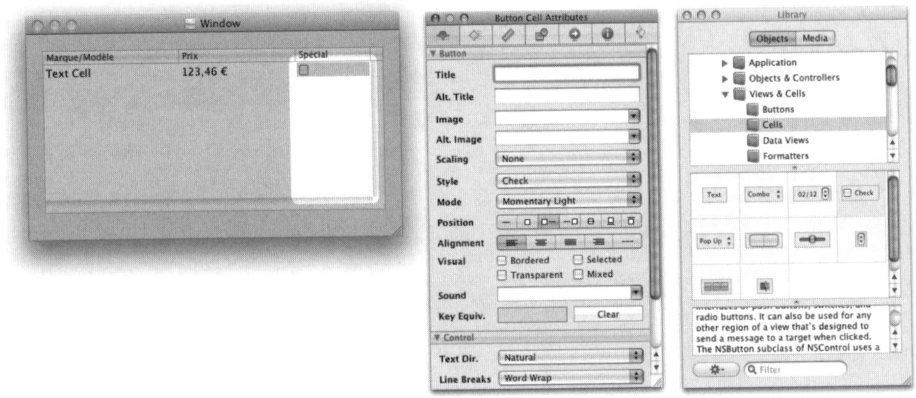

Figure 11.6

Déposer une cellule de type case à cocher.

Sous la vue tableau, déposez un `NSDatePicker`, deux boutons, un `NSImageView` (appelé `Image Well` dans la bibliothèque) et un `NSLevelIndicator`. Placez des étiquettes de texte à côté du calendrier et de l'indicateur de niveau. Les boutons doivent afficher les intitulés `Nouveau` et `Supprimer`.

Les étiquettes doivent contenir le texte `Date d'achat :` et `État :`. Dans l'inspecteur `Attributes` du `NSLevelIndicator`, fixez ses valeurs min à 0 et max à 5. Donnez-lui le style `Rating` (pour avoir les étoiles). Par ailleurs, rendez l'indicateur de niveau modifiable. Le résultat est illustré à la Figure 11.7.

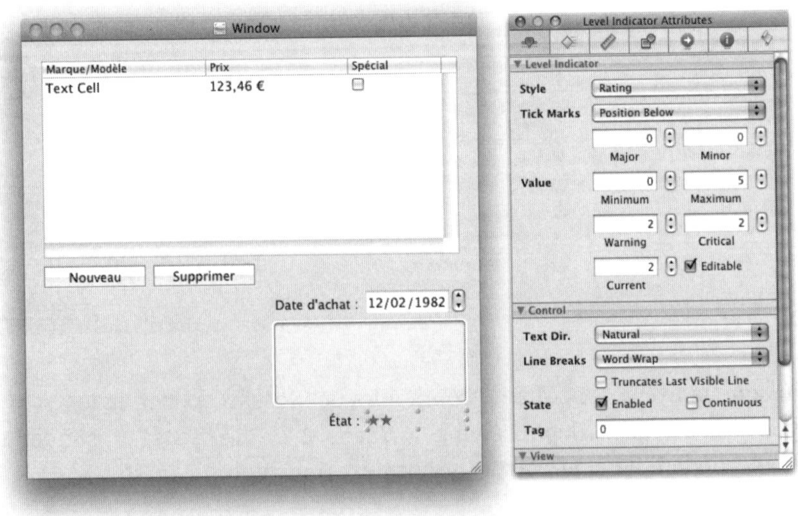

Figure 11.7

Attributs de NSLevelIndicator.

À l'aide de l'inspecteur `Attributes`, rendez le `NSImageView` modifiable.

Sélectionnez le calendrier, la vue image, les deux étiquettes et l'indicateur de niveau. Enveloppez-les dans une boîte en choisissant l'entrée de menu `Layout > Embed Objects In > Box` (voir Figure 11.8).

Figure 11.8

Inclure des objets dans une boîte.

Connexions et liaisons

Nous allons à présent établir de nombreuses liaisons. Nous les examinons une à une ; la Figure 11.9 illustre les liaisons entre les vues et le contrôleur de tableau.

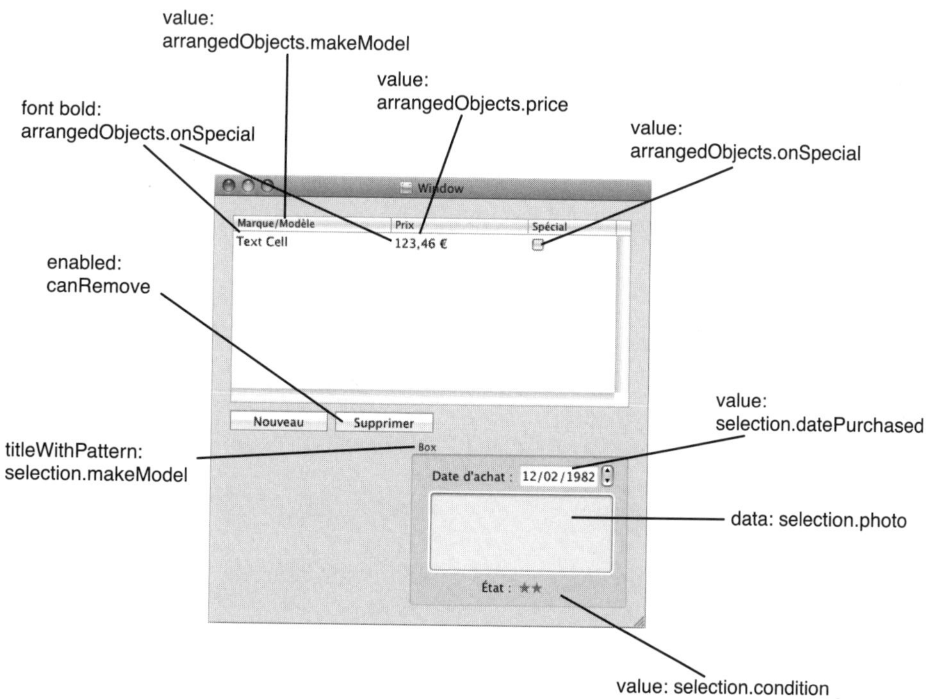

Figure 11.9

Récapitulatif des liaisons.

Rappel : dans cet ouvrage, nous n'établirons aucune liaison avec une vue défilement, une vue tableau ou une cellule. En revanche, nous allons créer des liaisons avec les colonnes d'une vue tableau, qui contiennent des cellules et se trouvent à l'intérieur des vues tableau, qui, à leur tour, se trouvent dans des vues défilement.

Liez le champ `value` de chaque colonne (`Cars` est le `NSArrayController`) :

Liaison	*Vers*	*Clé du contrôleur*	*Chemin de clé*
`value` de la colonne 0	Cars	`arrangedObjects`	`makeModel`
`value` de la colonne 1	Cars	`arrangedObjects`	`price`
`value` de la colonne 2	Cars	`arrangedObjects`	`onSpecial`

Faites en sorte que le bouton `Nouveau` déclenche la méthode `add:` du contrôleur de tableau (voir Figure 11.10).

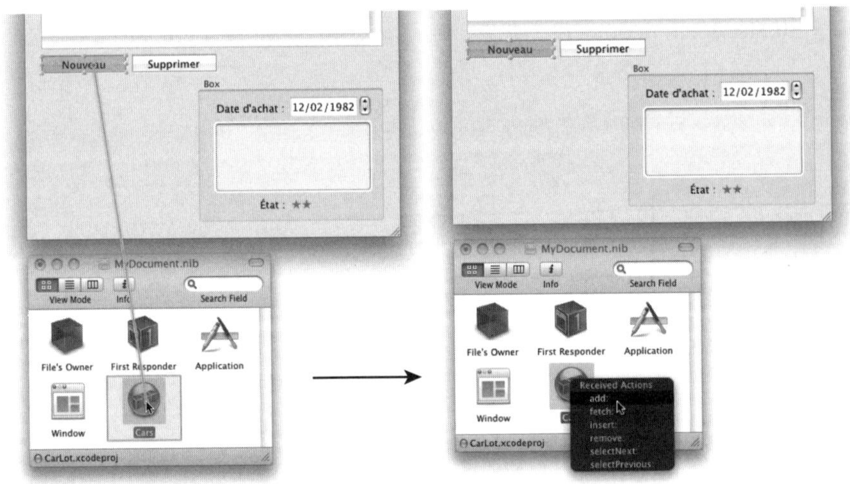

Figure 11.10

Fixer la cible/action du bouton Nouveau.

Associez l'invocation de la méthode `remove:` du contrôleur de tableau au bouton `Supprimer`.

Liez les valeurs des contrôles à la sélection du contrôleur de tableau :

Liaison	*Vers*	*Clé du contrôleur*	*Chemin de clé*
`value` du calendrier	Cars	`selection`	`datePurchased`
`enabled` du bouton `Supprimer`	Cars	`canRemove`	
`value` de l'indicateur de niveau	Cars	`selection`	`condition`

Liez les données, non la valeur, de la vue image à `Cars`. Choisissez la clé du contrôleur `selection` et le chemin de clé `photo`. Cochez également la case intitulée `Conditionally Sets Editable` (voir Figure 11.11).

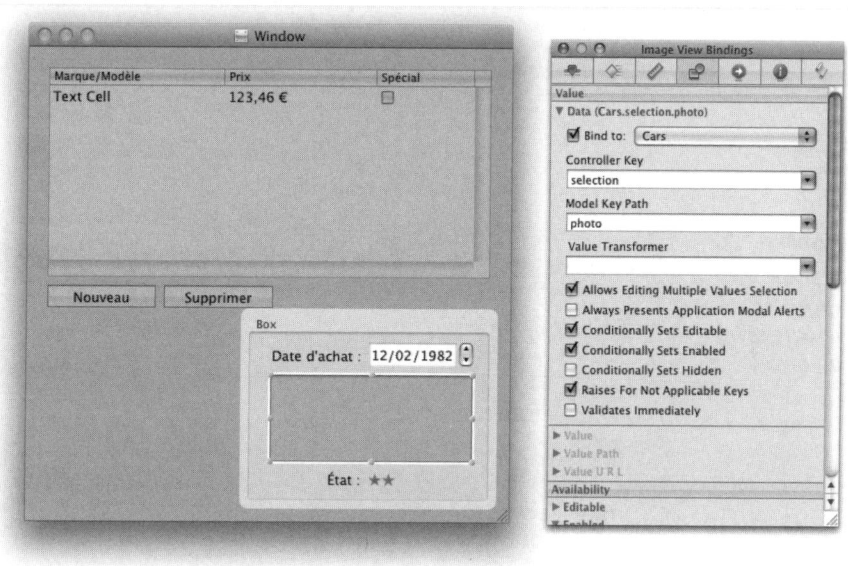

Figure 11.11
Liaison de la vue image.

Liez à présent `Title With Pattern` de la boîte à `Cars`. Fixez la clé du contrôleur `selection`, le chemin de clé du modèle à `makeModel`, le motif d'affichage à `Détails pour %{title1}@`, `No Selection Placeholder` à `<Pas de sélection>`, et `Null Placeholder` à `<Pas de Marque/Modèle>`. Le résultat de ces opérations est illustré à la Figure 11.12.

Le texte des deux premières colonnes ne doit apparaître en gras que si la voiture est spéciale. Liez `Font Bold` à la donnée `onSpecial` d'`arrangedObjects` de `Cars` (voir Figure 11.13).

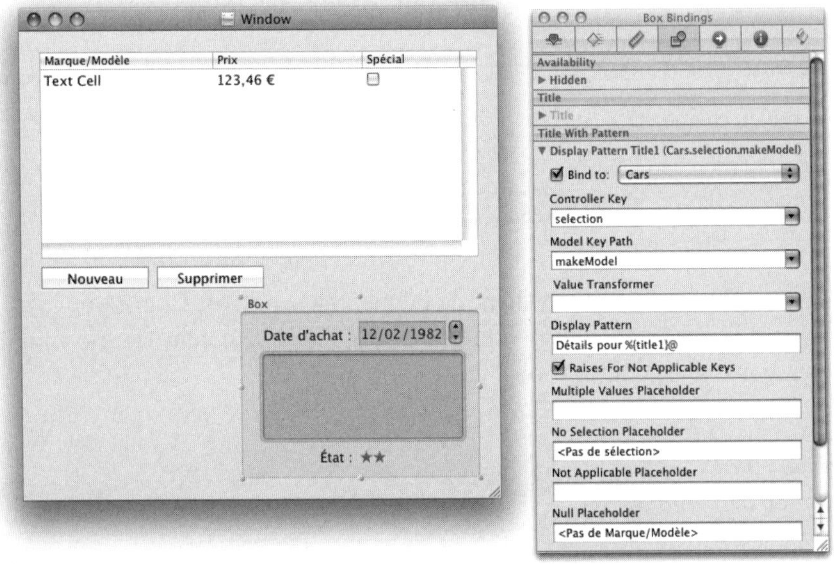

Figure 11.12
Liaison de la boîte.

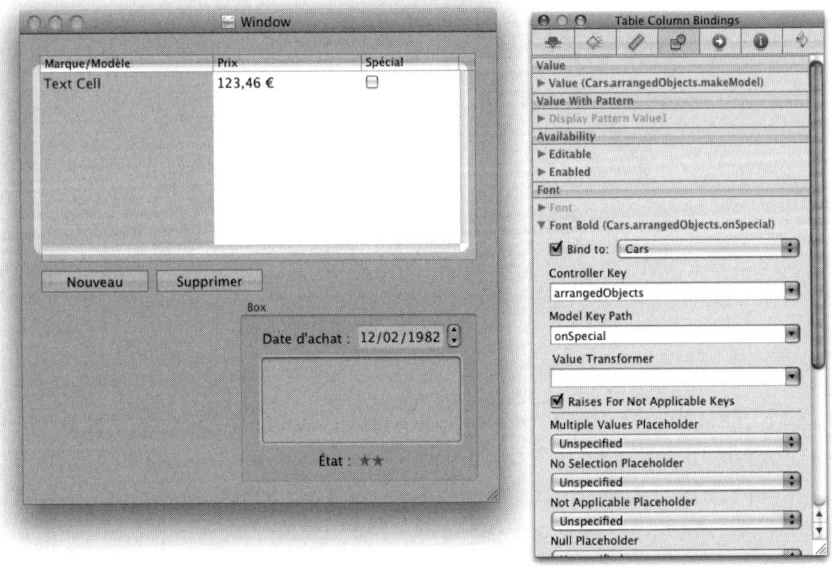

Figure 11.13
Les voitures spéciales apparaissent en gras.

C'est terminé. Compilez et exécutez l'application. L'enregistrement et le chargement doivent fonctionner. L'annulation doit également fonctionner. Magique, non ?

Fonctionnement de Core Data

Même si nous n'avons pas écrit une seule ligne de code, de nombreux objets ont été créés pour que l'application fonctionne. La Figure 11.14 en présente quelques-uns.

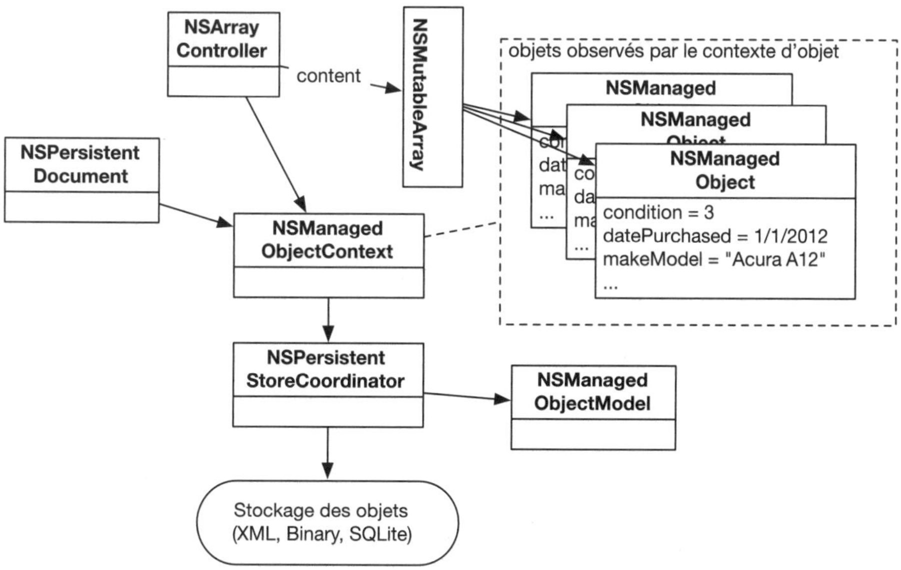

Figure 11.14
Vue d'ensemble de Core Data.

Le `NSPersistentDocument` lit le modèle créé et l'utilise pour générer des instances de `NSManagedObjectModel`. Dans notre cas, le modèle d'objet géré possède un `NSEntity-Description` qui décrit notre entité `Car`. Cette description d'entité possède plusieurs instances de `NSAttributeDescription`.

Après avoir obtenu le modèle, le document persistant crée une instance de `NSPersis-tentStoreCoordinator` et une instance de `NSManagedObjectContext`. Cette dernière obtient des instances de `NSManagedObject` à partir du système de stockage des objets. Pendant que ces objets gérés se trouvent en mémoire, le contexte d'objet géré les observe. Dès que les données contenues dans les objets gérés sont modifiées, le contexte d'objet géré enregistre l'action d'annulation correspondante dans le `NSUndoManager` du document. Il sait également quels objets ont été modifiés et doivent être enregistrés.

Par conséquent, parmi les classes du framework Core Data, nous allons très souvent interagir avec `NSManagedObjectContext`. La récupération des objets se fera avec `NSMa-nagedObjectContext`. L'enregistrement des modifications apportées au graphe d'objet se fera avec `NSManagedObjectContext`.

Puisque l'ajout des voitures au système se fera probablement le jour de leur achat, il serait intéressant que l'attribut `datePurchased` soit fixé à la date du jour. Une bonne manière de procéder consiste à créer une sous-classe de `NSArrayController` et à redéfinir sa méthode `newObject`.

Dans Xcode, créez un nouveau fichier de type `Objective-C Class`. Nommez la classe `CarArrayController`. Dans `CarArrayController.h`, faites-en une sous-classe de `NSArrayController` :

```
#import <Cocoa/Cocoa.h>
@interface CarArrayController : NSArrayController
{}
@end
```

Dans `CarArrayController.m`, redéfinissez `newObject` :

```
- (id)newObject
{
    id newObj = [super newObject];
    NSDate *now = [NSDate date];
    [newObj setValue:now forKey:@"datePurchased"];
    return newObj;
}
```

Dans Interface Builder, sélectionnez le contrôleur de tableau puis, dans l'inspecteur `Identity`, fixez sa classe à `CarArrayController` (voir Figure 11.15).

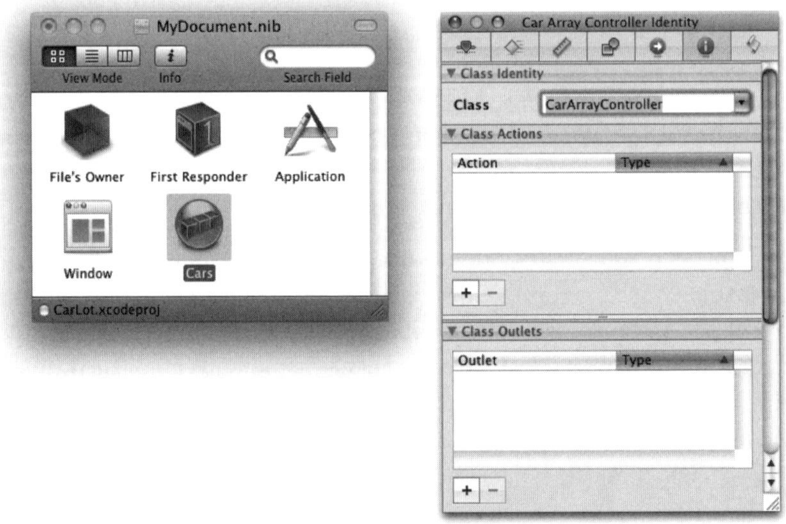

Figure 11.15
Changer la classe d'un contrôleur de tableau.

Compilez et exécutez l'application. Lorsque de nouvelles voitures sont ajoutées, leur attribut `datePurchased` doit être initialisé à la date du jour.

12

Fichiers nib et *NSWindowController*

Au sommaire de ce chapitre

- ✔ *NSPanel*
- ✔ Ajouter un panneau à l'application
- ✔ Pour les plus curieux : *NSBundle*

Dans RaiseMan, nous utilisons déjà deux fichiers nib : `MainMenu.nib` et `MyDocument.nib`. `MainMenu.nib` est chargé automatiquement par `NSApplication` au démarrage de l'application. `MyDocument.nib` est chargé automatiquement à chaque création d'une instance de `MyDocument`. Dans cette section, nous allons voir comment charger des fichiers nib en utilisant `NSWindowController`.

Pourquoi vouloir charger un fichier nib ? En général, une application possédera plusieurs fenêtres, comme une boîte de dialogue Rechercher et un panneau Préférences, qui ne seront utilisées qu'occasionnellement. En retardant le chargement du fichier nib jusqu'au moment où la fenêtre est requise, l'application se lancera plus rapidement. Par ailleurs, si l'utilisateur n'a jamais besoin de la fenêtre, le programme utilisera moins de mémoire.

NSPanel

Dans ce chapitre, nous allons créer un panneau Préférences. Il sera une instance de `NSPanel`, qui est une sous-classe de `NSWindow`. Un panneau est très peu différent d'une fenêtre générale, mais étant secondaire, à l'opposé d'une fenêtre de document, son comportement diffère :

- Un panneau peut devenir la fenêtre active, mais sans représenter la fenêtre principale. Par exemple, lors de l'affichage d'une boîte d'impression, l'utilisateur peut y saisir des informations (il est actif), mais le document visualisé par l'utilisateur reste la fenêtre principale (celle qui sera imprimée). `NSApplication` dispose d'une outlet `mainWindow` et d'une outlet `keyWindow`. Elles pointent toutes deux sur la même fenêtre, excepté lorsqu'un panneau est ouvert ; en général, un panneau ne devient pas la fenêtre principale.
- S'il possède un bouton de fermeture, il peut être fermé en appuyant sur la touche Échap.
- Les panneaux n'apparaissent pas dans la liste affichée par le menu Fenêtre. En effet, l'utilisateur qui regarde une fenêtre s'intéresse probablement au document, non à un panneau.

Toutes les fenêtres déclarent une variable booléenne nommée `hidesOnDeactivate`. Si sa valeur est `YES`, la fenêtre se masque d'elle-même lorsque l'application est inactive. La plupart des fenêtres de document fixent cette variable à `NO` ; la plupart des panneaux secondaires la fixent à `YES`. Grâce à ce mécanisme, l'écran est moins encombré. La valeur de `hidesOnDeactivate` peut être fixée depuis l'inspecteur `Attributes` dans Interface Builder.

Ajouter un panneau à l'application

Le panneau Préférences que nous allons ajouter ne fera, pour le moment, rien de plus qu'apparaître. En revanche, au chapitre suivant, nous nous intéresserons aux valeurs par défaut de l'utilisateur et accorderons une fonction au panneau Préférences.

Le panneau Préférences se trouvera dans son propre fichier nib. Nous créerons une sous-classe de `NSWindowController` nommée `PreferenceController`. Une instance de `PreferenceController` servira de contrôleur pour le panneau Préférences. Lorsqu'on crée un panneau secondaire, il est important de ne pas oublier qu'il peut être réutilisé dans une autre application. En créant une classe qui sert uniquement de contrôleur et un fichier nib qui contient uniquement le panneau, il est plus facile de réutiliser celui-ci dans une autre application. Les programmeurs branchés diraient "en rendant l'application plus modulaire, nous maximisons la réutilisation". La modularité facilite également la répartition des tâches entre plusieurs programmeurs. Un directeur dirait "Rex, tu te charges du panneau Préférences et tu es le seul à pouvoir modifier le fichier nib et la classe contrôleur".

Les objets placés sur le panneau Préférences seront connectés au contrôleur des préférences. En particulier, il sera la cible d'un témoin de couleur (*color well*) et d'une case à cocher. Le panneau Préférences apparaîtra lorsque l'utilisateur sélectionnera l'entrée de menu `Preferences...`. La Figure 12.1 illustre l'exécution de l'application.

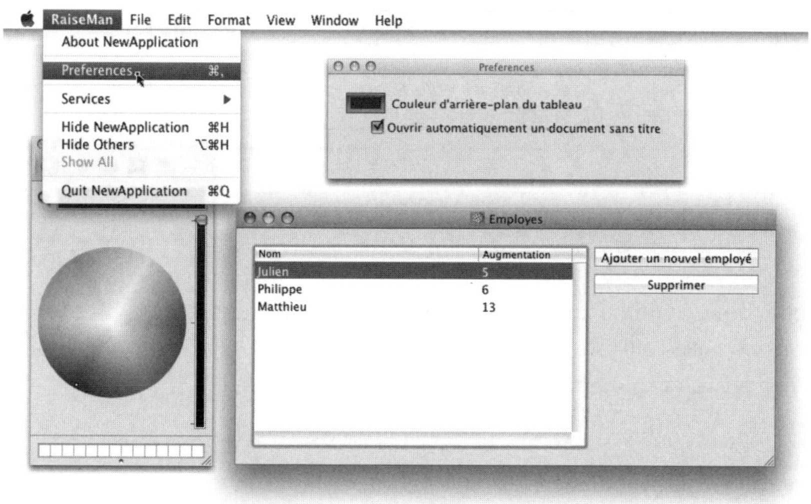

Figure 12.1
L'application terminée.

La Figure 12.2 présente un graphe des objets que nous allons créer et les fichiers nib dans lesquels ils résideront.

Ouvrez le projet RaiseMan et créez une nouvelle classe Objective-C nommée `AppController`. Modifiez `AppController.h` de la manière suivante :

```
#import <Cocoa/Cocoa.h>
@class PreferenceController;

@interface AppController : NSObject {
    PreferenceController *preferenceController;
}
- (IBAction)showPreferencePanel:(id)sender;

@end
```

Notez la syntaxe Objective-C :

```
@class PreferenceController;
```

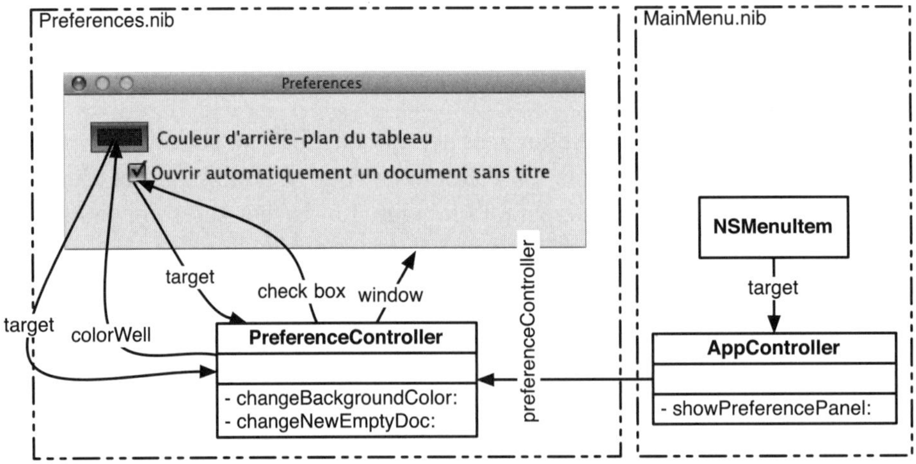

Figure 12.2
Graphe des objets et fichiers nib.

Cette ligne indique au compilateur qu'il existe une classe `PreferenceController`. Nous pouvons ensuite faire la déclaration suivante sans importer le fichier d'en-tête de `PreferenceController` :

```
PreferenceController *preferenceController;
```

Nous pouvons remplacer

```
@class PreferenceController;
```

par

```
#import "PreferenceController.h"
```

Cette instruction importe l'en-tête et le compilateur apprend que `Preference-Controller` est une classe. Mais, puisque la commande `import` oblige le compilateur à analyser un plus grand nombre de fichiers, `@class` résulte souvent en des compilations plus rapides.

Cependant, nous devons toujours importer le fichier d'en-tête de la classe mère, car le compilateur doit connaître les variables d'instance déclarées dans la superclasse. Dans notre cas, `NSObject.h` est importé par `<Cocoa/Cocoa.h>`.

Définir l'entrée de menu

Ouvrez `MainMenu.nib`. Dans Interface Builder, faites glisser un `NSObject` depuis la bibliothèque (sous `Objects & Controllers`). Dans l'inspecteur `Identity`, fixez sa classe à `AppController` (voir Figure 12.3).

Figure 12.3

Créer une instance d'AppController.

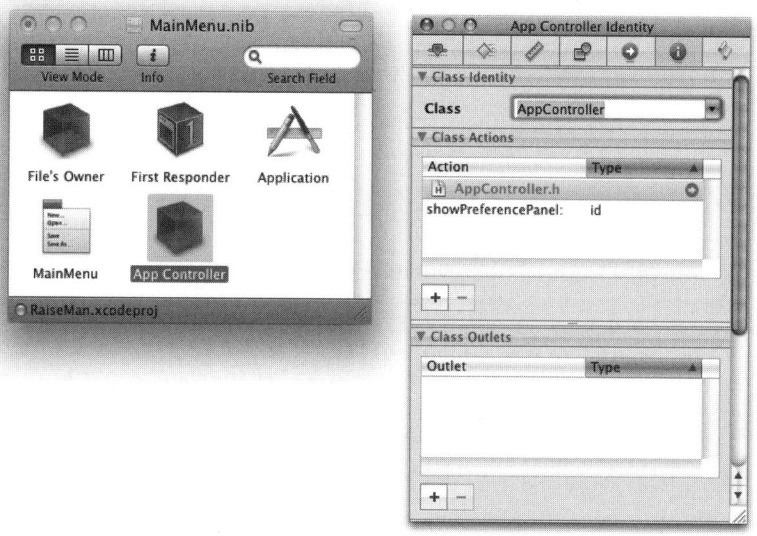

En maintenant la touche Contrôle enfoncée, faites glisser l'entrée de menu `Preferences...` vers l'`AppController`. Faites-en la cible et fixez l'action à `showPreferencePanel:` (voir Figure 12.4).

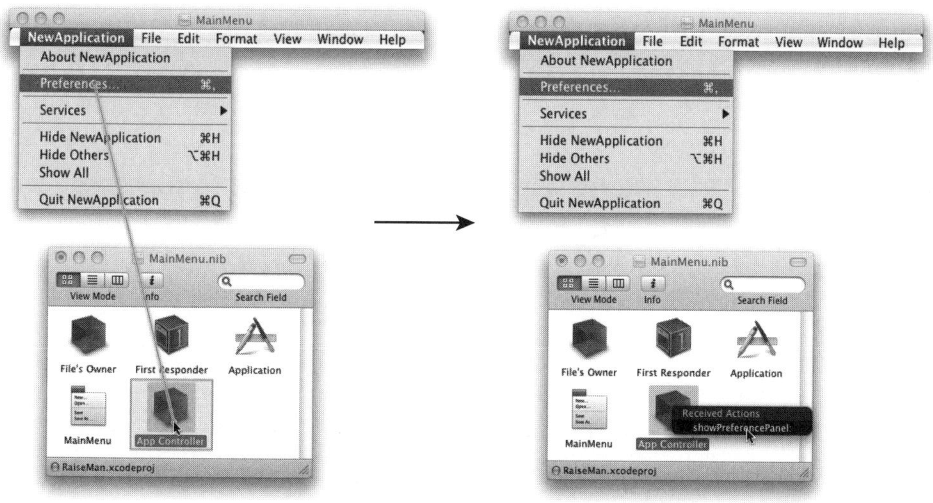

Figure 12.4

Fixer la cible d'une entrée de menu.

Fermez le fichier nib.

AppController.m

Nous devons à présent écrire le code d'`AppController`. Modifiez `AppController.m` afin qu'il contienne le code suivant :

```
#import "AppController.h"
#import "PreferenceController.h"

@implementation AppController

- (IBAction)showPreferencePanel:(id)sender
{
    // preferenceController est-il nil ?
    if (!preferenceController) {
       preferenceController = [[PreferenceController alloc] init];
    }
    NSLog(@"affichage de %@", preferenceController);
    [preferenceController showWindow:self];
}
@end
```

Ce code crée l'instance de `PreferenceController` une seule fois. Si cette instance existe (n'est pas `nil`), la variable `preferenceController` lui envoie simplement le message `showWindow:`.

Vous aurez remarqué que nous importons également `PreferenceController.h` dans le fichier `.m` qui l'utilise.

Dans Xcode, choisissez `New File...` dans le menu `File` et créez une nouvelle `Objective-C NSWindowController subclass`. Nommez-la `PreferenceController` (voir Figure 12.5).

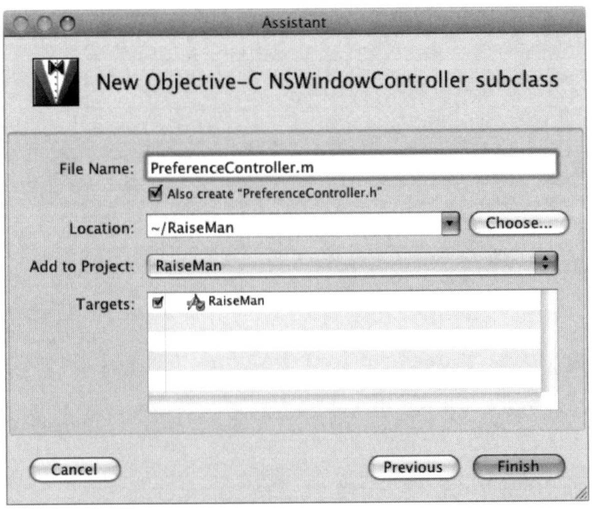

Figure 12.5

Créer des fichiers pour PreferenceController.

Modifiez `PreferenceController.h` de la manière suivante :

```
#import <Cocoa/Cocoa.h>

@interface PreferenceController : NSWindowController {
    IBOutlet NSColorWell *colorWell;
    IBOutlet NSButton *checkbox;
}
- (IBAction)changeBackgroundColor:(id)sender;
- (IBAction)changeNewEmptyDoc:(id)sender;
@end
```

Preferences.nib

Dans Xcode, créez un nouveau fichier nib vide nommé `Preferences.nib` (voir Figure 12.6).

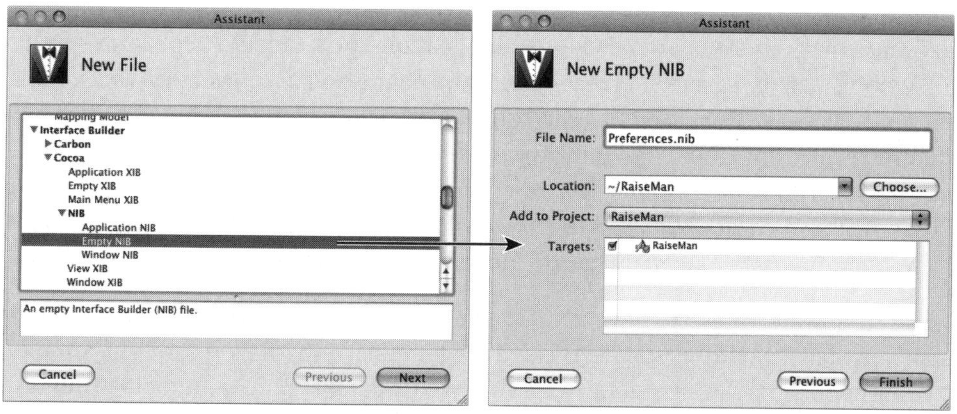

Figure 12.6

Créer un fichier nib vide.

Il existe des fichiers XIB et des fichiers NIB. Ils ont la même fonction, mais les fichiers NIB sont dans un format binaire, tandis que les fichiers XIB sont dans un format XML. Les fichiers XIB sont convertis en fichiers NIB à la compilation de l'application. Dans ce cas, pourquoi utiliser des fichiers XIB ? Simplement parce qu'ils sont parfaitement adaptés aux systèmes de gestion des versions, comme Subversion.

Double-cliquez sur `Preferences.nib` pour l'ouvrir dans Interface Builder. Affichez l'inspecteur `Identity`, sélectionnez `File's Owner` et fixez sa classe à `PreferenceController` (voir Figure 12.7).

Figure 12.7

File's Owner *est un* PreferenceController.

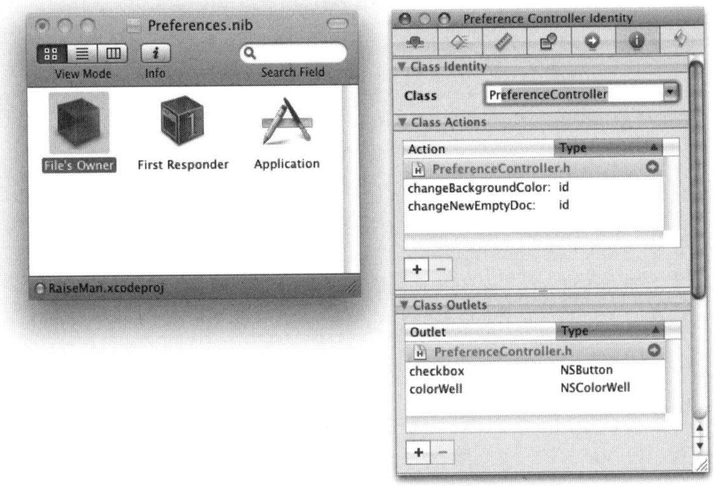

File's Owner

Lorsqu'un fichier nib est chargé dans une application qui s'exécute depuis un certain temps, les objets déjà présents doivent établir une connexion avec les objets lus depuis le fichier nib. `File's Owner` fournit cette connexion. Dans un fichier nib, `File's Owner` sert d'emplacement pour un objet qui existera au moment où le fichier nib sera chargé. L'objet qui charge le fichier nib servira d'objet propriétaire. Le propriétaire prend l'emplacement représenté par `File's Owner`. Dans notre application, le propriétaire sera l'instance de `PreferenceController` qui a été créée par l'`AppController`.

En général, l'utilisation de `File's Owner` amène une certaine confusion. Nous n'instancions pas `PreferenceController` dans le fichier nib, mais informons simplement celui-ci que le propriétaire, qui sera fourni lors du chargement du fichier nib, est un `PreferenceController`.

Agencer l'interface utilisateur

Créez un nouveau panneau en faisant glisser un panneau à partir de la bibliothèque (sous `Application > Windows`) et en le déposant n'importe où sur l'écran (voir Figure 12.8).

Réduisez la taille du panneau et déposez un témoin de couleur et une case à cocher. Attribuez-leur les étiquettes présentées à la Figure 12.9. Les cases à cocher possèdent des étiquettes, mais vous devez ajouter un champ de texte pour le témoin de couleur.

Fixez la cible du témoin de couleur à `File's Owner` (le `PreferenceController`) et l'action à `changeBackgroundColor:` (voir Figure 12.10).

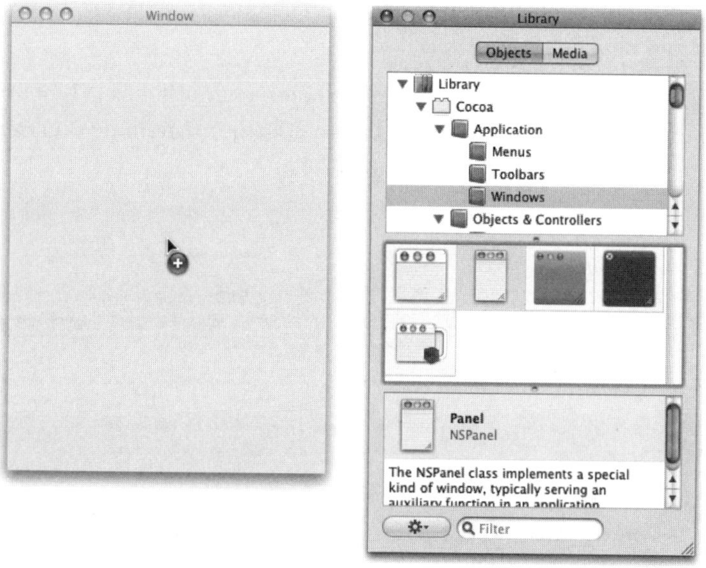

Figure 12.8
Créer une instance de NSPanel.

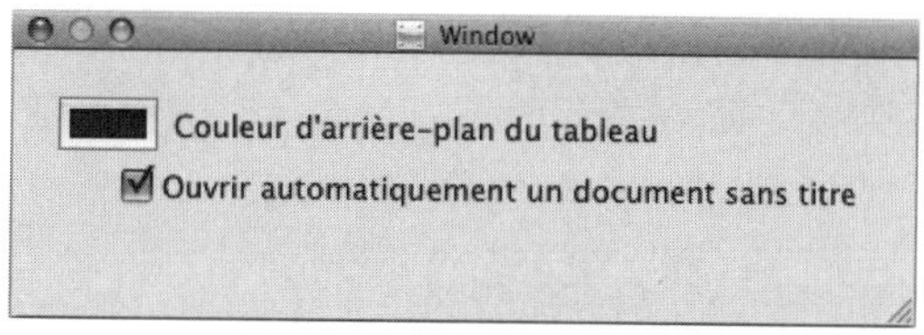

Figure 12.9
L'interface terminée.

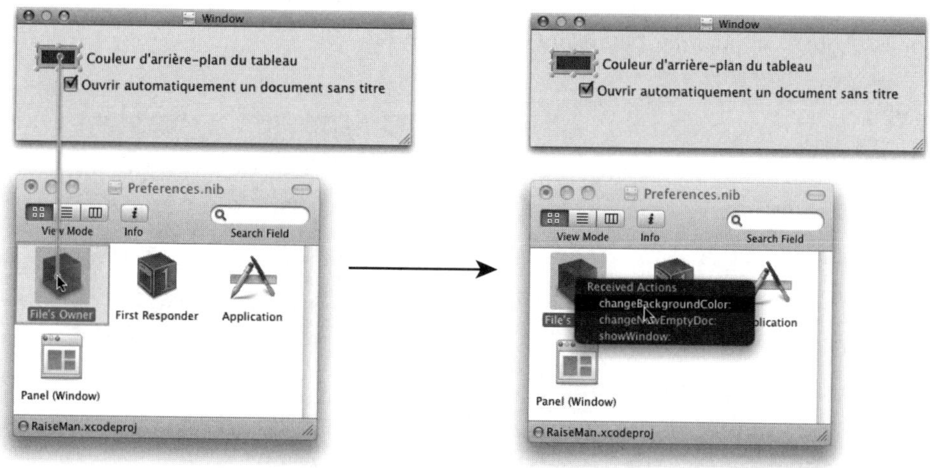

Figure 12.10
Fixer la cible du témoin de couleur.

Faites également de `PreferenceController` la cible de la case à cocher, mais pour l'action `changeNewEmptyDoc:`.

Faites un Contrôle-clic sur `File's Owner` pour afficher la fenêtre des connexions. Fixez l'outlet `colorWell` de `File's Owner` à l'objet témoin de couleur et l'outlet `checkbox` à l'objet case à cocher (voir Figure 12.11).

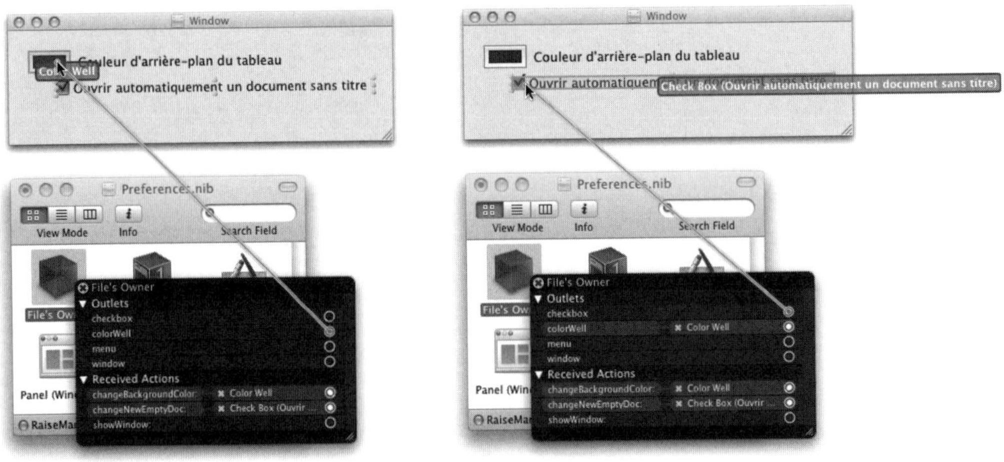

Figure 12.11

Fixer les outlets colorWell *et* checkbox.

Faites un Contrôle-clic sur `File's Owner` pour afficher la fenêtre des connexions. Connectez l'outlet `window` au panneau (voir Figure 12.12).

Figure 12.12

Fixer l'outlet window *de* File's Owner.

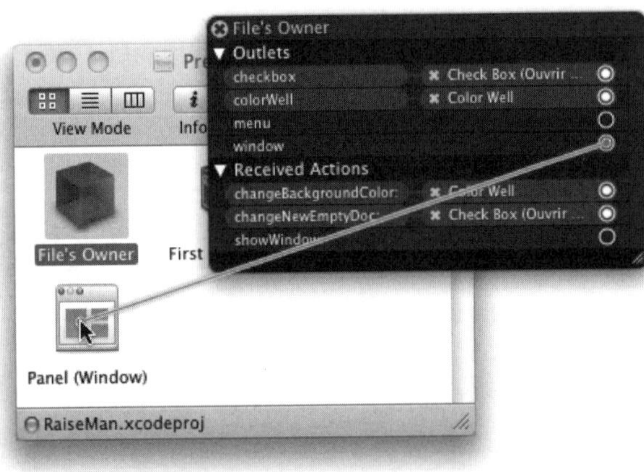

Ouvrez l'inspecteur `Attributes` du panneau. Interdisez le redimensionnement, changez le titre de la fenêtre en `Preferences`, et enregistrez le fichier nib (voir Figure 12.13).

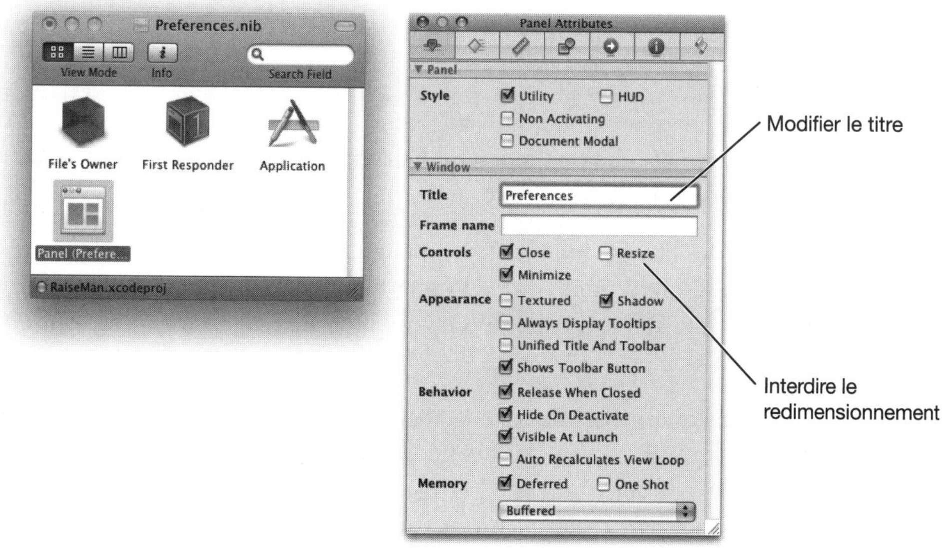

Figure 12.13

Les attributs de la nouvelle fenêtre.

PreferenceController.m

Dans Xcode, modifiez `PreferenceController.m` de la manière suivante :

```
#import "PreferenceController.h"

@implementation PreferenceController

- (id)init
{
    if (![super initWithWindowNibName:@"Preferences"])
        return nil;

    return self;
}

- (void)windowDidLoad
{
    NSLog(@"Le fichier nib a été chargé");
}

- (IBAction)changeBackgroundColor:(id)sender
{
    NSColor *color = [colorWell color];
    NSLog(@"Couleur modifiée : %@", color);
}
```

```
- (IBAction)changeNewEmptyDoc:(id)sender
{
    int state = [checkbox state];
    NSLog(@"Case à cocher modifiée %d", state);
}

@end
```

Le nom du fichier nib à charger est indiqué dans la méthode `init`. Il sera chargé automatiquement au moment où il sera requis. L'instance de `PreferenceController` remplacera `File's Owner` dans le fichier nib.

Après le chargement du fichier nib, le `PreferenceController` reçoit le message `windowDidLoad`. Le contrôleur d'objet a ainsi l'opportunité, comme pour `awakeFromNib` ou `windowControllerDidLoadNib:`, d'initialiser les objets de l'interface utilisateur qui ont été lus depuis le fichier nib.

Lorsqu'il reçoit pour la première fois `showWindow:`, le `NSWindowController` charge automatiquement le fichier nib et place la fenêtre au premier plan de l'écran. Le fichier nib n'est chargé qu'une seule fois. Lorsque l'utilisateur ferme le panneau des préférences, il est retiré de l'écran sans être désalloué. À la prochaine ouverture du panneau des préférences, il sera simplement remis à l'écran.

Les méthodes `changeBackgroundColor:` et `checkboxChanged:` sont pour le moment plutôt ennuyeuses – elles affichent simplement un message. Au chapitre suivant, nous les changerons pour qu'elles actualisent la base de données des valeurs par défaut de l'utilisateur.

Compilez et exécutez l'application. Le nouveau panneau doit apparaître. L'utilisation de la case à cocher ou du témoin de couleur doit produire un message dans la console (voir Figure 12.14).

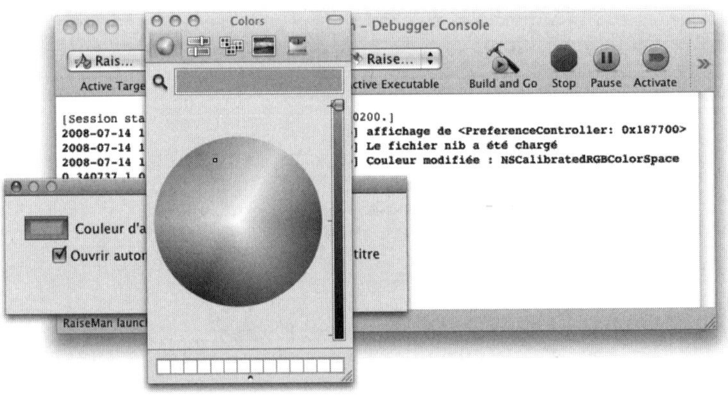

Figure 12.14

L'application terminée.

Lorsque l'utilisateur voit pour la première fois un témoin de couleur, il peut sembler confus. S'il clique sur le bord du témoin de couleur, le bord est souligné, le panneau de couleur est affiché et le témoin est en mode "actif".

Pour les plus curieux : *NSBundle*

Un *bundle* est un répertoire de ressources qui peuvent être utilisées par une application. Des images, des sons, du code compilé et des fichiers nib sont des ressources. Le terme *plug-in* remplace parfois *bundle*. La classe `NSBundle` constitue une manière très élégante de manipuler les bundles.

Une application est un bundle. Dans le Finder, l'utilisateur voit une application comme n'importe quel autre fichier, mais il s'agit en réalité d'un répertoire qui contient des fichiers nib, du code compilé, ainsi que d'autres ressources. Ce répertoire est appelé *bundle principal* de l'application.

Certaines ressources d'un bundle peuvent être localisées. Par exemple, il est possible d'avoir deux versions de `toto.nib` : une pour les utilisateurs francophones et l'autre pour les utilisateurs anglophones. Le bundle contiendra alors les deux sous-répertoires `English.lproj` et `French.lproj`. La version adéquate de `toto.nib` sera placée dans le répertoire correspondant. Lorsque l'application demande au bundle de charger `toto.nib`, il charge automatiquement la version française de `foo.nib` si la langue préférée de l'utilisateur est le français. Nous reviendrons sur la localisation au Chapitre 16.

Pour obtenir le bundle principal d'une application, nous utilisons le code suivant :

```
NSBundle *monBundle = [NSBundle mainBundle];
```

Il s'agit du bundle le plus utilisé. Pour accéder à des ressources qui se trouvent dans un autre répertoire, nous devons indiquer le chemin du bundle correspondant :

```
NSBundle *bonBundle;
bonBundle = [NSBundle bundleWithPath:@"~/.monApp/Bon.bundle"];
```

Une fois l'objet `NSBundle` disponible, nous pouvons demander les ressources qu'il contient :

```
// L'extension est facultative.
NSString *chemin = [bonBundle pathForImageResource:@"Maman"];
NSImage *photoMaman = [[NSImage alloc] initWithContentsOfFile:chemin];
```

Un bundle peut contenir une bibliothèque de code. Si l'on demande une classe au bundle, il effectue la liaison de la bibliothèque et recherche une classe qui correspond au nom indiqué :

```
Class nouvelleClasse = [bonBundle classNamed:@"Rover"];
id nouvelleInstance = [[nouvelleClasse alloc] init];
```

Lorsque les noms des classes du bundle sont inconnus, il suffit de demander la classe principale :

```
Class uneClasse = [bonBundle principalClass];
id uneInstance = [[uneClasse alloc] init];
```

Vous le constatez, `NSBundle` est très pratique. Dans cette section, le `NSBundle` était responsable, sans que l'on s'en aperçoive, du chargement du fichier nib. Voici comment charger un fichier nib sans utiliser un `NSWindowController` :

```
BOOL succes = [NSBundle loadNibNamed:@"About" owner:unObjet];
```

Notez qu'il faut indiquer l'objet qui sera le `File's Owner`.

Exercice

Créez un fichier nib avec un panneau À propos. Ajoutez une outlet à `AppController` pour désigner la nouvelle fenêtre. Ajoutez également une méthode `showAboutPanel:`. Chargez le fichier nib en utilisant `NSBundle` et faites d'`AppController` le `File's Owner`.

13

Valeurs par défaut de l'utilisateur

Au sommaire de ce chapitre

- ✔ *NSDictionary* et *NSMutableDictionary*
- ✔ *NSUserDefaults*
- ✔ Fixer l'identifiant de l'application
- ✔ Créer des clés pour les valeurs par défaut
- ✔ Inscrire les valeurs par défaut
- ✔ Laisser l'utilisateur modifier les valeurs par défaut
- ✔ Utiliser les valeurs par défaut
- ✔ Pour les plus curieux : *NSUserDefaultsController*
- ✔ Pour les plus curieux : lire et écrire les valeurs par défaut à partir de la ligne de commande

Les applications disposent généralement de panneaux Préférences qui permettent à l'utilisateur de choisir une apparence ou un comportement favori. Les choix de l'utilisateur sont enregistrés dans la base de données des valeurs par défaut, qui se trouve dans son dossier de départ. Seuls les choix qui diffèrent des valeurs définies par défaut par l'application sont enregistrés dans la base de données. Si vous allez dans `~/Bibliothèque/Preferences`, vous pouvez consulter votre base de données des valeurs par défaut. Les fichiers utilisent un format de liste de propriétés ; vous pouvez les examiner avec l'outil Property List Editor.

La classe `NSUserDefaults` permet à une application de définir ses valeurs par défaut, d'enregistrer les préférences de l'utilisateur et de lire les préférences précédemment enregistrées.

Le témoin de couleur déposé dans la fenêtre `Preferences` au Chapitre 12 servira à définir la couleur d'arrière-plan de la vue tableau. Lorsqu'elle créera une nouvelle fenêtre de document, l'application lira les préférences à partir de la base de données des valeurs par défaut de l'utilisateur. Par conséquent, seules les fenêtres créées après la modification seront concernées (voir Figure 13.1).

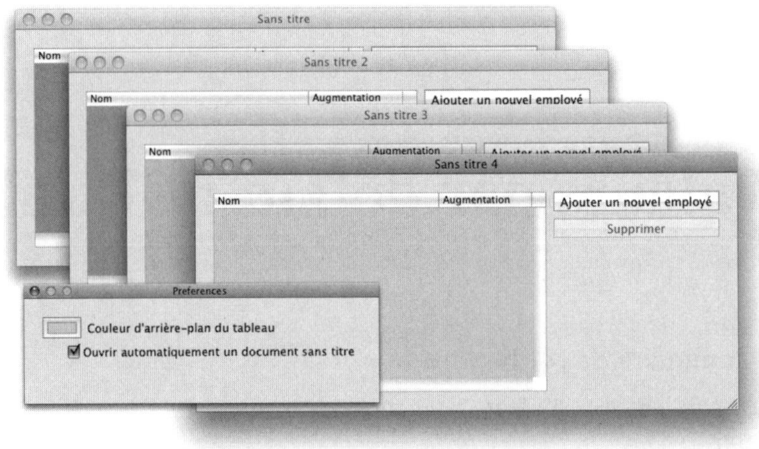

Figure 13.1

L'application terminée.

Avez-vous remarqué que, lors de son lancement, l'application ouvre toujours un document sans titre ? La case à cocher `Ouvrir automatiquement un nouveau document` permettra à l'utilisateur de choisir si le document sans titre doit apparaître.

NSDictionary et *NSMutableDictionary*

Avant de manipuler les valeurs par défaut de l'utilisateur, nous devons présenter les classes `NSDictionary` (voir Figure 13.2) et `NSMutableDictionary`. Un dictionnaire est un ensemble de couples clé-valeur. Les clés sont des chaînes de caractères, tandis que les valeurs sont des pointeurs vers des objets.

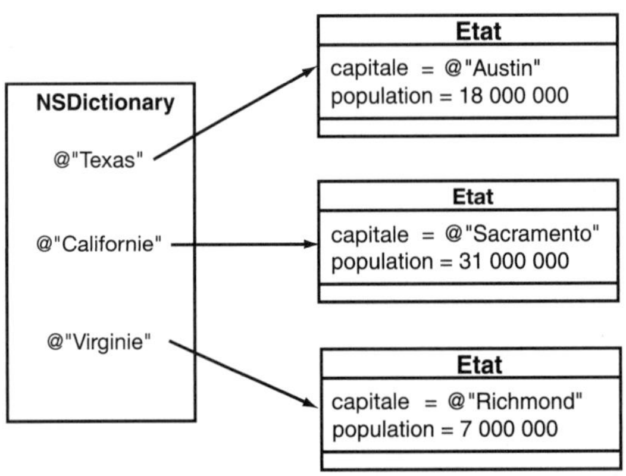

Figure 13.2

Une instance de NSDictionary*.*

Une même chaîne ne peut être utilisée qu'une seule fois comme clé dans un même dictionnaire. Pour connaître la valeur associée à une clé, nous utilisons la méthode `objectForKey:` :

```
unObjet = [monDictionnaire objectForKey:@"toto"];
```

Si la clé est absente du dictionnaire, cette méthode retourne `nil`.

`NSMutableDictionary` est une sous-classe de `NSDictionary`. Une instance de `NSDictionary` est créée avec toutes les clés et les valeurs qu'elle pourra posséder. Nous pouvons consulter l'objet, mais pas le modifier. En revanche, `NSMutableDictionary` nous permet d'ajouter et de retirer des clés et des valeurs.

NSDictionary

Un dictionnaire est mis en œuvre comme une table de hachage. Par conséquent, la recherche des clés est très rapide. Voici les méthodes de la classe `NSDictionary` les plus utilisées :

`- (NSArray *)`**`allKeys`**

Retourne un nouveau tableau contenant les clés du dictionnaire.

`- (unsigned)`**`count`**

Retourne le nombre de couples clé-valeur présents dans le dictionnaire.

`- (id)`**`objectForKey:`**`(NSString *)aKey`

Retourne la valeur associée à la clé `aKey` ou `nil` si aucune valeur n'est associée à `aKey`.

`- (NSEnumerator *)`**`keyEnumerator`**

Les énumérateurs sont également appelés *itérateurs* ou *énumérations*. Ils permettent de parcourir tous les membres d'une collection. La méthode précédente retourne un énumérateur qui parcourt toutes les clés d'un dictionnaire. Voici comment l'utiliser pour afficher tous les couples clé-valeur présents dans un dictionnaire :

```
NSEnumerator *e = [monDict keyEnumerator];
for (NSString *s in e) {
   NSLog(@"clé = %@, valeur = %@", s, [monDict objectForKey:s]);
}
```

- (NSEnumerator *)**objectEnumerator**

Retourne un énumérateur qui parcourt toutes les valeurs du dictionnaire. La classe `NSArray` offre également la méthode `objectEnumerator`, qui retourne un énumérateur permettant de parcourir tous les éléments du tableau.

NSMutableDictionary

+ (id)dictionary

Crée un dictionnaire vide.

- (void)**removeObjectForKey:**(NSString *)aKey

Retire du dictionnaire `aKey`, ainsi que l'objet de valeur associé.

- (void)**setObject:**(id)anObject **forKey:**(NSString *)aKey

Ajoute une entrée au dictionnaire. Cette entrée est constituée de la clé, `aKey`, et de l'objet de valeur associé, `anObject`. L'objet de valeur reçoit un message de garde avant d'être ajouté au dictionnaire. Si `aKey` existe déjà dans le destinataire, l'objet de valeur précédent associé à cette clé reçoit un message de libération et `anObject` prend sa place.

NSUserDefaults

Chaque application possède un ensemble de valeurs par défaut définies "en usine". Lorsqu'un utilisateur modifie les valeurs par défaut, seules les différences avec les valeurs d'usine sont enregistrées dans la base de données des valeurs par défaut de l'utilisateur. Par conséquent, chaque fois que l'application démarre, nous devons lui rappeler ses valeurs d'usine. Cette opération se nomme *inscrire les valeurs par défaut*.

Après l'inscription, nous utilisons l'objet des valeurs par défaut de l'utilisateur pour déterminer le comportement de l'application souhaité par l'utilisateur. Cette procédure se nomme *lire et utiliser les valeurs par défaut*. Les données provenant de la base de données des valeurs par défaut de l'utilisateur seront lues automatiquement à partir du système de fichiers.

Nous créerons également un panneau Préférences qui permet à l'utilisateur de définir ses valeurs par défaut. Les modifications apportées à l'objet des valeurs par défaut seront écrites automatiquement sur le système de fichiers. Cette opération s'appelle *fixer les valeurs par défaut* (voir Figure 13.3).

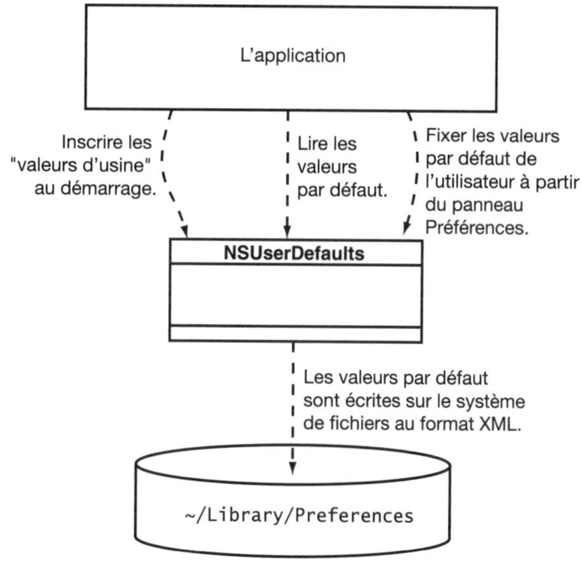

Figure 13.3
NSUserDefaults
et le système de fichiers.

Voici les méthodes de `NSUserDefaults` les plus utilisées :

```
+ (NSUserDefaults *)standardUserDefaults
```

Retourne l'objet des valeurs par défaut partagé.

```
- (void)registerDefaults:(NSDictionary *)dictionary
```

Inscrit les valeurs d'usine de l'application.

```
- (void)setBool:(BOOL)value forKey:(NSString *)defaultName
- (void)setFloat:(float)value forKey:(NSString *)defaultName
- (void)setInteger:(int)value forKey:(NSString *)defaultName
- (void)setObject:(id)value forKey:(NSString *)defaultName
```

Ces méthodes changent et enregistrent les souhaits de l'utilisateur.

```
- (BOOL)boolForKey:(NSString *)defaultName
- (float)floatForKey:(NSString *)defaultName
- (int)integerForKey:(NSString *)defaultName
- (id)objectForKey:(NSString *)defaultName
```

Ces méthodes lisent les valeurs par défaut. Si l'utilisateur ne les a pas modifiées, les valeurs d'usine sont retournées.

```
- (void)removeObjectForKey:(NSString *)defaultName
```

Supprime les préférences de l'utilisateur, pour que l'application revienne à ses valeurs d'usine.

Priorité des différentes valeurs par défaut

Jusqu'à présent, nous avons mentionné deux niveaux de priorité : ce que l'utilisateur écrit dans sa base de données des valeurs par défaut est prioritaire sur les valeurs d'usine. En réalité, il existe plusieurs autres niveaux de priorité, appelés *domaines*. Voici les domaines utilisés par une application, en commençant par celui de plus haute priorité :

- *Arguments*. Ceux passés sur la ligne de commande. En général, une application est lancée par un double-clic sur son icône, non depuis la ligne de commande. Par conséquent, cette caractéristique est rarement employée dans une application en production.
- *Application*. Ce qui provient de la base de données des valeurs par défaut de l'utilisateur.
- *Global*. Ce que l'utilisateur a défini pour l'ensemble de son système.
- *Langue*. Ce qui est défini en fonction de la langue favorite de l'utilisateur.
- *Valeurs par défaut inscrites*. Les valeurs d'usine de l'application.

Fixer l'identifiant de l'application

Comment se nomme le fichier des propriétés créé par notre application dans `~/Bibliothèque/Preferences` ? Par défaut, il utilise l'identifiant de l'application qui l'a créé. Cet identifiant, défini au Chapitre 10, est `com.bignerdranch.RaiseMan`. Le nom du fichier est donc `com.bignerdranch.RaiseMan.plist`.

Créer des clés pour les valeurs par défaut

Nous allons inscrire, lire et fixer des valeurs par défaut dans plusieurs classes de notre application. Pour être certains de toujours utiliser le même nom, nous déclarons ces chaînes dans un fichier unique que nous importons avec `#import` dans le fichier où nous devrons utiliser les noms.

Il existe plusieurs manières de procéder. Par exemple, nous pouvons utiliser la directive `#define` du préprocesseur C, mais les programmeurs Cocoa se servent généralement de variables globales. Ajoutez les lignes suivantes dans le fichier `PreferenceController.h`, après l'instruction `#import` :

```
extern NSString * const BNRTableBgColorKey;
extern NSString * const BNREmptyDocKey;
```

Ensuite, définissez ces variables dans `PreferenceController.m`. Placez-les après les lignes `#import` et avant `@implementation` :

```
NSString * const BNRTableBgColorKey = @"TableBackgroundColor";
NSString * const BNREmptyDocKey = @"EmptyDocumentFlag";
```

Pourquoi déclarer des variables globales qui ne contiennent que des chaînes constantes ? En effet, il suffit simplement de mémoriser la chaîne et de la saisir lorsqu'elle est requise. C'est vrai, mais nous pourrions mal orthographier la chaîne. Si elle est placée entre des guillemets, le compilateur acceptera la chaîne erronée. En revanche, si le nom d'une variable globale est mal orthographié, le compilateur détectera l'erreur.

Pour que les variables globales n'entrent pas en conflit avec les variables globales d'une autre entreprise, nous les préfixons par `BNR` (pour *Big Nerd Ranch*). Les variables globales de Cocoa utilisent le préfixe `NS`. Ces préfixes ne sont importants que dans le cas où nous utilisons des classes et des frameworks développés par des tiers. Notez que les noms des classes sont également globaux. Nous pourrions leur ajouter le préfixe `BNR` pour éviter les conflits de noms avec les classes d'un autre programmeur.

Inscrire les valeurs par défaut

Le premier message reçu par chaque classe est `initialize`. Pour être certains que nos valeurs par défaut sont inscrites le plus tôt possible, nous redéfinissons `initialize` dans `AppController.m` :

```
+ (void)initialize
{
    // Créer un dictionnaire.
    NSMutableDictionary *defaultValues = [NSMutableDictionary
dictionary];

    // Archiver l'objet de couleur.
    NSData *colorAsData = [NSKeyedArchiver archivedDataWithRootObject:
                                             [NSColor yellowColor]];

    // Placer les valeurs par défaut dans le dictionnaire.
    [defaultValues setObject:colorAsData forKey:BNRTableBgColorKey];
    [defaultValues setObject:[NSNumber numberWithBool:YES]
                      forKey:BNREmptyDocKey];

    // Inscrire le dictionnaire des valeurs par défaut.
    [[NSUserDefaults standardUserDefaults]
                                registerDefaults: defaultValues];
    NSLog(@"Valeurs par défaut inscrites : %@", defaultValues);
}
```

Puisqu'il s'agit d'une méthode de classe, sa déclaration débute par le signe `+`.

Vous remarquerez que nous devons enregistrer les couleurs sous forme d'un objet de données. Les objets `NSColor` ne savent pas comment se transformer en liste de propriétés. Nous les plaçons donc dans un objet de données qui sait comment procéder.

Les classes de *liste de propriétés* – `NSString`, `NSArray`, `NSDictionary`, `NSCalendarDate`, `NSData` et `NSNumber` – savent se convertir en listes de propriétés. Une liste de propriétés peut combiner à volonté ces classes. Par exemple, un dictionnaire contenant des tableaux de dates est une liste de propriétés.

Laisser l'utilisateur modifier les valeurs par défaut

Nous allons à présent revenir sur la classe `PreferenceController` pour que le panneau Préférences actualise la base de données des valeurs par défaut. Déclarez les méthodes suivantes dans `PreferenceController.h` :

```
- (NSColor *)tableBgColor;
- (BOOL)emptyDoc;
```

Puis modifiez `PreferenceController.m` :

```
#import "PreferenceController.h"

NSString * const BNRTableBgColorKey = @"TableBackgroundColor";
NSString * const BNREmptyDocKey = @"EmptyDocumentFlag";

@implementation PreferenceController

- (id)init
{
    if (![super initWithWindowNibName:@"Preferences"])
        return nil;

    return self;
}

- (NSColor *)tableBgColor
{
    NSUserDefaults *defaults = [NSUserDefaults standardUserDefaults];
    NSData *colorAsData = [defaults objectForKey:BNRTableBgColorKey];
    return [NSKeyedUnarchiver unarchiveObjectWithData:colorAsData];
}

- (BOOL)emptyDoc
{
    NSUserDefaults *defaults = [NSUserDefaults standardUserDefaults];
    return [defaults boolForKey:BNREmptyDocKey];
}

- (void)windowDidLoad
{
    [colorWell setColor:[self tableBgColor]];
    [checkbox setState:[self emptyDoc]];
}

- (IBAction)changeBackgroundColor:(id)sender
{
    NSColor *color = [colorWell color];
```

```
    NSData *colorAsData =
                    [NSKeyedArchiver archivedDataWithRootObject:color];
    NSUserDefaults *defaults = [NSUserDefaults standardUserDefaults];
    [defaults setObject:colorAsData forKey:BNRTableBgColorKey];
}

- (IBAction)changeNewEmptyDoc:(id)sender
{
    int state = [checkbox state];
    NSUserDefaults *defaults = [NSUserDefaults standardUserDefaults];
    [defaults setBool:state forKey:BNREmptyDocKey];
}

@end
```

La méthode `windowDidLoad` lit les valeurs par défaut et reflète la configuration actuelle dans le témoin de couleur et la case à cocher. Dans `changeBackgroundColor:` et `changeNewEmptyDoc:`, nous actualisons la base de données des valeurs par défaut.

Vous devriez à présent pouvoir compiler et exécuter l'application. Elle lira et modifiera la base de données des valeurs par défaut. Le panneau Préférences affichera la dernière couleur choisie et indiquera si la case était cochée ou non. Cependant, nous n'avons pas encore exploité ces informations. Le document sans titre apparaît toujours et l'arrière-plan de la vue tableau reste blanc.

Utiliser les valeurs par défaut

Nous allons à présent utiliser les valeurs par défaut. Tout d'abord, nous ferons d'`AppController` un délégué de l'objet `NSApplication` et supprimerons la création d'un document sans titre, selon les valeurs par défaut de l'utilisateur. Ensuite, dans `MyDocument`, nous fixerons la couleur d'arrière-plan de la vue tableau à partir des valeurs par défaut de l'utilisateur.

Supprimer la création des documents sans titre

Comme précédemment, la création d'un délégué se fait en deux étapes : implémenter la méthode déléguée et configurer l'outlet `delegate` pour qu'elle pointe sur l'objet (voir Figure 13.4).

Avant de créer automatiquement un nouveau document sans titre, l'objet `NSApplication` envoie le message `applicationShouldOpenUntitledFile:` à son délégué. Dans `AppController.m`, ajoutez la méthode suivante :

```
- (BOOL)applicationShouldOpenUntitledFile:(NSApplication *)sender
{
    NSLog(@"applicationShouldOpenUntitledFile:");
    return [[NSUserDefaults standardUserDefaults]
                                boolForKey:BNREmptyDocKey];
}
```

Figure 13.4

Le délégué supprime la création des documents sans titre.

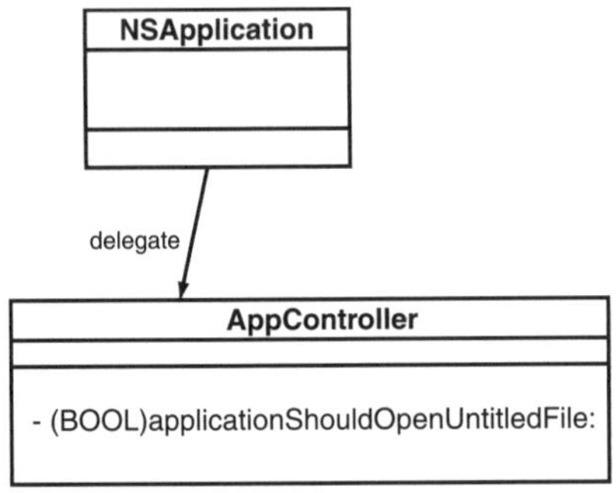

Pour qu'`AppController` soit le délégué de l'objet `NSApplication`, ouvrez le fichier `MainMenu.nib` et faites un Contrôle-clic sur `File's Owner`, qui représente l'objet `NSApplication`, afin d'ouvrir sa fenêtre des connexions. Faites glisser l'outlet `delegate` vers `AppController` (voir Figure 13.5).

Figure 13.5

Sélectionner l'outlet delegate*.*

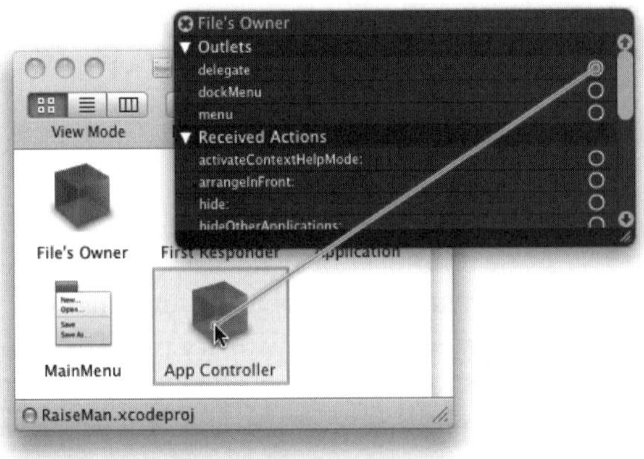

Fixer la couleur d'arrière-plan de la vue tableau

Après que le fichier nib d'une nouvelle fenêtre de document a été désarchivé, l'objet `MyDocument` reçoit le message `windowControllerDidLoadNib:`. À ce moment-là, nous pouvons actualiser la couleur d'arrière-plan de la vue tableau.

La méthode suivante existe déjà dans `MyDocument.m` ; modifiez-la de la manière suivante :

```
- (void)windowControllerDidLoadNib:(NSWindowController *)aController
{
    [super windowControllerDidLoadNib:aController];
    NSUserDefaults *defaults = [NSUserDefaults standardUserDefaults];
    NSData *colorAsData;
```

```
        colorAsData = [defaults objectForKey:BNRTableBgColorKey];

        [tableView setBackgroundColor:
                [NSKeyedUnarchiver unarchiveObjectWithData:colorAsData]];
    }
```

Vérifiez que le fichier `PreferenceController.h` est importé au début de `MyDocument.m` afin de pouvoir utiliser les variables globales qui y sont déclarées.

Compilez et exécutez l'application.

Pour les plus curieux : *NSUserDefaultsController*

Parfois, une liaison avec une valeur de l'objet `NSUserDefaults` sera nécessaire. Grâce à la classe `NSUserDefaultsController`, c'est possible. Tous les fichiers nib d'une application utilisent une même instance partagée de `NSUserDefaultsController`.

Par exemple, si nous souhaitons utiliser des liaisons, à la place d'une cible et d'une action, pour manipuler la case à cocher du panneau Préférences, nous la lions à `value.EmptyDocumentFlag` du `NSUserDefaultsController` partagé (voir Figure 13.6).

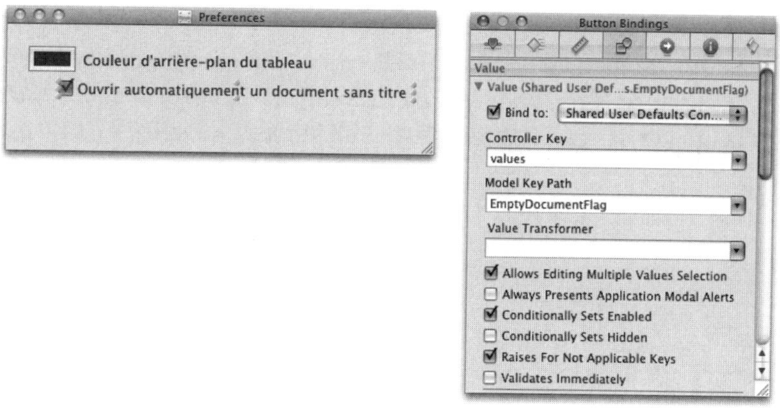

Figure 13.6
Liaison au NSUserDefaults-Controller.

Pour les plus curieux : lire et écrire les valeurs par défaut à partir de la ligne de commande

La base de données des valeurs par défaut de l'utilisateur se trouve dans le répertoire `~/Bibliothèque/Preferences/`. Pour la modifier à partir de la ligne de commande, nous utilisons un outil appelé *defaults*. Par exemple, pour consulter vos valeurs par défaut pour Xcode, ouvrez une fenêtre Terminal et saisissez la commande suivante :

```
defaults read com.apple.Xcode
```

Vous obtenez alors toutes vos valeurs par défaut pour Xcode. Voici les premières lignes de mes préférences :

```
{
    DocViewerHasSetPrefs = YES;
    NSNavBrowserPreferedColumnContentWidth = 155;
    NSNavLastCurrentDirectoryForOpen = "~/RaiseMan";
    NSNavLastRootDirectoryForOpen = "~";
    NSNavPanelExpandedSizeForOpenMode = "{518, 400}";
    NSNavPanelFileListModeForOpenMode = 1;
```

Nous pouvons également modifier la base de données des valeurs par défaut. Pour que le répertoire par défaut de Xcode dans `NSOpenPanel` soit `/Users`, nous utilisons la commande suivante :

```
defaults write com.apple.Xcode NSNavLastRootDirectoryForOpen /Users
```

Essayez ceci :

```
defaults read com.bignerdranch.RaiseMan
```

Pour obtenir vos valeurs par défaut globales, saisissez cette commande :

```
defaults read NSGlobalDomain
```

Exercice

Ajoutez un bouton au panneau Préférences pour supprimer toutes les valeurs par défaut de l'utilisateur. Intitulez-le `Réinitialiser les préférences`. N'oubliez pas d'actualiser la fenêtre des préférences afin de refléter les nouvelles valeurs par défaut.

14

Notifications

Au sommaire de ce chapitre

- ✔ Ce que sont les notifications
- ✔ Ce que ne sont pas les notifications
- ✔ *NSNotification* et *NSNotificationCenter*
- ✔ Poster une notification
- ✔ Inscrire un observateur
- ✔ Traiter la notification
- ✔ Le dictionnaire *userInfo*
- ✔ Pour les plus curieux : délégués et notifications

Un utilisateur pourrait avoir ouvert plusieurs documents RaiseMan, lorsqu'il décide qu'il est trop difficile de les lire avec un arrière-plan violet. Il utilise le panneau Préférences, modifie la couleur d'arrière-plan, mais est très déçu de constater que les fenêtres existantes ne changent pas de couleur. Il vous contacte afin de signaler ce problème. Vous lui répondez alors que les valeurs par défaut sont lues uniquement au moment de la création de la fenêtre de document. Il doit simplement enregistrer le document, le fermer et l'ouvrir à nouveau. Cela ne lui plaît pas et il préférerait que toutes les fenêtres existantes soient mises à jour. Mais combien sont-elles ? Devez-vous conserver une liste de tous les documents ouverts ?

Ce que sont les notifications

La tâche est plus simple que cela. Chaque application en cours d'exécution possède une instance de `NSNotificationCenter` qui joue le rôle de tableau d'affichage. Les objets s'inscrivent pour indiquer qu'ils sont intéressés par certains avis ("Merci de m'écrire si quelqu'un trouve un chien perdu"). L'objet inscrit est un *observateur*.

D'autres objets peuvent poster des notifications ("J'ai trouvé un chien perdu"). La notification est transmise à tous les objets qui ont signalé leur intérêt pour cet avis. L'objet qui poste la notification est un *annonceur*.

Un grand nombre de classes Cocoa standard postent des notifications. Par exemple, les fenêtres signalent qu'elles ont changé de taille. Lorsque la sélection d'une vue tableau change, la vue poste une notification. Les notifications émises par les objets Cocoa standard sont recensées dans la documentation en ligne.

Dans notre exemple, nous inscrirons tous nos objets `MyDocument` en tant qu'observateurs. Le contrôleur des préférences émettra une notification lorsque l'utilisateur choisira une nouvelle couleur. En voyant la notification, les objets `MyDocument` modifieront la couleur d'arrière-plan.

Avant que l'objet `MyDocument` ne soit désalloué, nous devons le retirer de la liste des observateurs. En général, cela se fait dans la méthode `dealloc`.

Ce que ne sont pas les notifications

Lorsque les programmeurs entendent parler pour la première fois du centre de notification, ils imaginent parfois une forme de communication interprocessus. Ils pensent pouvoir créer un observateur dans une application et poster des notifications à partir d'un objet situé dans une autre application. Ce schéma ne fonctionne pas : un centre de notification permet aux objets d'une application d'envoyer des notifications à d'autres objets de la même application. Les notifications ne franchissent pas les limites des applications.

NSNotification et *NSNotificationCenter*

Les objets de notification sont très simples. Une notification ressemble à une enveloppe dans laquelle l'annonceur place les informations destinées aux observateurs. Une notification possède deux variables d'instance importantes : `name` et `object`. `object` est presque toujours un pointeur vers l'objet qui émet la notification. Il peut être comparé à une adresse de retour.

La notification offre également deux méthodes intéressantes :

```
- (NSString *)name
- (id)object
```

`NSNotificationCenter` constitue le cerveau de l'opération. Il permet d'enregistrer des objets observateurs, de poster des notifications et de désinscrire des observateurs.

Voici les méthodes de `NSNotificationCenter` les plus utilisées :

```
+ (NSNotificationCenter *)defaultCenter
```

Retourne le centre de notification.

```
- (void)addObserver:(id)anObserver
          selector:(SEL)aSelector
              name:(NSString *)notificationName
            object:(id)anObject
```

Inscrit `anObserver` pour qu'il reçoive les notifications de nom `notificationName` et contenant `anObject` (voir Figure 14.1). Lorsqu'une notification nommée `notificationName` et contenant l'objet `anObject` est postée, `anObserver` reçoit un message `aSelector` avec la notification en argument.

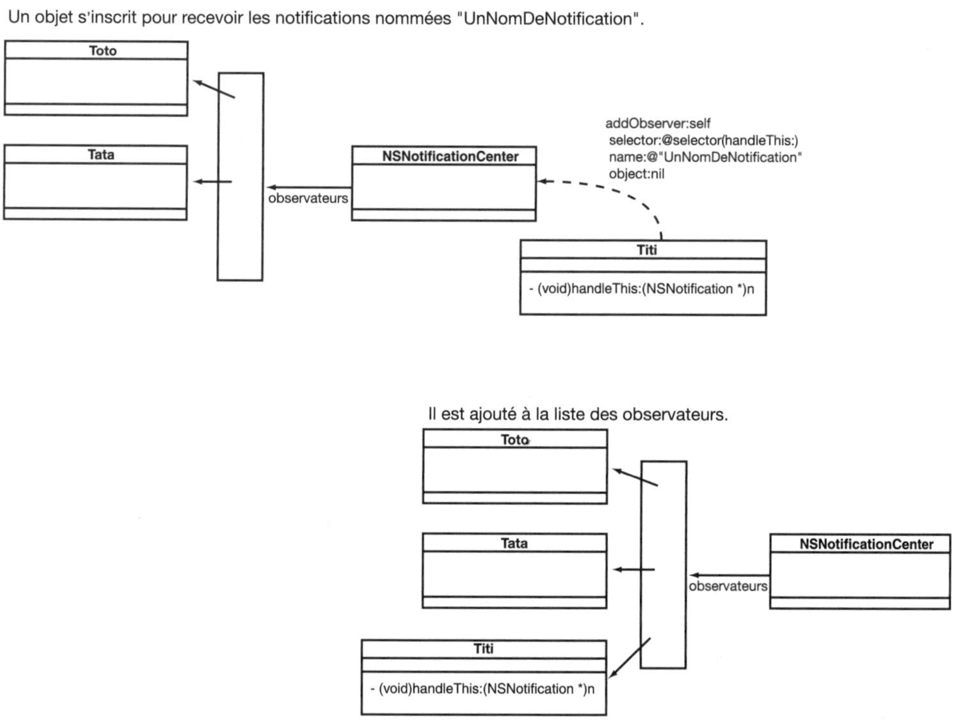

Figure 14.1

S'inscrire pour recevoir des notifications.

- Si `notificationName` est `nil`, le centre de notification envoie à l'observateur toutes les notifications qui contiennent un objet correspondant à `anObject`.
- Si `anObject` est `nil`, le centre de notification envoie à l'observateur toutes les notifications nommées `notificationName`.

L'observateur n'est pas gardé par le centre de notification. Vous noterez que la méthode prend en argument un sélecteur.

`- (void)`**`postNotification:`**`(NSNotification *)notification`

Envoie une notification au centre de notification (voir Figure 14.2).

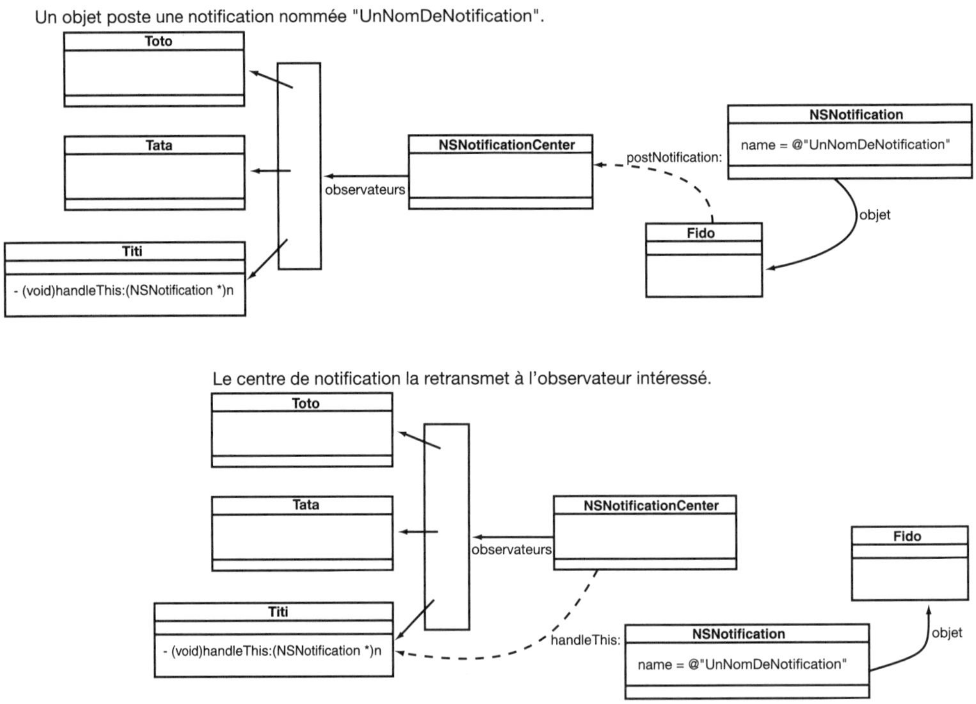

Figure 14.2

Poster une notification.

`- (void)`**`postNotificationName:`**`(NSString *)aName `**`object:`**`(id)anObject`

Crée et poste une notification.

`- (void)`**`removeObserver:`**`(id)observer`

Retire `observer` de la liste des observateurs.

Poster une notification

Puisque poster une notification constitue l'étape la plus simple, nous commencerons par cette opération. Après la réception d'un message `changeBackgroundColor:`, l'objet `PreferenceController` postera une notification contenant la nouvelle couleur.

La notification se nommera `@"BNRColorChanged"`, mais nous allons créer une variable globale pour cette constante. Les programmeurs expérimentés ajoutent un préfixe à la notification afin qu'elle n'entre pas en conflit avec d'autres notifications qui pourraient exister dans l'environnement de l'application. Ouvrez `PreferenceController.h` et ajoutez la déclaration avec les autres constantes de type chaîne :

```
extern NSString * const BNRColorChangedNotification;
```

Dans `PreferenceController.m`, définissez la constante :

```
NSString * const BNRColorChangedNotification = @"BNRColorChanged";
```

Modifiez la méthode `changeBackgroundColor:` de `PreferenceController.m` :

```
- (IBAction)changeBackgroundColor:(id)sender
{
    NSColor *color = [colorWell color];
    NSData *colorAsData =
                [NSKeyedArchiver archivedDataWithRootObject:color];
    [[NSUserDefaults standardUserDefaults] setObject:colorAsData
                                              forKey:BNRTableBgColorKey];

    NSNotificationCenter *nc = [NSNotificationCenter defaultCenter];
    NSLog(@"Envoi d'une notification");
    [nc postNotificationName:BNRColorChangedNotification object:self];
}
```

Inscrire un observateur

Pour inscrire un observateur, nous devons fournir plusieurs éléments : l'objet qui constitue l'observateur, les noms des notifications qui l'intéressent et le message envoyé lors de l'arrivée d'une notification intéressante. Nous pouvons également préciser que seules les notifications qui contiennent un certain objet intéressent l'observateur. N'oubliez pas qu'il s'agit souvent de l'objet qui a posté des notifications. Par conséquent, lorsque nous indiquons que nous sommes intéressés par les notifications auxquelles est attachée une certaine fenêtre, nous précisons que seul le redimensionnement de cette fenêtre précise nous intéresse.

Modifiez la méthode `init` de la classe `MyDocument` :

```
- (id)init
{
    if (![super init])
        return nil;
```

```
    employees = [[NSMutableArray alloc] init];

    NSNotificationCenter *nc = [NSNotificationCenter defaultCenter];
    [nc addObserver:self
           selector:@selector(handleColorChange:)
               name:BNRColorChangedNotification
             object:nil];
    NSLog(@"Inscrit auprès du centre de notification");
    return self;
}
```

Dans la méthode `dealloc`, retirez l'instance de `MyDocument` du centre de notification :

```
- (void)dealloc
{
    [self setEmployees:nil];
    NSNotificationCenter *nc = [NSNotificationCenter defaultCenter];
    [nc removeObserver:self];
    [super dealloc];
}
```

Traiter la notification

Lorsque la notification arrive, la méthode `handleColorChange:` est invoquée. Pour le moment, nous consignons simplement cette arrivée. Ajoutez la méthode suivante dans le fichier `MyDocument.m` :

```
- (void)handleColorChange:(NSNotification *)note
{
    NSLog(@"Notification reçue : %@", note);
}
```

Compilez et exécutez l'application. Vous devez constater l'envoi et l'arrivée de notifications lorsque la couleur est modifiée dans le panneau Préférences.

Le dictionnaire *userInfo*

Si, outre l'annonceur, nous souhaitons inclure d'autres informations dans la notification, nous devons utiliser le dictionnaire des informations de l'utilisateur. Chaque notification possède une variable nommée `userInfo` à laquelle peut être attaché un `NSDictionary` qui contient les autres informations à passer aux observateurs. Dans notre cas, nous voulons ajouter la couleur au dictionnaire `userInfo`. `MyDocument` utilisera la couleur lors de l'arrivée de la notification. Dans `PreferenceController.m`, nous ajoutons un dictionnaire `userInfo` à la notification :

```
- (IBAction)changeBackgroundColor:(id)sender
{
    NSColor *color = [sender color];
    NSData *colorAsData;
    colorAsData = [NSKeyedArchiver archivedDataWithRootObject:color];
```

```
        [[NSUserDefaults standardUserDefaults] setObject:colorAsData
                                              forKey:BNRTableBgColorKey];

        NSNotificationCenter *nc = [NSNotificationCenter defaultCenter];
        NSLog(@"Envoi d'une notification");
        NSDictionary *d = [NSDictionary dictionaryWithObject:color
                                                      forKey:@"color"];
        [nc postNotificationName:BNRColorChangedNotification
                          object:self
                        userInfo:d];
    }
```

Dans `MyDocument.m`, nous lisons la couleur à partir du dictionnaire `userInfo` :

```
    - (void)handleColorChange:(NSNotification *)note
    {
        NSLog(@"Notification reçue : %@", note);
        NSColor *color = [[note userInfo] objectForKey:@"color"];
        [tableView setBackgroundColor:color];
    }
```

Ouvrez plusieurs fenêtres et modifiez la couleur d'arrière-plan. Vous noterez qu'elles reçoivent toutes la notification et changent immédiatement la couleur.

Pour les plus curieux : délégués et notifications

Lorsqu'un objet s'est désigné comme délégué d'un objet Cocoa standard, il s'intéresse probablement aux notifications émises par cet objet. Par exemple, si nous implémentons un délégué pour traiter la méthode déléguée `windowShouldClose:` d'une fenêtre, ce délégué est certainement intéressé par les notifications `NSWindowDidResizeNotification` de cette même fenêtre.

Si un objet Cocoa standard possède un délégué et poste des notifications, il est automatiquement inscrit comme observateur pour les méthodes implémentées par l'objet. Si nous mettons en œuvre un tel délégué, comment connaître le nom de la méthode ?

La convention de nommage est simple. Le nom débute par celui de la notification. Le préfixe `NS` est supprimé et la première lettre est mise en minuscules. `Notification` est supprimé à la fin. Des deux-points sont ajoutés. Par exemple, pour être averti que la fenêtre a posté une notification `NSWindowDidResizeNotification`, le délégué doit implémenter la méthode suivante :

```
    - (void)windowDidResize:(NSNotification *)aNotification
```

Elle sera invoquée automatiquement après le redimensionnement de la fenêtre. Cette méthode est également mentionnée dans la documentation et les fichiers d'en-tête de la classe `NSWindow`.

Exercice

Modifiez l'application pour qu'elle émette un bip lorsqu'elle devient active. `NSApplication` poste une notification `NSApplicationDidResignActiveNotification`. `AppController` est un délégué de `NSApplication`. `NSBeep()` produit un bip.

15

Panneaux d'alerte

Au sommaire de ce chapitre

- ✔ Confirmer une suppression

Parfois, nous devons avertir l'utilisateur par l'intermédiaire d'un panneau d'alerte. Ces panneaux sont faciles à créer. Cocoa est très orienté objet, mais l'affichage d'un panneau d'alerte modal se fait avec la fonction C `NSRunAlertPanel()`. En voici la déclaration :

```
int NSRunAlertPanel(NSString *title, NSString *msg,
       NSString *defaultButton, NSString *alternateButton,
       NSString *otherButton, ...);
```

Le code

```
int choice = NSRunAlertPanel(@"Fido", @"Medor",
                             @"Rex", @"Filou", @"Prince");
```

affiche le panneau d'alerte illustré à la Figure 15.1.

Figure 15.1

Exemple de panneau d'alerte.

L'icône du panneau est celle de l'application responsable. Les deuxième et troisième boutons sont facultatifs. Pour éviter l'apparition d'un bouton, son étiquette doit être `nil`.

La fonction `NSRunAlertPanel()` retourne un entier qui indique le bouton sur lequel l'utilisateur a cliqué. Il existe des variables globales pour les constantes `NSAlertDefaultReturn`, `NSAlertAlternateReturn` et `NSAlertOtherReturn`.

`NSRunAlertPanel()` prend un nombre variable d'arguments. La deuxième chaîne peut inclure des options de type `printf`. Les valeurs fournies après le paramètre `otherButton` remplaceront ces options. Ainsi, le code

```
int choice = NSRunAlertPanel(@"Fido", @"Medor vaut %d",
                             @"Rex", @"Filou", nil, 8);
```

produit le panneau d'alerte illustré à la Figure 15.2.

Figure 15.2
Autre exemple de panneau d'alerte.

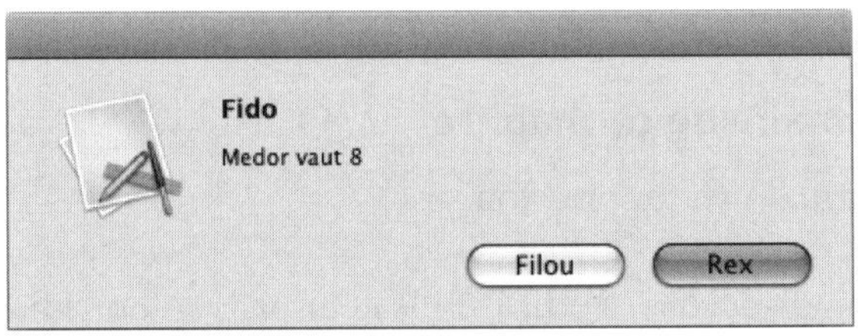

Un panneau d'alerte peut être *modal*. Autrement dit, les autres fenêtres de l'application ne recevront pas les événements tant que le panneau d'alerte n'aura pas été fermé.

Les alertes peuvent également fonctionner comme des *feuilles*. Une feuille est une fenêtre qui s'ouvre devant une autre fenêtre. Tant que la feuille n'est pas fermée, aucun événement clavier ou souris n'est transmis à la fenêtre cachée.

Confirmer une suppression

Si l'utilisateur clique sur le bouton `Supprimer`, un panneau d'alerte doit apparaître comme une feuille avant que les enregistrements ne soient supprimés (voir Figure 15.3).

Figure 15.3
L'application terminée.

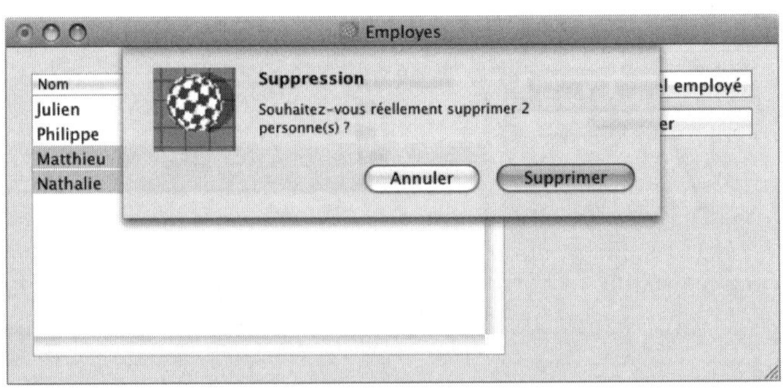

Pour obtenir ce comportement, ouvrez `MyDocument.nib`, sélectionnez la vue tableau et affichez l'inspecteur. Autorisez l'utilisateur à effectuer plusieurs sélections (voir Figure 15.4).

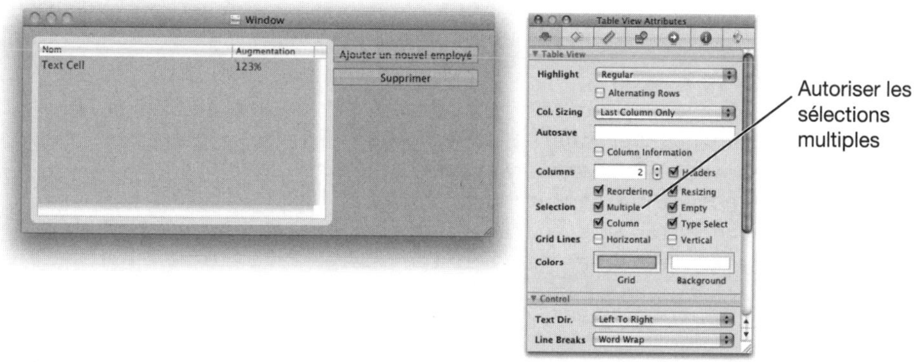

Figure 15.4

Inspecter la vue tableau.

Nous voulons à présent que le bouton `Supprimer` envoie à `MyDocument` un message qui demandera à l'utilisateur de confirmer la suppression. S'il valide son choix, `MyDocument` enverra le message `removeEmployee:` au contrôleur de tableau afin qu'il supprime les objets `Person` sélectionnés.

Dans Xcode, ouvrez le fichier `MyDocument.h` et ajoutez la méthode déclenchée par le bouton `Supprimer` :

```
- (IBAction)removeEmployee:(id)sender;
```

Dans `MyDocument.m`, implémentez la méthode `removeEmployee:`, qui affichera le panneau d'alerte sous forme d'une feuille :

```
- (IBAction)removeEmployee:(id)sender
{
   NSArray *selectedPeople = [employeeController selectedObjects];
   NSAlert *alert = [NSAlert alertWithMessageText:@"Suppression"
            defaultButton:@"Supprimer"
          alternateButton:@"Annuler"
              otherButton:nil
informativeTextWithFormat:@"Souhaitez-vous réellement supprimer %d
personne(s) ?",
                            [selectedPeople count]];

   NSLog(@"Affichage de la feuille d'alerte");
   [alert beginSheetModalForWindow:[tableView window]
                    modalDelegate:self
                   didEndSelector:@selector(alertEnded:code:context:)
                      contextInfo:NULL];
}
```

Cette méthode crée la feuille. Lorsque l'utilisateur clique sur un bouton, le message `alertEnded:code:context:` est envoyé à l'objet document :

```
- (void)alertEnded:(NSAlert *)alert
            code:(int)choice
         context:(void *)v
{
    NSLog(@"Fin de l'alerte");
    // Si l'utilisateur choisit "Supprimer", demander au contrôleur
    // de tableau de supprimer les personnes.
    if (choice == NSAlertDefaultReturn) {
        // L'argument de remove: est ignoré.
        // Le contrôleur de tableau supprime les objets sélectionnés.
        [employeeController remove:nil];
    }
}
```

Ouvrez `MyDocument.nib`. Faites glisser, en maintenant la touche Contrôle enfoncée, le bouton `Supprimer` vers l'icône de `File's Owner` pour que celui-ci devienne la nouvelle cible. Fixez l'action à `removeEmployee:` (voir Figure 15.5).

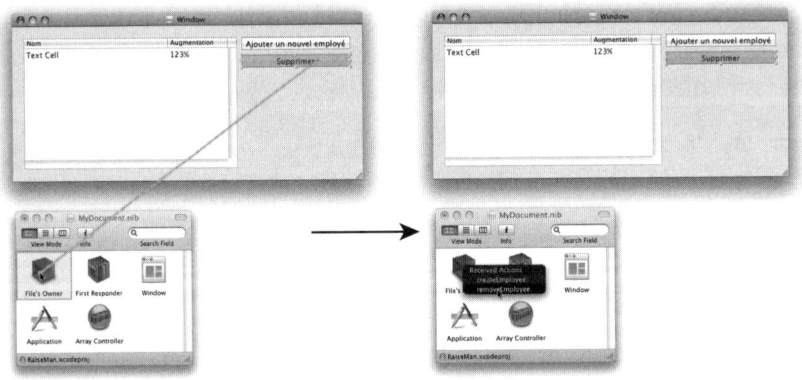

Figure 15.5

Changer la cible/action du bouton Supprimer.

Compilez et exécutez l'application.

Exercice

Ajoutez à la feuille d'alerte un autre bouton intitulé `Garder, mais sans augmentation`. Au lieu de supprimer les employés, ce bouton fixe simplement les augmentations des employés sélectionnés à zéro.

16

Localisation

Au sommaire de ce chapitre

- ✔ Localiser un fichier nib
- ✔ Tables de chaînes
- ✔ Pour les plus curieux : *ibtool*
- ✔ Pour les plus curieux : ordre explicite des options dans les chaînes de format

Si l'application que nous créons est utile, nous voudrons la partager avec le monde entier. Malheureusement, nous ne parlons pas tous la même langue. Supposons que nous souhaitions proposer notre application RaiseMan à des germanophones. Nous dirons alors que nous allons *localiser* RaiseMan pour les utilisateurs parlant allemand.

Si nous créons une application pour le monde entier, nous devons prévoir sa localisation pour, au minimum, les langues suivantes : anglais, français, espagnol, allemand, hollandais, italien et japonais. Bien évidemment, nous ne voulons pas réécrire l'intégralité de l'application pour chaque langue. En réalité, notre objectif est de ne réécrire aucun code Objective-C pour chaque langue. Ainsi, toutes les nations du monde pourront utiliser le même exécutable.

Au lieu de créer plusieurs exécutables, nous localiserons des ressources et créerons des tables de chaînes. Dans le répertoire du projet, un répertoire `English.lproj` contient toutes les ressources pour les anglophones : fichiers nib, images et sons. Ce répertoire est celui créé par défaut lors d'un nouveau projet, ce qui n'empêche pas d'y placer des ressources en français comme nous l'avons fait jusqu'à présent. Cependant, il est préférable et plus élégant de séparer les ressources en fonction des différentes langues reconnues. Nous allons donc placer les ressources françaises dans un répertoire `French.lproj`. Les fichiers nib, les images et les sons de ce répertoire seront totalement adaptés aux francophones. À l'exécution, l'application utilisera automatiquement la ressource adaptée aux préférences de langue de l'utilisateur.

Quels sont les endroits du code de l'application où nous utilisons la langue ? Par exemple, `MyDocument.m` contient la ligne suivante

```
NSAlert *alert = [NSAlert alertWithMessageText:@"Suppression"
               defaultButton:@"Supprimer"
             alternateButton:@"Annuler"
                 otherButton:nil
 informativeTextWithFormat:@"Souhaitez-vous réellement supprimer %d
personnes(s) ?",
                                       [selectedPeople count]];
```

Pour un public anglophone, la ligne aurait été la suivante :

```
NSAlert *alert = [NSAlert alertWithMessageText:@"Delete"
               defaultButton:@"Delete"
             alternateButton:@"Cancel"
                 otherButton:nil
 informativeTextWithFormat:@"Do you really want to delete %d people?",
                                       [selectedPeople count]];
```

Pour chaque langue, nous aurons une table de chaînes de caractères. Nous demanderons à `NSBundle` de rechercher la chaîne et il sélectionnera automatiquement la version qui correspond aux préférences de langue de l'utilisateur (voir Figure 16.1).

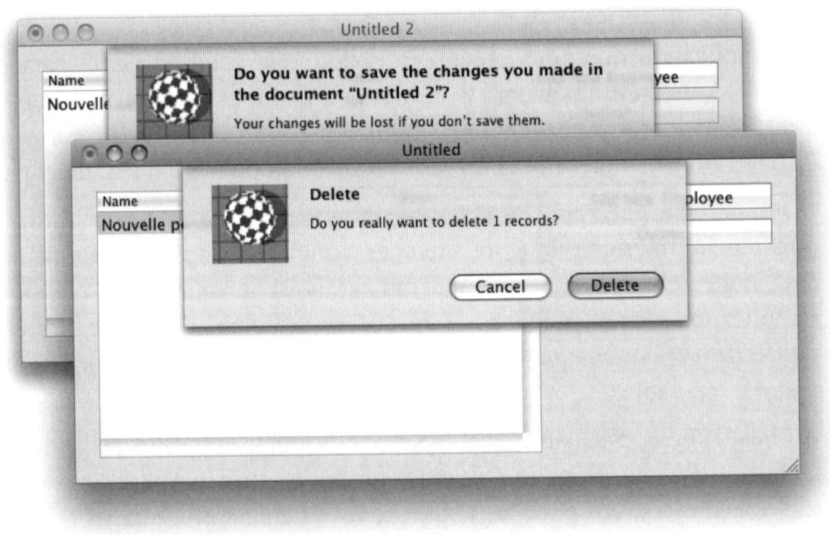

Figure 16.1
L'application terminée.

Localiser un fichier nib

Dans Xcode, sélectionnez, sans ouvrir, `MyDocument.nib` et affichez le panneau des informations. Cliquez sur le bouton `Add Localization` (voir Figure 16.2).

Il vous est demandé d'indiquer des paramètres régionaux. Choisissez `French`.

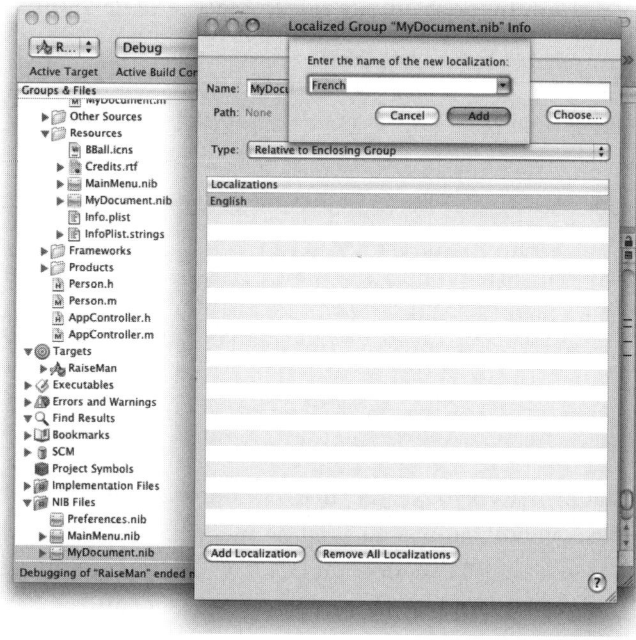

Figure 16.2

Créer une version française de MyDocument.nib.

En utilisant le Finder, nous constatons qu'une copie de `English.lproj/MyDocument.nib` a été créée dans `French.lproj`. Elle contient donc toute l'interface déjà francisée mais définie dans le répertoire par défaut `English.lproj`. Nous allons reprendre ce dernier pour angliciser l'application. Dans Xcode, sous le groupe `Resources`, il existe deux versions de `MyDocument.nib` : `English` et `French` (voir Figure 16.3). Double-cliquez sur la version `English` pour l'ouvrir dans Interface Builder.

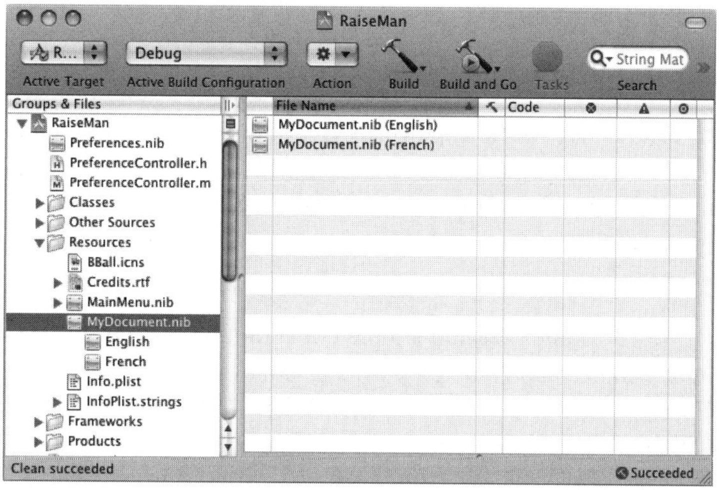

Figure 16.3

Les deux versions de MyDocument.nib.

Modifiez la fenêtre pour qu'elle ressemble à celle de la Figure 16.4.

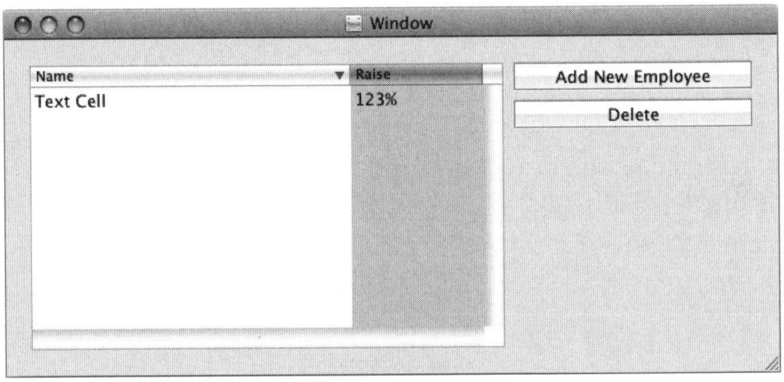

Figure 16.4
L'interface en anglais.

À ce stade, nous avons créé une ressource localisée. Si nous devons apporter de nombreuses modifications au programme, il faudra actualiser les deux fichiers nib (la version française et la version anglaise). C'est pourquoi il est préférable d'attendre que l'application soit terminée et testée avant de la localiser.

Compilez l'application. Avant de l'exécuter, affichez la page `International` de Préférences Système. Choisissez `English` comme langue favorite. Lancez ensuite votre application. Vous remarquerez que la version anglaise du fichier nib est utilisée automatiquement.

Notez également que l'architecture de document prend en charge certains éléments de la localisation. Par exemple, si vous essayez de fermer un document non enregistré, le message demandant d'enregistrer ces modifications sera en anglais.

Tables de chaînes

Pour chaque langue, nous pouvons créer plusieurs tables de chaînes. Une table de chaînes est un fichier qui possède l'extension `.strings`. Par exemple, si nous avons un panneau Rechercher, nous pouvons créer un fichier `Rechercher.strings` pour chaque langue. Ce fichier contiendra les phrases utilisées par le panneau Rechercher, comme `Non trouvé`.

La table de chaînes est une simple collection de couples clé-valeur. La clé et la valeur sont des chaînes de caractères placées entre guillemets, et la paire est terminée par un point-virgule :

```
"Clé1" = "Valeur1";
"Clé2" = "Valeur2";
```

Pour obtenir la valeur correspondant à une certaine clé, nous utilisons `NSBundle` :

```
NSBundle *principal = [NSBundle mainBundle];
NSString *uneChaine = [principal localizedStringForKey:@"Clé1"

value:@"Valeur1ParDéfaut"

table:@"Rechercher"];
```

Ce code recherche la valeur associée à `"Clé1"` dans le fichier `Rechercher.strings`. Si elle n'existe pas dans la langue préférée de l'utilisateur, la deuxième langue favorite est examinée, et ainsi de suite. Si la clé n'existe dans aucune des langues de l'utilisateur, `"Valeur1ParDéfaut"` est retournée. Si le nom de la table n'est pas indiqué, `Localizable` est employé. Les applications les plus simples possèdent une seule table de chaînes, `Localizable.strings`, pour chaque langue.

Créer des tables de chaînes

Pour créer un fichier `Localizable.strings` destiné aux francophones, choisissez l'entrée de menu `New File...` dans Xcode. Créez un fichier vide et nommez-le `Localizable.strings`. Enregistrez-le dans le répertoire `French.lproj` (voir Figure 16.5).

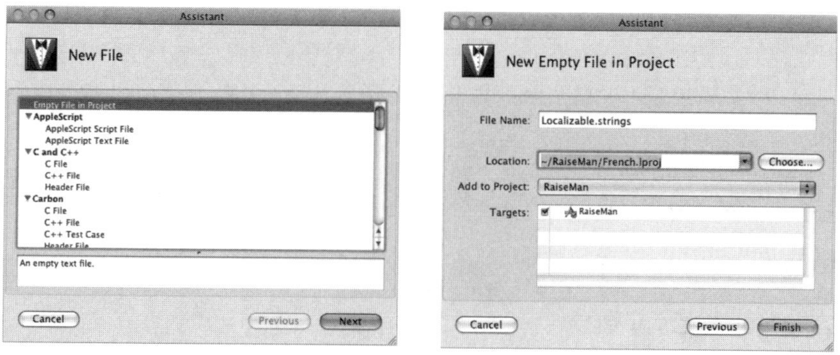

Figure 16.5

Créer une table de chaînes française.

Modifiez le nouveau fichier en y ajoutant le texte suivant :

```
"DELETE" = "Supprimer";
"SURE_DELETE" = "Souhaitez-vous réellement supprimer %d personne(s) ?";
"CANCEL" = "Annuler";
```

Enregistrez-le, après avoir vérifié qu'il ne manque aucun point-virgule.

Nous allons à présent créer une version anglaise de ce fichier. Sélectionnez le fichier `Localizable.strings` dans Xcode, affichez le panneau Info et créez la version localisée (voir Figure 16.6).

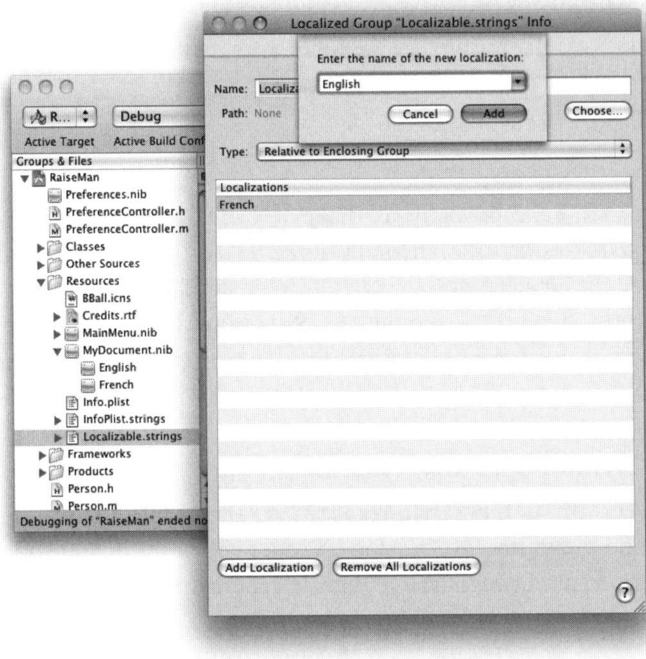

Figure 16.6
Créer une table de chaînes anglaise.

Modifiez le fichier de la manière suivante :

```
"DELETE" = "Delete";
"SURE_DELETE" = "Do you really want to delete %d people?";
"CANCEL" = "Cancel";
```

Enregistrez le fichier.

Utiliser la table de chaînes

Dans une application qui ne contient qu'une seule table de chaînes, voici le code que nous utiliserions :

```
NSString *deleteString;
deleteString = [[NSBundle mainBundle]
                    localizedStringForKey:@"DELETE"
                                    value:@"Supprimer"
                                    table:nil];
```

Heureusement, `NSBundle.h` définit une macro dans ce but :

```
#define NSLocalizedString(key, comment)
          [[NSBundle mainBundle] localizedStringForKey:(key)
                                                 value:@""
                                                 table:nil]
```

Le commentaire est totalement ignoré par cette macro. En revanche, il est utilisé par l'outil *genstrings*, qui parcourt le code à la recherche des appels à la macro `NSLocalizedString` et crée un squelette de table de chaînes. Cette table de chaînes inclut le commentaire.

Dans `MyDocument.m`, recherchez l'endroit où le panneau d'alerte est créé. Remplacez cette ligne par la suivante :

```
NSAlert *alert = [NSAlert
     alertWithMessageText:NSLocalizedString(@"DELETE", @"Supprimer")
            defaultButton:NSLocalizedString(@"DELETE", @"Supprimer")
          alternateButton:NSLocalizedString(@"CANCEL", @"Annuler")
              otherButton:nil
informativeTextWithFormat:NSLocalizedString(@"SURE_DELETE",
                         @"Souhaitez-vous réellement supprimer %d
personne(s) ?"),
                          [selectedPeople count]];
```

Compilez l'application. Choisissez à nouveau l'anglais comme langue favorite dans Préférences Système et exécutez l'application. Lorsque vous supprimez une ligne du tableau, vous devez obtenir un panneau d'alerte en anglais.

Pour les plus curieux : *ibtool*

Si nous développons et localisons de nombreuses applications, nous constituerons évidemment un ensemble de traductions communes. Il serait très pratique d'inclure automatiquement les chaînes traduites dans un fichier nib. Il s'agit de l'un des nombreux usages de *ibtool*.

La commande `ibtool`, qu'il faut exécuter depuis Terminal, peut recenser les classes et les objets présents dans un fichier nib et afficher les chaînes localisées présentes dans un fichier `plist`. Voici comment extraire les chaînes localisées depuis le fichier `French.lproj/MyDocument.nib` et les placer dans un fichier `Doc.strings` :

```
> cd RaiseMan/French.lproj
> ibtool --generate-stringsfile Doc.strings MyDocument.nib
```

Le fichier `Doc.strings` résultant contient plusieurs entrées semblables à la suivante :

```
/* Class="NSTableColumn";headerCell.title="Name";ObjectID="100026"; */
"100026.headerCell.title" = "Nom";
```

Pour créer un dictionnaire espagnol de ce fichier nib, nous pouvons modifier le fichier et traduire les entrées en espagnol :

```
/* Class="NSTableColumn";headerCell.title="Name";ObjectID="100026"; */
"100026.headerCell.title" = "Nombre";
```

Pour remplacer les chaînes d'un fichier nib par leur équivalent espagnol à partir de ce dictionnaire, il suffit de créer un nouveau fichier nib :

```
> mkdir ../Spanish.lproj
> ibtool --strings-file Doc.strings
        --write ../Spanish.lproj/MyDocument.nib MyDocument.nib
```

Pour en savoir plus sur `ibtool`, utilisez la commande Unix `man` :

```
> man ibtool
```

Pour les plus curieux : ordre explicite des options dans les chaînes de format

Lorsqu'un texte est traduit d'une langue en une autre, les mots changent, ainsi que leur ordre. Par exemple, dans une langue, les mots pourraient être agencés de la manière suivante : "Julien veut un scooter". Dans une autre, l'ordre pourrait être "Un scooter est demandé par Julien". Supposons que nous voulions localiser la chaîne de format à utiliser :

```
NSString * leFormat = NSLocalizedString(@"VEUT", @"%@ veut un %@");
x = [NSString stringWithFormat:leFormat, @"Julien", @"scooter"];
```

Dans la première langue, la ligne suivante fonctionne parfaitement :

```
"VEUT" = "%@ veut un %@";
```

Pour la seconde langue, nous devons indiquer explicitement l'indice de l'option à insérer. Pour cela, nous plaçons un chiffre et un symbole dollar :

```
"VEUT" = "Un %2$@ est demandé par %1$@".
```

17

Vues personnalisées

Au sommaire de ce chapitre

- ✔ La hiérarchie des vues
- ✔ Dessiner une vue
- ✔ Dessiner avec *NSBezierPath*
- ✔ *NSScrollView*
- ✔ Créer des vues par programmation
- ✔ Pour les plus curieux : cellules
- ✔ Pour les plus curieux : *isFlipped*

Tous les objets visibles d'une application sont des fenêtres ou des vues. Dans ce chapitre, nous créerons une sous-classe de `NSView`. De temps à autre, nous pouvons avoir besoin de créer une vue personnalisée pour effectuer des dessins particuliers ou traiter des événements. Même si vous n'avez pas ce type de besoin, vous apprendrez énormément sur Cocoa en sachant comment créer une nouvelle classe de vue.

Les fenêtres sont des instances de la classe `NSWindow`. Chaque fenêtre possède une collection de vues, chacune responsable d'un rectangle de la fenêtre. La vue est tracée à l'intérieur de ce rectangle et gère les événements de la souris qui s'y produisent. Une vue peut également traiter les événements du clavier. Nous avons déjà manipulé plusieurs sous-classes de `NSView` : `NSButton`, `NSTextField`, `NSTableView` et `NSColorWell` sont toutes des vues. Vous remarquerez qu'une fenêtre n'est pas une sous-classe de `NSView`.

La hiérarchie des vues

Les vues sont organisées dans une hiérarchie (voir Figure 17.1). La fenêtre dispose d'une vue contenu qui occupe intégralement sa zone intérieure. La vue contenu possède généralement plusieurs vues secondaires, chacune pouvant également avoir des vues secondaires. Chaque vue connaît sa vue supérieure, ses vues inférieures et la fenêtre dans laquelle elle réside.

Figure 17.1
Hiérarchie de vues.

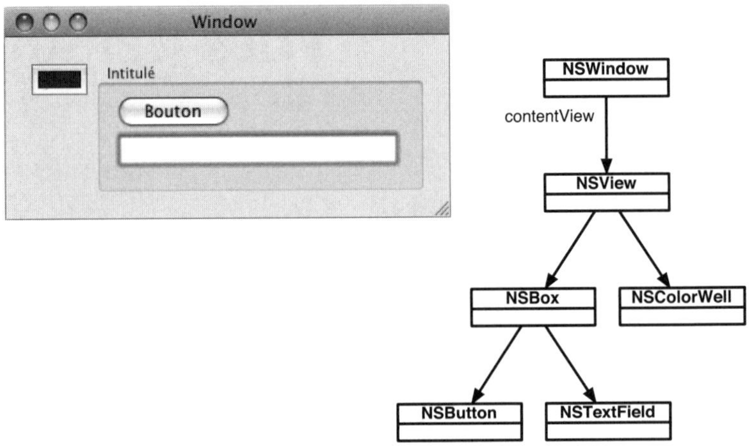

Voici les méthodes correspondantes fournies par `NSView` :

```
- (NSView *)superview
- (NSArray *)subviews
- (NSWindow *)window
```

Une vue peut posséder des vues secondaires, mais ce n'est pas le cas de toutes. Les cinq vues suivantes en contiennent généralement :

1. La vue contenu d'une fenêtre.
2. `NSBox`. Le contenu d'une boîte correspond à ses vues secondaires.
3. `NSScrollView`. Une vue qui apparaît dans une vue défilement est une vue secondaire d'une vue défilement. Les barres de défilement sont également des vues secondaires de la vue défilement.
4. `NSSplitView`. Chaque vue d'une vue division est une vue secondaire (voir Figure 17.2).
5. `NSTabView`. Lorsque l'utilisateur choisit différents onglets, les vues secondaires sont activées et désactivées (voir Figure 17.3).

Figure 17.2

Une vue défilement dans une vue division.

Figure 17.3

Une vue onglet.

Dessiner une vue

Dans cette section, nous allons créer une vue simple qui s'affiche et se dessine elle-même en vert. Elle ressemblera à celle illustrée à la Figure 17.4.

Figure 17.4

L'application terminée.

Créez un nouveau projet de type `Cocoa Application` et nommez-le `ImageFun`.

En utilisant l'entrée de menu `File > New File`, créez une sous-classe `Objective-C NSView subclass` nommée `StretchView`.

Créer une instance d'une sous-classe de vue

Ouvrez `MainMenu.nib`. Créez une instance de la classe en faisant glisser un emplacement `CustomView` à partir de la bibliothèque (sous `Views & Cells > Layout View`) et en le déposant sur la fenêtre (voir Figure 17.5).

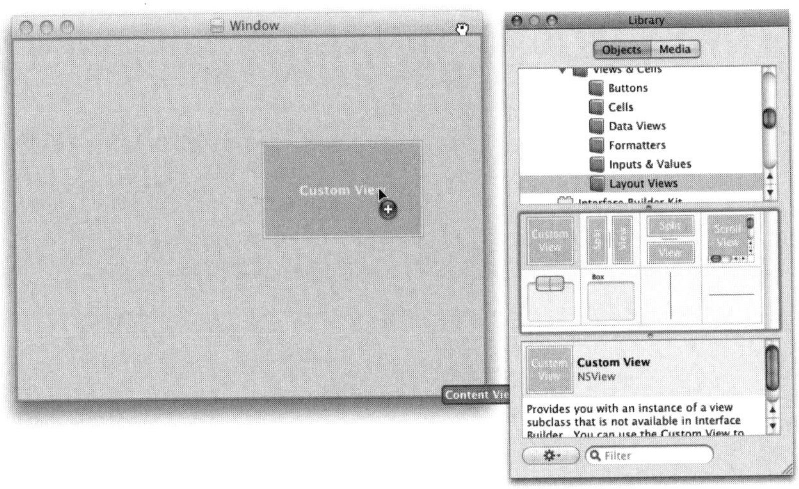

Figure 17.5

Déposer une vue sur la fenêtre.

Redimensionnez la vue pour qu'elle occupe la majeure partie de la fenêtre. Ouvrez l'inspecteur `Identity` et fixez la classe de la vue à `StretchView` (voir Figure 17.6).

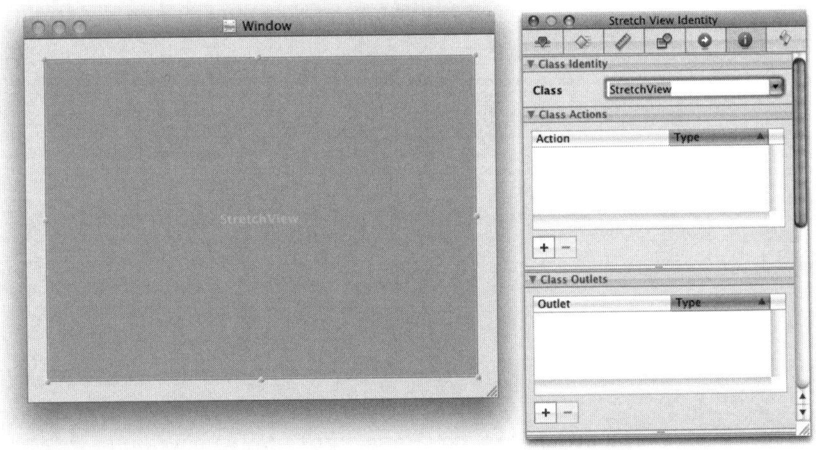

Figure 17.6

Fixer la classe de la vue à StretchView.

Inspecteur *Size*

L'objet `StretchView` est une vue secondaire de la vue contenu de la fenêtre. Ce fait soulève une question intéressante : qu'arrive-t-il à la vue lorsque la taille de la vue supérieure change ? Une page du panneau d'information nous permet de préciser ce comportement. Ouvrez l'inspecteur `Size` et appliquez la configuration illustrée à la Figure 17.7. Dorénavant, la taille de la vue intérieure évoluera de manière à conserver une distance constante entre ses bords et ceux de sa vue supérieure.

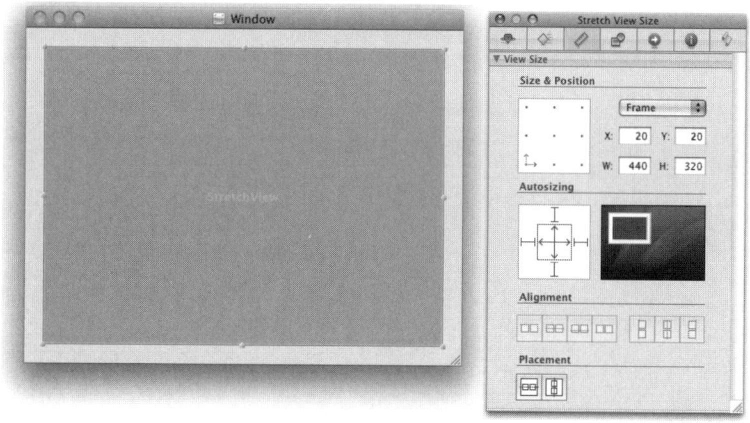

Figure 17.7
Redimensionner la vue avec la fenêtre.

Si nous souhaitons que la vue conserve la même hauteur, il suffit de laisser libre la distance entre le bas de cette vue et celui de la vue supérieure. Nous pouvons également faire la même chose pour la distance entre le bord droit de la vue et celui de la fenêtre. Dans cet exercice, ce n'est pas le comportement souhaité. Mais, si nous voulions que la vue reste ancrée dans le coin supérieur gauche de la fenêtre, l'inspecteur serait configuré comme le montre la Figure 17.8.

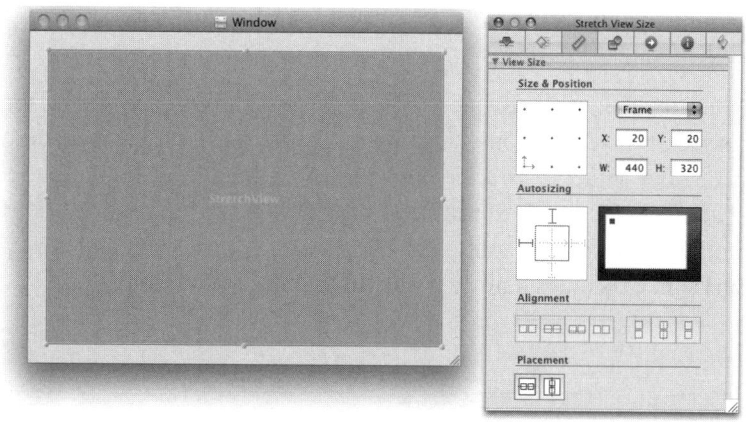

Figure 17.8
Pas cela !

La Figure 17.9 présente le rôle des paramètres de l'inspecteur `Size`.

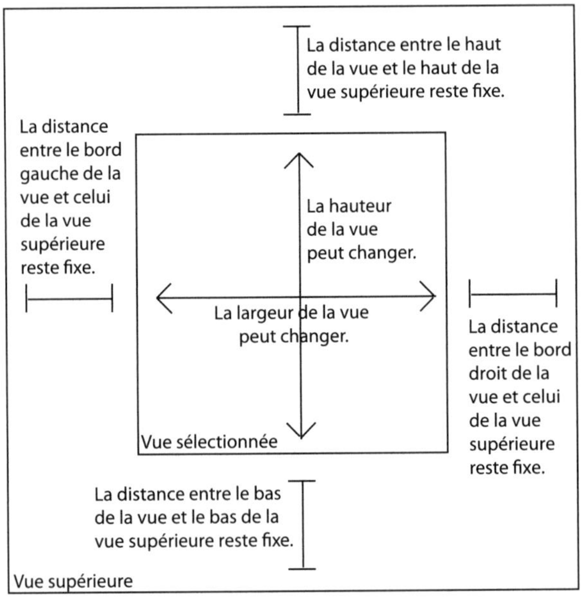

Figure 17.9
Signification des lignes rouges dans l'inspecteur Size.

Enregistrez et fermez le fichier nib.

drawRect:

Lorsque l'affichage d'une vue a besoin d'être actualisé, elle reçoit le message `drawRect:` avec le rectangle qui doit être dessiné ou redessiné. La méthode est invoquée automatiquement ; nous n'avons pas à l'appeler directement. Cependant, si nous savons qu'une vue doit être actualisée, nous lui envoyons le message `setNeedsDisplay:` :

```
[maVue setNeedsDisplay:YES];
```

Ce message informe `maVue` qu'elle est "sale". Après le traitement de l'événement, la vue est redessinée.

Avant d'invoquer `drawRect:`, le système v*errouille le focus* sur la vue. Chaque vue possède son propre contexte graphique, qui inclut le système de coordonnée de la vue, sa couleur actuelle, sa police de caractères actuelle et le rectangle de découpe. Lorsque le focus est verrouillé sur une vue, son contexte graphique est actif. Lorsqu'il est déverrouillé, le contexte graphique n'est plus actif. Les commandes de dessin que nous émettons sont exécutées dans le contexte graphique courant.

Nous pouvons utiliser `NSBezierPath` pour tracer des lignes, des cercles, des courbes et des rectangles. `NSImage` permet de créer des images composites sur la vue. Dans l'exemple suivant, nous remplissons la totalité de la vue avec un rectangle vert.

Ouvrez `StretchView.m` et ajoutez le code suivant dans la méthode `drawRect:` :

```
- (void)drawRect:(NSRect)rect
{
    NSRect bounds = [self bounds];
    [[NSColor greenColor] set];
    [NSBezierPath fillRect:bounds];
}
```

Comme le montre la Figure 17.10, `NSRect` est une structure qui contient deux membres : `origin`, de type `NSPoint`, et `size`, de type `NSSize`.

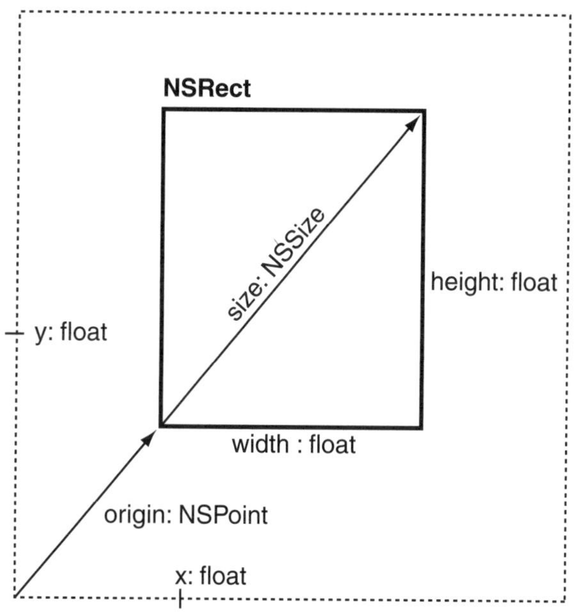

Figure 17.10
NSRect, NSSize *et* NSPoint.

`NSSize` est une structure avec deux membres : `width` et `height` (tous deux de type `float`).

`NSPoint` est une structure avec deux membres : `x` et `y` (tous deux de type `float`).

Pour des raisons de performances, les structures sont parfois utilisées à la place de classes Objective-C. Voici la liste de toutes les structures Cocoa que vous avez de fortes chances d'utiliser : `NSSize`, `NSPoint`, `NSRect`, `NSRange`, `NSDecimal` et `NSAffineTransformStruct`. `NSRange` sert à définir des intervalles. `NSDecimal` décrit des nombres avec une précision et une fonction d'arrondi spécifiques. `NSAffineTransformStruct` représente des transformations linéaires pour les graphiques.

La vue connaît son emplacement sous forme d'un `NSRect` appelé `bounds`. Dans notre exemple de méthode `drawRect:`, nous récupérons le rectangle `bounds`, fixons la couleur courante à vert et remplissons l'intégralité du rectangle `bounds` avec la couleur actuelle.

Le `NSRect` passé en argument à la vue correspond à la région qui est "sale" et qui doit donc être redessinée. Si les tracés demandent beaucoup de temps, l'actualisation du rectangle sale permet d'accélérer considérablement l'application.

`setNeedsDisplay:` déclenche l'actualisation de la partie visible de la vue. Si nous souhaitons être plus précis sur la partie de la vue à redessiner, nous utilisons à la place `setNeedsDisplayInRect:` :

```
NSRect rectSale;
rectSale = NSMakeRect(0, 0, 50, 50);
[maVue setNeedsDisplayInRect:rectSale];
```

Compilez et exécutez l'application. Redimensionnez la fenêtre.

Dessiner avec *NSBezierPath*

Le tracé de lignes, d'ovales, de courbes ou de polygones se fait avec `NSBezierPath`. Dans ce chapitre, nous avons déjà utilisé la méthode de classe `fillRect:` de `NSBezierPath` pour colorier la vue. Dans cette section, nous utiliserons `NSBezierPath` pour tracer des lignes qui relient des points aléatoires (voir Figure 17.11).

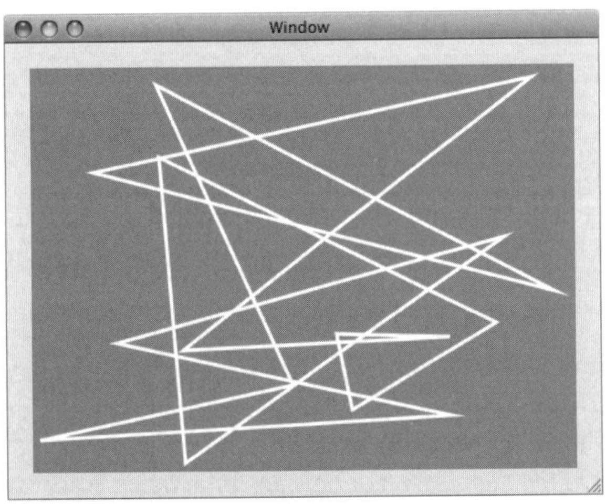

Figure 17.11
L'application terminée.

Nous avons tout d'abord besoin d'une variable d'instance pour contenir l'instance de `NSBezierPath`. Nous allons également créer une méthode d'instance qui retourne un point aléatoire dans la vue. Ouvrez `StretchView.h` et modifiez-le de la manière suivante :

```
#import <Cocoa/Cocoa.h>

@interface StretchView : NSView
{
    NSBezierPath *path;
}
- (NSPoint)randomPoint;

@end
```

Dans `StretchView.m`, nous redéfinissons `initWithFrame:`. En tant qu'initialiseur désigné de `NSView`, `initWithFrame:` sera invoquée automatiquement lors de la création d'une instance de notre vue. Dans notre version de `initWithFrame:`, nous allons créer l'objet de chemin et le remplir de lignes connectant des points aléatoires. Saisissez le code suivant dans `StretchView.m` :

```
#import "StretchView.h"

@implementation StretchView

- (id)initWithFrame:(NSRect)rect
{
    if (![super initWithFrame:rect])
        return nil;

    // Initialiser le générateur de nombres aléatoires.
    srandom(time(NULL));

    // Créer un objet de chemin.
    path = [[NSBezierPath alloc] init];
    [path setLineWidth:3.0];
    NSPoint p = [self randomPoint];
    [path moveToPoint:p];
    int i;
    for (i = 0; i < 15; i++) {
        p = [self randomPoint];
        [path lineToPoint:p];
    }
    [path closePath];
    return self;
}
- (void)dealloc
{
    [path release];
    [super dealloc];
}

// randomPoint retourne un point aléatoire dans la vue.
- (NSPoint)randomPoint
{
    NSPoint result;
    NSRect r = [self bounds];
```

```
    result.x = r.origin.x + random() % (int)r.size.width;
    result.y = r.origin.y + random() % (int)r.size.height;
    return result;
}

- (void)drawRect:(NSRect)rect
{
    NSRect bounds = [self bounds];

    // Remplir la vue en vert.
    [[NSColor greenColor] set];
    [NSBezierPath fillRect: bounds];

    // Tracer le chemin en blanc.
    [[NSColor whiteColor] set];
    [path stroke];
}

@end
```

Compilez et exécutez l'application. Pas mal, non ? Essayez en remplaçant `[path stroke]` par `[path fill]`.

NSScrollView

Dans le monde de l'art, une œuvre plus grande coûte généralement plus cher qu'une œuvre plus petite de qualité égale. Notre vue est jolie, mais elle aurait plus de valeur si elle était plus grande. Comment la rendre plus grande tout en la faisant tenir dans cette petite fenêtre ? Il suffit de la placer dans une vue défilement (voir Figure 17.12).

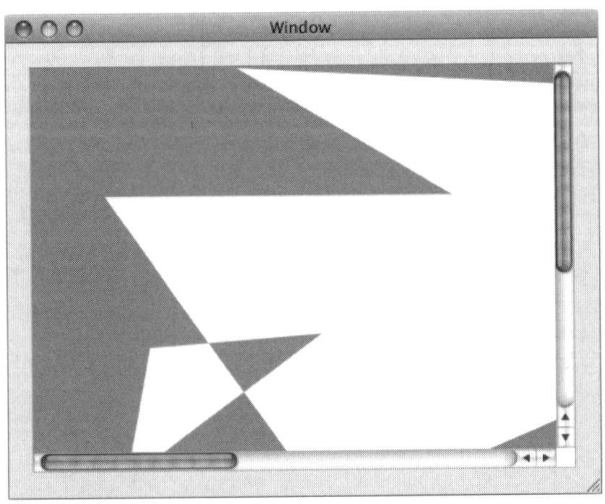

Figure 17.12
L'application terminée.

Une vue défilement est constituée de trois parties : la vue document, la vue contenu et les barres de défilement. Dans notre exemple, notre vue deviendra la vue document et sera affichée dans la vue contenu, qui est une instance de `NSClipView`.

Si cette modification semble compliquée, elle est en fait très simple. Elle ne demande aucune ligne de code. Ouvrez `MainMenu.nib` dans Interface Builder. Sélectionnez la vue et choisissez `Embed Objects in Scroll View` dans le menu `Layout` (voir Figure 17.13).

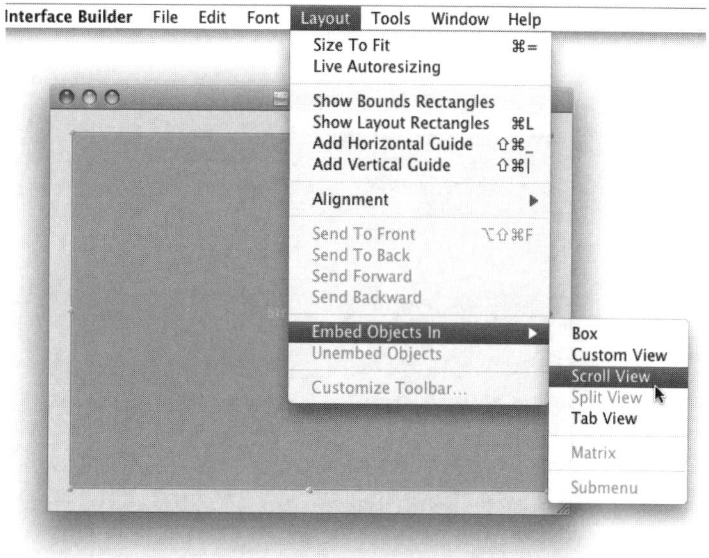

Figure 17.13
Embarquer StretchView *dans une vue défilement.*

Lorsque la taille de la fenêtre change, celle de la vue défilement doit également suivre, mais pas celle du document. Ouvrez l'inspecteur `Size`, sélectionnez la vue défilement et configurez l'inspecteur afin qu'elle change de taille avec la fenêtre (voir Figure 17.14).

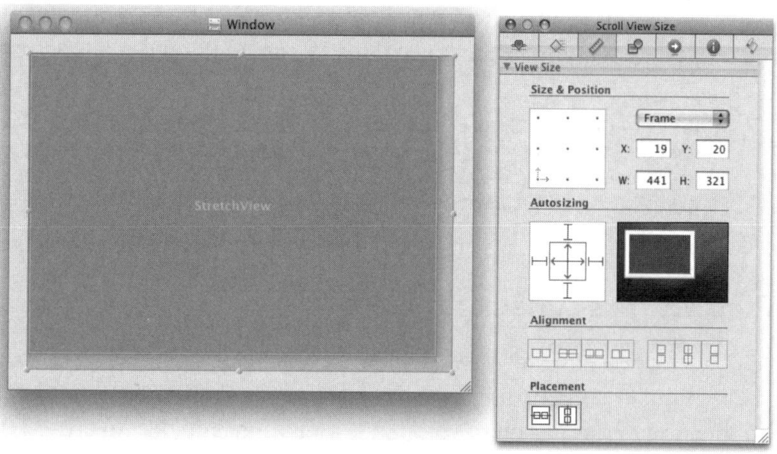

Figure 17.14
Redimensionner la vue défilement avec la fenêtre.

Notez la largeur et la hauteur de la vue.

Pour sélectionner la vue document, double-cliquez dans la vue défilement. L'intitulé de l'inspecteur doit devenir `Stretch View Size`. Redimensionnez la vue pour qu'elle soit deux fois plus haute et large que la vue défilement. Configurez l'inspecteur `Size` pour que cette vue reste ancrée dans le coin inférieur gauche de sa vue supérieure et qu'elle ne change pas de taille (voir Figure 17.15). Compilez et exécutez l'application.

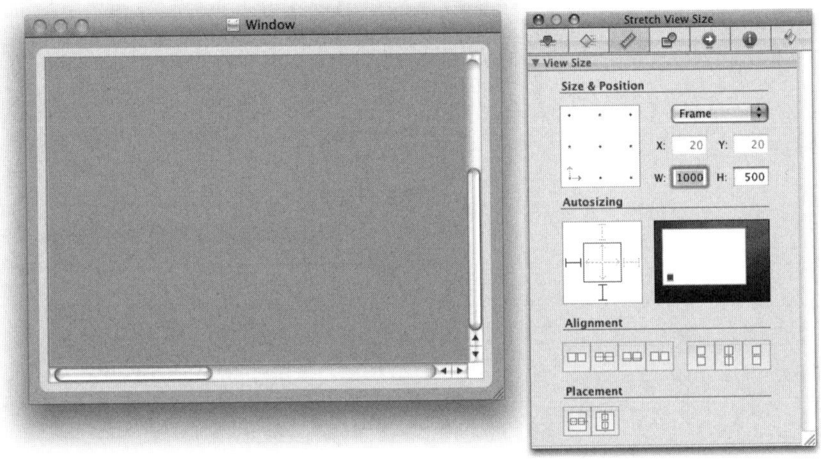

Figure 17.15
Agrandir StrechView, *avec une taille figée.*

Créer des vues par programmation

En général, les vues sont instanciées dans Interface Builder. Cependant, une fois ou l'autre, nous devrons créer des vues par programmation. Par exemple, supposons que nous ayons un pointeur sur une fenêtre et souhaitions y ajouter un bouton. Le code suivant crée un bouton et le place dans la vue contenu de la fenêtre :

```
NSView *superVue = [window contentView];
NSRect cadre = NSMakeRect(10, 10, 200, 100);
NSButton *bouton = [[NSButton alloc] initWithFrame:cadre];
[bouton setTitle:@"Cliquer ici !"];
[superVue addSubview:bouton];
[bouton release];
```

Pour les plus curieux : cellules

`NSControl` dérive de `NSView`. Avec son contexte graphique, `NSView` est un objet relativement grand et coûteux à instancier. Lorsque la classe `NSButton` a été créée, la première application écrite par un développeur a été une calculatrice avec 10 lignes et 10 colonnes de boutons. Les performances n'étaient pas au rendez-vous, en raison des 100 petites vues. Plus tard, quelqu'un a eu la brillante idée de déplacer le cerveau du bouton dans un autre objet (non une vue) et de créer une grande vue (nommée `NSMatrix`) pour servir de vue aux 100 cerveaux de bouton. La classe contenant le cerveau d'un bouton se nomme `NSButtonCell` (voir Figure 17.16).

Figure 17.16
NSMatrix.

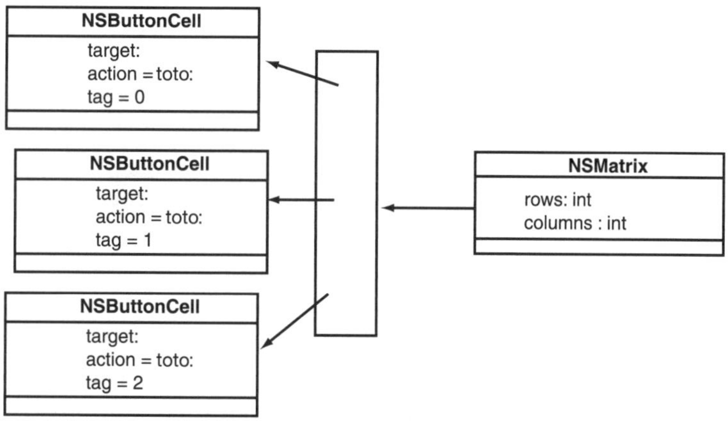

`NSButton` est finalement devenu une vue qui possédait un `NSButtonCell`. La cellule de bouton s'occupe de tout et `NSButton` réclame simplement une place dans la fenêtre (voir Figure 17.17).

Figure 17.17
NSButton *et* NSButtonCell.

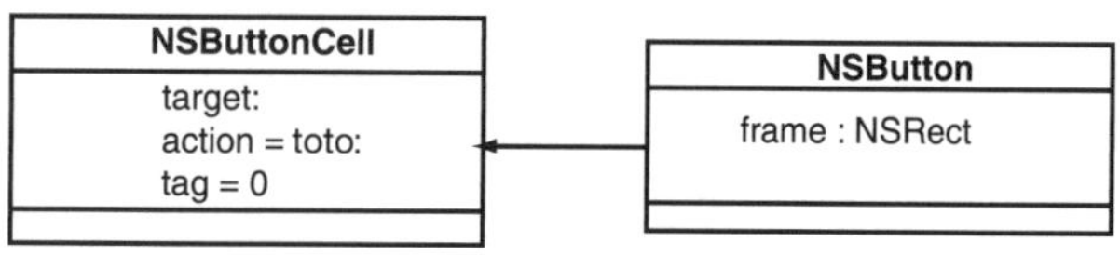

De manière similaire, `NSSlider` est une vue avec un `NSSliderCell`, et `NSTextField` est une vue avec un `NSTextFieldCell`. En revanche, `NSColorWell` n'a pas de cellule.

Pour créer une instance de `NSMatrix` dans Interface Builder, il suffit de déposer un contrôle possédant une cellule sur la fenêtre, de choisir `Embed Objects In > Matrix` et de redimensionner la matrice, en maintenant la touche Option enfoncée, jusqu'à ce qu'elle contienne le nombre de lignes et de colonnes requises (voir Figure 17.18).

Un `NSMatrix` possède une cible et une action. Une cellule peut également avoir une cible et une action. Lorsque la cellule est activée, sa cible et son action sont utilisées. Si la cible et l'action de la cellule sélectionnée ne sont pas fixées, celles de la matrice seront employées.

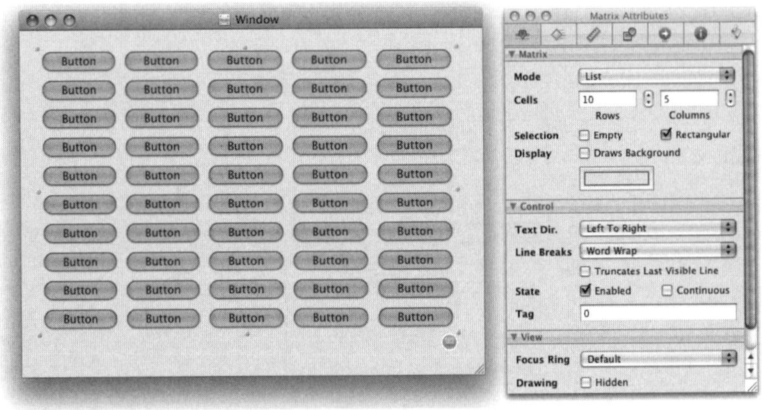

Figure 17.18
Une matrice de boutons.

Lorsqu'on manipule des matrices, il n'est pas toujours facile de savoir quelle cellule a été activée. C'est pourquoi nous pouvons leur attribuer des balises :

```
- (IBAction)monAction:(id)sender {
    id laCellule = [sender selectedCell];
    int laBalise = [laCellule tag];
    ...
}
```

La balise de la cellule peut être fixée dans Interface Builder.

Les cellules sont employées dans plusieurs autres types d'objets. Par exemple, les données d'un `NSTableView` sont affichées par des cellules.

Pour les plus curieux : *isFlipped*

PDF et PostScript utilisent tous deux un système de coordonnées cartésiennes : *y* augmente vers le haut de la page. Par défaut, Quartz suit ce modèle. L'origine se trouve normalement dans le coin inférieur gauche de la vue.

Pour certains types de tracés, les calculs mathématiques sont plus simples lorsque l'origine se trouve dans le coin supérieur gauche et que *y* augmente vers le bas de la page. Dans ce cas, la vue est *retournée* (*flipped*).

Pour retourner une vue, il suffit de redéfinir `isFlipped` dans la classe de la vue de manière qu'elle retourne `YES` :

```
- (BOOL)isFlipped
{
    return YES;
}
```

Vous devez savoir que les coordonnées *x* et *y* sont mesurées en *points*. En général, un point équivaut à 1/72 pouces. En réalité, un point est égal à un pixel sur l'écran. Cependant, il est possible de modifier la taille d'un point en changeant le système de coordonnées :

```
// Doubler la taille de tout le contenu de la vue.
NSSize nouvelleEchelle;
nouvelleEchelle.width = 2.0;
nouvelleEchelle.height = 2.0;
[maVue scaleUnitSquareToSize:nouvelleEchelle];
[maVue setNeedsDisplay:YES];
```

Exercice

`NSBezierPath` permet également de tracer des courbes de Bézier. Remplacez les lignes droites par des courbes aléatoires. *Conseil :* consultez la documentation de `NSBezierPath`.

18

Images et événements de la souris

Au sommaire de ce chapitre

- ✔ *NSResponder*
- ✔ *NSEvent*
- ✔ Recevoir les événements de la souris
- ✔ Utiliser *NSOpenPanel*
- ✔ Intégrer une image dans la vue
- ✔ Système de coordonnées d'une vue
- ✔ Autodéfilement
- ✔ Pour les plus curieux : *NSImage*

Dans le chapitre précédent, nous avons tracé des lignes entre des points aléatoires. Une application de dessin serait plus intéressante, mais il nous faut pour cela gérer les événements de la souris.

NSResponder

`NSView` dérive de `NSResponder`. Toutes les méthodes de gestion des événements sont déclarées dans `NSResponder`. Nous aborderons les événements du clavier au chapitre suivant. Pour le moment, nous nous intéressons uniquement aux événements de la souris. `NSResponder` déclare les méthodes suivantes :

```
- (void)mouseDown:(NSEvent *)theEvent
- (void)rightMouseDown:(NSEvent *)theEvent
- (void)otherMouseDown:(NSEvent *)theEvent
```

- (void)**mouseUp:**(NSEvent *)theEvent
- (void)**rightMouseUp:**(NSEvent *)theEvent
- (void)**otherMouseUp:**(NSEvent *)theEvent
- (void)**mouseDragged:**(NSEvent *)theEvent
- (void)**scrollWheel:**(NSEvent *)theEvent
- (void)**rightMouseDragged:**(NSEvent *)theEvent
- (void)**otherMouseDragged:**(NSEvent *)theEvent

L'argument est toujours un objet `NSEvent`.

NSEvent

Un objet d'événement contient toutes les informations concernant l'action de l'utilisateur qui a déclenché l'événement. Pour le traitement des événements de la souris, les méthodes suivantes sont particulièrement utiles :

- (NSPoint)**locationInWindow**

Retourne l'emplacement de l'événement de la souris.

- (unsigned int)**modifierFlags**

L'entier indique les touches de modification du clavier que l'utilisateur a maintenu enfoncées au moment du clic. Cela permet au programmeur de différencier, par exemple, un Contrôle-clic d'un Maj+clic. Le code pourrait être le suivant :

```
- (void)mouseDown:(NSEvent *)e
  {
    unsigned int flags;
    flags = [e modifierFlags];
    if (flags & NSControlKeyMask) {
          ...gérer le Contrôle-clic...
    }
    if (flags & NSShiftKeyMask) {
          ...gérer le Maj+clic...
    }
  }
```

Voici les constantes habituellement combinées par un ET (&) avec l'indicateur des touches de modification :

`NSShiftKeyMask`

`NSControlKeyMask`

`NSAlternateKeyMask`

`NSCommandKeyMask`

- (NSTimeInterval)**timestamp**

Cette méthode donne l'intervalle de temps, en secondes, entre le moment où la machine a démarré et le moment de l'événement. `NSTimeInterval` équivaut au type `double`.

- (NSWindow *)**window**

Retourne la fenêtre associée à l'événement.

- (int)**clickCount**

Était-ce un simple, un double ou un triple-clic ?

- (float)**pressure**

Si l'utilisateur se sert d'un périphérique d'entrée qui donne la pression, par exemple une tablette, cette méthode retourne cette information. Il s'agit d'une valeur entre 0 et 1.

- (float)**deltaX**
- (float)**deltaY**
- (float)**deltaZ**

Ces méthodes indiquent le changement de la position de la souris ou de la molette de défilement.

Recevoir les événements de la souris

Pour recevoir les événements de la souris, nous devons redéfinir les méthodes de gestion des événements de la souris dans `StretchView.m` :

```
#pragma mark Events

  - (void)mouseDown:(NSEvent *)event
  {
      NSLog(@"mouseDown: %d", [event clickCount]);
  }

  - (void)mouseDragged:(NSEvent *)event
  {
      NSPoint p = [event locationInWindow];
      NSLog(@"mouseDragged:%@", NSStringFromPoint(p));
  }
```

```
- (void)mouseUp:(NSEvent *)event
{
    NSLog(@"mouseUp:");
}
```

Compilez et exécutez l'application. Essayez un double-clic et vérifiez le nombre de clics. Notez que le premier clic est affiché, puis le second. Le premier clic indique un nombre de clics égal à 1, tandis que le second possède un compteur de clics égal à 2.

Remarquez la directive `#pragma mark`. Chaque fenêtre d'édition Xcode présente une liste déroulante qui vous permet de sauter à n'importe quelle déclaration et définition dans le fichier. `#pragma mark` place une étiquette dans cette liste déroulante. Les programmeurs stylés, tels que vous, les utilisent pour grouper leurs méthodes.

Utiliser *NSOpenPanel*

Il serait amusant de composer une image sur la vue, mais nous devons d'abord créer un objet contrôleur qui lira les données de l'image à partir d'un fichier. C'est une bonne occasion d'apprendre à utiliser `NSOpenPanel`. L'application RaiseMan employait `NSOpenPanel`, mais de manière automatique par la classe `NSDocument`. Dans cette section, nous allons l'utiliser explicitement. La Figure 18.1 présente notre application après que l'utilisateur a choisi une image.

Figure 18.1
L'application terminée.

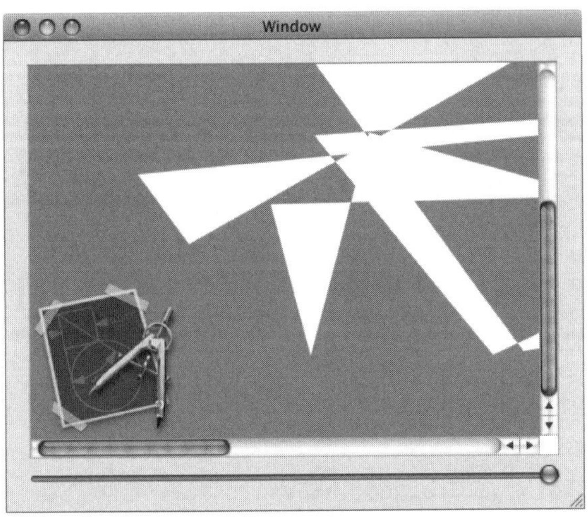

Le curseur placé en bas de la fenêtre permettra de contrôler la transparence de l'image. La Figure 18.2 illustre le graphe d'objets.

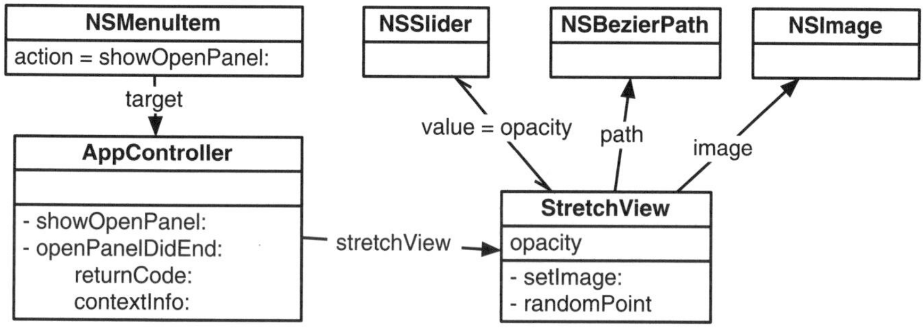

Figure 18.2

Graphe d'objets.

Modifier le fichier nib

Dans Xcode, créez une nouvelle classe Objective-C nommée `AppController`. Dans `AppController.h`, ajoutez une outlet pour `StretchView` et une action qui affichera le panneau d'ouverture de fichier :

```
#import <Cocoa/Cocoa.h>
@class StretchView;

@interface AppController : NSObject
{
    IBOutlet StretchView *stretchView;
}
- (IBAction)showOpenPanel:(id)sender;
```

Ouvrez `MainMenu.nib`. Faites glisser un objet depuis la bibliothèque vers la fenêtre du fichier nib. Dans l'inspecteur `Identity`, fixez sa classe à `AppController` (voir Figure 18.3).

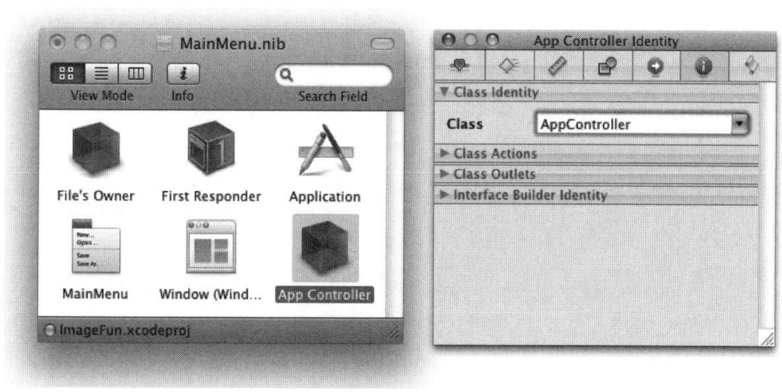

Figure 18.3

Créer un AppController.

Déposez un curseur sur la fenêtre. Dans l'inspecteur, attribuez-lui un intervalle de 0 à 1. Cochez également la case intitulée `Continuous`. Ce curseur contrôlera la transparence de l'image (voir Figure 18.4).

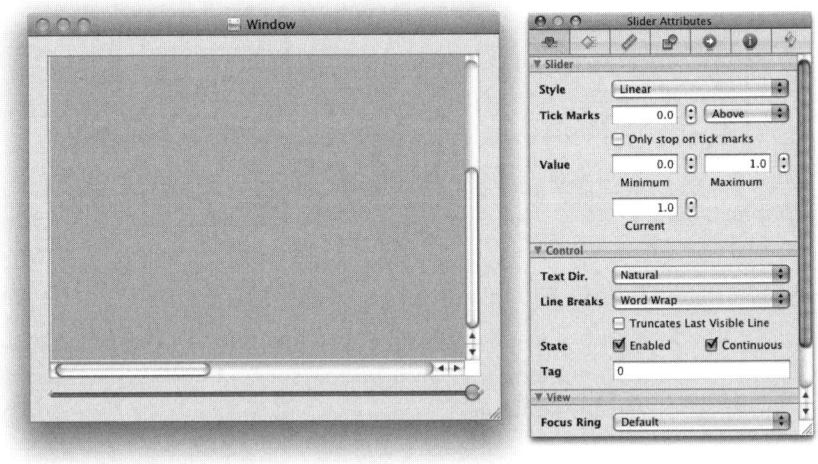

Figure 18.4
Inspecter le curseur.

Liez la valeur du curseur au chemin de clé `stretchView.opacity` d'`AppController` (voir Figure 18.5).

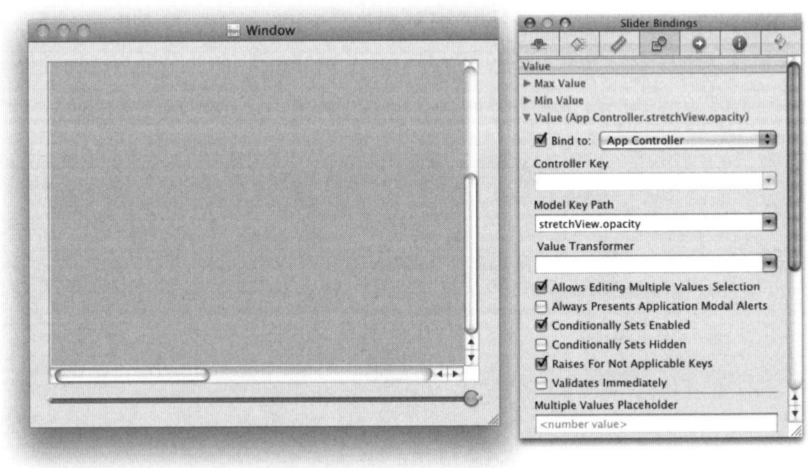

Figure 18.5
Lier la valeur du curseur.

Faites un Contrôle-clic sur `AppController` et connectez l'outlet `stretchView` au `StretchView` de la fenêtre (voir Figure 18.6).

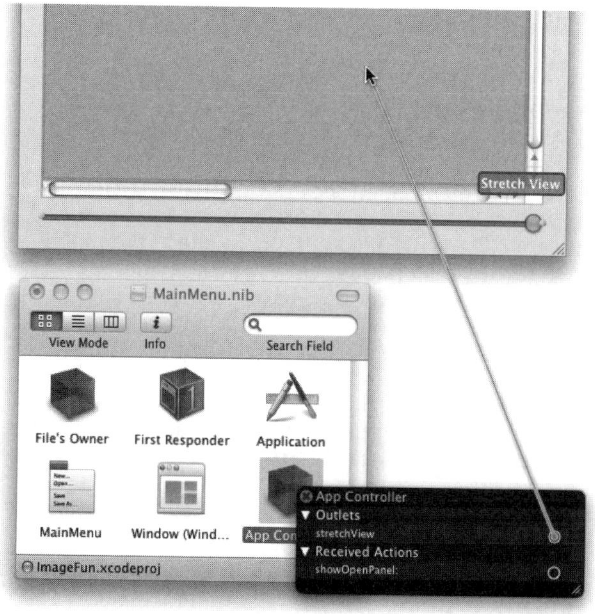

Figure 18.6

Connecter l'outlet stretchView.

Examinez le menu principal du fichier nib. Ouvrez le menu `File` et supprimez toutes les entrées à l'exception d'`Open`. Connectez cette entrée de menu à l'action `showOpen-Panel:` d'`AppController` (voir Figure 18.7).

Enregistrez le fichier.

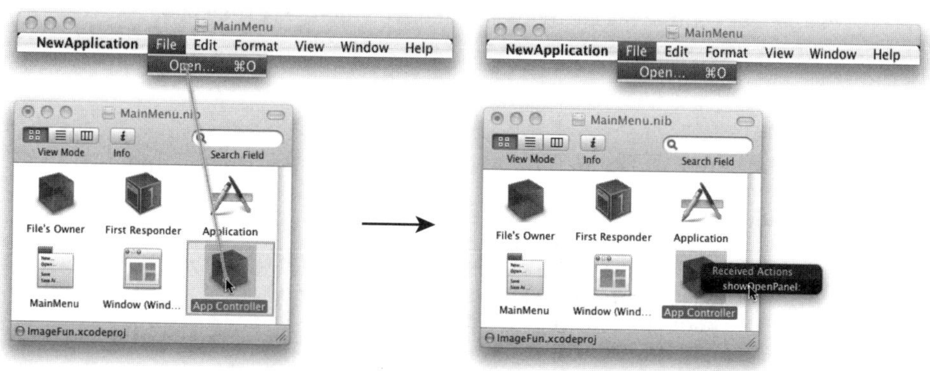

Figure 18.7

Connecter l'entrée de menu.

Modifier le code

Modifiez AppController.m :

```
#import "AppController.h"
#import "StretchView.h"

@implementation AppController

- (void)openPanelDidEnd:(NSOpenPanel *)openPanel
             returnCode:(int)returnCode
            contextInfo:(void *)x
{
    // L'entrée "Open" a-t-elle été choisie ?
    if (returnCode == NSOKButton) {
      NSString *path = [openPanel filename];
      NSImage *image = [[NSImage alloc] initWithContentsOfFile:path];
      [stretchView setImage:image];
      [image release];
    }
}

- (IBAction)showOpenPanel:(id)sender
{
    NSOpenPanel *panel = [NSOpenPanel openPanel];

    // Afficher le panneau Open.
    [panel beginSheetForDirectory:nil
                             file:nil
                            types:[NSImage imageFileTypes]
                   modalForWindow:[stretchView window]
                    modalDelegate:self
                   didEndSelector:
        @selector(openPanelDidEnd:returnCode:contextInfo:)
                      contextInfo:NULL];
}

@end
```

Examinons la ligne d'affichage de la feuille. Cette méthode est très pratique :

```
- (void)beginSheetForDirectory:(NSString *)path
                          file:(NSString *)name
                         types:(NSArray *)types
                modalForWindow:(NSWindow *)docWindow
                 modalDelegate:(id)delegate
                didEndSelector:(SEL)didEndSelector
                   contextInfo:(void *)contextInfo
```

Elle affiche un panneau Ouvrir sous forme d'une feuille attachée à docWindow. Le paramètre didEndSelector doit posséder la signature suivante :

```
- (void)openPanelDidEnd:(NSWindow *)sheet
             returnCode:(int)returnCode
            contextInfo:(void *)contextInfo;
```

Elle doit être implémentée dans le délégué modal. `path` correspond au chemin sur lequel le navigateur de fichier doit s'ouvrir. `name` précise le nom du fichier choisi initialement. Ces deux paramètres peuvent être `nil`.

Intégrer une image dans la vue

Nous devons également modifier la vue `StretchView` afin qu'elle utilise `opacity` et `image`. Tout d'abord, déclarons des variables et des méthodes dans le fichier `StretchView.h` :

```
#import <Cocoa/Cocoa.h>

@interface StretchView : NSView
{
    NSBezierPath *path;
    NSImage *image;
    float opacity;
}
@property (readwrite) float opacity;
- (void)setImage:(NSImage *)newImage;
- (NSPoint)randomPoint;

@end
```

Implémentons-les dans le fichier `StretchView.m` :

```
#pragma mark Accessors

- (void)setImage:(NSImage *)newImage
{
    [newImage retain];
    [image release];
    image = newImage;
    [self setNeedsDisplay:YES];
}

- (float)opacity
{
    return opacity;
}

- (void)setOpacity:(float)x
{
    opacity = x;
    [self setNeedsDisplay:YES];
}
```

À la fin de chaque méthode, nous informons la vue qu'elle doit se redessiner. Vers la fin d'`initWithFrame`, nous fixons l'opacité à 1.0 :

```
        [path closePath];
        opacity = 1.0;
        return self;
}
```

Dans `StretchView.m`, nous devons ajouter la composition de l'image dans la méthode `drawRect:` :

```
- (void)drawRect:(NSRect)rect
{
    NSRect bounds = [self bounds];
    [[NSColor greenColor] set];
    [NSBezierPath fillRect:bounds];
    [[NSColor whiteColor] set];
    [path fill];
    if (image) {
        NSRect imageRect;
        imageRect.origin = NSZeroPoint;
        imageRect.size = [image size];
        NSRect drawingRect = imageRect;
        [image drawInRect:drawingRect
                 fromRect:imageRect
                operation:NSCompositeSourceOver
                 fraction:opacity];
    }
}
```

Notez que la méthode `drawInRect:fromRect:operation:fraction:` compose l'image sur la vue. L'argument `fraction` détermine son opacité.

Nous devons libérer l'image dans la méthode `dealloc` :

```
- (void)dealloc
{
    [path release];
    [image release];
    [super dealloc];
}
```

Compilez et exécutez l'application. Vous trouverez quelques images dans `/Developer/Examples/AppKit/Sketch`. Lorsque vous ouvrez une image, elle s'affiche dans le coin inférieur gauche de l'objet `StretchView`.

Système de coordonnées d'une vue

La dernière petite touche consiste à choisir l'emplacement et les dimensions de l'image à l'aide de la souris. `mouseDown` positionnera un angle du rectangle dans lequel l'image apparaîtra, tandis que `mouseUp` indiquera l'angle opposé. L'application finale ressemblera à celle illustrée à la Figure 18.8.

Chaque vue possède son propre système de coordonnées. Par défaut, le point (0, 0) correspond au coin inférieur gauche. Cela correspond au système employé par les formats PDF et PostScript. Nous pouvons modifier le système de coordonnées de la vue. Il est possible de déplacer l'origine, de changer l'échelle ou de tourner les coordonnées. La fenêtre dispose également de son système de coordonnées.

Figure 18.8
L'application terminée.

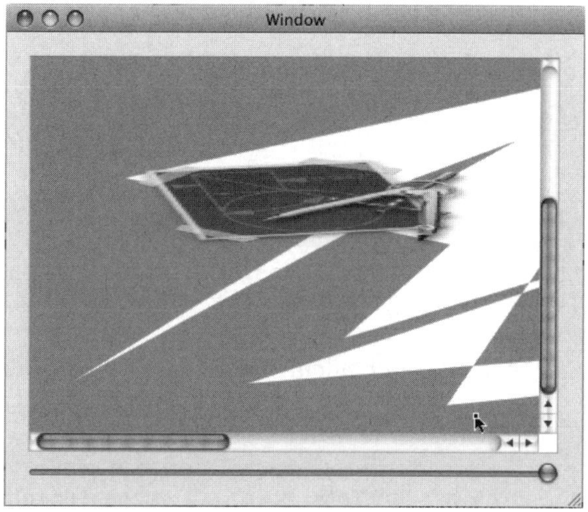

Si nous disposons de deux vues, `a` et `b`, voici comment convertir un `NSPoint p` du système de coordonnées de `b` dans celui de `a` :

```
NSPoint q = [a convertPoint:p fromView:b];
```

Si `b` vaut `nil`, le point est converti dans le système de coordonnées de la fenêtre.

Les événements de la souris sont donnés dans le système de coordonnées de la fenêtre. Nous devons donc pratiquement toujours convertir le point dans le système de coordonnées local. Nous définissons des variables pour stocker les angles du rectangle dans lequel sera dessinée l'image.

Ajoutez ces variables d'instance dans `StretchView.h` :

```
    NSPoint downPoint;
    NSPoint currentPoint;
```

L'emplacement de l'événement `mouseDown:` sera indiqué dans `downPoint`, et `currentPoint` sera actualisé par `mouseDragged:` et `mouseUp:`.

Modifiez les méthodes de traitement des événements de la souris afin de mettre à jour les variables `downPoint` et `currentPoint` :

```
- (void)mouseDown:(NSEvent *)event
{
    NSPoint p = [event locationInWindow];
    downPoint = [self convertPoint:p fromView:nil];
    currentPoint = downPoint;
    [self setNeedsDisplay:YES];
}
```

```
- (void)mouseDragged:(NSEvent *)event
{
    NSPoint p = [event locationInWindow];
    currentPoint = [self convertPoint:p fromView:nil];
    [self setNeedsDisplay:YES];
}

- (void)mouseUp:(NSEvent *)event
{
    NSPoint p = [event locationInWindow];
    currentPoint = [self convertPoint:p fromView:nil];
    [self setNeedsDisplay:YES];
}
```

Ajoutez une méthode pour calculer le rectangle à partir de deux points :

```
- (NSRect)currentRect
{
    float minX = MIN(downPoint.x, currentPoint.x);
    float maxX = MAX(downPoint.x, currentPoint.x);
    float minY = MIN(downPoint.y, currentPoint.y);
    float maxY = MAX(downPoint.y, currentPoint.y);

    return NSMakeRect(minX, minY, maxX-minX, maxY-minY);
}
```

Il est étonnant de constater que nombreux sont ceux à faire des erreurs dans cette dernière méthode. Examinez votre code plusieurs fois avant de poursuivre. S'il n'est pas correct, les résultats seront assez décevants.

La méthode `currentRect` est déclarée dans `StretchView.h`.

Pour que l'utilisateur voie quelque chose même s'il n'a pas défini le rectangle, nous initialisons `downPoint` et `currentPoint` dans la méthode `setImage:` :

```
- (void)setImage:(NSImage *)newImage
{
    [newImage retain];
    [image release];
    image = newImage;
    NSSize imageSize = [newImage size];
    downPoint = NSZeroPoint;
    currentPoint.x = downPoint.x + imageSize.width;
    currentPoint.y = downPoint.y + imageSize.height;
    [self setNeedsDisplay:YES];
}
```

Dans la méthode `drawRect:`, l'image est construite dans le rectangle :

```
- (void)drawRect:(NSRect)rect
{
    NSRect bounds = [self bounds];
    [[NSColor greenColor] set];
    [NSBezierPath fillRect:bounds];
    [[NSColor whiteColor] set];
    [path stroke];
```

```
        if (image) {
            NSRect imageRect;
            imageRect.origin = NSZeroPoint;
            imageRect.size = [image size];
            NSRect drawingRect = [self currentRect];
            [image drawInRect:drawingRect
                     fromRect:imageRect
                    operation:NSCompositeSourceOver
                     fraction:opacity];
        }
    }
```

Compilez et exécutez l'application. Vous remarquerez que la vue ne défile pas lorsque le rectangle en déborde. Il serait intéressant de faire défiler la vue afin que l'utilisateur puisse voir le résultat de son opération. Cette technique se nomme *autodéfilement*.

Autodéfilement

Pour ajouter le défilement automatique à l'application, nous devons envoyer le message `autoscroll:` à la vue division lorsque l'utilisateur définit le rectangle. Nous inclurons l'événement en argument. Ouvrez `StretchView.m` et ajoutez la ligne suivante à la méthode `mouseDragged:` :

```
- (void)mouseDragged:(NSEvent *)event
{
    NSPoint p = [event locationInWindow];
    currentPoint = [self convertPoint:p fromView:nil];
    [self autoscroll:event];
    [self setNeedsDisplay:YES];
}
```

Compilez et exécutez l'application. Notez que le défilement automatique se produit uniquement pendant le déplacement de la souris. Pour que l'autodéfilement soit plus harmonieux, les programmeurs créent généralement une minuterie qui envoie périodiquement la méthode `autoscroll:` à la vue pendant que l'utilisateur définit le rectangle. Les minuteries seront présentées au Chapitre 24.

Pour les plus curieux : *NSImage*

Dans la plupart des cas, l'opération se limite à lire une image, à la redimensionner et à l'intégrer dans une vue, comme nous l'avons fait dans ce chapitre.

Un objet `NSImage` possède un tableau de représentations. Par exemple, notre image pourrait représenter une vache. Ce dessin pourrait être au format PDF, une bitmap en couleurs et une bitmap en noir et blanc. Chacune de ces variantes est une instance d'une sous-classe de `NSImageRep`. Nous pouvons ajouter et retirer des représentations de notre image. Lorsque nous voudrons réécrire Adobe Photoshop, nous manipulerons les représentations de l'image.

Voici la liste des sous-classes de `NSImageRep` :

- `NSBitmapImageRep` ;
- `NSEPSImageRep` ;
- `NSPICTImageRep` ;
- `NSCachedImageRep` ;
- `NSCustomImageRep` ;
- `NSPDFImageRep`.

Même s'il n'existe que cinq sous-classes de `NSImageRep`, il est important de noter que `NSImage` sait lire environ une vingtaine de types de fichiers d'image, y compris les formats classiques PICT, GIF, JPG, PNG, PDF, BMP, TIFF, etc.

Exercice

Créez une nouvelle application fondée sur des documents qui permettent à l'utilisateur de dessiner des ovales de n'importe quelle taille à des emplacements quelconques. `NSBezierPath` fournit la méthode suivante :

```
+ (NSBezierPath *)bezierPathWithOvalInRect:(NSRect)rect
```

Si vous êtes ambitieux, ajoutez une fonction d'enregistrement et de lecture de fichiers.

Si vous êtes vraiment ambitieux, ajoutez une fonction d'annulation.

19

Événements du clavier

Au sommaire de ce chapitre

- ✔ *NSResponder*
- ✔ *NSEvent*
- ✔ Nouveau projet avec une vue personnalisée
- ✔ Pour les plus curieux : effets de survol
- ✔ La boîte bleue floue

Lorsque l'utilisateur tape sur son clavier, où sont donc envoyés les événements associés ? Tout d'abord, le gestionnaire de fenêtres reçoit l'événement et le redirige vers l'application active. Celle-ci retransmet les événements du clavier à la fenêtre active. Celle-ci dirige l'événement vers la vue "active". Mais quelle est la vue active ? Chaque fenêtre possède une outlet appelée `firstResponder` qui pointe sur une vue de cette fenêtre. Il s'agit de la vue "active" pour cette fenêtre. Par exemple, lorsqu'on clique sur un champ de texte, il devient le `firstResponder` de la fenêtre (voir Figure 19.1).

Lorsque l'utilisateur change de `firstResponder` en appuyant sur la touche Tab ou en cliquant dans une autre vue, les vues procèdent à un certain rituel avant que l'outlet `firstResponder` soit modifiée. Tout d'abord, la vue qui va devenir le `firstResponder` est consultée pour savoir si elle accepte ce rôle. Si elle retourne `NO`, cela signifie qu'elle n'est pas intéressée par les événements du clavier. Par exemple, la saisie n'étant pas gérée par un curseur, il refuse d'accepter la fonction de premier répondeur. Si la vue accepte, la vue qui est actuellement le premier répondeur est consultée pour savoir si elle accepte de démissionner de ce poste. Si l'édition n'est pas terminée, la vue peut refuser. Par exemple, si l'utilisateur n'a pas fini de saisir son numéro de téléphone, le champ de texte peut refuser. Enfin, la vue reçoit le rôle de premier répondeur. Très souvent, cela déclenche un changement d'apparence (voir Figure 19.2).

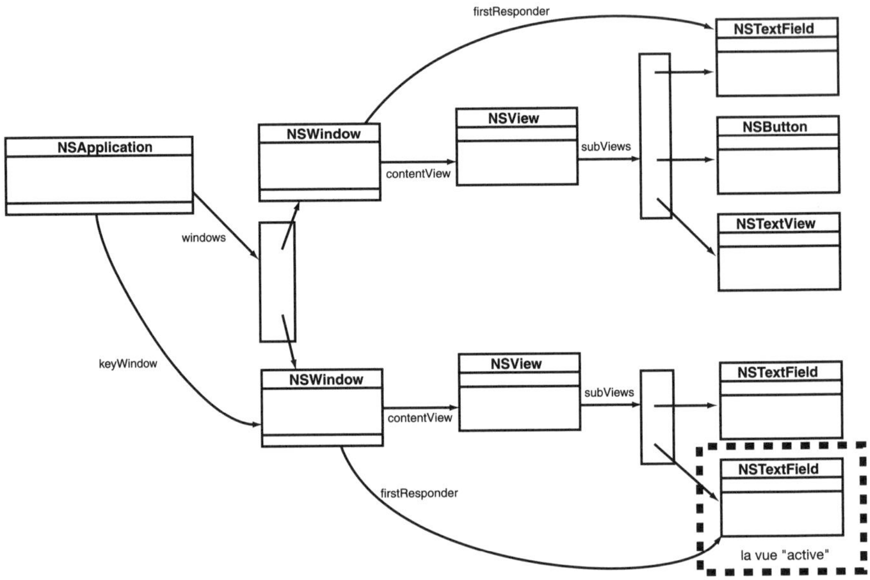

Figure 19.1

Le premier répondeur de la fenêtre active est"actif".

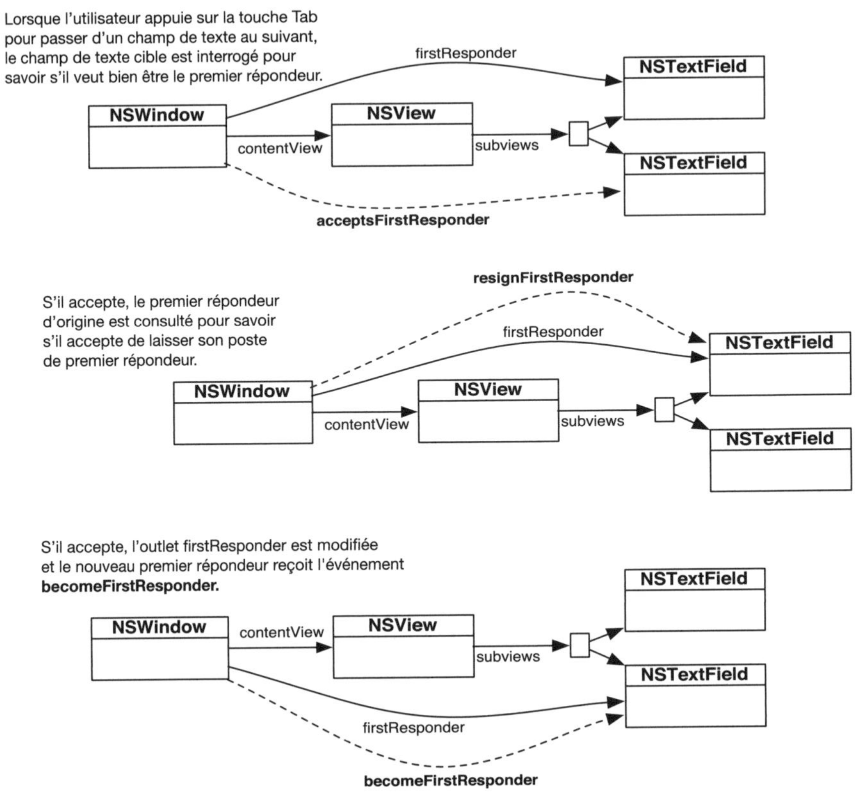

Figure 19.2

Devenir le premier répondeur.

Chaque fenêtre possède son propre premier répondeur. Plusieurs fenêtres peuvent être ouvertes, mais seul le premier répondeur de la fenêtre active reçoit les événements du clavier.

NSResponder

Les méthodes suivantes, héritées de `NSResponder`, nous intéressent particulièrement :

`- (BOOL)acceptsFirstResponder`

Une sous-classe redéfinit cette méthode afin de retourner `YES` si elle gère les événements du clavier.

`- (BOOL)resignFirstResponder`

Demande au destinataire s'il est prêt à quitter son poste de premier répondeur.

`- (BOOL)becomeFirstResponder`

Indique au destinataire qu'il est devenu le premier répondeur dans son `NSWindow`.

- (void)**keyDown:**(NSEvent *)theEvent

Informe le destinataire que l'utilisateur a appuyé sur une touche.

- (void)**keyUp:**(NSEvent *)theEvent

Informe le destinataire que l'utilisateur a relâché une touche.

- (void)**flagsChanged:**(NSEvent *)theEvent

Informe le destinataire que l'utilisateur a appuyé sur une touche de modification (par exemple Maj ou Contrôle) ou l'a relâchée.

NSEvent

Au chapitre précédent, nous avons abordé `NSEvent` du point de vue des événements de la souris. Voici les méthodes les plus utilisées pour obtenir des informations concernant un événement du clavier :

- (NSString *)**characters**

Retourne les caractères créés par l'événement.

- (BOOL)**isARepeat**

Retourne `YES` si la touche est une répétition (l'utilisateur a maintenu la touche enfoncée). Retourne `NO` si l'événement concerne une nouvelle touche.

- (unsigned short)**keyCode**

Retourne le code de la touche du clavier qui se trouve à l'origine de l'événement.

- (unsigned int)**modifierFlags**

Retourne un champ de bits entier qui indique au destinataire les touches de modification en vigueur. Pour plus d'informations sur la signification des bits de l'entier, consultez le Chapitre 18.

Nouveau projet avec une vue personnalisée

Créez un nouveau projet de type `Cocoa Application` ayant pour nom `TypingTutor`. Dans Xcode, créez une classe `Objective-C NSView subclass` nommée `BigLetter-View`.

Agencer l'interface

Ouvrez `MainMenu.nib`. Créez une instance de la classe en faisant glisser un emplacement `CustomView` (sous `Views & Cells > Layout Views`) sur la fenêtre (voir Figure 19.3).

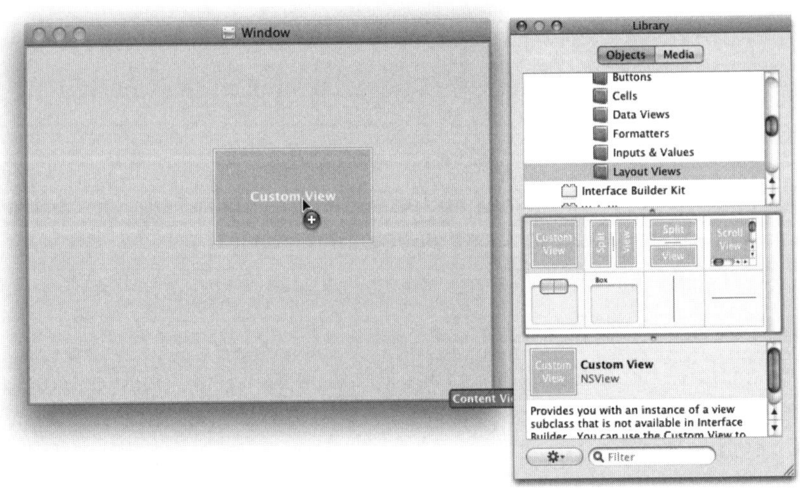

Figure 19.3
Déposer une vue sur la fenêtre.

Dans l'inspecteur `Identity`, fixez la classe de la vue à `BigLetterView` (voir Figure 19.4).

Déposez deux champs de texte (sous `Views & Cells > Input & Values`) sur la fenêtre (voir Figure 19.5).

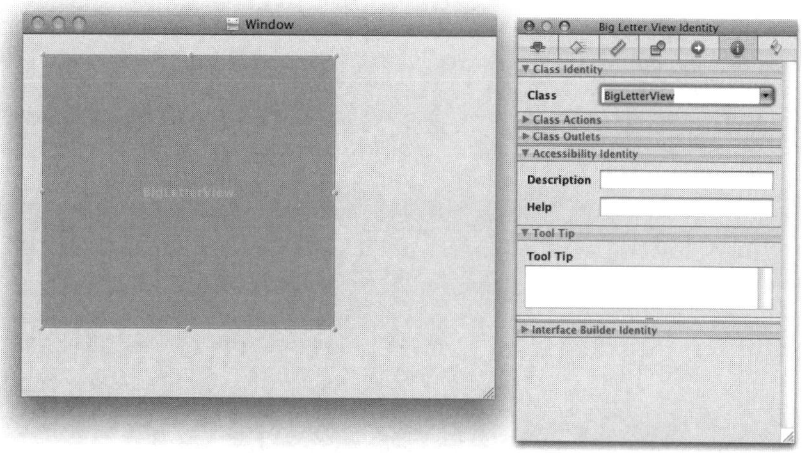

Figure 19.4
Fixer la classe de la vue à BigLetterView.

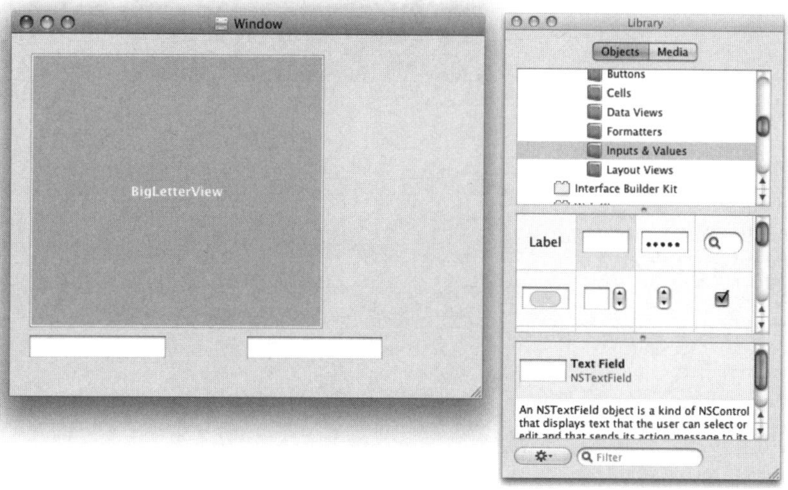

Figure 19.5
L'interface terminée.

Établir les connexions

Nous devons à présent créer la boucle d'activation des vues dans notre fenêtre. Autrement dit, nous déterminons l'ordre dans lequel les vues seront sélectionnées lorsque l'utilisateur appuiera sur la touche Tab pour passer d'un contrôle au suivant. Nous choisissons le champ de texte à gauche, puis le champ de texte à droite, puis la vue `BigLetterView`, pour revenir ensuite au champ de texte à gauche.

Affectez le champ de texte de droite à la variable `nextKeyView` du champ de texte de gauche (voir Figure 19.6).

Affectez la vue `BigLetterView` à la variable `nextKeyView` du champ de texte de droite (voir Figure 19.7).

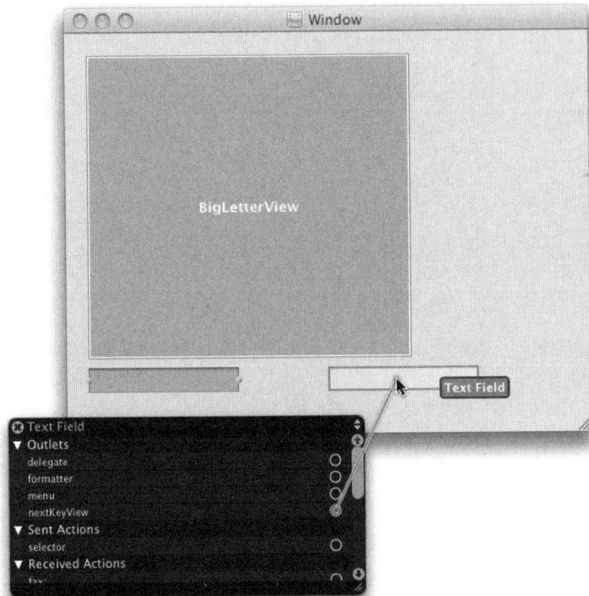

Figure 19.6
Affecter la variable nextKeyView *du champ de texte de gauche.*

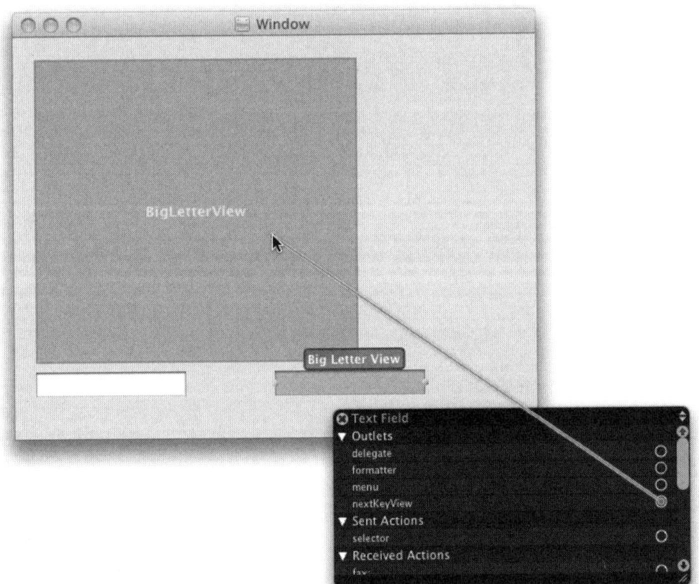

Figure 19.7
Affecter la variable nextKeyView *du champ de texte de droite.*

Enfin, affectez le champ de texte de gauche à la variable `nextKeyView` de la vue `BigLetterView` (voir Figure 19.8). Toute cette procédure permet à l'utilisateur de passer d'une vue à l'autre. En appuyant simultanément sur les touches Maj et Tab, la sélection se fait dans l'ordre inverse.

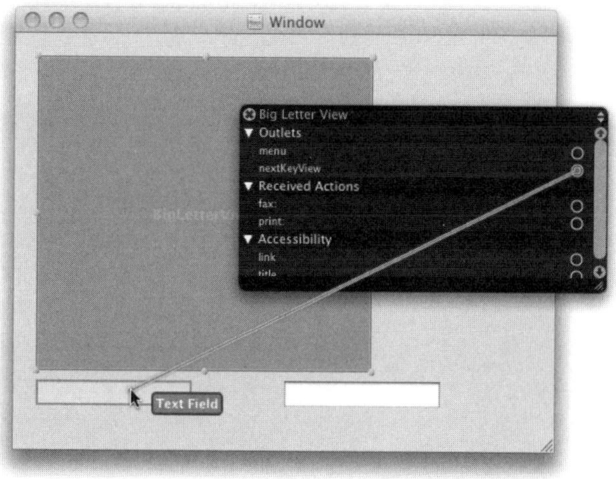

Figure 19.8
Affecter la variable nextKeyView *de la vue* BigLetterView.

Quelle vue sera le premier répondeur au moment de l'affichage de la fenêtre ? Pour que ce soit `BigLetterView`, cliquez du bouton droit sur l'icône de la fenêtre dans la fenêtre du fichier nib et fixez l'outlet `initialFirstResponder` à `BigLetterView` (voir Figure 19.9).

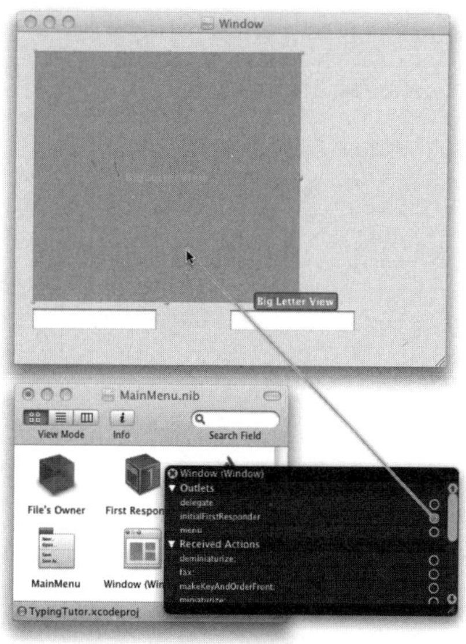

Figure 19.9
Fixer le premier répondeur initial de la fenêtre.

Enregistrez et fermez le fichier nib.

Écrire le code

Dans cette section, nous allons écrire le code de réponse de `BigLetterView` aux événements du clavier. Cette vue va également accepter le rôle de premier répondeur. Les caractères saisis par l'utilisateur apparaîtront sur la console. L'application terminée ressemblera à celle illustrée à la Figure 19.10.

Figure 19.10
L'application terminée.

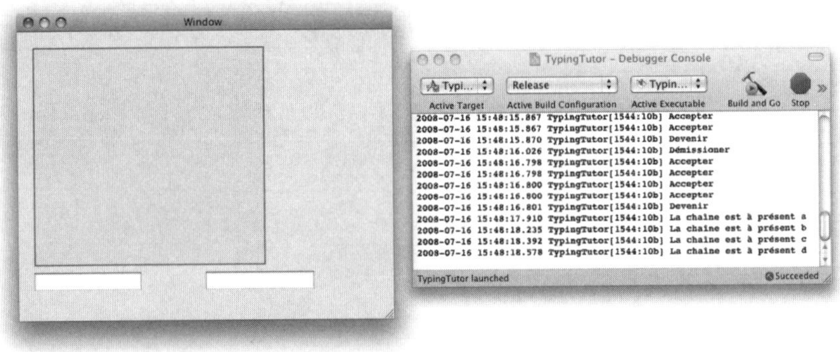

Dans BigLetterView.h

Notre `BigLetterView` définit deux variables d'instance, avec les méthodes accesseurs correspondantes. La variable `bgColor` identifie la couleur d'arrière-plan de la vue ; il s'agit d'un objet `NSColor`. La variable `string` contient la dernière lettre saisie par l'utilisateur ; il s'agit d'un objet `NSString` :

```
#import <Cocoa/Cocoa.h>

@interface BigLetterView : NSView
{
    NSColor *bgColor;
    NSString *string;
}
@property (retain, readwrite) NSColor *bgColor;
@property (copy, readwrite) NSString *string;
@end
```

Dans BigLetterView.m

L'initialiseur désigné d'une vue est `initWithFrame:`. Dans cette méthode, nous appelons la méthode `initWithFrame:` de la classe mère et attribuons à `bgColor` et `string` leur valeur par défaut. Ajoutez les méthodes suivantes dans `BigLetterView.m` :

```
- (id)initWithFrame:(NSRect)rect
{
    if (![super initWithFrame:rect])
        return nil;
```

```
        NSLog(@"Initialisation de la vue.");
        bgColor = [[NSColor yellowColor] retain];
        string = @" ";
        return self;
}

- (void)dealloc
{
        [bgColor release];
        [string release];
        [super dealloc];
}
```

Créez les méthodes accesseurs pour `bgColor` et `string` :

```
#pragma mark Accessors

- (void)setBgColor:(NSColor *)c
{
    [c retain];
    [bgColor release];
    bgColor = c;
    [self setNeedsDisplay:YES];
}

- (NSColor *)bgColor
{
    return bgColor;
}

- (void)setString:(NSString *)c
{
    c = [c copy];
    [string release];
    string = c;
    NSLog(@"La chaîne est à présent %@", string);
}

- (NSString *)string
{
    return string;
}
```

Ajoutez le code suivant à la méthode `drawRect:`. Il remplit la vue en utilisant la couleur définie par `bgColor`. Si elle tient le rôle de premier répondeur de la fenêtre, la vue dessine un rectangle bleu autour de son cadre afin d'indiquer à l'utilisateur qu'elle reçoit les événements du clavier :

```
- (void)drawRect:(NSRect)rect
{
    NSRect bounds = [self bounds];
    [bgColor set];
    [NSBezierPath fillRect:bounds];

    // Suis-je le premier répondeur de la fenêtre ?
    if ([[self window] firstResponder] == self) {
```

```
        [[NSColor keyboardFocusIndicatorColor] set];
        [NSBezierPath setDefaultLineWidth:4.0];
        [NSBezierPath strokeRect:bounds];
    }
}
```

Le système peut optimiser le tracé s'il sait que la vue est totalement opaque. Nous redéfinissons la méthode `isOpaque` de `NSView` :

```
- (BOOL)isOpaque
{
    return YES;
}
```

Voici les méthodes pour devenir le premier répondeur :

```
- (BOOL)acceptsFirstResponder
{
    NSLog(@"Accepter");
    return YES;
}

- (BOOL)resignFirstResponder
{
    NSLog(@"Démissionner");
    [self setNeedsDisplay:YES];
    return YES;
}

- (BOOL)becomeFirstResponder
{
    NSLog(@"Devenir");
    [self setNeedsDisplay:YES];
    return YES;
}
```

Après être devenue le premier répondeur, la vue traite les événements du clavier. Pour la plupart des `keyDown`, la vue enregistre simplement la saisie de l'utilisateur dans `string`. En revanche, si l'utilisateur appuie sur Tab ou Maj+Tab, la vue demande à la fenêtre de changer son premier répondeur.

`NSResponder` (dont dérive `NSView`) offre une méthode nommée `interpretKey-Events:`. Pour la majorité des événements du clavier, elle demande simplement à la vue d'insérer le texte correspondant. Pour les événements qui peuvent déclencher une action, comme Tab ou Maj+Tab, elle appelle certaines de ses méthodes.

Dans `keyDown:`, nous invoquons simplement `interpretKeyEvents:` :

```
- (void)keyDown:(NSEvent *)event
{
    [self interpretKeyEvents:[NSArray arrayWithObject:event]];
}
```

Nous devons ensuite redéfinir les méthodes appelées par `interpretKeyEvents:` :

```
- (void)insertText:(NSString *)input
{
    // Placer le texte saisi par l'utilisateur dans string.
    [self setString:input];
}

- (void)insertTab:(id)sender
{
    [[self window] selectKeyViewFollowingView:self];
}

// Attention à l'écriture de "backtab", qui est considéré
// comme un seul mot.
- (void)insertBacktab:(id)sender
{
    [[self window] selectKeyViewPrecedingView:self];
}

- (void)deleteBackward:(id)sender
{
    [self setString:@" "];
}
@end
```

Compilez et exécutez l'application. Vous devez constater que la vue devient le premier répondeur. Pendant qu'elle tient ce rôle, elle doit recevoir les événements du clavier et les consigner sur le terminal. Notez également que Tab et Maj+Tab bascule entre les vues (voir Figure 19.11).

Figure 19.11

L'application terminée.

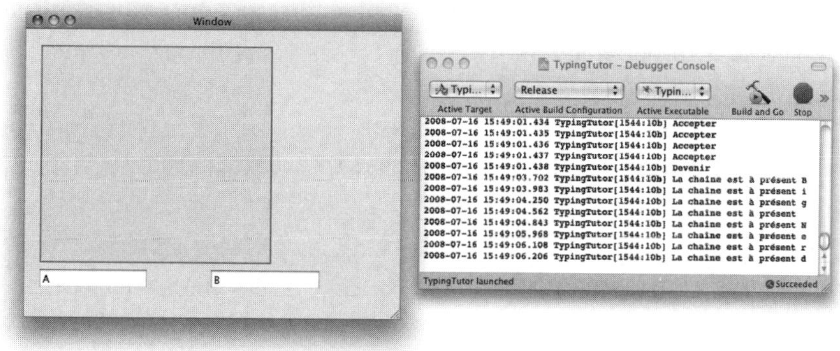

Vous constaterez qu'`acceptsFirstResponder` est invoquée bien plus souvent que vous auriez pu le penser lorsque la vue est sélectionnée.

Pour les plus curieux : effets de survol

Au Chapitre 18, nous n'avons pas examiné trois événements de la souris : `mouseMoved:`, `mouseEntered:` et `mouseExited:`.

```
- (void)mouseMoved:(NSEvent *)event
```

Pour recevoir `mouseMoved:`, la fenêtre doit accepter les événements de déplacement de la souris. Lorsque c'est le cas, le message `mouseMoved:` est envoyé au premier répondeur de la fenêtre. Pour qu'elle accepte ces événements, nous devons lui envoyer le message `setAcceptsMouseMovedEvents:` :

```
[[self window] setAcceptsMouseMovedEvents:YES];
```

Par la suite, la vue recevra le message chaque fois que la souris sera déplacée. Cela représente un grand nombre d'événements. Lorsqu'une personne m'interroge sur la gestion des événements de déplacement de la souris, je lui demande toujours ce qu'elle veut en faire. En général, elle répond "des effets de survol".

Les effets de survol sont très répandus dans les navigateurs web. Lorsque le pointeur de la souris passe au-dessus d'une région, l'apparence de celle-ci change afin d'indiquer à l'utilisateur qu'un clic à ce moment-là sera traité par cette région. Par exemple, les signets de Safari sont surlignés lorsque le pointeur les survole.

En général, la mise en œuvre des effets de survol ne repose pas sur `mouseMoved:`. À la place, nous créons une zone de suivi et redéfinissons `mouseEntered:` et `mouseExited:`.

Lorsqu'une vue est placée sur une fenêtre, `viewDidMoveToWindow` est invoquée. Cette méthode représente le bon endroit pour créer des zones de suivi. En passant en paramètre le `NSTrackingInVisibleRect`, la zone de suivi correspondra automatiquement au rectangle visible du propriétaire :

```
- (void)viewDidMoveToWindow
{
    int options = NSTrackingMouseEnteredAndExited |
                  NSTrackingActiveAlways |
                  NSTrackingInVisibleRect;
    NSTrackingArea *ta;
    ta = [[NSTrackingArea alloc] initWithRect:NSZeroRect
                                      options:options
                                        owner:self
                                     userInfo:nil];
    [self addTrackingArea:ta];
    [ta release];
}
```

Nous modifions ensuite l'apparence lors de l'invocation de `mouseEntered:` et de `mouseExited:`. En supposant qu'il existe une variable `isHighlighted` de type `BOOL`, voici le code correspondant :

```
- (void)mouseEntered:(NSEvent *)theEvent
{
    isHighlighted = YES;
    [self setNeedsDisplay:YES];
}

- (void)mouseExited:(NSEvent *)theEvent
{
    isHighlighted = NO;
    [self setNeedsDisplay:YES];
}
```

Il suffit ensuite d'examiner `isHighlighted` dans la méthode `drawRect:` et de dessiner la vue en conséquence.

La boîte bleue floue

La vue `BigLetterView` est entourée d'une boîte bleue lorsqu'elle devient le premier répondeur. Cependant, cet entourage n'est pas aussi joli que celui des champs de texte. Obtenir la boîte bleue floue demande un peu de travail.

La boîte bleue est dessinée par la méthode `drawRect:` dans `BigLetterView.m`. Modifiez le code de la manière suivante :

```
if (([[self window] firstResponder] == self) &&
           [NSGraphicsContext currentContextDrawingToScreen]) {
    [NSGraphicsContext saveGraphicsState];
    NSSetFocusRingStyle(NSFocusRingOnly);
    [NSBezierPath fillRect:bounds];
    [NSGraphicsContext restoreGraphicsState];
}
```

Lorsque la vue quitte son poste de premier répondeur, elle doit être redessinée, ainsi que la zone occupée par le dégradé de bleu :

```
- (BOOL)resignFirstResponder
{
    NSLog(@"Démissionner");
    [self setKeyboardFocusRingNeedsDisplayInRect:[self bounds]];
    return YES;
}
```

Compilez et exécutez l'application.

20

Attributs de texte

Au sommaire de ce chapitre

- ✔ *NSFont*
- ✔ *NSAttributedString*
- ✔ Afficher des chaînes et des chaînes avec attributs
- ✔ Afficher les lettres
- ✔ Générer des données PDF à partir de la vue
- ✔ Pour les plus curieux : *NSFontManager*

L'étape suivante consiste à afficher la chaîne dans la vue. À la fin de ce chapitre, l'application ressemblera à celle illustrée à la Figure 20.1. Le caractère affiché changera en fonction de la saisie.

Figure 20.1
L'application terminée.

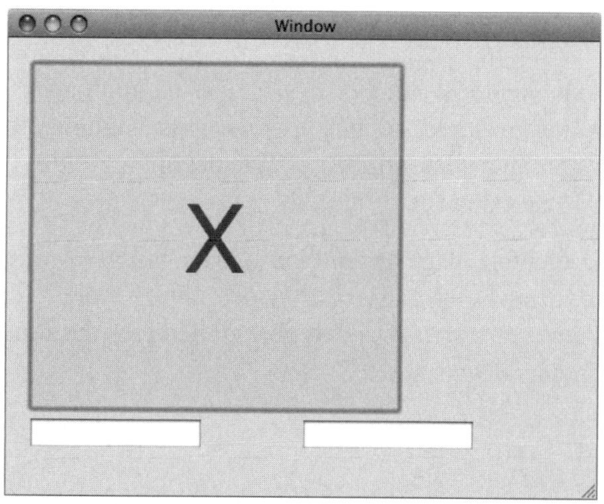

NSFont

La classe `NSFont` n'offre, globalement, que deux types de méthodes :

1. Des méthodes de classes pour obtenir la police de caractères souhaitée.
2. Des méthodes pour obtenir des informations de métrique sur la police, comme la hauteur d'une lettre.

Voici les méthodes de `NSFont` les plus utilisées :

`+ (NSFont *)`**`fontWithName:`**`(NSString *)fontName `**`size:`**`(float)fontSize`

Cette méthode retourne un objet de police de caractères. `fontName` indique le nom de la police, comme HelveticaBoldOblique ou Times-Roman. Si `fontSize` vaut 0.0, cette méthode utilise la taille de police par défaut définie par l'utilisateur.

`+ (NSFont *)`**`userFixedPitchFontOfSize:`**`(float)fontSize`

`+ (NSFont *)`**`userFontOfSize:`**`(float)fontSize`

`+ (NSFont *)`**`messageFontOfSize:`**`(float)fontSize`

`+ (NSFont *)`**`toolTipsFontOfSize:`**`(float)fontSize`

`+ (NSFont *)`**`titleBarFontOfSize:`**`(float)fontSize`

Ces méthodes retournent la police par défaut de l'utilisateur pour les types de chaînes correspondants. À nouveau, la taille 0.0 permet d'obtenir une police de la taille par défaut.

NSAttributedString

Parfois, nous voudrons afficher une chaîne en appliquant certains attributs à certains caractères. Par exemple, supposons que nous voulions afficher la chaîne "Big Nerd Ranch" en soulignant les lettres 0 à 2, en mettant les lettres 0 à 7 en vert et en plaçant les lettres 9 à 13 en exposant.

Pour manipuler une plage de nombres, Cocoa utilise la structure `NSRange`, dont les deux membres, `location` et `length`, sont des entiers. `location` correspond à l'indice du premier élément, `length` est le nombre d'éléments dans la plage. La fonction `NSMakeRange()` crée un `NSRange`.

Pour créer des chaînes de caractères avec des attributs appliqués à une plage de caractères, Cocoa dispose des classes `NSAttributedString` et `NSMutableAttributedString`. Voici comment créer le `NSAttributedString` correspondant à notre description précédente :

```
NSMutableAttributedString *s;
s = [[NSMutableAttributedString alloc]
           initWithString:@"Big Nerd Ranch"];

[s addAttribute:NSFontAttributeName
          value:[NSFont userFontOfSize:22]
          range:NSMakeRange(0, 14)];

[s addAttribute:NSUnderlineStyleAttributeName
          value:[NSNumber numberWithInt:1]
          range:NSMakeRange(0,3)];

[s addAttribute:NSForegroundColorAttributeName
          value:[NSColor greenColor]
          range:NSMakeRange(0, 8)];

[s addAttribute:NSSuperscriptAttributeName
          value:[NSNumber numberWithInt:-1]
          range:NSMakeRange(9,5)];
```

Nous pouvons faire plusieurs choses avec une chaîne possédant des attributs :

```
[s drawInRect:[self bounds]];

// L'insérer dans un champ de texte.
[textField setAttributedStringValue:s];

// La placer sur un bouton.
[button setAttributedTitle:s];
```

La Figure 20.2 montre l'insertion de la chaîne dans un bouton.

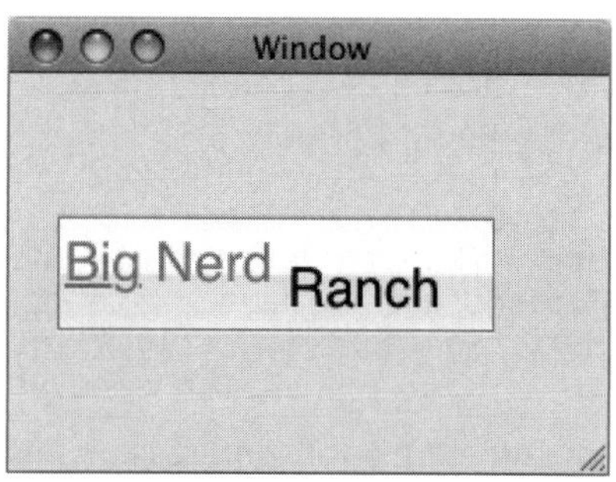

Figure 20.2

Utiliser la chaîne avec attributs.

Voici les variables globales qui correspondent aux attributs les plus utilisés, avec leur type et leur valeur par défaut :

`NSFontAttributeName`	Police de caractères, Helvetica 12 points
`NSForegroundColorAttributeName`	Couleur, noir
`NSParagraphStyleAttributeName`	`NSParagraphStyle`, style de paragraphe standard
`NSUnderlineColorAttributeName`	Couleur, celle du premier plan
`NSUnderlineStyleAttributeName`	Nombre, 0 ou pas de soulignement
`NSSuperscriptAttributeName`	Nombre, 0 ou pas d'exposant ni d'indice
`NSShadowAttributeName`	`NSShadow`, `nil` (pas d'ombre)

Le fichier `<AppKit/NSAttributedString.h>` contient une liste de tous les attributs.

Pour créer des chaînes avec attributs, le plus simple consiste à utiliser un fichier. `NSAttributedString` accepte de lire et d'écrire les formats de fichiers suivants :

- *Une chaîne*. Lecture d'un fichier texte.
- *RTF*. Le format *Rich Text Format* est un standard pour l'écriture d'un texte avec plusieurs polices et couleurs. Dans notre cas, nous lirons et fixerons le contenu de la chaîne avec attributs à l'aide d'une instance de `NSData`.
- *RTFD*. Il s'agit de RTF avec des pièces jointes. Outre les multiples polices et couleurs de RTF, il est possible d'ajouter des images.
- *HTML*. La chaîne avec attributs peut procéder à une mise en page HTML basique, mais il est préférable d'utiliser `WebView` pour une meilleure qualité.
- *Word*. La chaîne avec attributs peut lire et écrire des documents .doc simples.
- *OpenOffice*.

Lors de la lecture d'un document, nous voulons reconnaître certaines caractéristiques, comme la taille de la page. Si nous fournissons un endroit où la méthode peut placer un pointeur sur un dictionnaire, celui-ci contiendra toutes les informations qu'il peut obtenir à partir des données. Par exemple :

```
NSDictionary *monDict;
NSData *donnees = [NSData dataWithContentsOfFile:@"monfichier.rtf"];
NSAttributedString *uneChaine;
aString = [[NSAttributedString alloc] initWithRTF:donnees
                                documentAttributes:&monDict];
```

Si les attributs du document ne nous intéressent pas, nous passons simplement `NULL`.

Afficher des chaînes et des chaînes avec attributs

NSString et NSAttributedString offrent toutes deux des méthodes qui permettent de les afficher dans une vue. Voici celles de NSAttributedString :

```
- (void)drawAtPoint:(NSPoint)aPoint
```

Dessine le destinataire, en utilisant aPoint comme angle inférieur gauche de la chaîne.

```
- (void)drawInRect:(NSRect)rect
```

Dessine le destinataire. Le tracé se fait à l'intérieur de rect. Si ce rectangle est trop petit pour contenir l'intégralité de la chaîne, l'affichage est rogné aux limites de rect.

```
- (NSSize)size
```

Retourne la taille que le destinataire aurait s'il était dessiné.

NSString dispose de méthodes analogues. Avec NSString, nous devons fournir un dictionnaire d'attributs qui seront appliqués à l'intégralité de la chaîne :

```
- (void)drawAtPoint:(NSPoint)aPoint
     withAttributes:(NSDictionary *)attribs
```

Dessine le destinataire avec les attributs indiqués dans attribs.

```
- (void)drawInRect:(NSRect)aRect
    withAttributes:(NSDictionary *)attribs
```

Dessine le destinataire à l'intérieur d'un rectangle, avec les attributs indiqués dans attribs.

```
- (NSSize)sizeWithAttributes:(NSDictionary *)attribs
```

Retourne la taille que le destinataire aurait s'il était dessiné avec les attributs indiqués dans attribs.

Afficher les lettres

Ouvrez BigLetterView.h. Ajoutez une variable d'instance qui contiendra le dictionnaire des attributs :

```
#import <Cocoa/Cocoa.h>

@interface BigLetterView : NSView
{
    NSColor *bgColor;
    NSString *string;
    NSMutableDictionary *attributes;
}
```

Ouvrez `BigLetterView.m`. Créez une méthode qui génère le dictionnaire des attributs avec une police et une couleur de premier plan :

```
- (void)prepareAttributes
{
    attributes = [[NSMutableDictionary alloc] init];

    [attributes setObject:[NSFont fontWithName:@"Helvetica"
                                          size:75]
                   forKey:NSFontAttributeName];

    [attributes setObject:[NSColor redColor]
                   forKey:NSForegroundColorAttributeName];
}
```

Dans `initWithFrame:`, nous invoquons cette nouvelle méthode :

```
- (id)initWithFrame:(NSRect)rect
{
    if (![super initWithFrame:rect])
        return nil;

    NSLog(@"Initialisation de la vue.");
    [self prepareAttributes];
    bgColor = [[NSColor yellowColor] retain];
    string = @" ";
    return self;
}

- (void)dealloc
{
    [bgColor release];
    [string release];
    [attributes release];
    [super dealloc];
}
```

Dans la méthode `setString:`, nous indiquons à la vue qu'elle doit s'actualiser :

```
- (void)setString:(NSString *)c
{
    c = [c copy];
    [string release];
    string = c;
    NSLog(@"La chaîne est à présent %@", string);
    [self setNeedsDisplay:YES];
}
```

Créez une méthode qui affichera la chaîne au milieu d'un rectangle :

```
- (void)drawStringCenteredIn:(NSRect)r
{
    NSSize strSize = [string sizeWithAttributes:attributes];
    NSPoint strOrigin;
    strOrigin.x = r.origin.x + (r.size.width - strSize.width)/2;
    strOrigin.y = r.origin.y + (r.size.height - strSize.height)/2;
    [string drawAtPoint:strOrigin withAttributes:attributes];
}
```

Cette méthode est invoquée depuis la méthode `drawRect:` :

```
- (void)drawRect:(NSRect)rect
{
    NSRect bounds = [self bounds];
    [bgColor set];
    [NSBezierPath fillRect:bounds];

    [self drawStringCenteredIn:bounds];

    if (([[self window] firstResponder] == self) &&
```

Compilez et exécutez l'application. Vous remarquerez que les événements du clavier sont traités par la vue sauf lorsqu'ils déclenchent une entrée de menu. Essayez d'appuyer sur `Commande-w` : la fenêtre doit se fermer même si la vue est le premier répondeur de la fenêtre active.

Générer des données PDF à partir de la vue

Toutes les commandes de dessin peuvent être converties en PDF par le framework AppKit. Les données PDF peuvent être envoyées à une imprimante ou enregistrées dans un fichier. Sachez que le format PDF permet d'obtenir la meilleure qualité possible sur n'importe quel périphérique, car il est indépendant de la résolution.

Nous avons déjà créé une vue qui sait comment générer des données PDF pour décrire son apparence. Placer les données PDF dans un fichier n'est pas très compliqué, grâce à la méthode suivante de `NSView` :

```
- (NSData *)dataWithPDFInsideRect:(NSRect)aRect
```

Elle crée un objet de données et invoque ensuite `drawRect:`. Les commandes de dessin normalement destinées à l'écran vont alors être dirigées vers l'objet de données. Nous pouvons ensuite simplement enregistrer cet objet de données dans un fichier.

Ouvrez `BigLetterView.m` et ajoutez une méthode qui crée un panneau Enregistrer sous forme de feuille :

```
- (IBAction)savePDF:(id)sender
{
    NSSavePanel *panel = [NSSavePanel savePanel];
    [panel setRequiredFileType:@"pdf"];
    [panel beginSheetForDirectory:nil
                             file:nil
                   modalForWindow:[self window]
                    modalDelegate:self
                   didEndSelector:
                     @selector(didEnd:returnCode:contextInfo:)
                     contextInfo:NULL];
}
```

Après que l'utilisateur a choisi le nom du fichier, la méthode suivante est invoquée :

```
didEnd:returnCode: contextInfo:
```

Implémentez-la dans `BigLetterView.m` :

```
- (void)didEnd:(NSSavePanel *)sheet
    returnCode:(int)code
    contextInfo:(void *)contextInfo
{
    if (code != NSOKButton)
        return;

    NSRect r = [self bounds];
    NSData *data = [self dataWithPDFInsideRect:r];
    NSString *path = [sheet filename];
    NSError *error;
    BOOL successful = [data writeToFile:path
                                options:0
                                  error:&error];
    if (!successful) {
        NSAlert *a = [NSAlert alertWithError:error];
        [a runModal];
    }
}
```

Déclarez également l'action suivante dans le fichier `BigLetterView.h` :

```
- (IBAction)savePDF:(id)sender;
```

Ouvrez le fichier nib. Sélectionnez `Save As...` dans le menu `File`. Changez son intitulé en `Save PDF...`. Vous pouvez supprimer toutes les autres entrées de menu si vous le souhaitez. Associez l'entrée de menu `Save PDF...` à l'invocation de la méthode `savePDF:` de `BigLetterView` (voir Figure 20.3).

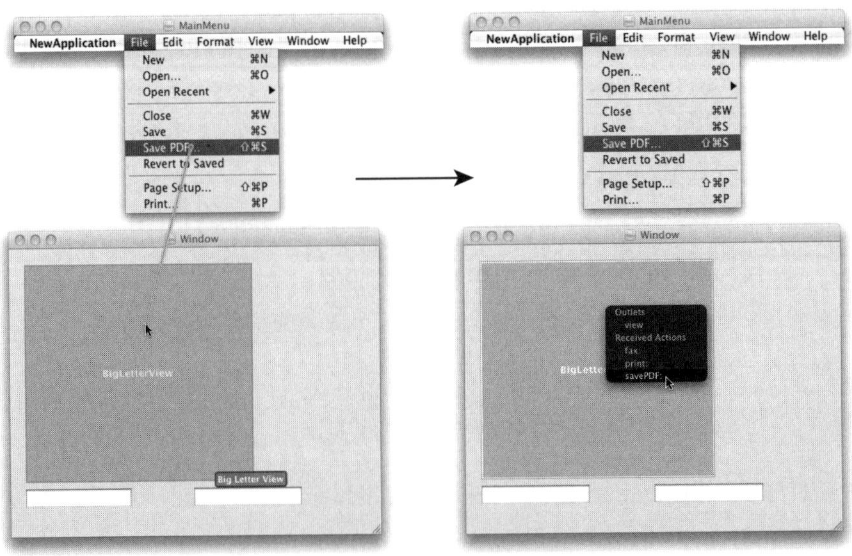

Figure 20.3
Connecter une entrée de menu.

Enregistrez le fichier nib et compilez l'application. Vous devez être en mesure de générer un fichier PDF et de le visualiser dans Aperçu (voir Figure 20.4).

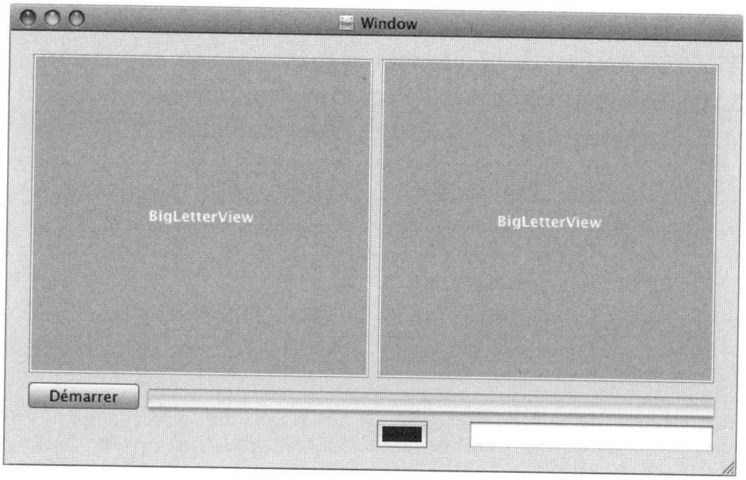

Figure 20.4
Le fichier PDF généré à partir de la vue.

Les caractères obtenus par une séquence de touche, par exemple "¨", ne sont pas reconnus par `BigLetterView`. Pour que cela soit possible, nous devons ajouter plusieurs méthodes utilisées par `NSInputManager`. Ce sujet sort du cadre de ce livre (nous voulions simplement savoir comment récupérer les événements du clavier), mais il est traité dans la présentation Apple de `NSInputManager` (`/Developer/Documentation/Cocoa/Conceptual/InputManager/index.html`).

Pour les plus curieux : *NSFontManager*

Parfois, la police conviendra parfaitement, mais l'interface pourrait être encore plus jolie si la police était en gras, en italique ou en condensé. `NSFontManager` permet d'effectuer ce type de conversion. Nous pouvons également utiliser un gestionnaire de polices pour modifier la taille.

Par exemple, imaginons que nous ayons une police et aimerions en trouver une semblable mais en gras. Voici le code correspondant :

```
fontManager = [NSFontManager sharedFontManager];
boldFont = [fontManager convertFont:aFont toHaveTrait:NSBoldFontMask];
```

Exercice 1

Appliquez une ombre à la lettre. La classe `NSShadow` fournit les méthodes suivantes :

```
- (id)init
- (void)setShadowOffset:(NSSize)offset
```

```
- (void)setShadowBlurRadius:(float)val
- (void)setShadowColor:(NSColor *)color
```

Exercice 2

Ajoutez les variables booléennes `bold` et `italic` à `BigLetterView`. Ajoutez des cases à cocher qui fixent les valeurs de ces variables. Si `bold` vaut `YES`, la lettre doit apparaître en gras. Si `italic` vaut `YES`, la lettre doit être affichée en italique.

21

Presse-papiers et actions sur nil

Au sommaire de ce chapitre

- ✔ *NSPasteboard*
- ✔ Ajouter le couper, copier et coller à *BigLetterView*
- ✔ Actions sur nil
- ✔ Pour les plus curieux : quel objet envoie le message d'action ?
- ✔ Pour les plus curieux : copie paresseuse

Le serveur de presse-papiers (`/usr/bin/pboard`) est un processus qui s'exécute en permanence sur le Mac. Les applications utilisent la classe `NSPasteboard` pour écrire et lire des données dans ce processus. Le serveur de presse-papiers est à l'origine des opérations de copier, couper et coller entre les applications.

Une application peut placer dans le presse-papiers des données sous plusieurs formats. Par exemple, une image peut être copiée sous forme d'un document PDF et d'une bitmap. L'application qui lit ensuite les données choisit le format qui l'intéresse.

Lorsqu'elle place des données dans le presse-papiers, l'application déclare généralement les différents types de ces données et les copie immédiatement. L'application qui souhaite lire les données commence par demander au presse-papiers les types disponibles, puis elle lit les données dans son format préféré.

Il est également possible de copier des données dans le presse-papiers de manière paresseuse. Pour cela, il suffit de déclarer tous les types que l'application peut placer dans le presse-papiers, puis de fournir des données lorsqu'elles sont demandées. Nous reviendrons sur la copie paresseuse à la fin de ce chapitre.

Il existe plusieurs presse-papiers. L'un est destiné aux opérations de copier-coller, un autre, aux opérations de glisser-déposer. Un presse-papiers conserve la dernière chaîne recherchée par l'utilisateur. Un autre sert à la copie des règles ; un autre encore, à la copie des polices.

Dans cette section, nous ajouterons des possibilités de couper, copier et coller à `BigLetterView`. Tout d'abord, nous implémenterons les méthodes qui lisent et écrivent le presse-papiers. Ensuite, nous verrons comment les appeler.

NSPasteboard

La classe `NSPasteboard` sert d'interface avec le serveur de presse-papiers. Voici les méthodes de `NSPasteboard` les plus utilisées :

`+ (NSPasteboard *)`**`generalPasteboard`**

Retourne le `NSPasteboard` général. Nous utiliserons ce presse-papiers pour les fonctions de copier, couper et coller.

`+ (NSPasteboard *)`**`pasteboardWithName:`**`(NSString *)name`

Retourne le presse-papiers identifié par `name`. Voici les variables globales qui correspondent aux presse-papiers standard :

`NSGeneralPboard`	`NSFindPboard`
`NSFontPboard`	`NSDragPboard`
`NSRulerPboard`	

`- (int)`**`declareTypes:`**`(NSArray *)types `**`owner:`**`(id)theOwner`

Efface le contenu du presse-papiers et déclare les types de données que `theOwner` y placera. Voici les variables globales qui correspondent aux types standard :

`NSColorPboardType`	`NSRTFPboardType`
`NSFileContentsPboardType`	`NSRTFDPboardType`
`NSFilenamesPboardType`	`NSStringPboardType`
`NSFontPboardType`	`NSTabularTextPboardType`
`NSPDFPboardType`	`NSVCardPboardType`
`NSPICTPboardType`	`NSTIFFPboardType`
`NSPostScriptPboardType`	`NSURLPboardType`
`NSRulerPboardType`	

Il est également possible de créer ses propres types pour le presse-papiers.

- (BOOL)**setData:**(NSData *)aData **forType:**(NSString *)dataType
- (BOOL)**setString:**(NSString *)s **forType:**(NSString *)dataType

Écrit des données dans le presse-papiers.

- (NSArray *)**types**

Retourne un tableau qui contient les types des données disponibles en lecture dans le presse-papiers.

- (NSString *)**availableTypeFromArray:**(NSArray *)types

Retourne le premier type, parmi ceux indiqués dans `types`, trouvé dans le presse-papiers. La liste `types` identifie tous les types que nous sommes capables de lire.

- (NSData *)**dataForType:**(NSString *)dataType
- (NSString *)**stringForType:**(NSString *)dataType

Lisent des données depuis le presse-papiers.

Ajouter le couper, copier et coller à *BigLetterView*

Nous allons créer les méthodes `cut:`, `copy:` et `paste:` lors la classe `BigLetterView`. Pour qu'elles soient plus faciles à écrire, nous commençons par créer des méthodes pour écrire des données dans un presse-papiers et les lire. Ajouter les méthodes suivantes dans `BigLetterView.m` :

```
- (void)writeToPasteboard:(NSPasteboard *)pb
{
    // Déclarer les types.
    [pb declareTypes:[NSArray arrayWithObject:NSStringPboardType]
             owner:self];

    // Copier des données dans le presse-papiers.
    [pb setString:string forType:NSStringPboardType];
}

- (BOOL)readFromPasteboard:(NSPasteboard *)pb
{
    // Le presse-papiers contient-il une chaîne ?
    NSArray *types = [pb types];
    if ([types containsObject:NSStringPboardType]) {

        // Lire la chaîne depuis le presse-papiers.
        NSString *value = [pb stringForType:NSStringPboardType];
```

```
            // Notre vue gère une seule lettre.
            if ([value length] == 1) {
               [self setString:value];
               return YES;
            }
        }
        return NO;
    }
```

Ajoutez `cut:`, `copy:` et `paste:` dans `BigLetterView.m` :

```
- (IBAction)cut:(id)sender
{
    [self copy:sender];
    [self setString:@""];
}

- (IBAction)copy:(id)sender
{
    NSPasteboard *pb = [NSPasteboard generalPasteboard];
    [self writeToPasteboard:pb];
}

- (IBAction)paste:(id)sender
{
    NSPasteboard *pb = [NSPasteboard generalPasteboard];
    if(![self readFromPasteboard:pb]) {
        NSBeep();
    }
}
```

Déclarez ces méthodes dans `BigLetterView.h` :

```
- (IBAction)cut:(id)sender
- (IBAction)copy:(id)sender
- (IBAction)paste:(id)sender
```

Actions sur nil

Puisqu' il existe un très grand nombre de vues, comment un message `cut:`, `copy:` ou `paste:` est-il envoyé à la bonne vue ? Si nous sélectionnons un champ de texte, il reçoit le message. Lorsque nous sélectionnons une autre vue et choisissons l'entrée de menu `Copier` ou `Coller`, le message doit aller à la vue sélectionnée.

Pour résoudre ce problème, les brillants ingénieurs de NeXT ont inventé les *actions sur nil*. Lorsque la cible d'un contrôle est `nil`, l'application tente d'envoyer le message à plusieurs objets jusqu'à ce que l'un d'eux réponde. Elle commence par cibler le premier répondeur de la fenêtre active. Il s'agit précisément du comportement souhaité pour

`Couper` et `Coller`. Nous pouvons avoir plusieurs fenêtres, chacune avec plusieurs vues. La vue active dans la fenêtre active reçoit les messages couper-coller.

L'intérêt des actions ciblées va plus loin. `NSView`, `NSApplication` et `NSWindow` dérivent toutes de `NSResponder`, qui possède une variable d'instance nommée `nextResponder`. Si un objet ne répond pas à une action sur `nil`, une chance est alors offerte à son `nextResponder`. Le `nextResponder` d'une vue est généralement la vue supérieure. Le `nextResponder` de la vue contenu d'une fenêtre est la fenêtre. Ainsi, les répondeurs sont liés les uns aux autres et forment la *chaîne des répondeurs*.

`nextResponder` n'a aucun rapport avec `nextKeyView`. Par exemple, une entrée de menu ferme la fenêtre active. Sa cible est `nil`. L'action est `performClose:`. Aucun des objets standard ne répond à `performClose:`, à l'exception de `NSWindow`. Ainsi, le champ de texte sélectionné, par exemple, refuse de répondre à `performClose:`. La vue supérieure du champ de texte refuse également, et le message remonte la hiérarchie de vues. La fenêtre (active) finit par accepter la méthode `performClose:`. Pour l'utilisateur, la fenêtre "active" est donc fermée.

Nous l'avons mentionné au Chapitre 12, un panneau peut devenir la fenêtre active, mais pas la fenêtre principale. Si la fenêtre active et la fenêtre principale diffèrent, toutes deux ont l'opportunité de répondre à une action sur `nil`.

Analyser la chaîne des répondeurs

Dans quel ordre seront testés les objets avant qu'une action sur `nil` soit annulée ?

1. Le premier répondeur de la fenêtre active (`keyWindow`) et sa chaîne des répondeurs. La chaîne des répondeurs comprend les vues supérieures et la fenêtre active.
2. Le délégué (`delegate`) de la fenêtre active.
3. S'il s'agit d'une application à base de documents, le `NSWindowController` puis le `NSDocument` de la fenêtre active.
4. Si la fenêtre principale diffère de la fenêtre active, le test se fait de la même manière pour la fenêtre principale :
   - Le premier répondeur de la fenêtre principale et sa chaîne des répondeurs, y compris la fenêtre principale elle-même.
   - Le délégué de la fenêtre principale.
   - Les objets `NSWindowController` et `NSDocument` de la fenêtre principale.
5. L'instance de `NSApplication`.

6. Le délégué de NSApplication.

7. Le NSDocumentController.

Cette séquence d'objet correspond à la *chaîne des répondeurs*. La Figure 21.1 présente un exemple. Les nombres indiquent l'ordre dans lequel les objets sont interrogés pour savoir s'ils répondent aux actions sur nil.

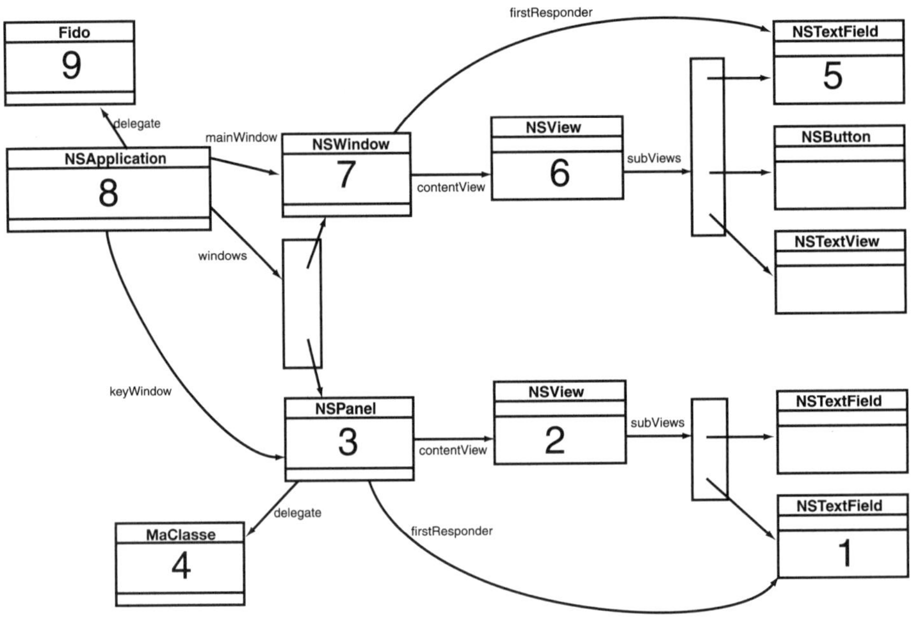

Figure 21.1

Exemple d'ordre dans lequel les répondeurs ont l'opportunité de répondre.

Dans une application basée sur des documents, comme RaiseMan, l'objet NSDocument a l'occasion de répondre à l'action sur nil. Il reçoit les messages à partir des entrées de menu suivantes : Enregistrer, Enregistrer sous..., Revenir à la version enregistrée, Imprimer... et Format d'impression....

Examiner le fichier nib

Ouvrez le fichier nib. Vous remarquerez que les éléments couper, copier et coller sont connectés à l'icône intitulée First Responder. Cette icône représente nil et constitue une cible lorsque nous devons faire glisser un objet dont la cible doit être nil (voir Figure 21.2).

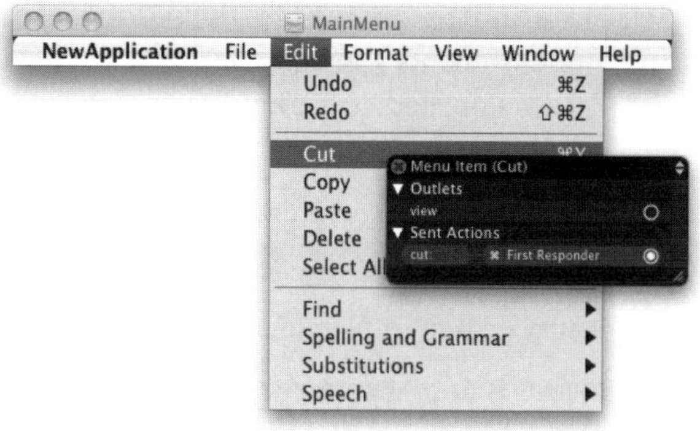

Figure 21.2
Vérifier une entrée de menu.

Les actions qui apparaissent alors dans l'inspecteur se trouvent dans l'inspecteur `Identity` sous `Class Actions`. Il suffit d'ajouter une action à cette liste pour qu'elle apparaisse lorsqu'un objet est déposé sur `First Responder`.

Compilez et exécutez l'application. Les fonctions de couper, copier et coller fonctionnent parfaitement avec la vue. Les équivalents claviers sont également disponibles. Vous ne pouvez copier dans `BigLetterView` que des chaînes d'un caractère.

Pour les plus curieux : quel objet envoie le message d'action ?

La cible des entrées de menu couper, copier et coller est `nil`. Nous savons que l'envoi d'un message à `nil` n'a aucun effet. En réalité, tous les messages cible/action sont gérés par `NSApplication`. Elle fournit la méthode suivante :

```
- (BOOL)sendAction:(SEL)anAction to:(id)aTarget from:(id)sender
```

Lorsque la cible est `nil`, `NSApplication` sait qu'il doit essayer d'envoyer des messages à des objets de la chaîne des répondeurs.

Pour les plus curieux : copie paresseuse

Une application peut implémenter la copie dans un presse-papiers de manière paresseuse. Par exemple, imaginons une application graphique qui copie des images volumineuses dans le presse-papiers sous plusieurs formats : PICT, TIFF, PDF, etc. Il est facile de comprendre que la copie de tous ces formats soumettra à rude épreuve l'application et le serveur de presse-papiers. Pour un fonctionnement plus léger, l'application peut effectuer à la place une copie paresseuse. Autrement dit, elle déclare tous les types qu'elle est capable de placer dans le presse-papiers, mais elle copie les données uniquement lorsqu'une autre application les demande.

L'application place un IOU (au lieu des données) dans le presse-papiers et désigne un objet qui fournira des données lorsqu'elles seront requises. Lorsqu'une autre application souhaite lire les données, le serveur de presse-papiers rappelle cet objet pour les obtenir.

La déclaration fonctionne comme précédemment :

```
- (int)declareTypes:(NSArray *)types owner:(id)theOwner
```

En revanche, `theOwner` doit implémenter la méthode suivante :

```
- (void)pasteboard:(NSPasteboard *)sender
        provideDataForType:(NSString *)type
```

Lorsqu'une autre application a besoin des données, cette méthode est invoquée. À ce moment-là, l'application doit copier les données promises dans le presse-papiers indiqué.

Vous l'imaginez sans mal, un problème se pose si le serveur de presse-papiers demande les données alors que l'application est terminée. Lorsqu'une application en cours de fermeture dispose d'un IOU dans le presse-papiers, il lui est demandé de fournir toutes les données promises avant de se terminer. Ainsi, il n'est pas rare que le propriétaire d'un IOU reçoive plusieurs fois le message `pasteboard:provideDataForType:` pendant que l'application est en cours de fermeture.

La copie paresseuse présente une autre difficulté lorsque les données sont copiées dans le presse-papiers et, plus tard, collées dans une autre application. L'utilisateur qui invoque la fonction coller ne souhaite pas obtenir l'état le plus récent des données, mais l'état dans lequel elles se trouvaient au moment où elles ont été copiées. Lorsqu'ils implémentent une copie paresseuse, la plupart des développeurs prennent une forme de cliché des informations au moment de la déclaration des types. Pour fournir les données, le cliché est copié dans le presse-papiers à la place de l'état courant des données.

Bien entendu, lorsque l'utilisateur effectue une copie ailleurs, l'objet n'est plus responsable de la conservation du cliché.

```
- (void)pasteboardChangedOwner:(NSPasteboard *)sender
```

Si cette méthode est implémentée, elle est invoquée lorsque l'objet n'est plus responsable de la conservation du cliché.

Exercice 1

La chaîne est placée dans le presse-papiers. Créez le PDF de la vue et placez-le également dans le presse-papiers. Il sera ainsi possible de copier l'image de la lettre dans des applications graphiques. Testez cette capacité en utilisant l'entrée de menu `Créer à partir du presse-papiers` de l'application Aperçu. Ne détruisez pas le copier-coller de la chaîne. Placez à la fois la chaîne et le PDF dans le presse-papiers.

Exercice 2

Dans le projet RaiseMan, ajoutez une entrée de menu qui déclenche l'invocation de la méthode `removeEmployee:` dans `MyDocument`.

22

Catégories

Au sommaire de ce chapitre

- ✔ Ajouter une méthode à *NSString*
- ✔ Pour les plus curieux : déclarer des méthodes privées
- ✔ Pour les plus curieux : déclarer des protocoles informels

Les ingénieurs d'Apple ont beau être futés, il nous arrive parfois de penser que "si seulement ils avaient pu placer cette méthode dans cette classe, ma vie serait beaucoup plus simple". Lorsque cela se produit, nous pouvons créer une *catégorie*, c'est-à-dire un ensemble de méthodes que nous aimerions voir ajoutées à une classe existante. Le concept de catégorie est très utile, et il est surprenant qu'aussi peu de langages orientés objet mettent en œuvre cette idée brillante.

Il est plus facile de créer des catégories que d'en parler. Au chapitre précédent, nous avons ajouté des fonctions de copier-coller à `BigLetterView`. Cependant, si la chaîne dans le presse-papiers contient plusieurs lettres, le copier échoue car `BigLetterView` ne peut pas afficher plus d'une lettre à la fois. Étendons l'exemple afin de prendre uniquement la première lettre de la chaîne au lieu d'échouer.

Ajouter une méthode à *NSString*

Nous souhaiterions que chaque objet `NSString` offre une méthode qui retourne sa première lettre. Puisque ce n'est pas le cas, nous allons utiliser une catégorie pour ajouter cette méthode.

Ouvrez le projet et créez un nouveau fichier de type `Objective-C class`. En réalité, nous ne voulons pas créer une classe mais elle va nous servir de point de départ pour la création de la catégorie. Nommez ce fichier `FirstLetter.m` ; créez également `FirstLetter.h`.

Modifiez `FirstLetter.h` afin de déclarer la catégorie :

```
#import <Foundation/Foundation.h>

@interface NSString (FirstLetter)

- (NSString *)BNR_firstLetter;

@end
```

Nous semblons déclarer la classe `NSString`, mais sans lui donner de variables d'instance ou de superclasse. En réalité, nous nommons la catégorie `FirstLetter` et déclarons une méthode. Une catégorie ne peut pas ajouter de variables d'instance à la classe, uniquement des méthodes.

Implémentez ensuite la méthode `BNR_firstLetter` dans le fichier `FirstLetter.m` :

```
#import "FirstLetter.h"

@implementation NSString (FirstLetter)

- (NSString *)BNR_firstLetter
{
    if ([self length] < 2) {
        return self;
    }
    NSRange r;
    r.location = 0;
    r.length = 1;
    return [self substringWithRange:r];
}
@end
```

Nous pouvons ensuite utiliser cette méthode comme si elle faisait partie de `NSString`. Dans `BigLetterView.m`, modifiez `readFromPasteboard:` de la manière suivante :

```
- (BOOL)readFromPasteboard:(NSPasteboard *)pb
{
    // Le presse-papiers contient-il une chaîne ?
    NSArray *types = [pb types];
    if ([types containsObject:NSStringPboardType]) {

        // Lire la chaîne depuis le presse-papiers.
        NSString *value = [pb stringForType:NSStringPboardType];

        [self setString:[value BNR_firstLetter]];
        return YES;
    }
    return NO;
}
```

Au début de `BigLetterView.m`, ajoutez l'importation de l'en-tête :

```
#import "FirstLetter.h"
```

Compilez et exécutez l'application. Vous pouvez copier des chaînes de caractères contenant plusieurs lettres dans `BigLetterView`. Seule la première lettre de la chaîne est copiée.

Dans cet exemple, nous avons ajouté une seule méthode, mais rien ne nous empêche d'en ajouter plusieurs. Par ailleurs, nous n'avons utilisé que les méthodes de la classe, mais nous pouvons également accéder directement à ses variables d'instance.

Nous avons employé le préfixe `BNR_` dans le nom de la méthode de notre catégorie. Nous aurions bien voulu nommer cette méthode `firstLetter`, mais que se passerait-il si Apple ajoutait une méthode `firstLetter` à `NSString` dans Mac OS X 10.9 ? Ces deux méthodes entreraient en conflit. Il est donc préférable d'ajouter un préfixe.

Cocoa définit de nombreuses catégories. Par exemple, `NSAttributedString` fait partie du framework Foundation. Cependant, la méthode `drawInRect:` de `NSAttributedString` fait partie d'une catégorie fournie par le framework AppKit. C'est pourquoi la documentation des méthodes de `NSAttributedString` est répartie sur les deux frameworks. Il existe également des fichiers d'en-tête séparés pour `NSAttributedString` et ses catégories. Tout cela contribue à une certaine confusion.

Pour les plus curieux : déclarer des méthodes privées

Parfois, nous ne souhaitons pas que certaines méthodes définies dans un fichier `.m` soient annoncées publiquement par une déclaration dans le fichier `.h` correspondant. Il s'agit alors de *méthodes privées*.

Si nous appelons une méthode privée avant de la déclarer ou de la définir, nous recevons un avertissement de la part du compilateur. Pour éviter ces avertissements, une technique classique consiste à déclarer les méthodes privées dans une catégorie au début du fichier `.m` :

```
#import "Megatron.h"

// Déclarer les méthodes privées.
@interface Megatron ()
- (void)blowTheLidOff;
- (void)putTheLidBackOn;
@end

@implementation Megatron

... Implémenter toutes les méthodes privées et publiques...

@end
```

Pour les plus curieux : déclarer des protocoles informels

Avec Objective-C 2.0, nous pouvons marquer certaines parties d'un protocole avec `@optional`, et c'est ainsi que nous déclarons des méthodes déléguées dans ce langage. Mais ce besoin existait déjà avant l'arrivée d'Objective-C 2.0. La méthode employée alors était laide et appelée *protocole informel*. En examinant la fin de `NSWindow.h`, nous trouvons le code suivant :

```
@interface NSObject (NSWindow)
- (BOOL)windowShouldClose:(NSWindow *)w;
- (NSSize)windowWillResize:(NSWindow *)sender toSize:(NSSize)aSize;
...
@end
```

Il s'agit non pas réellement d'une catégorie sur `NSObject`, mais de la manière affreuse servant à déclarer des méthodes déléguées.

23

Glisser-déposer

Au sommaire de ce chapitre

- ✔ *BigLetterView* en tant que source
- ✔ *BigLetterView* en tant que destination
- ✔ Pour les plus curieux : masque des opérations

Le glisser-déposer n'est pas qu'une simple opération copier-coller plus tapageuse. Au début de l'opération, des données sont copiées dans le presse-papiers réservé au glisser-déposer. Lorsque le bouton de la souris est relâché, les données sont lues à partir de ce presse-papiers. Cette technique est plus complexe que le copier-coller en raison du retour présenté aux utilisateurs : une image qui s'affiche pendant le déplacement de la souris, une vue mise en exergue lorsque le pointeur la survole et, peut-être, un bruit de déglutition lorsque l'image est déposée.

Lorsqu'on fait glisser des données d'une application vers une autre, plusieurs choses peuvent se produire : rien ne se passe, une copie des données est créée ou un lien vers les données existantes est créé. Voici les constantes qui représentent ces trois opérations :

```
NSDragOperationNone
NSDragOperationCopy
NSDragOperationLink
```

Il existe d'autres opérations, mais moins fréquentes :

```
NSDragOperationGeneric
NSDragOperationPrivate
NSDragOperationMove
NSDragOperationDelete
NSDragOperationEvery
```

La source et la destination doivent s'accorder sur l'opération réalisée lorsque l'utilisateur relâche le bouton de la souris.

Pour ajouter le glisser-déposer à une vue, les modifications sont de deux ordres :

1. En faire une source du glisser-déposer.
2. En faire une destination du glisser-déposer.

Examinons séparément chaque étape. Tout d'abord, nous allons faire de notre vue une source du glisser-déposer. Lorsque cet aspect sera opérationnel, nous en ferons une destination du glisser-déposer.

BigLetterView en tant que source

Lorsque cette section sera terminée, nous serons capables de faire glisser une lettre depuis `BigLetterView` et de la déposer dans n'importe quel éditeur de texte, comme l'illustre la Figure 23.1.

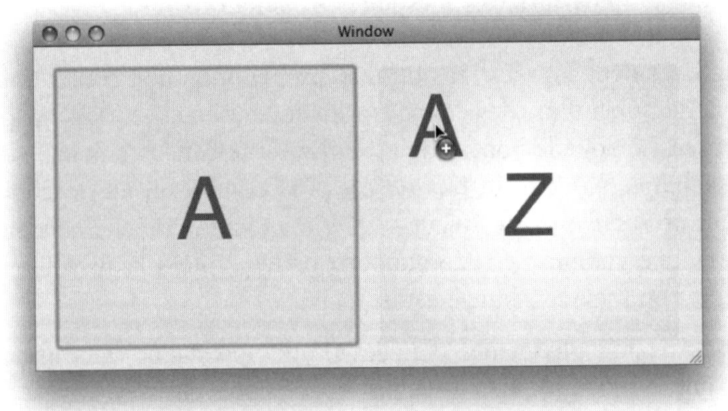

Figure 23.1
L'application terminée.

Pour constituer une source, notre vue doit implémenter `draggingSourceOperationMaskForLocal:`. Cette méthode déclare les opérations auxquelles la vue accepte de participer en tant que source. Ajoutez la méthode suivante dans `BigLetterView.m` :

```
- (NSDragOperation)draggingSourceOperationMaskForLocal:(BOOL)isLocal
{
    return NSDragOperationCopy;
}
```

Cette méthode est appelée automatiquement deux fois : une première avec `isLocal` à `YES`, pour déterminer les opérations auxquelles la vue accepte de participer lorsque les destinations proviennent de notre application, et une seconde avec `isLocal` à `NO`, pour déterminer des opérations auxquelles elle accepte de participer pour les destinations qui proviennent d'autres applications.

Pour débuter une opération de glisser-déposer, nous utiliserons une méthode de NSView :

```
- (void)dragImage:(NSImage *)anImage
               at:(NSPoint)imageLoc
           offset:(NSSize)mouseOffset
            event:(NSEvent *)theEvent
       pasteboard:(NSPasteboard *)pboard
           source:(id)sourceObject
        slideBack:(BOOL)slideBack
```

Nous lui indiquerons l'image concernée par l'opération et la position de début de cette opération. L'événement indiqué doit être mouseDown. Le décalage est totalement ignoré. Le presse-papiers est généralement celui réservé au glisser-déposer. Lorsque le déposer ne se fait pas, nous pouvons préciser si l'icône de l'animation doit revenir à son emplacement d'origine.

Ajoutez une variable d'instance dans BigLetterView.h pour stocker l'événement mouseDown :

```
NSEvent *mouseDownEvent;
```

Dans mouseDown:, nous mémorisons l'événement dans cette variable d'instance. Modifiez la méthode correspondante dans BigLetterView.m :

```
- (void)mouseDown:(NSEvent *)event
{
    [event retain];
    [mouseDownEvent release];
    mouseDownEvent = event;
}
```

Nous devons également créer l'image à faire glisser. Il est possible de dessiner sur une image de la même manière que sur une vue. Pour que le dessin apparaisse sur l'image et non sur l'écran, nous devons tout d'abord verrouiller le focus sur l'image. Lorsque le dessin est terminé, nous devons libérer le focus.

Voici l'intégralité de la méthode que vous devez ajouter dans BigLetterView.m :

```
- (void)mouseDragged:(NSEvent *)event
{
    NSPoint down = [mouseDownEvent locationInWindow];
    NSPoint drag = [event locationInWindow];
    float distance = hypot(down.x - drag.x, down.y - drag.y);
    if (distance < 3) {
        return;
    }

    // La chaîne est-elle vide ?
    if ([string length] == 0) {
```

```
        return;
    }

    // Obtenir la taille de la chaîne.
    NSSize s = [string sizeWithAttributes:attributes];

    // Créer l'image qui sera déplacée.
    NSImage *anImage = [[NSImage alloc] initWithSize:s];

    // Créer un rectangle dans lequel sera dessinée la lettre
    // sur l'image.
    NSRect imageBounds;
    imageBounds.origin = NSZeroPoint;
    imageBounds.size = s;

    // Dessiner la lettre sur l'image.
    [anImage lockFocus];
    [self drawStringCenteredIn:imageBounds];
    [anImage unlockFocus];

    // Obtenir l'emplacement de l'événement mouseDown.
    NSPoint p = [self convertPoint:down fromView:nil];

    // Faire glisser le centre de l'image.
    p.x = p.x - s.width/2;
    p.y = p.y - s.height/2;

    // Obtenir le presse-papiers.
    NSPasteboard *pb = [NSPasteboard pasteboardWithName:NSDragPboard];

    // Placer la chaîne dans le presse-papiers.
    [self writeToPasteboard:pb];

    // Débuter l'opération de glisser.
    [self dragImage:anImage
                 at:p
             offset:NSMakeSize(0, 0)
              event:mouseDownEvent
         pasteboard:pb
             source:self
          slideBack:YES];
    [anImage release];
}
```

Et voilà ! Compilez et exécutez l'application. Vous devez être en mesure de faire glisser une lettre hors de la vue et de la déposer dans n'importe quel éditeur de texte. Essayez avec Xcode.

La source est avertie du déposer si elle implémente la méthode suivante :

```
- (void)draggedImage:(NSImage *)image
             endedAt:(NSPoint)screenPoint
           operation:(NSDragOperation)operation;
```

Par exemple, pour effacer `BigLetterView` lorsque la lettre est déposée dans la corbeille du Dock, nous devons annoncer notre bonne volonté dans `draggingSource-OperationMaskForLocal:` :

```
- (NSDragOperation)draggingSourceOperationMaskForLocal:(BOOL)isLocal
{
    return NSDragOperationCopy | NSDragOperationDelete;
}
```

Il suffit ensuite d'implémenter `draggedImage:endedAt:operation:` :

```
- (void)draggedImage:(NSImage *)image
             endedAt:(NSPoint)screenPoint
           operation:(NSDragOperation)operation
{
    if (operation == NSDragOperationDelete) {
        [self setString:@""];
    }
}
```

Compilez et exécutez l'application. Faites glisser une lettre dans la corbeille. La lettre doit disparaître de la vue.

BigLetterView en tant que destination

Devenir la destination d'une opération de glisser-déposer implique plusieurs étapes. Tout d'abord, nous devons déclarer que la vue est une destination pour certains types d'opérations. Pour cela, `NSView` dispose de la méthode suivante :

```
- (void)registerForDraggedTypes:(NSArray *)pboardTypes
```

Elle est généralement invoquée dans la méthode `initWithFrame:`.

Nous devons également implémenter six méthodes. Elles prennent toutes le même argument : un objet `NSDraggingInfo` qui désigne le presse-papiers utilisé pour le glisser-déposer. Les six méthodes sont invoquées comme suit :

1. Lorsque l'image arrive sur la destination, celle-ci reçoit un message `dragging-Entered:`. En général, la destination change d'aspect. Par exemple, elle peut se surligner.

2. Pendant que l'image reste dans la destination, des messages `draggingUpdated:` sont envoyés. L'implémentation de `draggingUpdated:` est facultative.

3. Si l'image est déplacée hors de la destination, celle-ci reçoit `draggingExited:`.

4. Si l'image est déposée sur la destination, soit elle revient vers sa source et interrompt la séquence, soit un message `prepareForDragOperation:` est envoyé à la destination, selon la valeur retournée par la dernière invocation de `draggingEnte-red:` (ou `draggingUpdated:` si cette méthode est implémentée).

5. Si le message `prepareForDragOperation:` retourne `YES`, un message `performDragOperation:` est envoyé. En général, c'est à ce moment-là que l'application lit les données présentes dans le presse-papiers.

6. Enfin, si `performDragOperation:` a retourné `YES`, `concludeDragOperation:` est envoyé. L'apparence peut changer. C'est à ce moment-là que nous pouvons émettre le son de déglutition pour indiquer le succès du déposer.

registerForDraggedTypes

Nous ajoutons un appel à `registerForDraggedTypes:` depuis la méthode `initWithFrame:` dans `BigLetterView.m` :

```
- (id)initWithFrame:(NSRect)rect
{
    [super initWithFrame:rect];
    NSLog(@"Initialisation de la vue.");
    [self prepareAttributes];
    bgColor = [[NSColor yellowColor] retain];
    string = @"";
    [self registerForDraggedTypes:
                    [NSArray arrayWithObject:NSStringPboardType]];
    return self;
}
```

Ajouter la mise en exergue

Pour indiquer à l'utilisateur que l'opération déposer est acceptée, notre vue se met en exergue. Ajoutez la variable d'instance `highlighted` dans `BigLetterView.h` :

```
@interface BigLetterView : NSView
{
    NSColor *bgColor;
    NSString *string;
    NSMutableDictionary *attributes;
    NSEvent *mouseDownEvent;
    BOOL highlighted;
}
...
```

Nous allons à présent ajouter le code de mise en exergue dans `drawRect:`. Grâce à la classe `NSGradient`, il est très facile de dessiner des dégradés. Dans notre exemple, nous appliquerons un dégradé radial – blanc au centre, pour aller vers `bgColor` :

```
- (void)drawRect:(NSRect)rect
{
 NSRect bounds = [self bounds];
 // Dessiner un arrière-plan dégradé si la vue est mise en exergue.
 if (highlighted) {
   NSGradient *gr;
```

```
    gr = [[NSGradient alloc] initWithStartingColor:[NSColor whiteColor]
                                       endingColor:bgColor];
    [gr drawInRect:bounds relativeCenterPosition:NSZeroPoint];
    [gr release];
  } else {
    [bgColor set];
    [NSBezierPath fillRect:bounds];
  }
  [self drawStringCenteredIn:bounds];
...
```

Implémenter les méthodes d'une destination

Jusqu'à présent, nous avons vu deux manières de déclarer un pointeur sur un objet. Si le pointeur peut faire référence à n'importe quel type d'objet, il est déclaré ainsi :

```
id toto;
```

Si le pointeur doit faire référence à une instance d'une certaine classe, nous le déclarons comme suit :

```
MaClasse *toto;
```

Il existe également une troisième possibilité. Si le pointeur doit faire référence à un objet qui se conforme à un certain protocole, nous le déclarons de la manière suivante :

```
id <MonProtocole> toto;
```

`NSDraggingInfo` est un protocole, non une classe. Toutes les méthodes d'une destination d'une opération de glisser-déposer attendent un objet qui respecte le protocole `NSDraggingInfo`.

Ajoutez les méthodes suivantes dans `BigLetterView.m` :

```
#pragma mark Dragging Destination

- (NSDragOperation)draggingEntered:(id <NSDraggingInfo>)sender
{
    NSLog(@"draggingEntered:");
    if ([sender draggingSource] == self) {
        return NSDragOperationNone;
    }

    highlighted = YES;
    [self setNeedsDisplay:YES];
    return NSDragOperationCopy;
}

- (void)draggingExited:(id <NSDraggingInfo>)sender
{
    NSLog(@"draggingExited:");
    highlighted = NO;
    [self setNeedsDisplay:YES];
}
```

```
- (BOOL)prepareForDragOperation:(id <NSDraggingInfo>)sender
{
    return YES;
}

- (BOOL)performDragOperation:(id <NSDraggingInfo>)sender
{
    NSPasteboard *pb = [sender draggingPasteboard];
    if(![self readFromPasteboard:pb]) {
        NSLog(@"Erreur : lecture impossible depuis le presse-papiers du
glisser-déposer ");
        return NO;
    }
    return YES;
}

- (void)concludeDragOperation:(id <NSDraggingInfo>)sender
{
    NSLog(@"concludeDragOperation:");
    highlighted = NO;
    [self setNeedsDisplay:YES];
}
```

Tester

Ouvrez le fichier nib et ajoutez un autre `BigLetterView` dans la fenêtre. Supprimez les champs de texte. Vérifiez que la variable `nextKeyView` de chaque `BigLetterView` permet de passer d'une vue à l'autre avec la touche Tab (voir Figure 23.2).

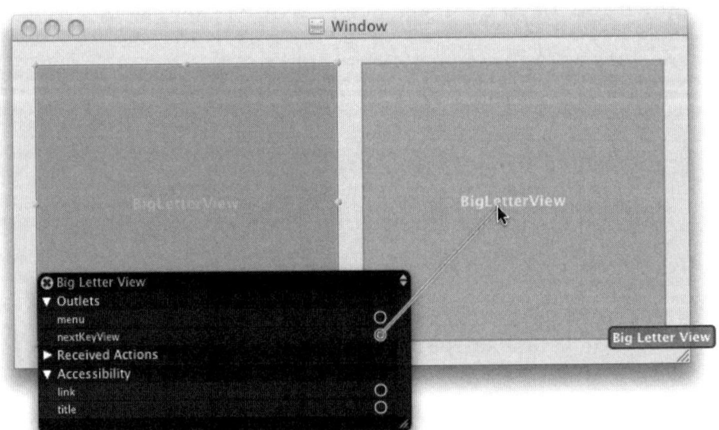

Figure 23.2
Fixer nextKeyView *pour chaque* BigLetterView.

Compilez et exécutez l'application. Vous pouvez faire glisser des caractères entre les vues et depuis d'autres applications.

Pour les plus curieux : masque des opérations

Pour certaines applications, la négociation des opérations qui se produiront lorsque l'utilisateur relâchera le bouton de la souris peut se révéler assez complexe. En effet, la source signale qu'elle accepte de participer à certaines opérations par l'intermédiaire de `draggingSourceOperationMaskForLocal:`. L'utilisateur peut également indiquer ses préférences en maintenant enfoncée la touche Contrôle, Option ou Commande. C'est à la destination de déterminer ce qui va se passer.

L'objet d'informations sur l'opération prend en charge une bonne partie du travail. Il obtient le masque des opérations défini par la source et le filtre en fonction des touches de modification enfoncées par l'utilisateur. Pour voir ce fonctionnement à l'œuvre, nous implémentons `draggingUpdated:` et consignons le masque des opérations contenu dans l'objet d'informations :

```
- (NSDragOperation)draggingUpdated:(id <NSDraggingInfo>)sender
{
    NSDragOperation op = [sender draggingSourceOperationMask];
    NSLog(@"Masque d'opération = %d", op);
    if ([sender draggingSource] == self) {
        return NSDragOperationNone;
    }
    return NSDragOperationCopy;
}
```

Compilez et exécutez l'application. Faites glisser du texte provenant de différentes sources en maintenant enfoncées certaines touches de modification. Notez le comportement du masque et du pointeur.

24

NSTimer

Au sommaire de ce chapitre

- ✔ Agencer l'interface
- ✔ Établir les connexions
- ✔ Implémenter *AppController*
- ✔ Pour les plus curieux : *NSRunLoop*

Une instance de `NSButton` possède une cible et une action (sélecteur). Suite au clic sur le bouton, le message d'action est envoyé à la cible. Les minuteries fonctionnent de manière semblable. Une minuterie est un objet qui possède une cible, un sélecteur et une temporisation dont la durée est donnée en secondes (voir Figure 24.1).

Figure 24.1
NSTimer.

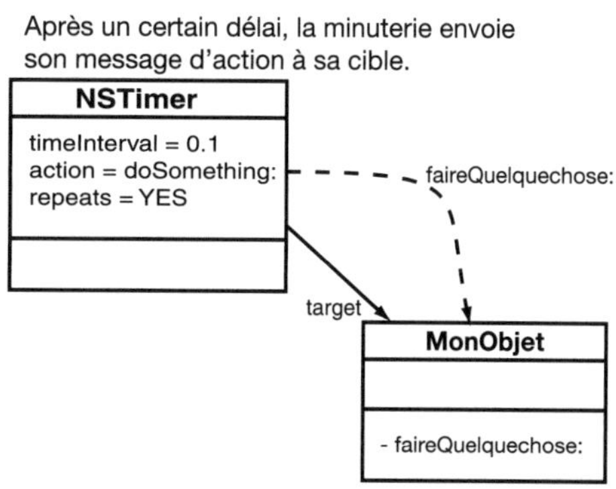

Une fois la temporisation écoulée, le message du sélecteur est envoyé à la cible. La minuterie est incluse en argument du message. Elle peut également être configurée de manière à répéter le message.

Nous allons jouer avec les minuteries en créant une application d'apprentissage de la saisie. Elle contiendra deux objets `BigLetterView`, le premier affichant ce que l'utilisateur doit saisir, le second, ce que l'utilisateur a saisi (voir Figure 24.2).

Figure 24.2
L'application terminée.

Un `NSProgressIndicator` affichera le temps restant. Après deux secondes, l'application émettra un bip pour indiquer à l'utilisateur qu'il est trop lent. Il lui sera alors accordé deux secondes supplémentaires.

Nous allons créer une classe `AppController`. Lorsque l'utilisateur cliquera sur le bouton `Démarrer`, une instance de `NSTimer` sera créée. La minuterie enverra un message toutes les 0,2 seconde. La méthode déclenchée vérifiera si les deux vues correspondent. Dans l'affirmative, la saisie d'une nouvelle lettre sera proposée à l'utilisateur. Dans le cas contraire, l'indicateur de progression sera incrémenté. Si l'utilisateur suspend l'application, la minuterie est arrêtée. La Figure 24.3 présente le graphe d'objets.

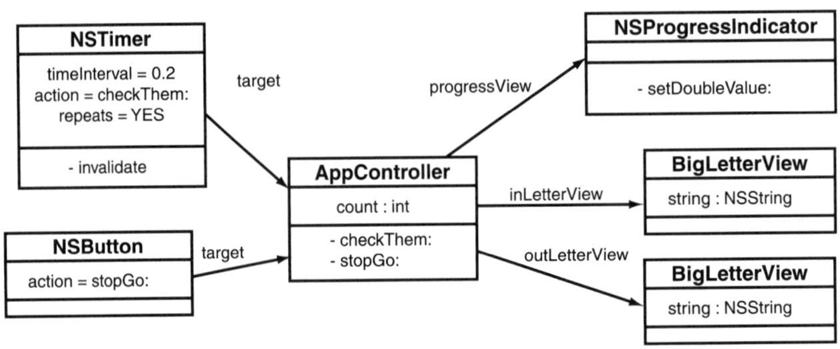

Figure 24.3
Graphe d'objets.

Revenez au projet `TypingTutor` dans Xcode. Créez une nouvelle classe Objective-C nommée `AppController`. Dans `AppController.h`, nous déclarons deux outlets et une action. Nous aurons également besoin d'une minuterie, d'un tableau pour les lettres, de l'indice de la dernière lettre affichée et d'un compteur indiquant la durée d'affichage de la lettre actuelle :

```
#import <Cocoa/Cocoa.h>
@class BigLetterView;

@interface AppController : NSObject
{
    // Outlets.
    IBOutlet BigLetterView *inLetterView;
    IBOutlet BigLetterView *outLetterView;

    // Données.
    NSArray *letters;
    int lastIndex;

    // Minuterie.
    NSTimer *timer;
    int count;
}
- (IBAction)stopGo:(id)sender;
- (void)incrementCount;
- (void)resetCount;
- (void)showAnotherLetter;
@end
```

Agencer l'interface

Ouvrez `MainMenu.nib`. Créez une instance d'`AppController` en faisant glisser un `Object` (sous `Objects & Controllers`) dans la fenêtre du fichier nib. Fixez sa classe à `AppController` (voir Figure 24.4).

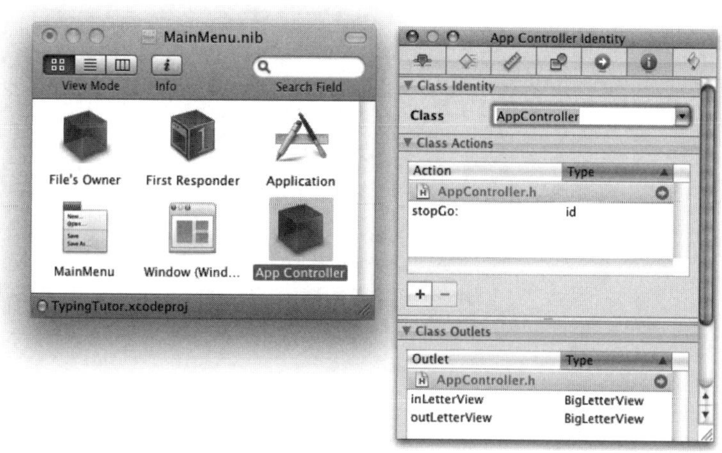

Figure 24.4

Créer une instance d'AppController.

Sélectionnez le `BigLetterView` de gauche. Dans le menu `Layout`, choisissez `Embed Objects in > Box`. Intitulez la boîte `Taper ici`. Placez l'autre `BigLetterView` dans une boîte intitulée `Ceci`.

Déposez un `NSProgressIndicator` sur la fenêtre. Utilisez l'inspecteur pour qu'il ne soit pas indéterminé. Fixez sa plage à 0–100 (voir Figure 24.5).

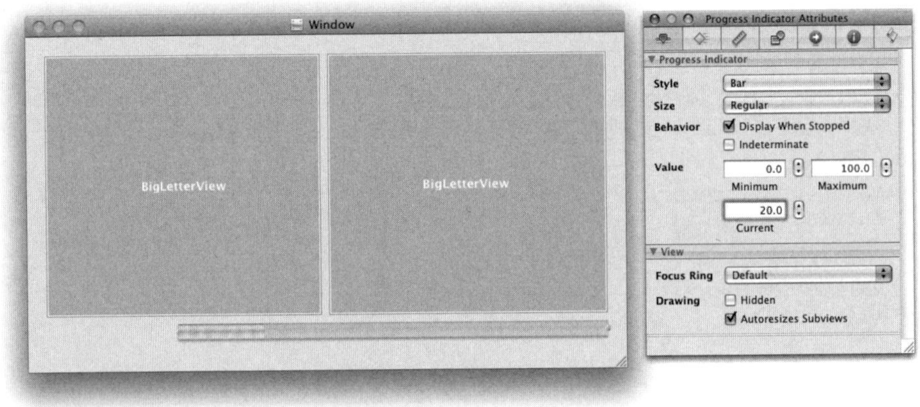

Figure 24.5
Inspecter l'indicateur de progression.

Placez un bouton sur la fenêtre. À l'aide de l'inspecteur, intitulez-le `Démarrer`, avec le texte alternatif `Pause`. Choisissez le style de bouton `Round Textured` et le mode `Toggle`. Décochez également la case `Selected` (voir Figure 24.6).

Figure 24.6
Inspecter le bouton.

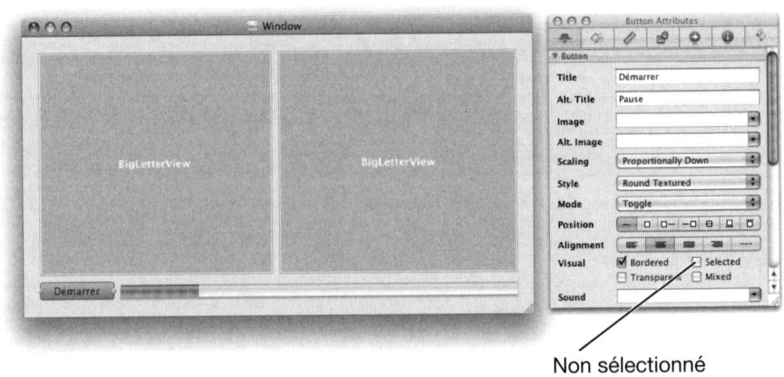

Établir les connexions

En maintenant la touche Contrôle enfoncée, faites glisser le bouton vers l'objet `AppController`. Fixez l'action a `stopGo:` (voir Figure 24.7).

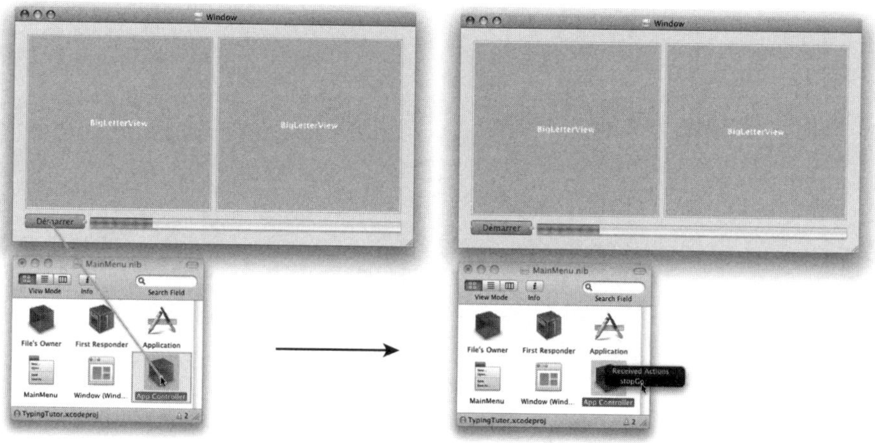

Figure 24.7

*Connectez le bouton à l'*AppController.

Liez la valeur du `NSProgressIndicator` à l'attribut `count` de l'`AppController` (voir Figure 24.8).

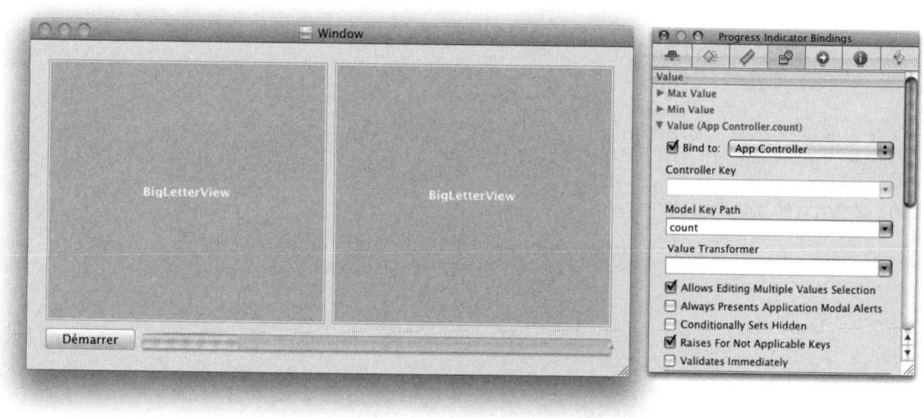

Figure 24.8

*Lier l'indicateur de progression à l'*AppController.

Faites un Contrôle-clic sur l'`AppController` pour afficher le panneau des connexions. Reliez `inLetterView` au `BigLetterView` de gauche et `outLetterView` au `BigLetterView` de droite (voir Figure 24.9).

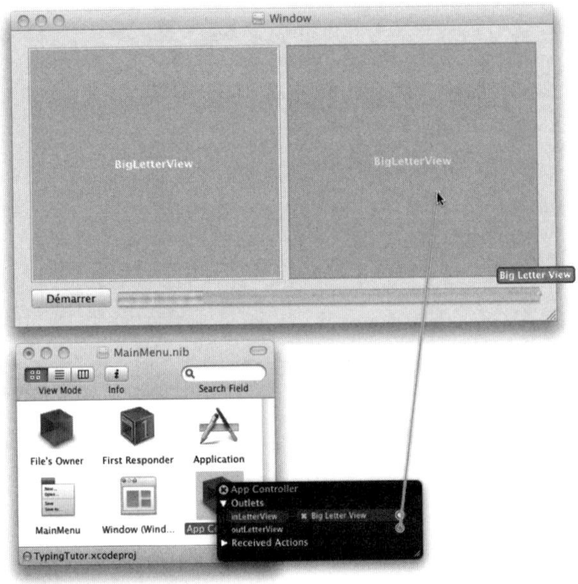

Figure 24.9
Connecter l'outlet outLetterView.

Implémenter *AppController*

Ajoutez les méthodes suivantes dans `AppController.m` :

```
#import "AppController.h"
#import "BigLetterView.h"

#define MAX_COUNT (100)
#define COUNT_STEP (5)

@implementation AppController

- (id)init
{
    [super init];

    // Créer un tableau de lettres.
    letters = [[NSArray alloc] initWithObjects:@"a", @"s",
                    @"d",@"f", @"j", @"k", @"l", @";",nil];

    // Initialiser le générateur de nombres aléatoires.
    srandom(time(NULL));
    return self;
}
```

```
- (void)awakeFromNib
{
    [self showAnotherLetter];
}

- (void)resetCount
{
    [self willChangeValueForKey:@"count"];
    count = 0;
    [self didChangeValueForKey:@"count"];
}

- (void)incrementCount
{
    [self willChangeValueForKey:@"count"];
    count = count + COUNT_STEP;
    if (count > MAX_COUNT) {
        count = MAX_COUNT;
    }
    [self didChangeValueForKey:@"count"];
}

- (void)showAnotherLetter
{
    // Choisir des nombres aléatoires jusqu'à obtenir une valeur
    // différente du dernier.
    int x = lastIndex;
    while (x == lastIndex){
        x = random() % [letters count];
    }
    lastIndex = x;
    [outLetterView setString:[letters objectAtIndex:x]];

    // Recommencer le décompte.
    [self resetCount];
}

- (IBAction)stopGo:(id)sender
{
    if (timer == nil) {
        NSLog(@"Démarrer");

        // Créer une minuterie.
        timer = [[NSTimer scheduledTimerWithTimeInterval:0.1
                                                  target:self
                                                selector:@selector(checkThem:)
                                                userInfo:nil
                                                 repeats:YES] retain];
    } else {
        NSLog(@"Arrêter");

        // Invalider et libérer la minuterie.
        [timer invalidate];
        [timer release];
        timer = nil;
    }
}
```

```
- (void)checkThem:(NSTimer *)aTimer
{
    if ([[inLetterView string] isEqual:[outLetterView string]]) {
        [self showAnotherLetter];
    }
    if (count == MAX_COUNT) {
        NSBeep();
        [self resetCount];
    } else {
        [self incrementCount];
    }
}
@end
```

Compilez et exécutez l'application.

Notez, une fois encore, que nous avons séparé nos classes en vues (`BigLetterView`) et en contrôleurs (`AppController`). Si nous développions une application complète, nous ajouterions probablement des classes modèles, comme `Lecon` et `Etudiant`.

Pour les plus curieux : *NSRunLoop*

`NSRunLoop` est un objet qui attend. Il attend que des événements arrivent, pour ensuite les transmettre à un `NSApplication`. Il attend que des événements de minuterie arrivent, pour ensuite les transmettre à un `NSTimer`. Il est même possible d'attacher une socket réseau à la boucle d'attente pour attendre que des données arrivent sur cette socket.

Exercice

Modifiez l'application ImageFun pour que le défilement automatique soit piloté par une minuterie. Supprimez la méthode `mouseDragged:` de `StretchView`. Dans `mouseDown:`, créez une minuterie répétitive qui invoque une méthode de la vue à un intervalle de 1/10 de seconde. Dans la méthode invoquée, effectuez un défilement automatique en utilisant l'événement courant. Pour obtenir cet événement, invoquez la méthode `currentEvent` de `NSApplication` :

```
NSEvent *e = [NSApp currentEvent];
```

N'oubliez pas que `NSApp` est une variable globale qui pointe sur l'instance de `NSApplication`. Invalidez et libérez la minuterie dans `mouseUp:`. Vous remarquerez que l'autodéfilement est beaucoup plus harmonieux et prévisible.

25

Feuilles

Au sommaire de ce chapitre

- ✔ Ajouter une feuille
- ✔ Pour les plus curieux : *contextInfo*
- ✔ Pour les plus curieux : fenêtres modales

Une feuille n'est rien d'autre qu'une instance de `NSWindow` attachée à une autre fenêtre. La feuille s'affiche par-dessus la fenêtre et celle-ci ne reçoit plus les événements tant que la feuille n'est pas fermée. En général, une feuille est créée en tant que fenêtre hors écran dans le fichier nib.

Plusieurs méthodes de `NSApplication` concernent la gestion des feuilles :

```
- (void)beginSheet:(NSWindow *)sheet
    modalForWindow:(NSWindow *)docWindow
     modalDelegate:(id)modalDelegate
    didEndSelector:(SEL)didEndSelector
       contextInfo:(void *)contextInfo
```

Commence une feuille.

```
- (void)endSheet:(NSWindow *)sheet returnCode:(int)returnCode
```

Termine une feuille.

Outre la feuille et la fenêtre à laquelle elle est attachée, nous passons un délégué modal, un sélecteur et un pointeur pour créer une feuille. `modalDelegate` recevra le message indiqué par `didEndSelector`, et la feuille, son code de retour, ainsi que `contextInfo` seront passés en argument. La méthode invoquée par `didEndSelector` doit donc avoir la signature suivante :

```
- (void)rex:(NSWindow *)sheet
       fido:(int)returnCode
      medor:(void *)contextInfo
```

Les noms de chiens signifient que nous pouvons utiliser n'importe quels noms pour la méthode. La plupart des programmeurs choisissent des noms plus significatifs, comme `sheetDidEnd:returnCode:contextInfo:`.

Ajouter une feuille

Nous allons ajouter une feuille qui permettra à l'utilisateur d'ajuster la vitesse de l'application TypingTutor. Elle sera affichée lorsque l'utilisateur sélectionnera l'entrée de menu `Adjust speed...`. La feuille sera fermée en cliquant sur un bouton `OK`. La Figure 25.1 présente l'application terminée.

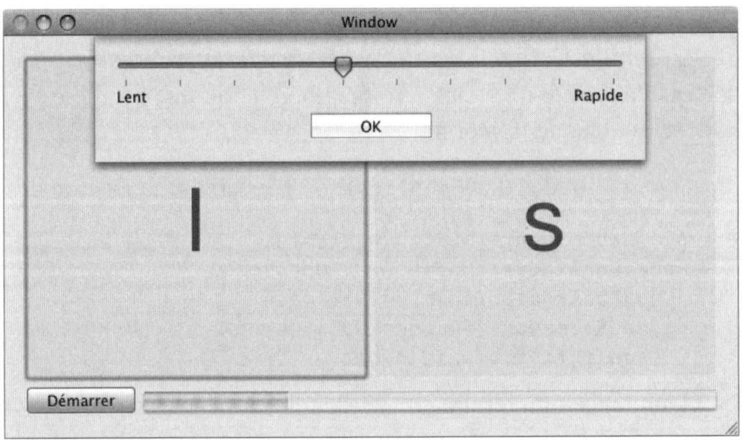

Figure 25.1
L'application terminée.

L'`AppController` contrôlera le curseur et la fenêtre. Nous ajouterons donc des outlets pour ces éléments. Il recevra également un message lorsque l'utilisateur sélectionnera l'entrée de menu `Adjust speed...` ou cliquera sur le bouton `OK`. Nous ajouterons donc deux méthodes d'action à `AppController`.

La Figure 25.2 présente le graphe d'objets.

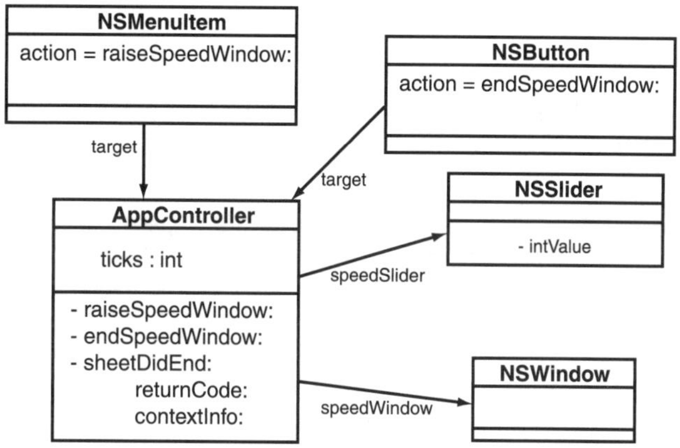

Figure 25.2
Graphe d'objets.

Ajouter les outlets et les actions

Modifiez `AppController.h` de la manière suivante :

```
#import <Cocoa/Cocoa.h>
@class BigLetterView;

@interface AppController : NSObject
{
    // Outlets.
    IBOutlet BigLetterView *inLetterView;
    IBOutlet BigLetterView *outLetterView;
    IBOutlet NSWindow *speedSheet;

    // Données.
    NSArray *letters;
    int lastIndex;

    // Minuterie.
    NSTimer *timer;
    int count;
    int stepSize;
}
- (IBAction)stopGo:(id)sender;
- (IBAction)showSpeedSheet:(id)sender;
- (IBAction)endSpeedSheet:(id)sender;
- (void)incrementCount;
- (void)resetCount;
- (void)showAnotherLetter;

@end
```

Enregistrez le fichier.

Agencer l'interface

Ouvrez `MainMenu.nib`. Ajoutez une entrée de menu dans le menu principal de l'application en la faisant glisser depuis la bibliothèque (sous `Application > Menus`), comme l'illustre la Figure 25.3.

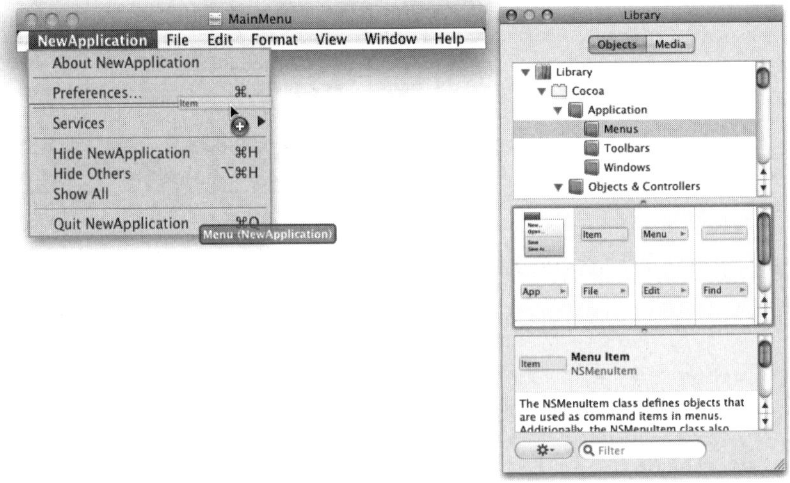

Figure 25.3

Ajouter une entrée de menu.

Intitulez l'entrée `Adjust Speed`.... En maintenant la touche Contrôle enfoncée, faites glisser l'entrée sur `AppController` et choisissez l'action `showSpeedSheet:` (voir Figure 25.4).

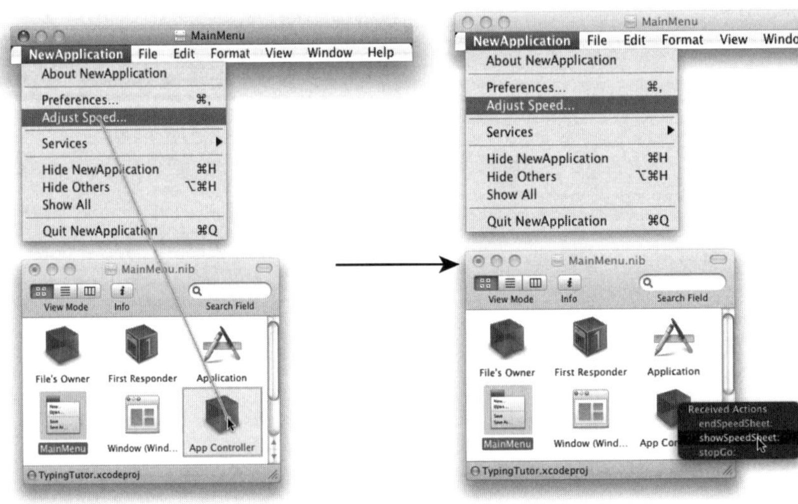

Figure 25.4

Connecter l'entrée de menu.

Créez une nouvelle fenêtre en la faisant glisser depuis la bibliothèque (sous `Application > Windows`). Désactivez son redimensionnement et décochez `Visible at launch` (voir Figure 25.5).

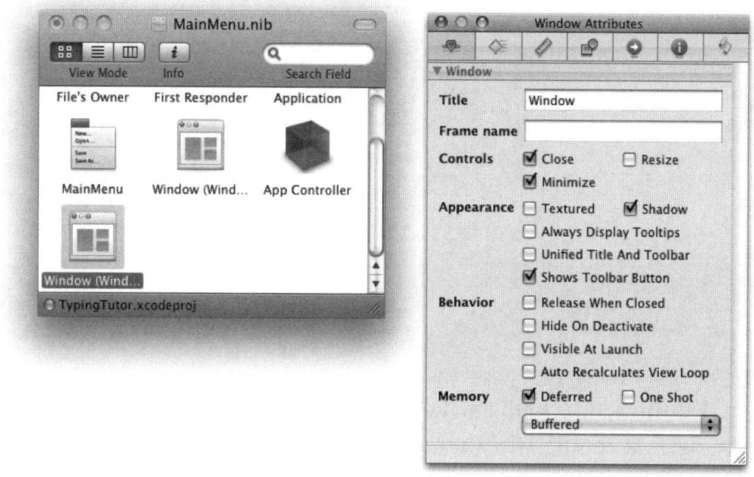

Figure 25.5

Inspecter la nouvelle fenêtre.

Placez un curseur sur la nouvelle fenêtre. Pour nommer l'extrémité gauche du curseur `Lent` et l'extrémité droite `Rapide`, déposez deux champs de texte non modifiables sur la fenêtre. Ajoutez un bouton intitulé `OK`. Attribuez au curseur la valeur minimale 1 et maximale 10 (voir Figure 25.6).

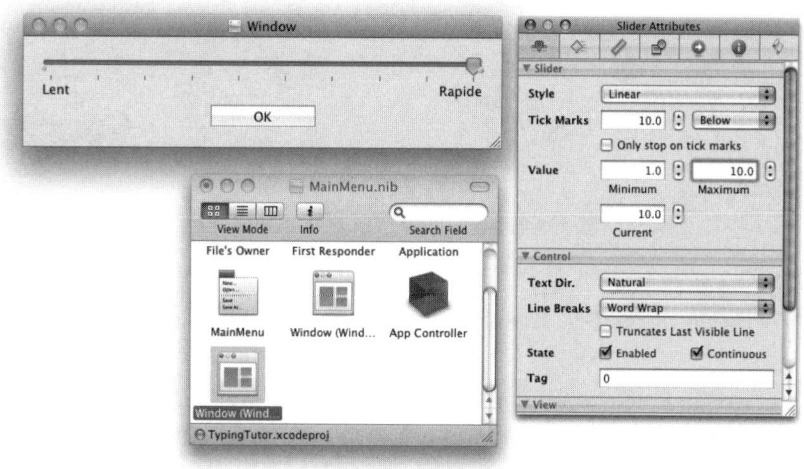

Figure 25.6

Inspecter le curseur.

Liez la valeur du curseur à la variable `stepSize` d'`AppController` (voir Figure 25.7).

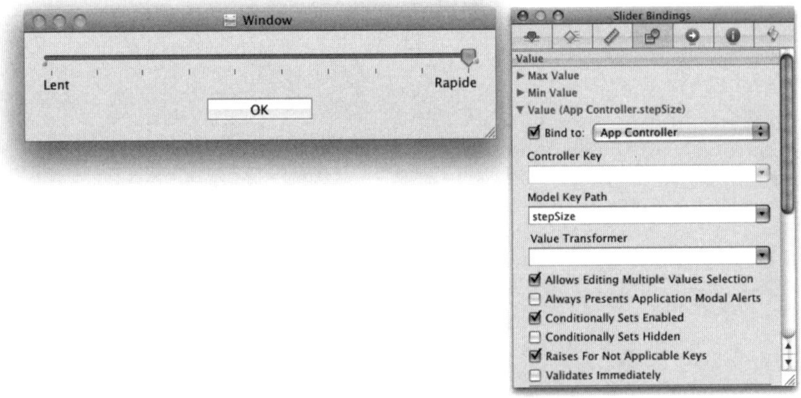

Figure 25.7

Lier la valeur du curseur à stepSize.

Lorsque l'utilisateur clique sur le bouton `OK`, `AppController` doit recevoir un message qui terminera la feuille. En maintenant enfoncée la touche Contrôle, faites glisser le bouton sur `AppController` et choisissez `endSpeedSheet:` comme action (voir Figure 25.8).

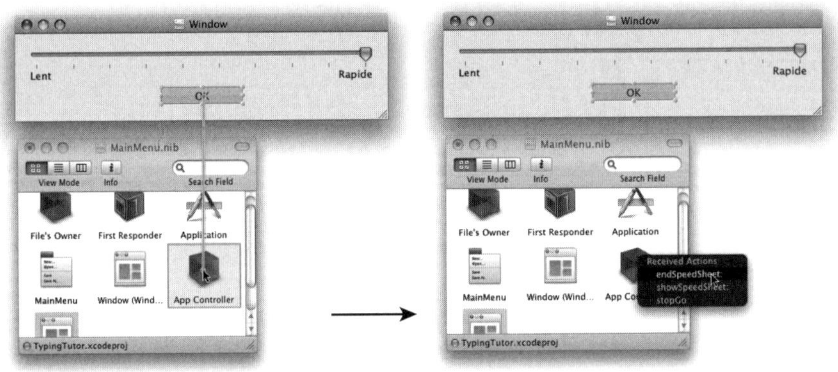

Figure 25.8

Fixer la cible du bouton.

Pour que la fenêtre s'affiche comme une feuille, `AppController` doit avoir un pointeur sur cette fenêtre. Faites un Contrôle-clic sur `AppController` pour obtenir le panneau des connexions. Connectez l'outlet `speedSheet` à la fenêtre (voir Figure 25.9).

Enregistrez et fermez le fichier nib.

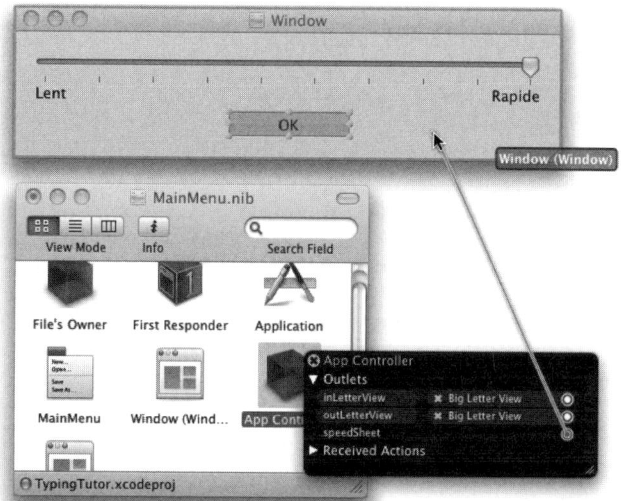

Figure 25.9

Connecter l'outlet speedSheet.

Ajouter le code

Dans `AppController.m`, nous avons défini la constante `COUNT_STEP` qui précise le pas d'incrémentation de la minuterie ; l'utilisateur va de 0 à 100 par pas de 5. Dans cette section, nous allons lier le pas au curseur. Plus le curseur se rapprochera de l'extrémité `Rapide`, plus le pas sera grand.

Dans `AppController.m`, nous supprimons la ligne `#define COUNT_STEP (5)`.

Dans la méthode `init`, nous initialisons `stepSize` à 5 :

```
- (id)init
{
    [super init];

    // Créer un tableau de lettres.
    letters = [[NSArray alloc] initWithObjects:@"a", @"s",
                    @"d",@"f", @"j", @"k", @"l", @";",nil];

    // Initialiser le générateur de nombres aléatoires.
    srandom(time(NULL));
    stepSize = 5;
    return self;
}
```

Dans `incrementCount`, nous remplaçons `COUNT_STEP` par `stepSize` :

```
- (void)incrementCount
{
    [self willChangeValueForKey:@"count"];
    count = count + stepSize;
```

```
    if (count > MAX_COUNT) {
        count = MAX_COUNT;
    }
    [self didChangeValueForKey:@"count"];
}
```

Lorsque l'utilisateur sélectionne l'entrée de menu `Adjust Speed...`, la feuille doit être affichée. Pour cela, ajoutez la méthode suivante `AppController.m` :

```
- (IBAction)showSpeedSheet:(id)sender
{
    [NSApp beginSheet:speedSheet
       modalForWindow:[inLetterView window]
        modalDelegate:nil
       didEndSelector:NULL
          contextInfo:NULL];
}
```

Nous attachons la feuille à la fenêtre dans laquelle se trouve `inLetterView`. Par ailleurs, lorsque la feuille est fermée, aucune méthode n'est rappelée.

La feuille doit être fermée lorsque l'utilisateur clique sur le bouton `OK`. Ajoutez la méthode suivante dans `AppController.m` :

```
- (IBAction)endSpeedSheet:(id)sender
{
    // Revenir à une gestion normale des événements.
    [NSApp endSheet:speedSheet];

    // Masquer la feuille.
    [speedSheet orderOut:sender];

}
```

Compilez et exécutez l'application. Ouvrez la feuille, ajustez la vitesse et fermez la feuille.

Pour les plus curieux : *contextInfo*

Le paramètre `contextInfo` est un pointeur sur des données. Nous pouvons passer ce paramètre lors de l'ouverture de la feuille. Le délégué recevra le pointeur lors de la fermeture de la feuille. Dans l'exemple suivant, nous ouvrons une feuille et passons un numéro de téléphone comme information de contexte :

```
[NSApp beginSheet:uneFenetre
   modalForWindow:uneAutreFenetre
    modalDelegate:self
   didEndSelector:@selector(didEnd:returnCode:telephone:)
      contextInfo:@"01-44-23-18-39"];
```

Dans la méthode `didEnd:returnCode:telephone:`, le numéro de téléphone se trouve dans le troisième argument :

```
- (void)didEnd:(NSWindow *)feuille
    returnCode:(int)codeRetour
     telephone:(NSString *)numTel
{
  NSLog(@"sheetDidEnd: Numéro de téléphone = %@", numTel);
}
```

L'information de contexte et le dictionnaire des informations utilisateur de `NSNotification` jouent un rôle équivalent.

Pour les plus curieux : fenêtres modales

Lorsqu'une feuille est active, l'utilisateur ne peut plus envoyer d'événements à la fenêtre à laquelle elle est attachée. Lorsqu'un panneau d'alerte est affiché, il est modal. Autrement dit, l'utilisateur ne peut pas envoyer d'événements à n'importe quelle autre fenêtre.

Pour qu'une fenêtre soit modale, nous utilisons la méthode suivante de `NSApp` :

```
- (int)runModalForWindow:(NSWindow *)aWindow
```

Cette méthode ne laisse passer que les événements destinés à `aWindow`. Lorsque `aWindow` ne doit plus être modale, il suffit d'envoyer ce message à l'objet `NSApplication` :

```
- (void)stopModalWithCode:(int)returnCode
```

La méthode `runModalForWindow:` se termine alors et retourne la valeur de `returnCode`.

26

NSFormatter

Au sommaire de ce chapitre

- ✔ Formateur de base
- ✔ Le délégué de *NSControl*
- ✔ Vérifier des chaînes partielles
- ✔ Formateurs qui retournent des chaînes avec attributs

Un formateur prend une chaîne de caractères et génère un autre objet, en général pour que l'utilisateur puisse saisir autre chose qu'une simple chaîne. Par exemple, lorsqu'il reçoit la chaîne "17/3/1975", `NSDateFormatter` la convertit en un objet `NSDate` qui représente le 17e jour du mois de mars de l'année 1975 (voir Figure 26.1).

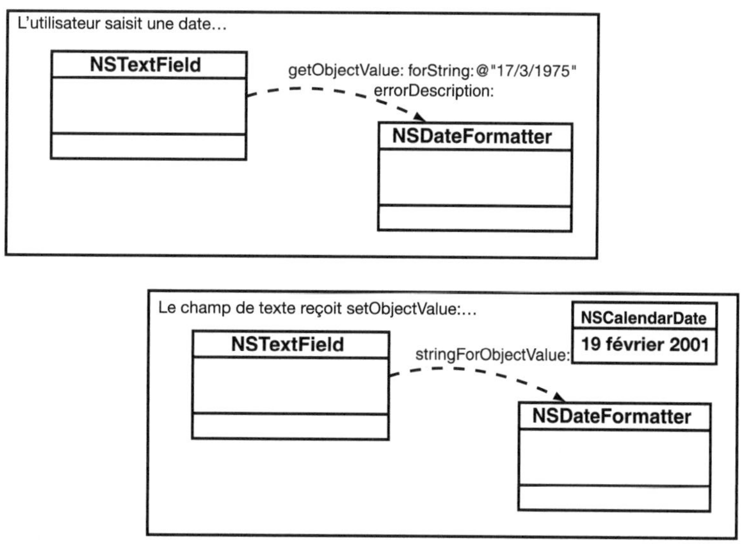

Figure 26.1
NSDateFormatter.

Par ailleurs, un formateur peut prendre un objet et générer une chaîne présentée à l'utilisateur. Par exemple, imaginons un champ de texte qui contient un `NSDateFormatter`. Lorsque le champ de texte reçoit le message `setObjectValue:` avec un objet `NSCalendarDate`, le formateur de date génère une chaîne de caractères qui représente cette date. L'utilisateur voit alors cette chaîne.

Tous les formateurs sont des sous-classes de `NSFormatter`. Cocoa en fournit deux : `NSDateFormatter` et `NSNumberFormatter`. Nous avons utilisé `NSNumberFormatter` au Chapitre 8 pour mettre l'augmentation espérée sous forme de pourcentage.

Le formateur de base implémente deux méthodes :

```
- (BOOL)getObjectValue:(id *)anObject
             forString:(NSString *)aString
      errorDescription:(NSString **)errorPtr
```

Ce message est envoyé au formateur par le contrôle, par exemple un champ de texte, lorsqu'il doit convertir `aString`, ce que l'utilisateur a saisi, en un objet. Le formateur peut retourner `YES` et affecter `anObject` pour qu'il pointe sur le nouvel objet. S'il retourne `NO`, cela signifie que la chaîne ne peut pas être convertie et le problème est signalé par l'intermédiaire d'`errorPtr`. Cet argument est un pointeur sur un pointeur. Autrement dit, il s'agit d'un emplacement où nous pouvons placer un pointeur sur la chaîne de caractères. De même, `anObject` est un pointeur sur un pointeur.

```
- (NSString *)stringForObjectValue:(id)anObject
```

Ce message est envoyé au formateur par le contrôle lorsqu'il doit convertir `anObject` en une chaîne de caractères. Le contrôle présente la chaîne retournée à l'utilisateur (voir Figure 26.2).

Figure 26.2

NSFormatter.

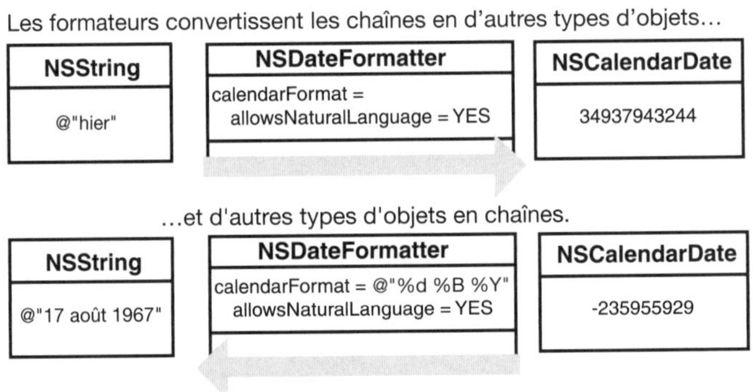

Très souvent, l'objet créé à partir de la chaîne est également une chaîne. Par exemple, nous pourrions écrire une classe `NumeroTelephoneFormatter` qui insère les tirets et les parenthèses autour du code international dans un numéro de téléphone.

Formateur de base

Dans ce chapitre, nous écrirons notre propre classe de mise en forme. Nous allons créer un formateur qui permet à l'utilisateur de saisir le nom d'une couleur et qui la transforme en objet `NSColor` correspondant. Nous utiliserons ensuite cet objet de couleur pour modifier la couleur d'arrière-plan de `BigLetterView`. La Figure 26.3 illustre l'application terminée.

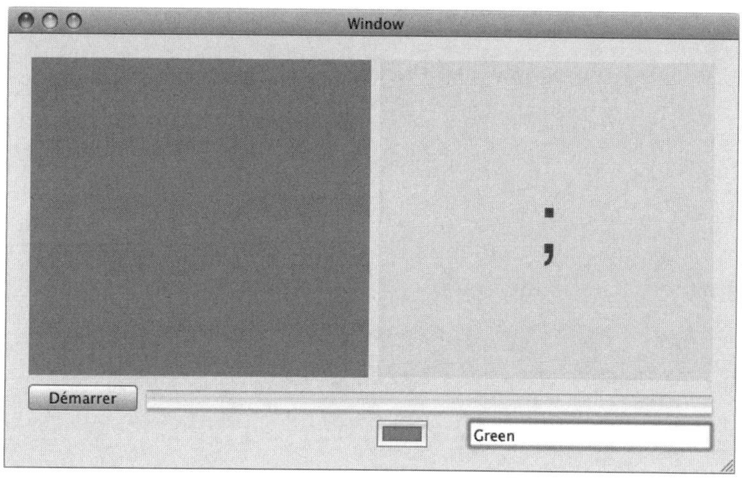

Figure 26.3
L'application terminée.

Créer *ColorFormatter.h*

Dans Xcode, créez une nouvelle classe Objective-C nommée `ColorFormatter`.

Dans `ColorFormatter.h`, changez la superclasse en `NSFormatter` et ajoutez une variable d'instance :

```
#import <Cocoa/Cocoa.h>

@interface ColorFormatter : NSFormatter
{
    NSColorList *colorList;
}
@end
```

Enregistrez le fichier.

Modifier le fichier nib

Ouvrez `MainMenu.nib`. Déposez un témoin de couleur et un champ de texte sur la fenêtre (voir Figure 26.4).

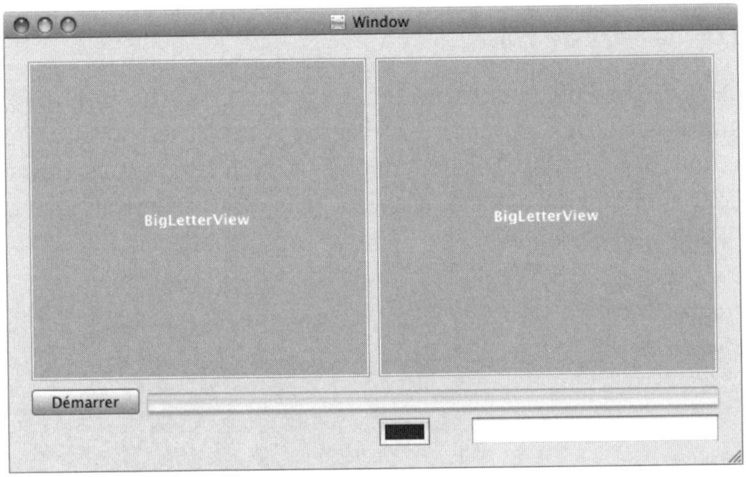

Figure 26.4
Ajouter un témoin de couleur et un champ de texte.

Liez la valeur du témoin de couleur à la variable `inLetterView.bgColor` d'`AppController` (voir Figure 26.5).

Figure 26.5
Lier la valeur du témoin de couleur à la variable bgColor *d'*inLetterView.

Liez la valeur du champ de texte au même chemin de clé (voir Figure 26.6).

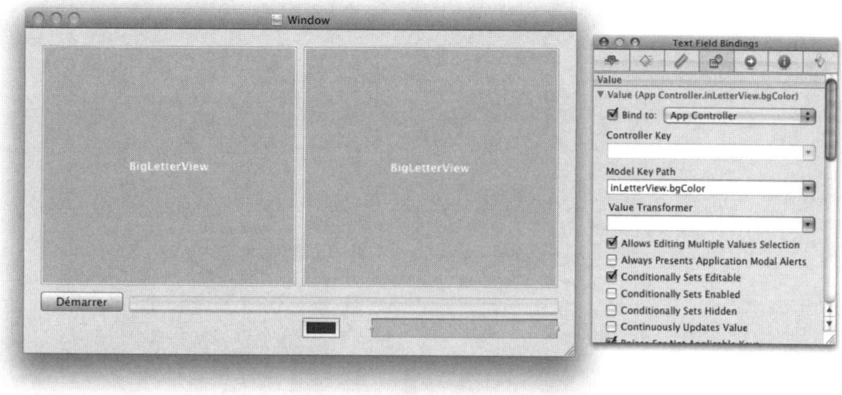

Figure 26.6

Lier la valeur du champ de texte à la variable bgColor *d'*inLetterView.

Déposer un `NSObject` dans la fenêtre du fichier nib et fixez sa classe à `ColorFormatter` (voir Figure 26.7).

Figure 26.7

Créer une instance de ColorFormatter.

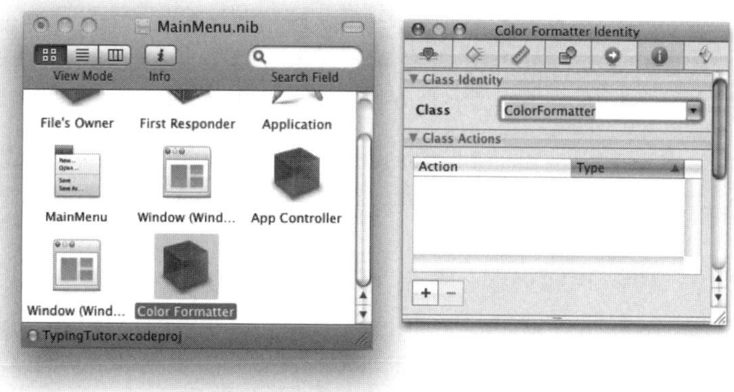

Faites un Contrôle-clic sur le champ de texte pour afficher le panneau de ses connexions. Connectez l'outlet `formatter` à l'objet `ColorFormatter` (voir Figure 26.8).

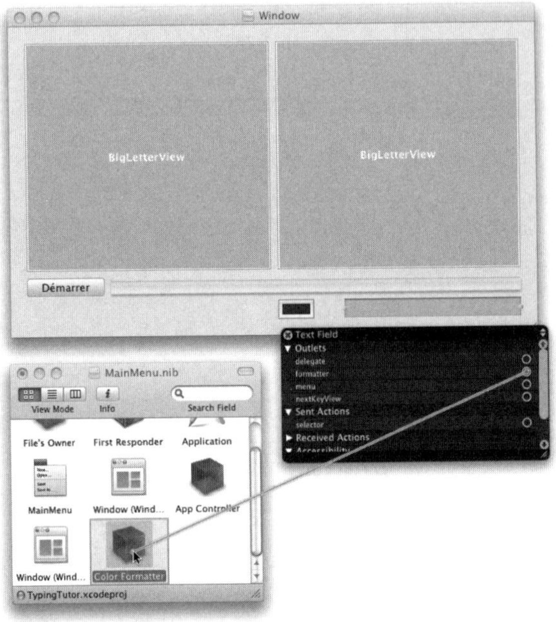

Figure 26.8
Connecter l'outlet formatter *du champ de texte.*

NSColorList

Pour cet exercice, nous utiliserons un `NSColorList`. Il s'agit d'un dictionnaire d'objets de couleur qui associe un nom à une instance de `NSColor`. Plusieurs listes de couleur sont fournies en standard avec Mac OS X. En particulier, la liste de couleur nommée "Apple" comprend un grand nombre de couleurs standard, comme violet et jaune.

`NSColorList` n'est pas une classe particulièrement utile, mais elle rend cet exercice très élégant. Nous n'allons pas passer plus de temps à la décrire.

Rechercher des sous-chaînes dans des chaînes

Si nous avons une chaîne, comme "dakakookookakoo" et que nous y recherchions une chaîne plus courte, comme "ka", le résultat est un `NSRange`. La variable `location` indique l'emplacement dans la chaîne de la première lettre de la sous-chaîne qui correspond. La variable `length` indique la longueur de la sous-chaîne.

Bien sûr, nous avons quelques options à notre disposition. Par exemple, nous pouvons faire une recherche insensible à la casse ou une recherche inversée (de la fin vers le début). Voici comment effectuer une recherche inversée insensible à la casse de la chaîne "KA" dans "abbakachakaza" :

```
NSRange unRange;
NSString *longue = @"abbakachakazazzz";
```

```
NSString *courte = @"KA";

unRange = [longue rangeOfString:courte
                  options:(NSCaseInsensitiveSearch |
NSBackwardsSearch)];
```

Après exécution de ce code, `aRange.location` vaut 9 et `aRange.length` vaut 2. Si la sous-chaîne est introuvable, `length` sera égale à 0.

Implémenter les méthodes

Modifiez `ColorFormatter.m` de la manière suivante :

```
#import "ColorFormatter.h"

@interface ColorFormatter ()
- (NSString *)firstColorKeyForPartialString:(NSString *)string;
@end

@implementation ColorFormatter

- (id)init
{
    [super init];
    colorList = [[NSColorList colorListNamed:@"Apple"] retain];
    return self;
}
- (void)dealloc
{
    [colorList release];
    [super dealloc];
}

- (NSString *)firstColorKeyForPartialString:(NSString *)string
{
    // La clé est-elle vide ?
    if ([string length] == 0) {
        return nil;
    }

    // Parcourir la liste de couleurs.
    for (NSString *key in [colorList allKeys]) {
        NSRange whereFound = [key rangeOfString:string
                              options:NSCaseInsensitiveSearch];
        // La chaîne correspond-elle au début du nom de la couleur ?
        if ((whereFound.location == 0) && (whereFound.length > 0)) {
           return key;
        }
    }
    // Aucune correspondance trouvée, retourner nil.
    return nil;
}
```

```
- (NSString *)stringForObjectValue:(id)obj
{
    // Est-ce une couleur ?
    if (![obj isKindOfClass:[NSColor class]]) {
        return nil;
    }

    // Convertir en couleur RGB.
    NSColor *color;
    color = [obj colorUsingColorSpaceName:NSCalibratedRGBColorSpace];

    // Obtenir les composantes sous forme de nombres en virgule
    // flottante entre 0 et 1.
    CGFloat red, green, blue;
    [color getRed:&red
            green:&green
             blue:&blue
            alpha:NULL];

    // Affecter une valeur élevée à la distance.
    float minDistance = 3.0;
    NSString *closestKey = nil;

    // Rechercher la couleur la plus proche.
    for (NSString *key in [colorList allKeys]) {
        NSColor *c = [colorList colorWithKey:key];
        CGFloat r, g, b;
        [c getRed:&r
            green:&g
             blue:&b
            alpha:NULL];

        // À quelle distance se trouvent 'color' et 'c' ?
        float dist;
        dist = pow(red - r, 2) + pow(green -g, 2) + pow(blue - b, 2);

        // Est-ce la distance la plus courte ?
        if (dist < minDistance) {
            minDistance = dist;
            closestKey = key;
        }
    }
    // Retourner le nom de la couleur la plus proche.
    return closestKey;
}

- (BOOL)getObjectValue:(id *)obj
             forString:(NSString *)string
      errorDescription:(NSString **)errorString
{
    // Rechercher la couleur qui correspond à 'string'.
    NSString *matchingKey = [self firstColorKeyForPartialString:string];
```

```
    if (matchingKey) {
      *obj = [colorList colorWithKey:matchingKey];
      return YES;
    } else {
      // Parfois, 'errorString' vaut NULL.
      if (errorString != NULL) {
         *errorString = [NSString stringWithFormat:
                            @"'%@' n'est pas une couleur", string];
      }
      return NO;
    }
}
@end
```

Compilez et exécutez l'application. Vous pouvez saisir des noms de couleurs et voir l'arrière-plan de `BigLetterView` changer en conséquence. Par ailleurs, si vous utilisez le témoin de couleur, vous pouvez voir le nom de la couleur changer dans le champ de texte. Essayez une chaîne qui ne correspond à aucune couleur.

Le délégué de *NSControl*

Le mécanisme des liaisons crée une feuille d'alerte lorsque le formatage échoue. Le délégué du champ de texte peut également être informé de cet échec. Si le formateur décide que la chaîne est invalide, le délégué reçoit le message d'erreur suivant :

```
- (BOOL)control:(NSControl *)control
        didFailToFormatString:(NSString *)string
              errorDescription:(NSString *)error
```

Le délégué peut contredire l'avis du formateur. S'il retourne `YES`, le contrôle affiche la chaîne telle quelle. S'il retourne `NO`, le délégué est d'accord avec le formateur : la chaîne est bien invalide.

Implémentez la méthode suivante dans `AppController.m` :

```
- (BOOL)control:(NSControl *)control
     didFailToFormatString:(NSString *)string
          errorDescription:(NSString *)error
{
    NSLog(@"AppController signale que le formatage de %@ a échoué :
%@",
                string, error);
    return NO;
}
```

Ouvrez le fichier nib et faites d'`AppController` le délégué du champ de texte (voir Figure 26.9).

Compilez et exécutez l'application. Lorsque la validation échoue, la console affiche un message qui contient la chaîne et la raison de l'échec.

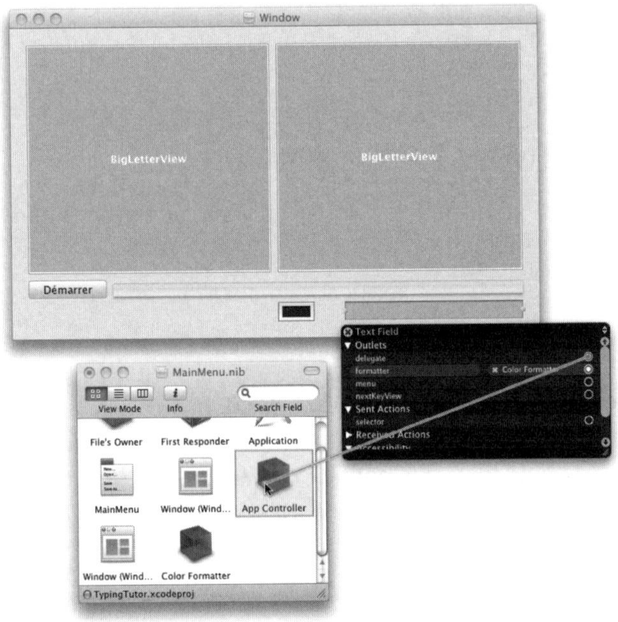

Figure 26.9
Connecter l'outlet delegate *du champ de texte.*

Vérifier des chaînes partielles

Nous pourrions avoir besoin d'un formateur qui empêche l'utilisateur de saisir les lettres qui ne font pas partie d'un nom de couleur. Pour que le formateur vérifie la chaîne à chaque appui sur une touche, nous implémentons la méthode suivante :

```
- (BOOL)isPartialStringValid:(NSString *)partial
          newEditingString:(NSString **)newString
          errorDescription:(NSString **)errorString
```

`partial` correspond à la chaîne, y compris la dernière lettre saisie. Lorsque cette méthode retourne `NO`, cela signifie que la chaîne partielle n'est pas acceptable. De plus, le formateur peut fournir une nouvelle chaîne (`newString`) et une chaîne d'erreur (`errorString`). La chaîne `newString` sera affichée dans le contrôle. `errorString` doit donner à l'utilisateur une idée du problème. Si le formateur retourne `YES`, les arguments `newString` et `errorString` sont ignorés.

Ajoutez la méthode suivante dans `ColorFormatter.m` :

```
- (BOOL)isPartialStringValid:(NSString *)partial
         newEditingString:(NSString **)newString
         errorDescription:(NSString **)error
{
    // Les chaînes vides sont valides.
    if ([partial length] == 0){
        return YES;
    }
```

```
        NSString *match = [self firstColorKeyForPartialString:partial];
        if (match) {
            return YES;
        } else {
            if (error) {
                *error = @"Aucune couleur ne correspond";
            }
            return NO;
        }
    }
```

Compilez et exécutez l'application. Vous ne pourrez pas saisir autre chose que des noms de couleurs.

Cette application a un petit défaut. L'utilisateur ne connaît pas la couleur choisie tant qu'il n'a pas quitté le champ de texte. Il serait préférable que le formateur implémente une complétion automatique. Pour cela, nous devons contrôler la plage de la sélection. Placez en commentaire la méthode `isPartialStringValid:newEditing-String:errorDescription:` et remplacez-la par la suivante :

```
- (BOOL)isPartialStringValid:(NSString **)partial
       proposedSelectedRange:(NSRange *)selPtr
              originalString:(NSString *)origString
       originalSelectedRange:(NSRange)origSel
            errorDescription:(NSString **)error
{
    // Les chaînes vides sont valides.
    if ([*partial length] == 0) {
        return YES;
    }
    NSString *match = [self firstColorKeyForPartialString:*partial];

    // Aucune couleur ne correspond ?
    if (!match) {
        return NO;
    }

    // Si le début de la sélection n'a pas bougé, il s'agit
    // d'une suppression.
    if (origSel.location == selPtr->location) {
        return YES;
    }

    // Si la chaîne partielle est plus courte que la correspondance,
    // fournir la correspondance et fixer la sélection.
    if ([match length] != [*partial length]) {
        selPtr->location = [*partial length];
        selPtr->length = [match length] - selPtr->location;
        *partial = match;
        return NO;
    }
    return YES;
}
```

Compilez et exécutez l'application. Le formateur complète automatiquement les noms de couleurs pendant leur saisie.

Formateurs qui retournent des chaînes avec attributs

Parfois, il peut être intéressant que le formateur définisse non seulement la chaîne à afficher, mais également ses attributs. Par exemple, un formateur de nombres pourrait afficher les valeurs négatives en rouge. Pour implémenter ce comportement, nous utiliserons `NSAttributedString`.

Notre formateur peut implémenter la méthode suivante :

```
- (NSAttributedString *)attributedStringForObjectValue:(id)anObj
                                 withDefaultAttributes:(NSDictionary *)aDict
```

Si cette méthode existe, elle est invoquée à la place de `stringForObjectValue:`. Le dictionnaire passé contient les attributs par défaut pour la vue dans laquelle les données seront affichées. Il est préférable de fusionner le dictionnaire avec les attributs que nous ajoutons. Par exemple, nous utilisons la police du champ de texte qui affiche les données, mais choisissons le rouge comme couleur de premier plan pour indiquer des pertes.

Ajoutez la méthode suivante afin d'afficher le nom de la couleur dans cette couleur :

```
- (NSAttributedString *)attributedStringForObjectValue:(id)anObj
                    withDefaultAttributes:(NSDictionary *)attributes
{
    NSMutableDictionary *md = [attributes mutableCopy];
    NSString *match = [self stringForObjectValue:anObj];
    if (match) {
        [md setObject:anObj forKey:NSForegroundColorAttributeName];
    } else {
        match = @"";
    }
    NSAttributedString *atString;
    atString = [[NSAttributedString alloc] initWithString:match
                                               attributes:md];
    [md release];
    [atString autorelease];
    return atString;
}
```

Compilez et exécutez l'application. Notez que le champ de texte ne changera pas de couleur tant qu'il n'aura pas quitté son rôle de premier répondeur.

27

Impression

Au sommaire de ce chapitre

- ✔ Gérer la pagination
- ✔ Pour les plus curieux : suis-je en train de dessiner à l'écran ?

Le code de gestion de l'impression est toujours assez complexe à écrire. De nombreux facteurs entrent en jeu : mise en page, marges et orientation de la page (portrait ou paysage). Ce chapitre a pour objectif de vous mettre sur la bonne voie, vers des impressions parfaites.

Le développement des méthodes d'impression est considérablement plus facile sous Mac OS X que sous la plupart des systèmes d'exploitation. En effet, les vues savent déjà générer du PDF et Mac OS X sait imprimer ce format de fichier. Si nous avons une application basée sur les documents et une vue qui sait comment se dessiner, il nous suffit d'implémenter `printOperationWithSettings:error:`. Dans cette méthode, nous créons un objet `NSPrintOperation` en utilisant une vue et le retournons. Dans la sous-classe de `NSDocument`, le code ressemble au suivant :

```
- (NSPrintOperation *)printOperationWithSettings:(NSDictionary *)ps
                                           error:(NSError **)e;
{
    NSPrintInfo *printInfo = [self printInfo];
    NSPrintOperation *printOp
            = [NSPrintOperation printOperationWithView:aView
                                             printInfo:printInfo];
    return printOp;
}
```

Gérer la pagination

Comment gérer les pages multiples ? En effet, puisqu'une vue ne contient qu'une seule page, comment peut-elle imprimer des documents de plusieurs pages ? Hors écran, nous allons créer une vue gigantesque capable d'afficher simultanément toutes les pages du document. Le système d'impression demandera à la vue le nombre de pages qu'elle affiche. Ensuite, le système demandera à la vue l'emplacement de chaque page (voir Figure 27.1).

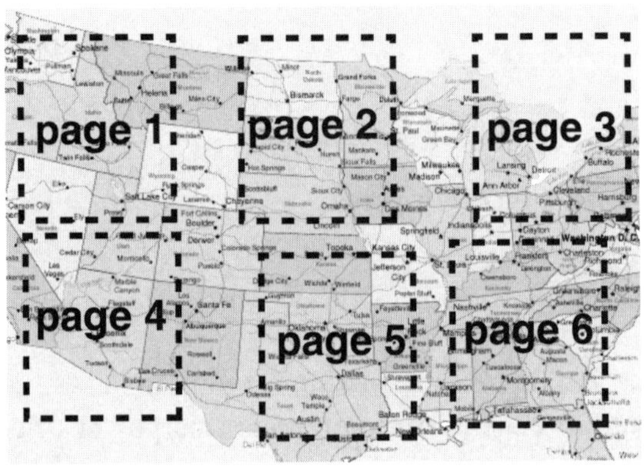

Figure 27.1
Chaque page correspond à un rectangle sur la vue.

La vue doit redéfinir les deux méthodes suivantes :

- (BOOL)**knowsPageRange:**(NSRange *)rptr

Retourne le nombre de pages.

- (NSRect)**rectForPage:**(int)pageNum

Retourne l'emplacement d'une page.

À titre d'exemple, nous allons ajouter l'impression à l'application RaiseMan. Nous imprimerons le nom et l'augmentation espérée pour autant de personnes que nous pourrons en placer sur la feuille de papier sélectionnée par l'utilisateur dans le panneau Imprimer (voir Figure 27.2).

Pour cela, nous allons créer une vue qui se chargera de l'impression. Au lieu de créer une vue suffisamment grande pour afficher simultanément toutes les personnes, nous noterons simplement la page en cours d'impression par le système et y dessinerons les noms dans `drawRect:`.

Figure 27.2
L'application terminée.

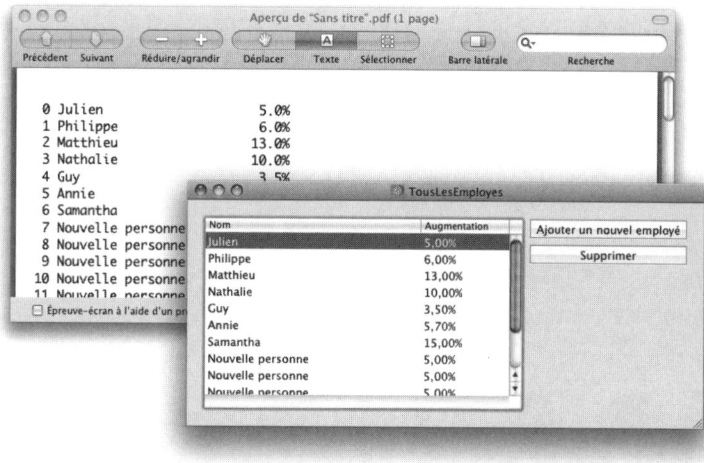

Le code de `MyDocument.m` est assez simple :

```
- (NSPrintOperation *)printOperationWithSettings:(NSDictionary *)ps
                                           error:(NSError **)e
{
    PeopleView *view = [[PeopleView alloc] initWithPeople:employees];
    NSPrintInfo *printInfo = [self printInfo];
    NSPrintOperation *printOp
            = [NSPrintOperation printOperationWithView:view
                                             printInfo:printInfo];
    [view release];
    return printOp;
}
```

Importez également `PeopleView.h` au début de `MyDocument.m`.

Dans le fichier `MainMenu.nib`, vous remarquerez que l'entrée de menu `Print...` a encore `nil` pour cible et que son action est `printDocument:`. `printDocument:` invoquera `printOperationWithSettings:error:` (voir Figure 27.3).

Créez une sous-classe de `NSView` nommée `PeopleView`. Voici le contenu de `People-View.h` :

```
#import <Cocoa/Cocoa.h>

@interface PeopleView : NSView {
    NSArray *people;
    NSMutableDictionary *attributes;
    float lineHeight;
    NSRect pageRect;
    int linesPerPage;
    int currentPage;
}
- (id)initWithPeople:(NSArray *)array;
@end
```

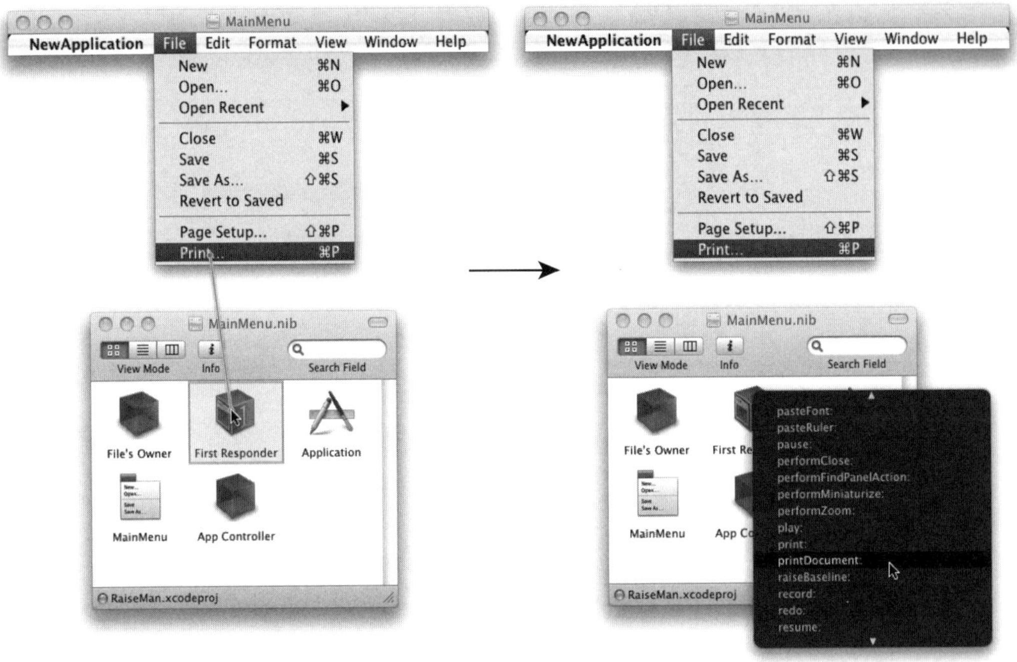

Figure 27.3

Connecter l'entrée de menu.

Dans `PeopleView.m`, nous implémentons la méthode `initWithPeople:`. Cet initialiseur appelle la méthode `initWithFrame:` de `NSView` :

```
#import "PeopleView.h"
#import "Person.h"

@implementation PeopleView

- (id)initWithPeople:(NSArray *)persons
{
    // Appeler l'initialiseur désigné de la super-classe
    // avec un cadre factice.
    [super initWithFrame:NSMakeRect(0, 0, 700, 700)];
    people = [persons copy];
    // Les attributs du texte à afficher.
    attributes = [[NSMutableDictionary alloc] init];
    NSFont *font = [NSFont fontWithName:@"Monaco" size:12.0];
    lineHeight = [font capHeight] * 1.7;
    [attributes setObject:font
                   forKey:NSFontAttributeName];
    return self;
}
```

```
- (void)dealloc
{
    [people release];
    [attributes release];
    [super dealloc];
}

#pragma mark Pagination

- (BOOL)knowsPageRange:(NSRange *)range
{
    NSPrintOperation *po = [NSPrintOperation currentOperation];
    NSPrintInfo *printInfo = [po printInfo];

    // Où puis-je dessiner ?
    pageRect = [printInfo imageablePageBounds];
    NSRect newFrame;
    newFrame.origin = NSZeroPoint;
    newFrame.size = [printInfo paperSize];
    [self setFrame:newFrame];

    // Combien de lignes par page ?
    linesPerPage = pageRect.size.height / lineHeight;

    // Une page par feuille.
    range->location = 1;

    // Nombre de pages nécessaires ?
    range->length = [people count] / linesPerPage;
    if ([people count] % linesPerPage) {
        range->length = range->length + 1;
    }
    return YES;
}

- (NSRect)rectForPage:(int)i
{
    // Noter la page en cours.
    currentPage = i - 1;

    // Retourner à chaque fois le même rectangle de page.
    return pageRect;
}

#pragma mark Drawing

// L'origine de la vue se trouve dans le coin supérieur gauche.
- (BOOL)isFlipped
{
    return YES;
}

- (void)drawRect:(NSRect)r
{
    NSRect nameRect;
    NSRect raiseRect;
```

```
    raiseRect.size.height = nameRect.size.height = lineHeight;
    nameRect.origin.x = pageRect.origin.x;
    nameRect.size.width = 200.0;
    raiseRect.origin.x = NSMaxX(nameRect);
    raiseRect.size.width = 100.0;

    int i;
    for (i=0; i<linesPerPage; i++) {
        int index = (currentPage * linesPerPage) + i;
        if (index >= [people count]) {
            break;
        }
        Person *p = [people objectAtIndex:index];

        // Tracer l'indice et le nom.
        nameRect.origin.y = pageRect.origin.y + (i * lineHeight);
        NSString *nameString = [NSString stringWithFormat:@"%2d %@",
                                        index, [p personName]];
        [nameString drawInRect:nameRect withAttributes:attributes];

        raiseRect.origin.y = nameRect.origin.y;
        NSString *raiseString=[NSString stringWithFormat:@"%4.1f%%",
                                        [p expectedRaise]];
        [raiseString drawInRect:raiseRect withAttributes:attributes];
    }
}

@end
```

Compilez et exécutez l'application. Vous remarquerez que la configuration plusieurs pages par feuille, par exemple 4 de gauche à droite, est opérationnelle. Si vous changez le format du papier, le nombre de personnes imprimées sur la page évolue.

Pour les plus curieux : suis-je en train de dessiner à l'écran ?

Dans une application, le tracé à l'écran est souvent différent du tracé sur l'imprimante. Par exemple, dans un programme de dessin, la vue peut afficher une grille à l'écran, mais pas l'imprimer sur le papier.

Dans notre méthode `drawRect:`, nous pouvons demander au contexte graphique actuel si la destination du dessin est l'écran :

```
if ([[NSGraphicsContext currentContext] isDrawingToScreen]) {
    ...tracer la grille...
}
```

Exercice

Ajoutez les numéros de pages lors de l'impression.

28

Services web

Au sommaire de ce chapitre

- ✔ AmaZone
- ✔ Agencer l'interface
- ✔ Écrire le code

Les services web sont à la mode. En réalité, il s'agit simplement d'une requête et d'une réponse HTTP qui transportent des données XML. Par conséquent, pour utiliser un service web à partir de Cocoa, il suffit d'être capable d'envoyer des requêtes HTTP, de recevoir des réponses HTTP et de générer et d'analyser le contenu XML. Ce processus est illustré à la Figure 28.1.

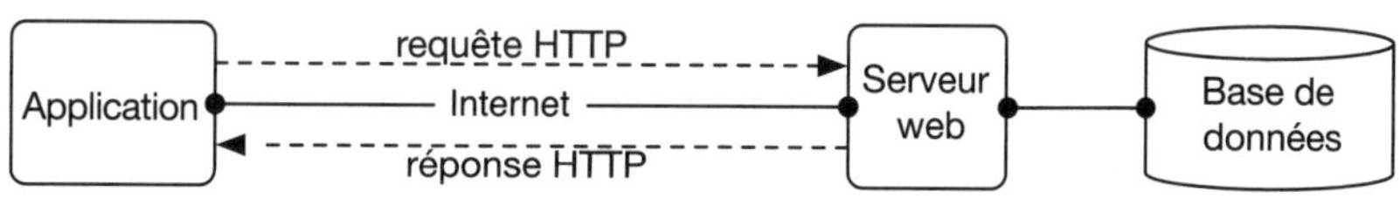

Figure 28.1
Un service web en action.

Les requêtes et les réponses HTTP sont l'affaire de `NSURL`, `NSURLRequest` et `NSURLConnection` (voir Figure 28.2).

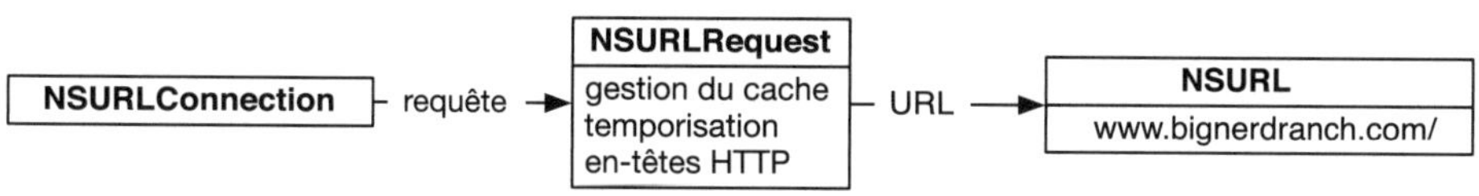

Figure 28.2
Classes de manipulation des requêtes HTTP.

La génération et l'analyse d'un contenu XML se font généralement avec `NSXMLDocument` et `NSXMLNode`. Supposons que nous ayons un `NSData` qui contient le balisage XML suivant :

```
<?xml version="1.0" encoding="UTF-8"?>
<personne>
<prenom>Annie</prenom>
<nom>Versaire</nom>
</personne>
```

`NSXMLDocument` le convertit en une arborescence, comme l'illustre la Figure 28.3.

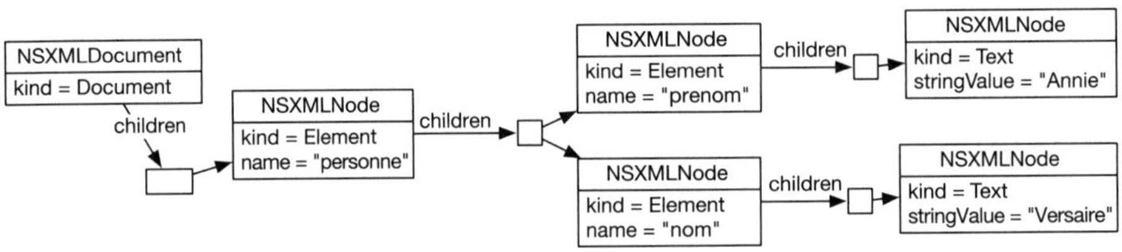

Figure 28.3

Document XML analysé.

AmaZone

Dans cet exercice, nous allons développer une application qui utilise le service web d'Amazon pour rechercher les livres à partir de mots clés. Le résultat de la recherche sera affiché dans une vue tableau. Un double-clic sur une ligne ouvrira la page correspondant au livre dans le navigateur web. La Figure 28.4 présente l'application terminée.

Figure 28.4

L'application terminée.

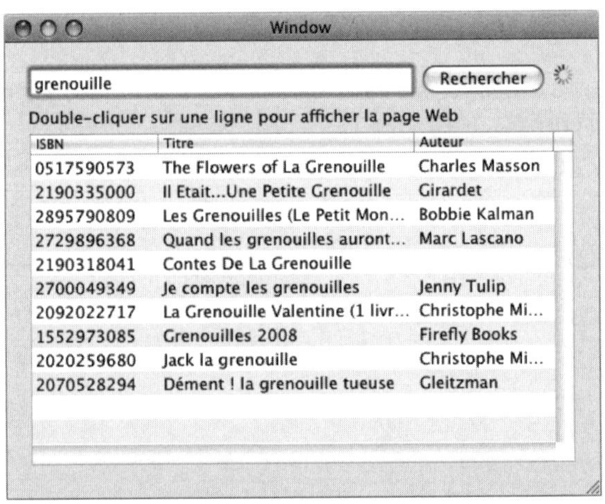

Créez un nouveau projet de type `Cocoa Application`. Nommez-le `AmaZone`. Créez la classe Objective-C `AppController`. Dans `AppController.h`, déclarez trois outlets et une action :

```
#import <Cocoa/Cocoa.h>

@interface AppController : NSObject
{
    IBOutlet NSProgressIndicator *progress;
    IBOutlet NSTextField *searchField;
    IBOutlet NSTableView *tableView;
}
- (IBAction)fetchBooks:(id)sender;
@end
```

Agencer l'interface

Ouvrez `MainMenu.nib` et déposez un `NSObject` dans la fenêtre du fichier nib. Dans l'inspecteur `Identity`, fixez la classe de cet objet à `AppController` (voir Figure 28.5).

Figure 28.5

*Créer l'*AppController.

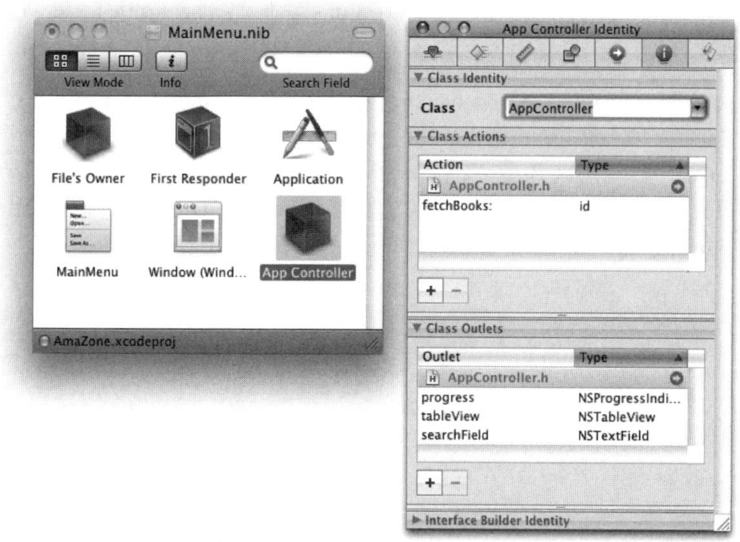

Déposez un champ de texte, un bouton, un indicateur de progression et une vue tableau (avec trois colonnes) dans la fenêtre (voir Figure 28.6).

Configurez la cible et l'action du bouton pour qu'il invoque la méthode `fetchBooks:` d'`AppController`.

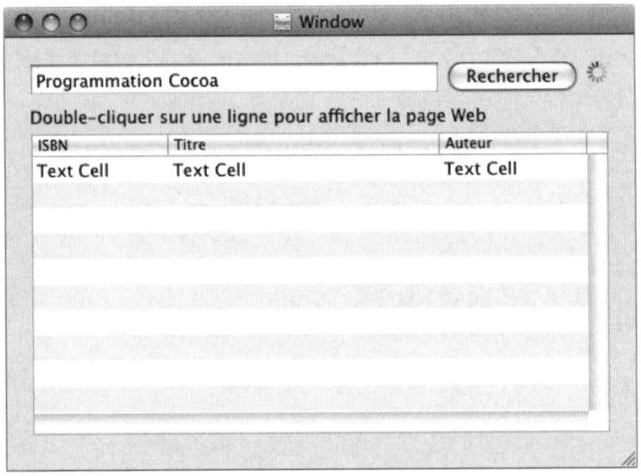

Figure 28.6

L'interface de base.

Faites un Contrôle-clic sur `AppController` pour connecter les trois outlets `tableView`, `searchField` et `progress`.

Faites un Contrôle-clic sur la vue tableau pour afficher le panneau de ses connexions. Faites d'`AppController` la source de données de la vue tableau. Si vous ne voyez pas l'outlet `dataSource`, vérifiez que vous avez bien sélectionné la vue tableau, non la vue défilement.

Lorsqu'il appuie sur la touche Entrée, l'utilisateur s'attend à ce que la recherche soit déclenchée. En maintenant la touche Contrôle enfoncée, faites glisser le champ de texte sur le bouton. Choisissez l'action `performClick:`. Dans l'inspecteur `Attributes` du champ de texte, configurez celui-ci pour qu'il envoie son action uniquement suite à l'appui sur la touche Entrée (voir Figure 28.7).

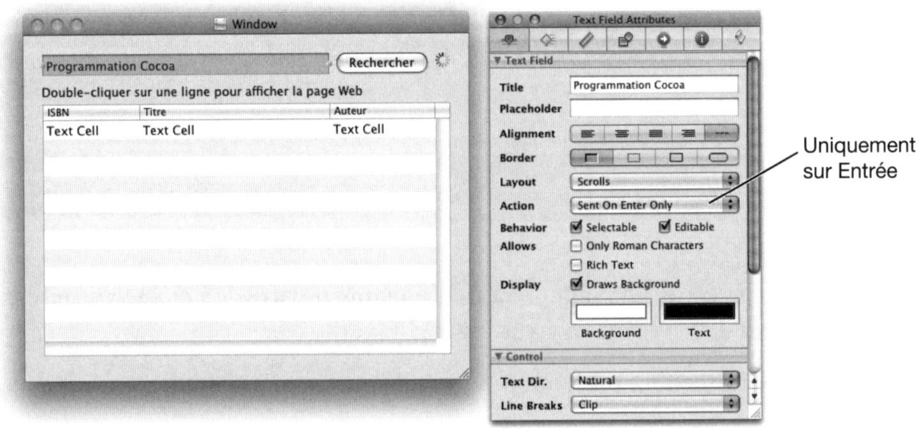

Figure 28.7

Attributs du champ de texte.

Les données XML peuvent être vues comme un arbre constitué de nœuds. Après avoir récupéré les données auprès d'Amazon, nous disposerons d'un tableau d'objets `NSXMLNode`, un pour chaque ligne de la vue tableau. Pour obtenir les données à partir d'un nœud XML, une solution consiste à utiliser XPath. XPath pourrait être comparé aux chemins de clés, mais en utilisant "/" comme séparateur à la place de ".".

Pour simplifier le code, nous allons fixer l'identifiant de chaque colonne du tableau au XPath des données que nous voulons y afficher. En consultant la documentation des services web d'Amazon, nous savons que les identifiants seront `ASIN`, `ItemAttributes/Title` et `ItemAttributes/Author`. Fixez l'identifiant de chaque colonne dans l'inspecteur `Attributes`. Profitez-en pour rendre les colonnes non modifiables (voir Figure 28.8).

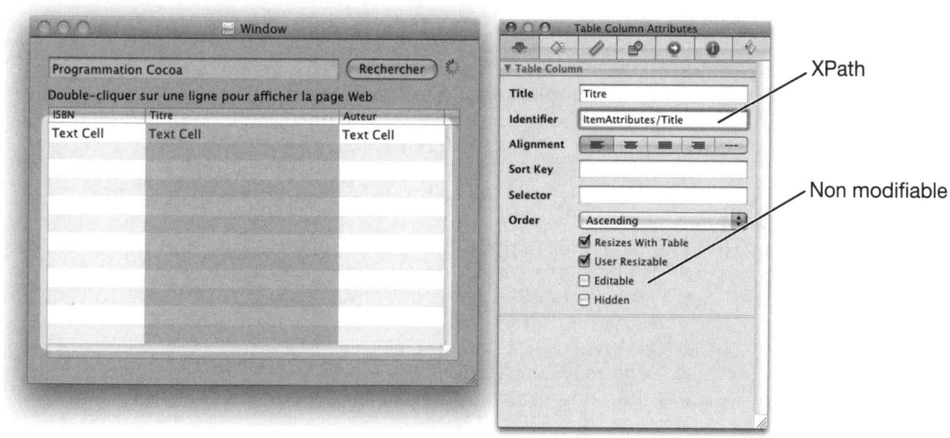

Figure 28.8

Fixer les identifiants des colonnes.

Écrire le code

Dans `AppController.h`, nous ajoutons des variables d'instance qui contiendront l'intégralité du document XML et un tableau des nœuds qui représentent les livres :

```
NSXMLDocument *doc;
NSArray *itemNodes;
```

Dans `AppController.m`, nous aurons besoin d'un identifiant AWS. Si cet identifiant n'est plus opérationnel, cela vient du fait qu'une personne en a fait un usage abusif, empêchant quiconque de l'utiliser. Dans ce cas, vous devrez contacter Amazon Developer Support pour en obtenir un nouveau.

```
#define AWS_ID @"1CKE6MZ6S27EFQ458402"
```

Cette ligne est une macro du préprocesseur. Vérifiez qu'elle ne contient aucun caractère "=" ou ";".

Nous allons à présent combiner une URL et une requête d'URL. Lorsque nous exécutons la requête, nous recevons en retour un `NSData`. Les données sont au format XML et nous les convertissons en `NSXMLDocument`. Enfin, nous utilisons XPath pour récupérer le tableau des nœuds. Ajoutez la méthode suivante dans `AppController.m` :

```
- (IBAction)fetchBooks:(id)sender
{
    // Indiquer à l'utilisateur qu'une opération est en cours.
    [progress startAnimation:nil];

    // Construire la requête.
    // Voir http://www.amazon.com/gp/aws/landing.html

    // Préparer la chaîne à son insertion dans une URL.
    NSString *input = [searchField stringValue];
    NSString *searchString =
              [input stringByAddingPercentEscapesUsingEncoding:
                                             NSUTF8StringEncoding];
    NSLog(@"searchString = %@", searchString);

    // Créer l'URL (une longue chaîne découpée en plusieurs lignes
    // est valide).
    NSString *urlString = [NSString stringWithFormat:
                    @"http://ecs.amazonaws.com/onca/xml?"
                    @"Service=AWSECommerceService&"
                    @"AWSAccessKeyID=%@&"
                    @"Operation=ItemSearch&"
                    @"SearchIndex=Books&"
                    @"Keywords=%@&"
                    @"Version=2007-07-16",
                    AWS_ID, searchString];

    NSURL *url = [NSURL URLWithString:urlString];
    NSURLRequest *urlRequest = [NSURLRequest requestWithURL:url
                     cachePolicy:NSURLRequestReturnCacheDataElseLoad
                 timeoutInterval:30];
    // Recupérer la réponse XML.
    NSData *urlData;
    NSURLResponse *response;
    NSError *error;
    urlData = [NSURLConnection sendSynchronousRequest:urlRequest
                                    returningResponse:&response
                                                error:&error];
    if (!urlData) {
        NSAlert *alert = [NSAlert alertWithError:error];
        [alert runModal];
        return;
    }

    // Analyser la réponse XML.
    [doc release];
    doc = [[NSXMLDocument alloc] initWithData:urlData
```

```
                                        options:0
                                          error:&error];
    NSLog(@"doc = %@", doc);
    if (!doc) {
        NSAlert *alert = [NSAlert alertWithError:error];
        [alert runModal];
        return;
    }

    [itemNodes release];
    itemNodes = [[doc nodesForXPath:@"ItemSearchResponse/Items/Item"
                               error:&error] retain];
    if (!itemNodes) {
        NSAlert *alert = [NSAlert alertWithError:error];
        [alert runModal];
        return;
    }
    // Actualiser l'interface.
    [tableView reloadData];
    [progress stopAnimation:nil];
}
```

Il serait préférable de tester tout ce que nous venons de programmer. Ajoutez une méthode factice servant de source de données à la vue tableau :

```
-(int)numberOfRowsInTableView:(NSTableView*)tv
{
    return 0;
}
```

Compilez et exécutez l'application. Vous ne verrez apparaître aucun titre dans la vue tableau, mais la console doit afficher les données XML reçues. Si les données XML contiennent des intitulés de livres, poursuivez. Si vous obtenez un message d'erreur, utilisez-le pour comprendre ce qui ne fonctionne pas.

Nous disposons à présent d'un tableau de nœuds. Nous écrivons une méthode qui nous permettra d'en extraire les données dont nous aurons besoin (dans `AppController.m`) :

```
- (NSString *)stringForPath:(NSString *)xp ofNode:(NSXMLNode *)n
{
    NSError *error;
    NSArray *nodes = [n nodesForXPath:xp error:&error];
    if (!nodes) {
        NSAlert *alert = [NSAlert alertWithError:error];
        [alert runModal];
        return nil;
    }
    if ([nodes count] == 0) {
        return nil;
    } else {
        return [[nodes objectAtIndex:0] stringValue];
    }
}
```

`AppController` représente la source de données pour la vue tableau. Ajoutez les méthodes d'une source de données dans `AppController.m` :

```
#pragma mark TableView data source methods

- (int)numberOfRowsInTableView:(NSTableView *)tv
{
    return [itemNodes count];
}

- (id)tableView:(NSTableView *)tv
 objectValueForTableColumn:(NSTableColumn *)tableColumn
                       row:(int)row
{
    NSXMLNode *node = [itemNodes objectAtIndex:row];
    NSString *xPath = [tableColumn identifier];
    return [self stringForPath:xPath ofNode:node];
}
```

Compilez et exécutez l'application. Vous devriez être en mesure de récupérer des titres depuis Amazon.

La dernière étape consiste à gérer le double-clic de l'utilisateur sur un titre afin d'ouvrir la page correspondante dans le navigateur.

Dans `awakeFromNib`, fixez les valeurs de `doubleAction` et de `target` de la vue tableau :

```
- (void)awakeFromNib
{
    [tableView setDoubleAction:@selector(openItem:)];
    [tableView setTarget:self];
}
```

Pour finir, nous implémentons `openItem:`. Pour cela, nous utilisons la classe `NSWorkspace` qui représente le Finder.

```
- (void)openItem:(id)sender
{
    int row = [tableView clickedRow];
    if (row == -1) {
        return;
    }

    NSXMLNode *clickedItem = [itemNodes objectAtIndex:row];
    NSString *urlString = [self stringForPath:@"DetailPageURL"
                                       ofNode:clickedItem];
    NSURL *url = [NSURL URLWithString:urlString];
    [[NSWorkspace sharedWorkspace] openURL:url];
}
```

Compilez et exécutez l'application. En double-cliquant sur un titre, le navigateur par défaut doit ouvrir la page correspondante sur le site d'Amazon.

Dans cet exemple, le code bloque en attendant le retour des données. Nous pouvons également effectuer des requêtes d'URL asynchrones. Le délégué de l'objet `NSURLConnection` sera informé de l'arrivée des données demandées.

Exercice : ajouter une vue web

Pour le moment, nous utilisons `NSWorkspace` pour ouvrir la page web dans une autre application. L'utilisateur souhaiterait peut-être que la page web apparaisse dans une feuille dans l'application existante (voir Figure 28.9).

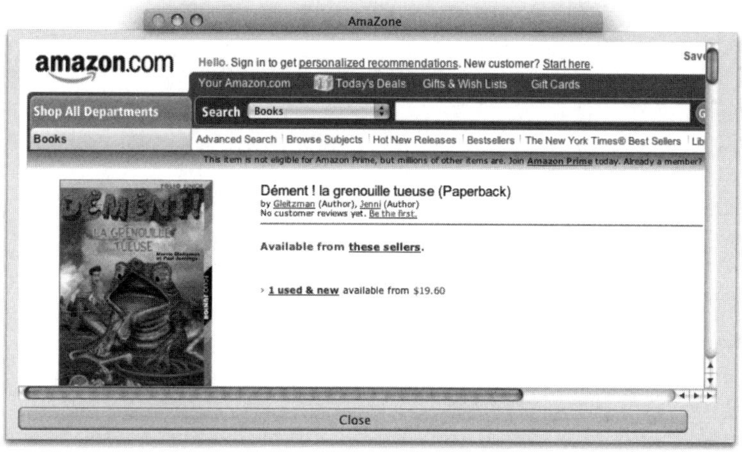

Figure 28.9
Utiliser une vue web pour afficher les détails.

L'exercice consiste donc à ajouter une nouvelle fenêtre avec un `WebView` dans l'application. Cette fenêtre doit s'afficher à l'écran comme une feuille.

Vous aurez besoin d'ajouter le framework WebKit dans votre projet.

Si vous disposez d'une chaîne représentant une URL, vous pouvez demander au `WebView` de charger cette URL en lui envoyant le message suivant :

```
- (void)setMainFrameURL:(NSString *)URLString
```

C'est tout ce dont vous devriez avoir besoin. Si vous souhaitez ajouter un indicateur de progression, vous devrez faire de votre contrôleur le "délégué de chargement" de la vue web :

```
[webView setFrameLoadDelegate:self];
```

Le contrôleur implémente ensuite les méthodes suivantes :

```
- (void)webView:(WebView *)wv
        didStartProvisionalLoadForFrame:(WebFrame *)wf
```

```
- (void)webView:(WebView *)wv
        didFinishLoadForFrame:(WebFrame *)wf

- (void)webView:(WebView *)wv
        didFailProvisionalLoadWithError:(NSError *)error
                               forFrame:(WebFrame *)wf
```

29

Échange de vues

Au sommaire de ce chapitre

- ✔ Conception
- ✔ Redimensionner la fenêtre

Au lieu d'ouvrir une nouvelle fenêtre, nous voudrons parfois retirer une vue et la remplacer par une autre. Pour y parvenir, une solution simple consiste à changer la vue contenu d'une boîte.

En plaçant chaque vue dans son propre fichier nib, nous obtenons une conception plus modulaire. Dans Mac OS 10.5, Apple a ajouté la classe Cocoa `NSViewController`. Nous allons créer une sous-classe de `NSViewController` pour chaque vue qui pourra intégrer la boîte.

Au chapitre suivant, nous ferons évoluer ce projet en une application Core Data relativement complexe. Nous voudrons donc que nos contrôleurs de vues aient accès à un `NSManagedObjectContext`. La Figure 29.1 illustre notre objectif.

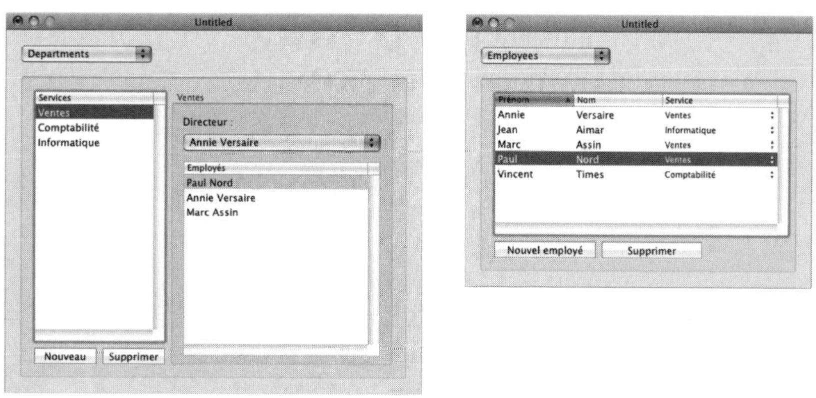

Figure 29.1
L'application terminée.

La liste déroulante permettra à l'utilisateur de passer d'une vue à une autre. Dans ce chapitre, nous allons réaliser le basculement entre les vues. Toutes les parties réellement utiles de l'application seront écrites au chapitre suivant.

Conception

Chaque vue, sous le contrôle de contrôleurs de vues, deviendra la vue contenu d'une boîte. Les entrées de la liste déroulante déclencheront le basculement entre les vues. La Figure 29.2 présente le graphe des objets impliqués.

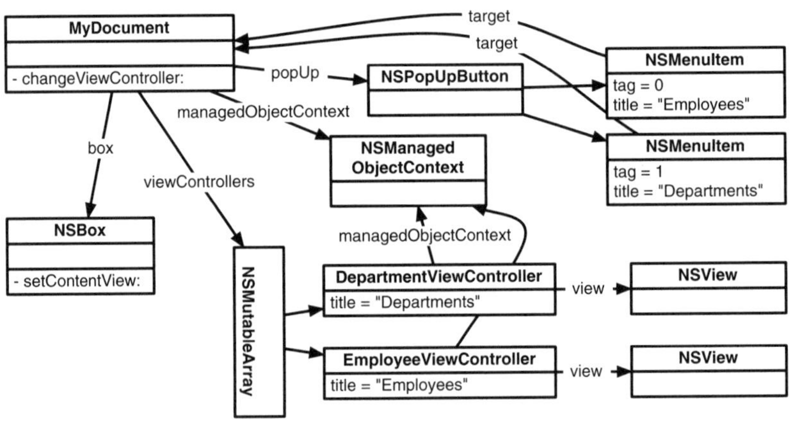

Figure 29.2
Graphe d'objets.

Créer les bases

Dans Xcode, créez une nouvelle application de type `Core Data Document-based Application` nommée `Departments`. Ouvrez le fichier `MyDocument.nib` et ajoutez une boîte et une liste déroulante (voir Figure 29.3).

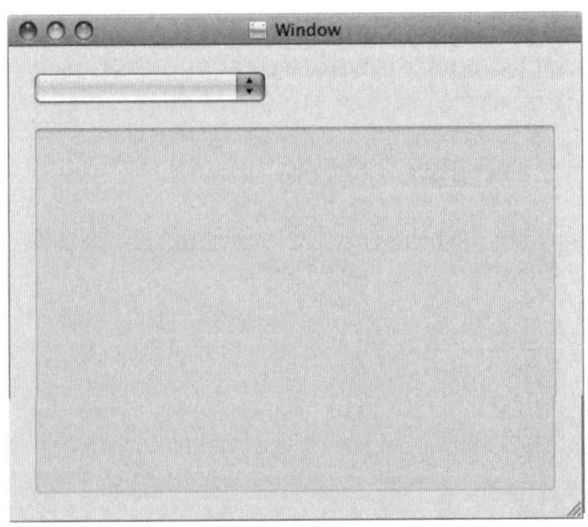

Figure 29.3
La fenêtre de base.

Double-cliquez sur la liste déroulante pour ouvrir le menu et retirez toutes les entrées existantes. Nous les créerons depuis le code.

Dans `MyDocument.h`, ajoutez deux outlets, un tableau et une action :

```
#import <Cocoa/Cocoa.h>
@interface MyDocument : NSPersistentDocument {
    IBOutlet NSBox *box;
    IBOutlet NSPopUpButton *popUp;
    NSMutableArray *viewControllers;
}
- (IBAction)changeViewController:(id)sender;
@end
```

Enregistrez le fichier.

Revenez dans Interface Builder, faites un Contrôle-clic sur `File's Owner` pour afficher le panneau de connexion et configurez les deux outlets.

En maintenant la touche Contrôle enfoncée, faites glisser la liste déroulante sur `File's Owner` afin de définir sa cible. L'action doit être `changeViewController:`. Enregistrez le fichier nib.

Créer la classe *ManagingViewController*

Dans Xcode, créez une nouvelle classe Objective-C nommée `ManagingViewController`. Nous héritons de `NSViewController` afin que tous nos contrôleurs de vues possèdent un `NSManagedObjectContext`. Modifiez le fichier `ManagingViewController.h` :

```
#import <Cocoa/Cocoa.h>

@interface ManagingViewController : NSViewController {
    NSManagedObjectContext *managedObjectContext;
}
@property (retain) NSManagedObjectContext *managedObjectContext;
@end
```

Ajoutez les méthodes de gestion de cette variable d'instance dans `ManagingViewController.m` :

```
#import "ManagingViewController.h"

@implementation ManagingViewController
@synthesize managedObjectContext;

- (void)dealloc
{
    [managedObjectContext release];
    [super dealloc];
}
@end
```

Créer les contrôleurs de vues et leur fichier nib

Nous allons à présent créer les deux vues séparées qui seront échangées dans la boîte que nous avons ajoutée à la fenêtre. Chaque vue possède son propre contrôleur, une sous-classe de `ManagingViewController`. Nous allons donc répéter deux fois les mêmes étapes de base :

- Créer une sous-classe de `ManagingViewController` pour jouer le rôle de `File's Owner`.
- Créer un fichier nib pour la vue.

L'une des vues permettra de consulter les services d'une entreprise, l'autre vue, ses employés. Nous allons commencer par la vue des services.

Dans Xcode, créez une classe Objective-C nommée `DepartmentViewController`. Dans `DepartmentViewController.h`, faites-en une sous-classe de `ManagingViewController` :

```
#import "ManagingViewController.h"

@interface DepartmentViewController : ManagingViewController
```

Dans Xcode, créez un fichier nib vide nommé `DepartmentView` et ouvrez-le. À partir de la bibliothèque, faites glisser un `NSView` (intitulé `Custom View`) dans la fenêtre du fichier nib (voir Figure 29.4).

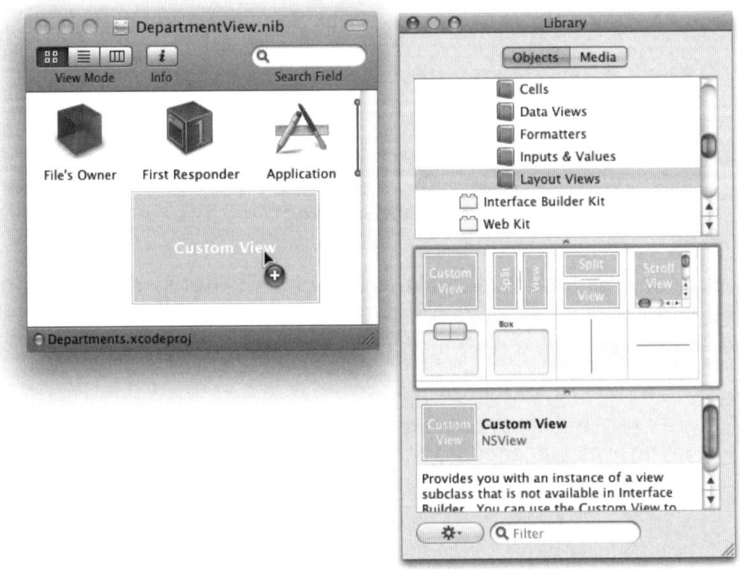

Figure 29.4

Créer une instance de NSView.

Ajoutez quelques champs de texte et deux boutons sur la vue. Nous n'utiliserons pas ces contrôles, mais ils sont là pour afficher quelque chose d'intéressant lorsque la vue apparaîtra dans la boîte.

Fixez la classe de `File's Owner` à `DepartmentViewController`. Faites un Contrôle-clic sur `File's Owner` et affectez la vue intitulée `Custom View` à l'outlet `view` (voir Figure 29.5).

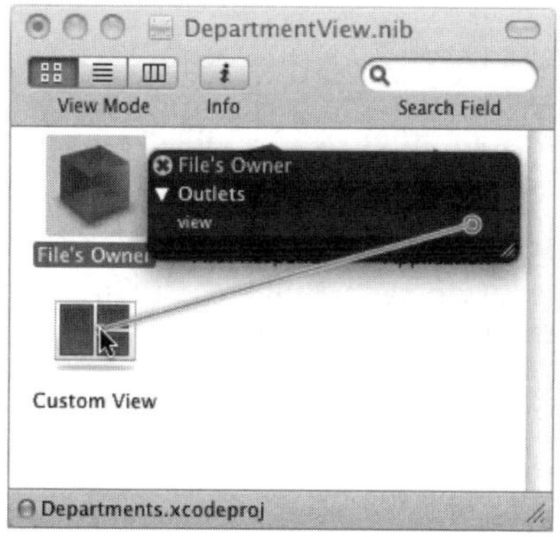

Figure 29.5
Présenter le contrôleur de vue à sa vue.

L'outlet `view` est définie dans `NSViewController`. Enregistrez le fichier nib.

Dans la méthode `init` de `DepartmentViewController.m`, nous attribuons un fichier nib et un titre au contrôleur :

```
- (id)init
{
    if (![super initWithNibName:@"DepartmentView"
                         bundle:nil]) {
        return nil;
    }
    [self setTitle:@"Departments"];
    return self;
}
```

Reproduisez la même opération pour `EmployeeViewController` :

- Créez une sous-classe de `ManagingViewController` nommée `EmployeeView-Controller`.
- Créez un fichier nib nommé `EmployeeView.nib`, avec une vue.
- Placez des contrôles sur la vue.
- Fixez la classe de `File's Owner` à `EmployeeViewController`.
- Affectez la vue à l'outlet `view` de `File's Owner`.

- Ajoutez une méthode `init` dans `EmployeeViewController.m` :

```
- (id)init
{
    if (![super initWithNibName:@"EmployeeView"
                         bundle:nil]) {
        return nil;
    }
    [self setTitle:@"Employees"];
    return self;
}
```

Ajouter l'échange de vues dans *MyDocument*

Nous devons à présent créer des instances des contrôleurs dans `MyDocument` et les insérer dans le tableau `viewControllers`. Ajoutez le code suivant dans `MyDocument.m` :

```
#import "MyDocument.h"
#import "DepartmentViewController.h"
#import "EmployeeViewController.h"

@implementation MyDocument

- (id)init
{
    [super init];
    viewControllers = [[NSMutableArray alloc] init];

    ManagingViewController *vc;
    vc = [[DepartmentViewController alloc] init];
    [vc setManagedObjectContext:[self managedObjectContext]];
    [viewControllers addObject:vc];
    [vc release];

    vc = [[EmployeeViewController alloc] init];
    [vc setManagedObjectContext:[self managedObjectContext]];
    [viewControllers addObject:vc];
    [vc release];

    return self;
}
```

Nous libérons le tableau `viewControllers` dans la méthode `dealloc` :

```
- (void)dealloc
{
    [viewControllers release];
    [super dealloc];
}
```

Voici la méthode qui place une vue dans la boîte :

```
- (void)displayViewController:(ManagingViewController *)vc
{
    // Tenter de terminer la modification.
    NSWindow *w = [box window];
    BOOL ended = [w makeFirstResponder:w];
```

```
        if (!ended) {
            NSBeep();
            return;
        }
        // Placer la vue dans la boîte.
        NSView *v = [vc view];
        [box setContentView:v];
    }
```

Nous déclarons cette méthode dans `MyDocument.h`. Par ailleurs, le compilateur doit connaître l'existence de la classe `ManagingViewController` :

```
@class ManagingViewController;
...
- (void)displayViewController:(ManagingViewController *)vc;
...
```

Une liste déroulante peut être vue comme un bouton avec un menu. Lorsque le fichier nib est chargé, nous devons ajouter au menu une entrée pour chaque contrôleur. Ajoutez le code suivant dans `MyDocument.m` :

```
- (void)windowControllerDidLoadNib:(NSWindowController *)wc
{
    [super windowControllerDidLoadNib:wc];
    NSMenu *menu = [popUp menu];
    int i, itemCount;
    itemCount = [viewControllers count];

    for (i = 0; i < itemCount; i++) {
        NSViewController *vc = [viewControllers objectAtIndex:i];
        NSMenuItem *mi = [[NSMenuItem alloc] initWithTitle:[vc title]
                                action:@selector(changeViewController:)
                         keyEquivalent:@""];
        [mi setTag:i];
        [menu addItem:mi];
        [mi release];
    }
    // Afficher initialement le premier contrôle.
    [self displayViewController:[viewControllers objectAtIndex:0]];
    [popUp selectItemAtIndex:0];
}
```

La balise de l'entrée de menu est fixée à l'indice du contrôleur correspondant dans le tableau `viewControllers`. Nous utilisons cette balise dans la méthode d'action déclenchée par l'entrée de menu :

```
- (IBAction)changeViewController:(id)sender
{
    int i = [sender tag];
    ManagingViewController *vc = [viewControllers objectAtIndex:i];
    [self displayViewController:vc];
}
```

Compilez et exécutez l'application. La liste déroulante doit vous permettre de passer d'une vue à l'autre.

Redimensionner la fenêtre

Que se passe-t-il si les deux vues sont de tailles radicalement différentes ? Ne serait-il pas plus agréable que la fenêtre adapte la taille de la boîte à celle de la vue ? C'est ce que nous allons faire à présent.

Ouvrez les fichiers nib des vues et donnez des tailles différentes aux vues.

Dans `MyDocument.nib`, sélectionnez la boîte et, dans l'inspecteur `Size`, configurez-la pour qu'elle s'adapte à la taille de la fenêtre (voir Figure 29.6).

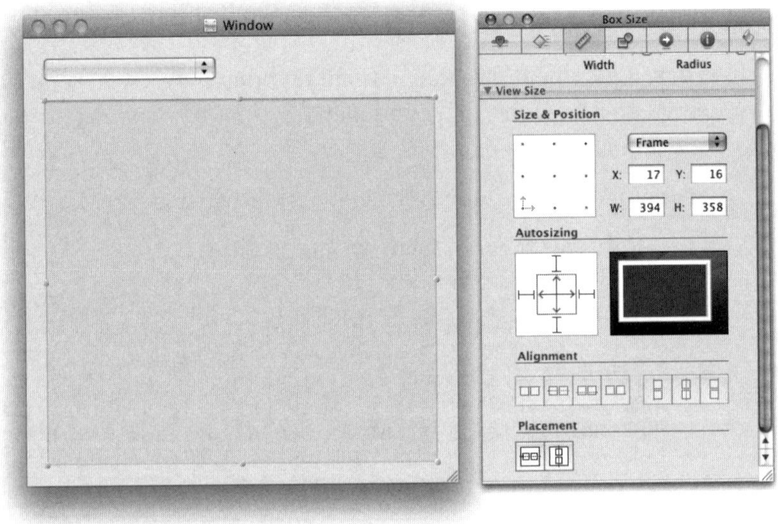

Figure 29.6
Inspecteur Size *pour la boîte.*

Sélectionnez la fenêtre. Dans l'inspecteur `Attributes`, interdisez à l'utilisateur de redimensionner la fenêtre (voir Figure 29.7).

Dans `MyDocument.m`, complétez la méthode `displayViewController:` :

```
- (void)displayViewController:(ManagingViewController *)vc
{
    // Tenter de terminer la modification.
    NSWindow *w = [box window];
    BOOL ended = [w makeFirstResponder:w];
    if (!ended) {
        NSBeep();
        return;
    }
    NSView *v = [vc view];

    // Calculer le nouveau cadre de la fenêtre.
    NSSize currentSize = [[box contentView] frame].size;
```

```
    NSSize newSize = [v frame].size;
    float deltaWidth = newSize.width - currentSize.width;
    float deltaHeight = newSize.height - currentSize.height;
    NSRect windowFrame = [w frame];
    windowFrame.size.height += deltaHeight;
    windowFrame.origin.y -= deltaHeight;
    windowFrame.size.width += deltaWidth;

    // Effacer la boîte pour le redimensionnement.
    [box setContentView:nil];
    [w setFrame:windowFrame
        display:YES
        animate:YES];

    [box setContentView:v];
}
```

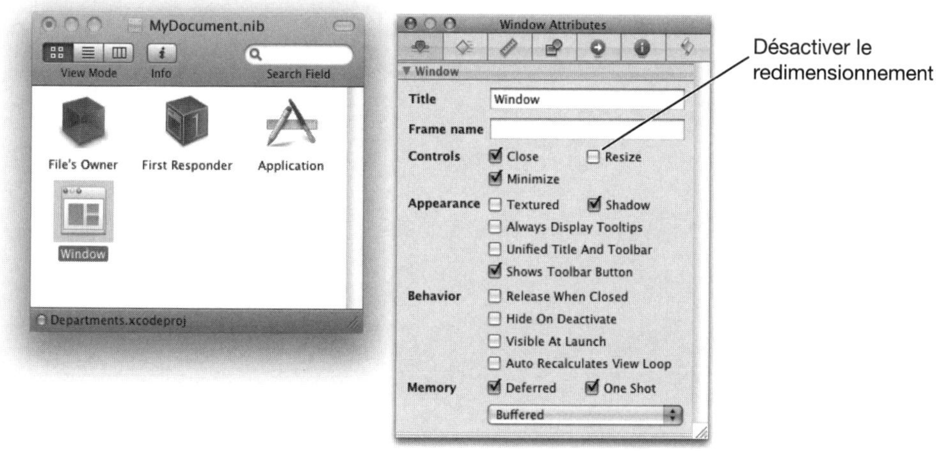

Figure 29.7

Désactiver le redimensionnement d'une fenêtre.

Compilez et exécutez l'application. Lorsque les vues changent, la taille de la fenêtre doit s'adapter à la nouvelle vue.

30

Relations Core Data

Au sommaire de ce chapitre

- ✔ Modifier le modèle
- ✔ Créer des classes *NSManagedObject* personnalisées
- ✔ Agencer l'interface
- ✔ Événements et *nextResponder*

Il est temps à présent de plonger un peu plus profond dans Core Data. Au Chapitre 11, nous avons manipulé une seule entité (`Car`). La plupart des applications géreront de multiples entités, connectées par plusieurs relations. Core Data prend en charge les relations "à un" et les relations "à plusieurs" non ordonnées.

Cet exercice implique deux entités : `Employee` et `Department`. Un employé travaille dans un service. Un service possède plusieurs employés. L'un des employés du service est également un directeur. Il existe donc trois relations, comme l'illustre la Figure 30.1.

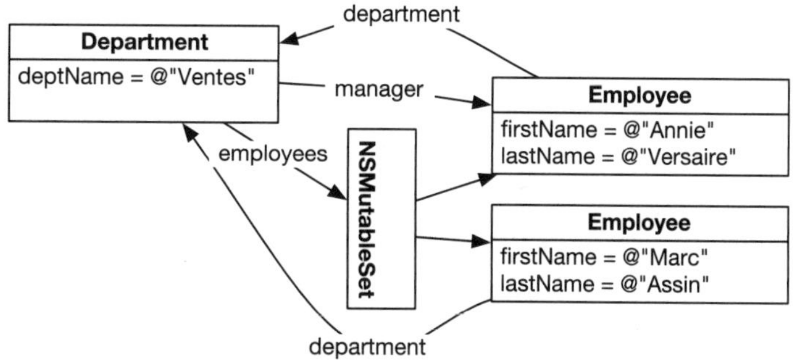

Figure 30.1
Le modèle de données.

Modifier le modèle

Dans cette section, nous allons poursuivre le projet `Departments` commencé au chapitre précédent. Dans Xcode, sélectionnez `MyDocument.xcdatamodel`. Ajoutez les deux entités `Employee` et `Department`.

Un `Employee` aura les attributs `firstName` et `lastName`, de type chaîne de caractères, ainsi qu'une relation "à un", nommée `department`, avec `Department`. Ajoutez ces propriétés (voir Figure 30.2). Notez que vous ne pouvez pas fixer l'inverse tant que l'entité `Department` n'est pas créée.

Figure 30.2
L'entité Employee.

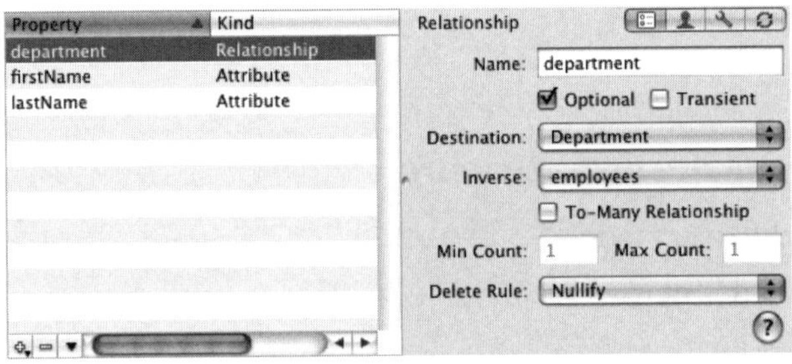

Un `Department` aura l'attribut `deptName`, de type chaîne de caractères, ainsi qu'une relation "à plusieurs", nommée `employees`, avec `Employee`. Enfin, un `Department` aura une relation "à plusieurs", nommée `manager`, avec `Employee`. Ajoutez ces propriétés (voir Figure 30.3).

Figure 30.3
L'entité Department.

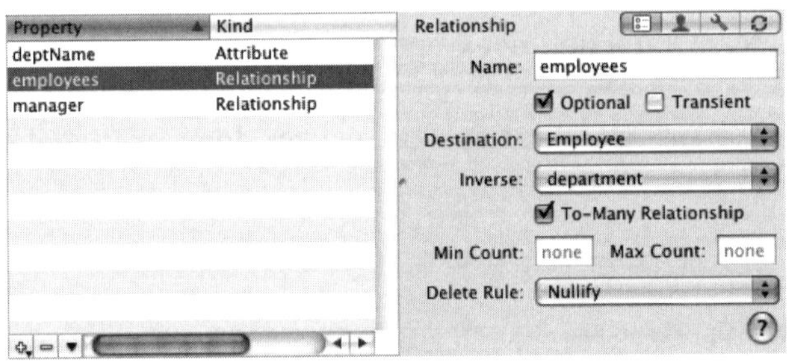

La relation `department` d'`Employee` et la relation `employees` de `Department` sont les inverses l'une de l'autre. Vérifiez que l'inverse est fixé pour ces relations, comme le montrent les Figures 30.2 et 30.3.

La relation `manager` n'a pas d'inverse. Lors de la compilation, vous risquez d'obtenir un avertissement à ce propos ; ignorez-le.

Créer des classes *NSManagedObject* personnalisées

Puisque nous afficherons le nom complet d'un employé, nous allons créer une classe qui conserve les informations concernant un employé. Elle sera une sous-classe de `NSManagedObject`.

Un service ne peut être dirigé que par un employé qui travaille dans ce service. Lorsque l'employé directeur quitte le service, nous devons affecter `nil` à la variable correspondante directeur. Cette opération sera assurée par la sous-classe de `NSManagedObject` pour l'entité `Department`.

Le fichier `MyDocument.xcdatamodel` étant ouvert dans l'éditeur, sélectionnez l'une des entités. Dans Xcode, choisissez `File > New File`. Sélectionnez `Managed Object Class`. Créez des classes pour `Employee` et `Department`. Les méthodes de validation ne sont pas utiles pour ces classes (voir Figure 30.4).

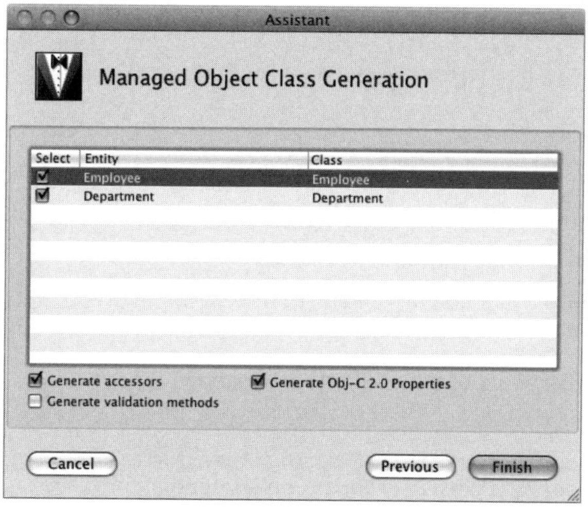

Figure 30.4
Créer les classes personnalisées.

Employee

Dans `Employee.h`, déclarez la propriété en lecture seule `fullName` :

```
#import <CoreData/CoreData.h>
@class Department;
@interface Employee :  NSManagedObject
{
}
@property (retain) NSString *firstName;
@property (retain) NSString *lastName;
@property (retain) Department *department;
@property (readonly) NSString *fullName;
@end
```

Dans Employee.m, implémentez la méthode fullName :

```
- (NSString *)fullName
{
    NSString *first = [self firstName];
    NSString *last = [self lastName];
    if (!first)
        return last;

    if (!last)
        return first;

    return [NSString stringWithFormat:@"%@ %@", first, last];
}
```

Nous allons lier la colonne d'un tableau à la clé fullName. Si les variables firstName ou lastName sont modifiées, les observateurs de fullName doivent être informés de ces changements. Nous redéfinissons une méthode de classe pour préciser les clés qui sont à l'origine des modifications de fullName :

```
+ (NSSet *)keyPathsForValuesAffectingFullName
{
    return [NSSet setWithObjects:@"firstName", @"lastName", nil];
}
```

Department

Dans Department.h, nous indiquons que nous allons fournir des méthodes d'ajout et de suppression des employés :

```
#import <CoreData/CoreData.h>
@class Employee;

@interface Department :  NSManagedObject
{
}
@property (retain) NSString *deptName;
@property (retain) Employee *manager;
@property (retain) NSSet *employees;
@end

@interface Department (CoreDataGeneratedAccessors)
- (void)addEmployeesObject*Employee *)value;
- (void)removeEmployeesObject:Employee *)value;
@end
```

Ces méthodes sont implémentées dans Department.m. Même si seule la méthode de suppression nous intéresse, elles viennent en couple. La suppression sera ignorée, à moins que nous ayons également implémenté l'ajout.

```
#import "Department.h"
#import "Employee.h"

@implementation Department
```

```
@dynamic deptName;
@dynamic manager;
@dynamic employees;

- (void)addEmployeesObject:(Employee *)value
{
    NSLog(@"Service %@, ajout de l'employé %@",
                         [self deptName], [value fullName]);
    NSSet *s = [NSSet setWithObject:value];
    [self willChangeValueForKey:@"employees"
                withSetMutation:NSKeyValueUnionSetMutation
                   usingObjects:s];
    [[self primitiveValueForKey:@"employees"] addObject:value];
    [self didChangeValueForKey:@"employees"
               withSetMutation:NSKeyValueUnionSetMutation
                  usingObjects:s];
}

- (void)removeEmployeesObject:(Employee *)value
{
    NSLog(@"Service %@, suppression de l'employé %@",
                                 [self deptName], [value fullName]);
    Employee *manager = [self manager];
    if (manager == value) {
        [self setManager:nil];
    }
    NSSet *s = [NSSet setWithObject:value];
    [self willChangeValueForKey:@"employees"
                withSetMutation:NSKeyValueMinusSetMutation
                   usingObjects:s];
    [[self primitiveValueForKey:@"employees"] removeObject:value];
    [self didChangeValueForKey:@"employees"
               withSetMutation:NSKeyValueMinusSetMutation
                  usingObjects:s];
}
@end
```

Agencer l'interface

Avant de modifier les fichiers nib, sachez que cet exercice implique un grand nombre de liaisons. Soyez patient. N'oubliez pas que dans cet ouvrage nous ne créons jamais de liaisons avec une vue défilement, une vue tableau ou une cellule. En revanche, nous établissons des liaisons avec des colonnes de tableaux. Faites bien attention au titre de la fenêtre de l'inspecteur afin de vérifier les cibles des liaisons.

DepartmentView.nib

Dans `DepartmentView.nib`, placez deux boutons, deux vues tableau et une liste déroulante. Ajoutez une étiquette intitulée `Directeur` au-dessus de la liste. Regroupez l'étiquette, la liste déroulante et une vue tableau dans une boîte. Créez trois contrôleurs de tableaux nommés `Depts`, `ManagerPopUp` et `EmployeeList`. La Figure 30.5 récapitule ces opérations.

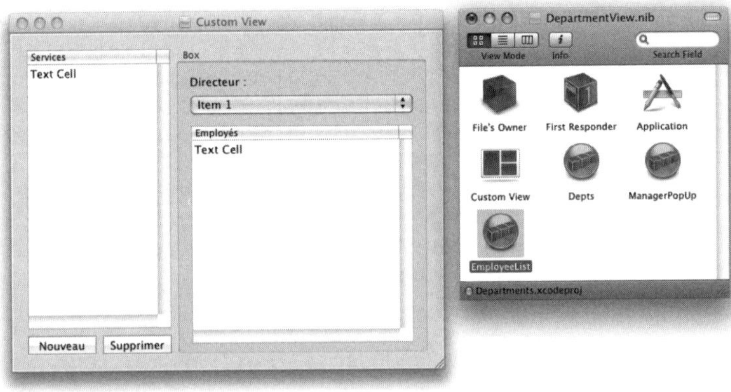

Figure 30.5
L'interface de base.

Fixer la cible des deux boutons au contrôleur de tableau `Depts`. L'action du bouton `Nouveau` doit être `add:`. Celle du bouton `Supprimer` doit être `remove:`.

Le contrôleur de tableau `Depts` doit être en mode `Entity` et obtenir ses données depuis l'entité `Department`. Cochez la case `Prepares Content` pour qu'il les prenne dès que le fichier nib est chargé (voir Figure 30.6).

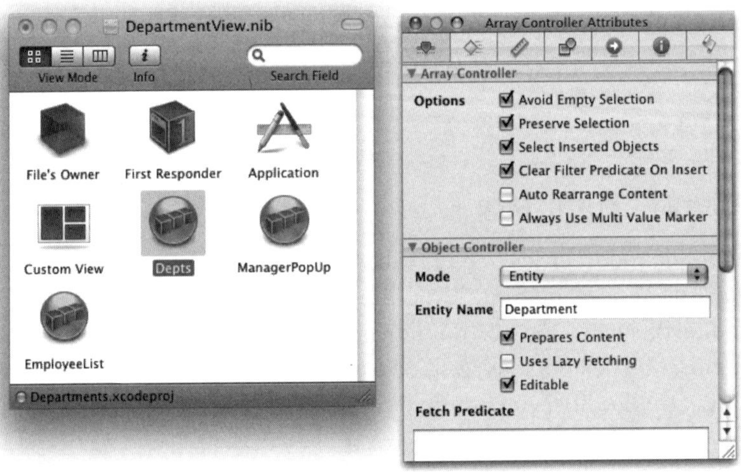

Figure 30.6
Attributs du contrôleur de tableau Depts.

À partir du Tableau 30.1 et de l'inspecteur Bindings, définissez l'ensemble des liaisons.

Tableau 30.1 : Liaisons pour *DepartmentView.nib*

Objet	*Liaison*	*Vers*	*Clé du contrôleur*	*Chemin de clé*
CT[1] Depts	MOC[2]	File's Owner		managedObject Context
CT ManagerPopUp	Content set	CT Depts	selection	employees
CT EmployeeList	Content set	CT Depts	selection	employees
Colonne Services	Value	CT Depts	arrangedObjects	deptName
Bouton Supprimer	Enabled	CT Depts	canRemove	
Colonne Employés	Value	CT EmployeeList	arrangedObjects	fullName
Bouton pop-up	Content	CT ManagerPopUp	arrangedObjects	
Bouton pop-up	Content values	CT ManagerPopUp	arrangedObjects	fullName
Bouton pop-up	Selected object	CT Depts	selection	manager
Boîte	Title	CT Depts	selection	deptName

1. CT = Contrôleur de tableau
2. MOC = Managed Object Context

Pour la dernière liaison, utilisez "Pas de sélection" pour No Selection Placeholder, et "Service sans nom" pour Null Placeholder.

Vous pouvez compiler et exécuter l'application. Vous devriez pouvoir ajouter et supprimer des services.

EmployeeView.nib

Ouvrez EmployeeView.nib et supprimez tous les contrôles existants. Ajoutez une vue tableau avec trois colonnes. Placez une cellule de liste déroulante dans la troisième colonne. Ajoutez des boutons Nouvel employé et Supprimer. Ajoutez deux contrôleurs de tableaux intitulés Employees et DeptPopUp. Ces opérations sont récapitulées à la Figure 30.7.

Le contrôleur de tableau Employees doit être en mode Entity et obtenir ses données depuis l'entité Employee. Le contrôleur de tableau DeptPopUp doit être en mode Entity et prendre ses données à partir de l'entité Department. Ils doivent tous deux préparer automatiquement le contenu.

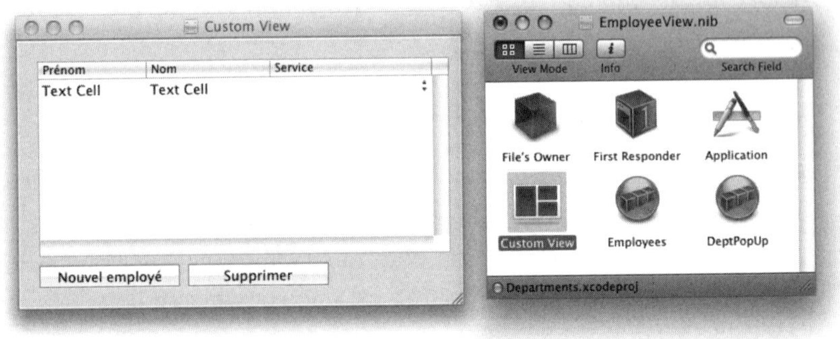

Figure 30.7
L'interface de base.

Le contrôleur de tableau `Employees` est la cible des deux boutons. Le bouton `Nouvel employé` déclenche la méthode `add:`, tandis que le bouton `Supprimer` invoque `remove:`.

Définissez les liaisons recensées au Tableau 30.2.

Tableau 3.2 : Liaisons pour *EmployeeView.nib*

Objet	*Liaison*	*Vers*	*Clé du contrôleur*	*Chemin de clé*
CT[1] `Employees`	MOC[2]	`File's Owner`		`managedObject-Context`
CT `DeptPopUp`	MOC	`File's Owner`		`managedObject-Context`
Bouton `Supprimer`	Enabled	CT `Employees`	`canRemove`	
Colonne `Prénom`	Value	CT `Employees`	`arrangedObjects`	`firstName`
Colonne `Nom`	Value	CT `Employees`	`arrangedObjects`	`firstName`
Colonne `Service`	Content	CT `DeptPopUp`	`arrangedObjects`	
Colonne `Service`	Content values	CT `DeptPopUp`	`arrangedObjects`	`deptName`
Colonne `Service`	Selected object	CT `Employees`	`arrangedObjects`	`deptName`

1. CT = Contrôleur de tableau
2. MOC = Managed Object Context

Compilez et exécutez l'application. Vous devriez être en mesure d'ajouter et de supprimer des employés. Vous devriez également pouvoir fixer le directeur d'un service.

Événements et *nextResponder*

En général, les méthodes d'événements, comme `mouseDown:` et `keyDown:`, définies dans `NSResponder` se contentent de rediriger l'événement vers le `nextResponder`. Ainsi, les événements non traités traversent la chaîne des répondeurs.

Par exemple, lorsqu'un utilisateur sélectionne une ligne dans une vue tableau et appuie sur la touche Suppr, l'événement remonte la chaîne des répondeurs jusqu'à ce qu'il soit traité. Prenons en charge ce comportement dans la vue `EmployeeView` du projet `Departments`. Puisque `NSViewController` est une sous-classe de `NSResponder`, nous pouvons la placer dans la chaîne des répondeurs de manière à gérer les événements du clavier non traités. Ajoutez les lignes suivantes à la fin de `displayView-Controller:` dans `MyDocument.m` :

```
        [box setContentView:v];
        // Placer le contrôleur de vue dans la chaîne des répondeurs.
        [v setNextResponder:vc];
        [vc setNextResponder:box];
    }
```

Lorsque le contrôleur de vue reçoit une méthode `keyDown:`, il vérifie s'il s'agit d'une suppression. Dans l'affirmative, il envoie le message `remove:` au contrôleur de tableau. Ajoutez la méthode suivante dans `EmployeeViewController.m` :

```
    // Gérer la touche Suppr.
    - (void)keyDown:(NSEvent *)e
    {
        if ([e keyCode] == 51) {
            [employeeController remove:nil];
        } else {
            [super keyDown:e];
        }
    }
```

Nous avons besoin d'une outlet nommée `employeeController`. Ajoutez-la dans `EmployeeViewController.h` :

```
    IBOutlet NSArrayController *employeeController;
```

Ouvrez `EmployeeView.nib`. Faites un Contrôle-clic sur `File's Owner`. Affectez le contrôleur de tableau `Employees` à l'outlet `employeeController`.

Compilez et exécutez l'application. Sélectionnez un employé et appuyez sur la touche Suppr. Il doit disparaître.

31

Ramasse-miettes

Au sommaire de ce chapitre

- ✔ Types de données non objets
- ✔ Exemple
- ✔ Instruments
- ✔ Pour les plus curieux : références faibles

Tant que nous utilisons des objets Objective-C, le ramasse-miettes fonctionne comme nous souhaitons, sans que nous nous en préoccupions. Cependant, si nous commençons à invoquer `malloc` pour allouer des types de données C et des structures Core Foundation, nous devons être un peu plus avisés.

Lorsque le ramasse-miettes travaille, il recherche les objets inatteignables. Les objets d'une application peuvent être vus comme un graphe orienté : cet objet connaît cet objet, qui connaît ces objets, qui connaissent ces autres objets. Le ramasse-miettes débute avec les pointeurs sur la pile et les variables globales, puis parcourt ce graphe orienté jusqu'à ce qu'il ait enregistré tous les objets "atteignables". Les objets inatteignables sont désalloués. La Figure 31.1 illustre le fonctionnement du ramasse-miettes.

Avant qu'un objet ne soit désalloué par le ramasse-miettes, il reçoit le message `finalize`. Normalement, nous n'avons pas besoin d'implémenter `finalize`, mais, si cela est nécessaire, voici un squelette de cette méthode :

```
- (void)finalize
{
    ...Opérations de dernières minutes...
    [super finalize];
}
```

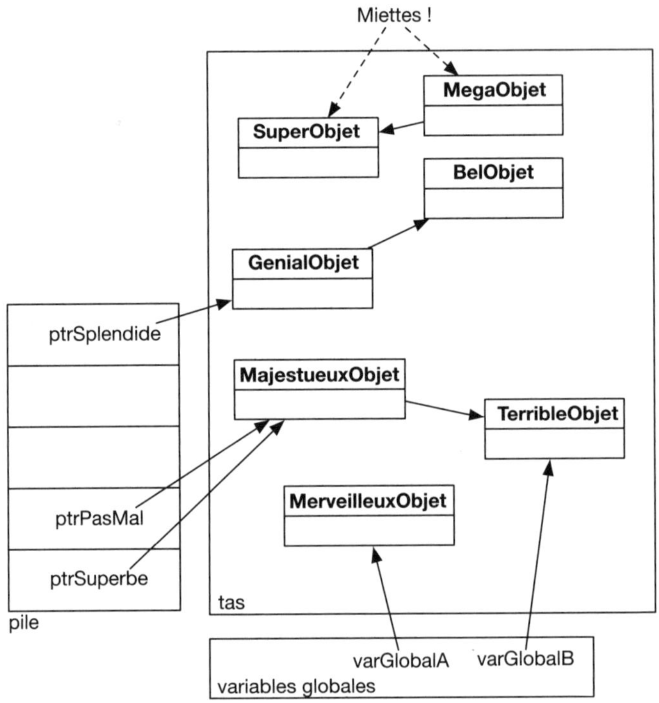

Figure 31.1
Objets atteignables.

Jusqu'à présent, le code de cet ouvrage a été écrit en "mode dual" : il fonctionne avec ou sans le ramasse-miettes. Dans ce chapitre et le suivant, le code sera écrit pour fonctionner uniquement avec le ramasse-miettes. Il ne contiendra donc aucun appel à `retain` ou `release`, pas plus que de méthode `dealloc`.

Types de données non objets

Types primitifs de C

Comment le ramasse-miettes peut-il désallouer un tampon d'entiers lorsqu'il n'est plus atteignable ? Il faut remplacer `malloc()` par une autre méthode :

```
int *tamponEntiers;
tamponEntiers = NSAllocateCollectable(100 * sizeof(int), 0);
```

Lorsqu'un objet en "connaît" un autre, nous disons qu'il possède une référence à cet objet. Les références peuvent être "fortes" ou "faibles". Les références fortes sont respectées par le ramasse-miettes. Il ignore les références faibles. Par conséquent, s'il n'existait que des références faibles sur `tamponEntiers`, il serait désalloué immédiatement par le ramasse-miettes.

Les variables d'instance de type objets sont, par défaut, fortes. Les variables d'instance d'autres types sont, par défaut, faibles. Si nous voulons que la variable d'instance qui fait référence à `tamponEntiers` soit forte, nous devons l'indiquer explicitement :

```
__strong int *tamponEntiers;
```

Que représente le deuxième argument de `NSAllocateCollectable` ? Si la mémoire allouée contient uniquement des pointeurs considérés comme des références fortes, le tampon doit être marqué `Scanned`. Pour cela, nous passons `NSScannedOption` en second argument :

```
char **mots;
mots = NSAllocateCollectable(100 * sizeof(char *), NSScannedOption);
```

Core Foundation

Pour placer les structures de données de Core Foundation (CF) sous le contrôle du ramasse-miettes, il existe une méthode très pratique :

```
CFString *chaine = CFCreate...
CFMakeCollectable(chaine);
```

À nouveau, si la référence doit être forte, nous devons l'indiquer explicitement :

```
__strong CFStringRef chaine;
```

Exemple

Dans cet exemple, nous allons créer une classe `Polynomial` qui contient un tableau C de `float` et un `CGColorRef`. `Polynomial` se dessinera elle-même, en utilisant CoreGraphics. Une vue `PolynomialView` affichera un tableau d'objet `Polynomial` (voir Figure 31.2).

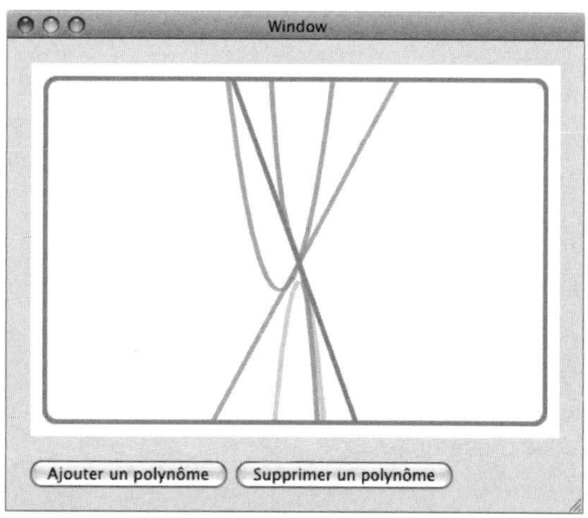

Figure 31.2
L'application en cours d'exécution.

Les classes Cocoa qui effectuent des tracés sont des enveloppes autour de CoreGraphics. Les structures de données employées dans CoreGraphics sont des types CF. Par conséquent, si nous utilisons directement cette API de bas niveau, nous devons faire en sorte que les structures de données restent atteignables jusqu'à ce que nous n'en ayons plus besoin. À ce moment-là, elles seront désallouées par le ramasse-miettes.

Dans Xcode, créez un nouveau projet `Cocoa Application` nommé `Polynomials`. Ajoutez à ce projet une classe Objective-C nommée `Polynomial`.

La classe `Polynomial` possédera des références fortes au tableau C et au `CGColorRef`. Modifiez `Polynomial.h` :

```
#import <Cocoa/Cocoa.h>

@interface Polynomial : NSObject {
    __strong CGFloat * terms;
    int termCount;
    __strong CGColorRef color;
}
- (float)valueAt:(float)x;
- (void)drawInRect:(CGRect)b
         inContext:(CGContextRef)ctx;
- (CGColorRef)color;
@end
```

Les pointeurs sur le tableau C et le `CGColorRef` sont explicitement marqués comme des références fortes. Cela empêchera le ramasse-miettes de les désallouer tant que nous en aurons besoin.

Dans `Polynomial.m`, ces structures de données doivent être créées de manière à rester sous le contrôle du ramasse-miettes :

```
#import "Polynomial.h"
#import <QuartzCore/QuartzCore.h>

// Nombres de segments tracés.
#define HOPS (100)

// Entier flottant aléatoire entre 0 et 1.
#define RANDFLOAT() (random() % 128 / 128.0)

// Partie du graphique x-y qui sera dessinée.
static CGRect funcRect = {-20, -20, 40, 40};


@implementation Polynomial

// Créer 'terms' et 'color' sous le contrôle du ramasse-miettes.
- (id)init
{
    [super init];
    // Créer une couleur.
    color = CGColorCreateGenericRGB(RANDFLOAT(), RANDFLOAT(),
                                    RANDFLOAT(), 0.5);
```

```
    // La placer sous le contrôle du ramasse-miettes.
    CFMakeCollectable(color);

    // Créer les coefficients du polynôme entre -5 et 5.
    termCount = (random() % 3) + 2;
    terms = NSAllocateCollectable(termCount * sizeof(CGFloat), 0);

    // Leur affecter des valeurs aléatoires.
    int i;
    for (i = 0; i < termCount; i++) {
        terms[i] = 5.0 - (random() % 100) / 10.0;
    }

    return self;
}
- (float)valueAt:(float)x
{
    float result = 0;
    int i;
    for (i = 0; i < termCount; i++) {
        result = (result * x) + terms[i];
    }
    return result;
}
// Effectuer le tracé avec CoreGraphics.
- (void)drawInRect:(CGRect)b inContext:(CGContextRef)ctx
{
    NSLog(@"tracé");
    CGContextSaveGState(ctx);

    // Modifier l'échelle et le décalage du système de coordonnées afin
    // que le tracé dans funcRect remplisse la vue.
    CGAffineTransform tf =
        CGAffineTransformMake(b.size.width / funcRect.size.width, 0,
                              0, b.size.height / funcRect.size.height,
                              b.size.width/2, b.size.height/2);

    // Appliquer la transformation affine au contexte graphique.
    CGContextConcatCTM(ctx, tf);
    CGContextSetStrokeColorWithColor(ctx, color);
    CGContextSetLineWidth(ctx, 0.4);
    float distance = funcRect.size.width / HOPS;
    float currentX = funcRect.origin.x;
    BOOL first = YES;
    while (currentX <= funcRect.origin.x + funcRect.size.width) {
        float currentY = [self valueAt:currentX];
        if (first) {
            CGContextMoveToPoint(ctx, currentX, currentY);
            first = NO;
        } else {
            CGContextAddLineToPoint(ctx, currentX, currentY);
        }
        currentX += distance;
    }
    CGContextStrokePath(ctx);
    // Retirer la transformation affine.
    CGContextRestoreGState(ctx);

}
```

```
- (CGColorRef)color
{
    return color;
}

// Consigner la terminaison.
- (void)finalize
{
    NSLog(@"terminaison de %@", self);
    [super finalize];
}

@end
```

Il faut faire bien attention aux points suivants :

- Si nous oublions la directive `__strong`, le `CGColor` et le tableau C sont désalloués immédiatement par le ramasse-miettes. Le programme s'arrête alors de manière étrange et imprévisible.
- Si nous oublions d'utiliser `NSAllocateCollectable()` pour créer le tableau C ou ne marquons pas le `CGColor` à l'aide de `CFMakeCollectable()`, le ramasse-miettes ne nettoie jamais les zones de mémoire correspondantes. L'application souffre alors d'une fuite de mémoire.

Créez à présent une sous-classe de `NSView` pour afficher les objets `Polynomial`. Nommez-la `PolynomialView` :

```
#import <Cocoa/Cocoa.h>
@interface PolynomialView : NSView {
    NSMutableArray *polynomials;
}
- (IBAction)createNewPolynomial:(id)sender;
- (IBAction)deleteRandomPolynomial:(id)sender;
@end
```

Dans `PolynomialView.m` :

```
#import "PolynomialView.h"
#import "Polynomial.h"
#import <QuartzCore/QuartzCore.h>


@implementation PolynomialView

- (id)initWithFrame:(NSRect)frame {
    [super initWithFrame:frame];
    polynomials = [[NSMutableArray alloc] init];
    return self;
}

- (IBAction)createNewPolynomial:(id)sender
{
    Polynomial *p = [[Polynomial alloc] init];
    [polynomials addObject:p];
```

```
        [self setNeedsDisplay:YES];
}
- (IBAction)deleteRandomPolynomial:(id)sender
{
    if ([polynomials count] == 0) {
        NSBeep();
        return;
    }
    int i = random() % [polynomials count];
    [polynomials removeObjectAtIndex:i];
    [self setNeedsDisplay:YES];
}

- (void)drawRect:(NSRect)rect
{
    NSRect bounds = [self bounds];
    [[NSColor whiteColor] set];
    [NSBezierPath fillRect:bounds];
    // Obtenir le contexte graphique.
    CGContextRef ctx = [[NSGraphicsContext currentContext]
                                                    graphicsPort];
    CGRect cgBounds = *(CGRect *)&bounds;
    // Tracer les polynômes.
    for (Polynomial *p in polynomials) {
        [p drawInRect:cgBounds
            inContext:ctx];
    }
}

@end
```

Ouvrez `MainMenu.nib`. Déposez deux boutons et une vue personnalisée sur la fenêtre. Intitulez l'un des boutons `Ajouter un polynôme` et l'autre, `Supprimer un polynôme`. Fixez la classe de la vue personnalisée à `PolynomialView` (voir Figure 31.3).

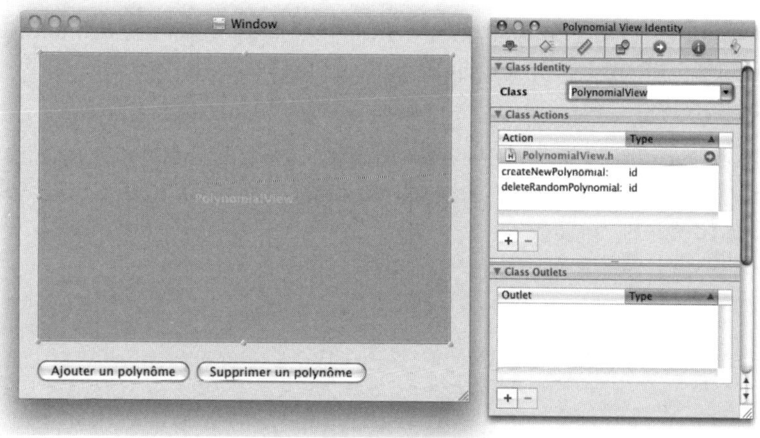

Figure 31.3

L'interface de base.

Fixez la cible des deux boutons à `PolynomialView`. Leur action respective doit être `createNewPolynomial:` et `deleteRandomPolynomial:`.

Avant de compiler l'application, vérifiez que le ramasse-miettes est activé. Dans Xcode, double-cliquez sur la cible afin d'afficher l'inspecteur. Dans les paramètres de compilation, le ramasse-miettes doit être requis pour toutes les configurations (voir Figure 31.4).

Figure 31.4

Activer le ramasse-miettes.

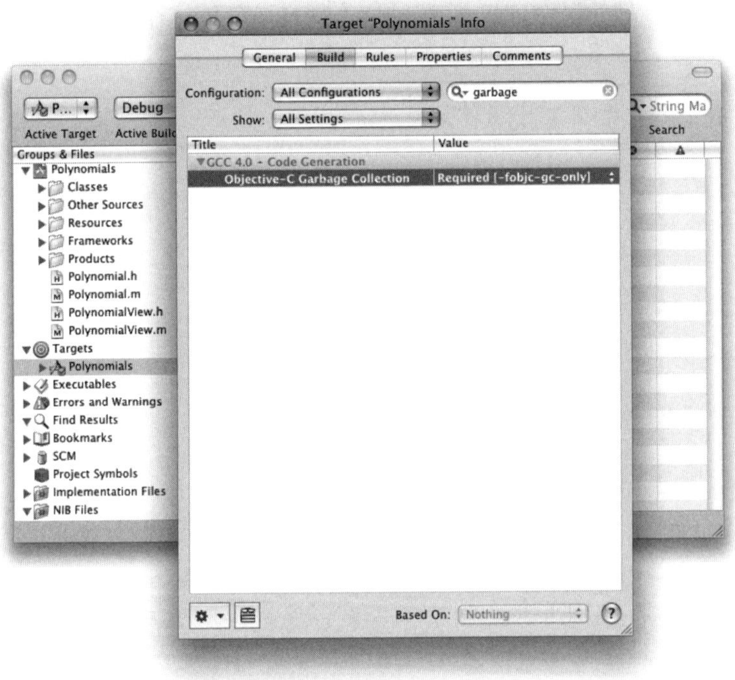

Compilez et exécutez l'application. Lorsque vous supprimez des polynômes, vous devez voir sur la console apparaître le message de la méthode `finalize` de l'instance désallouée.

Nous sommes à présent certains que les objets `Polynomial` sont correctement ramassés. Qu'en est-il des structures `CGColor` ? Pour cela, nous pouvons utiliser Instruments.

Instruments

Instruments est un outil pour l'analyse d'un programme en cours d'exécution. Cet outil dispose de nombreux plug-in, appelés instruments, qui permettent d'examiner différents aspects, souvent liés aux performances, de l'application.

Dans notre exemple, nous allons utiliser l'instrument ObjectAllocations pour surveiller la création et la destruction des objets et des structures de données. Le lancement de `Polynomials` dans Instruments se fait à l'aide de l'entrée de menu `Run > Start with Performance Tool > Object Allocations` dans Xcode (voir Figure 31.5).

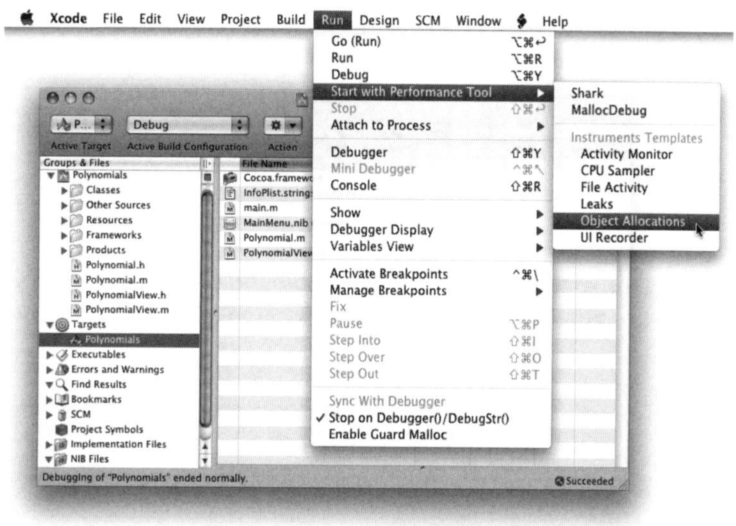

Figure 31.5

Démarrer Instruments.

Instruments, sur de nombreux points semblable à GarageBand, est démarré. Si nous cliquons sur le bouton `Run` (avec le centre rouge), l'application est lancée. En haut de la fenêtre d'Instruments, un graphique représente la mémoire totale utilisée par l'application. La moitié inférieure de la fenêtre affiche la liste des différentes structures de données et le nombre d'instances actuellement en mémoire. Créez quelques polynômes et suspendez l'application. Recherchez `Polynomial` et `CGColor` dans la liste et ajoutez-les au graphique. Retirez les allocations totales (voir Figure 31.6).

Poursuivez l'exécution de l'application. En ajoutant et en supprimant des polynômes, vous devriez constater que le nombre d'objets `Polynomial` et de structures `CGColor` (colonne `Net #`) augmente et baisse. S'il ne baisse pas, vous avez une fuite de mémoire.

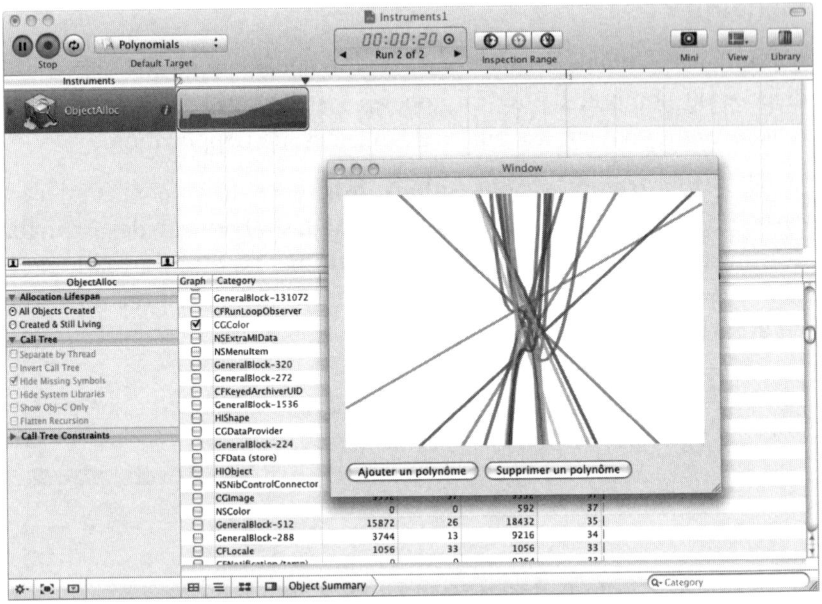

Figure 31.6
Exécution dans Instruments.

En cliquant sur `Polynomial` dans la colonne `Category`, vous pouvez inspecter chaque instance de `Polynomial` et savoir comment elles ont été créées (voir Figure 31.7).

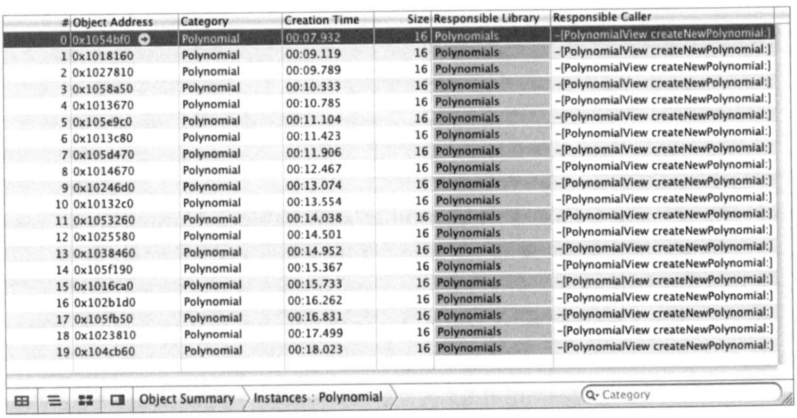

#	Object Address	Category	Creation Time	Size	Responsible Library	Responsible Caller
0	0x1054bf0	Polynomial	00:07.932	16	Polynomials	-[PolynomialView createNewPolynomial:]
1	0x1018160	Polynomial	00:09.119	16	Polynomials	-[PolynomialView createNewPolynomial:]
2	0x1027810	Polynomial	00:09.789	16	Polynomials	-[PolynomialView createNewPolynomial:]
3	0x1058a50	Polynomial	00:10.333	16	Polynomials	-[PolynomialView createNewPolynomial:]
4	0x1013670	Polynomial	00:10.785	16	Polynomials	-[PolynomialView createNewPolynomial:]
5	0x105e9c0	Polynomial	00:11.104	16	Polynomials	-[PolynomialView createNewPolynomial:]
6	0x1013c80	Polynomial	00:11.423	16	Polynomials	-[PolynomialView createNewPolynomial:]
7	0x105d470	Polynomial	00:11.906	16	Polynomials	-[PolynomialView createNewPolynomial:]
8	0x1014670	Polynomial	00:12.467	16	Polynomials	-[PolynomialView createNewPolynomial:]
9	0x10246d0	Polynomial	00:13.074	16	Polynomials	-[PolynomialView createNewPolynomial:]
10	0x10132c0	Polynomial	00:13.554	16	Polynomials	-[PolynomialView createNewPolynomial:]
11	0x1053260	Polynomial	00:14.038	16	Polynomials	-[PolynomialView createNewPolynomial:]
12	0x1025580	Polynomial	00:14.501	16	Polynomials	-[PolynomialView createNewPolynomial:]
13	0x1038460	Polynomial	00:14.952	16	Polynomials	-[PolynomialView createNewPolynomial:]
14	0x105f190	Polynomial	00:15.367	16	Polynomials	-[PolynomialView createNewPolynomial:]
15	0x1016ca0	Polynomial	00:15.733	16	Polynomials	-[PolynomialView createNewPolynomial:]
16	0x102b1d0	Polynomial	00:16.262	16	Polynomials	-[PolynomialView createNewPolynomial:]
17	0x105fb50	Polynomial	00:16.831	16	Polynomials	-[PolynomialView createNewPolynomial:]
18	0x1023810	Polynomial	00:17.499	16	Polynomials	-[PolynomialView createNewPolynomial:]
19	0x104cb60	Polynomial	00:18.023	16	Polynomials	-[PolynomialView createNewPolynomial:]

Figure 31.7
Examiner les instances de Polynomial.

Comment pouvons-nous vérifier les fuites liées aux tableaux C ? Malheureusement, les tableaux C que nous avons créés sont de petites allocations générales, et il en existe une foultitude dans une application en cours d'exécution. Les rechercher sera très difficile. Voici une astuce stupide qui fonctionne : effectuer des allocations volumineuses et d'une taille précise. Modifiez le code afin d'allouer de l'espace pour 100 nombres en virgule flottante (400 octets en mode 32 bits, 800 octets en mode 64 bits) :

```
terms = NSAllocateCollectable(100 * sizeof(CGFloat), NSScannedOption);
```

Cette allocation sera affichée dans Instruments sous l'intitulé `GeneralBlock-400` (ou `GeneralBloc-800` en mode 64 bits). Vous pouvez à présent les placer sur le graphique. Le ramasse-miettes les collecte-t-il ?

Instruments est un outil très performant et ses possibilités sont nombreuses. Lorsque vous serez en train d'optimiser les performances de votre application, consultez la documentation d'Instruments fournie par Apple.

Pour les plus curieux : références faibles

Parfois, nous voudrons qu'un pointeur pointe sur un objet tant qu'il existe, mais sans que ce pointeur empêche le ramasse-miettes de désallouer l'objet. Dans ce cas, nous devons employer une référence faible :

```
__weak NSFont *policeFavorite;
```

Le ramasse-miettes ne sera pas empêché de désallouer l'objet, même si `policeFavorite` pointe sur cet objet. Si `policeFavorite` pointe sur un objet lorsque celui-ci est désalloué, `policeFavorite` est automatiquement fixé à `nil`.

Certaines collections, comme `NSMapTable`, `NSHashTable` et `NSPointerArray`, contiennent également des références faibles sur des objets. Par ailleurs, lorsque le ramasse-miettes est activé dans une application, le centre de notification possède des références faibles sur les observateurs.

Exercice : faire des bêtises

Créez des fuites de mémoire à l'aide du tableau C et des structures `CGColor` lorsque vous supprimez un polynôme. Observez les fuites dans Instruments. Ensuite, corrigez-les.

Plantez l'application en faisant en sorte que le ramasse-miettes désalloue prématurément le tableau C et les structures `CGColor`. Lancez le débogueur et observez le crash résultant. Corrigez les erreurs.

32

Bases de l'animation

Au sommaire de ce chapitre

- ✔ Créer un *CALayer*
- ✔ Utiliser *CALayer* et *CAAnimation*

Mac OS X utilise de plus en plus OpenGL pour exploiter la puissance des processeurs graphiques modernes. Afin de permettre aux programmeurs de bénéficier de ces possibilités, Apple a créé `CALayer` dans Mac OS X 10.5. `CALayer` peut être vu comme un tampon dans lequel nous pouvons dessiner. Une fois son rendu effectué, il peut être déplacé, redimensionné et redessiné par le processeur graphique à des vitesses étonnantes.

Comme les vues, les calques sont organisés en hiérarchie. Une vue peut être couverte par un calque, et ce calque peut contenir des sous-calques.

Si nous disposons du `CALayer`, qui peut être manipulé à des vitesses surprenantes, il nous faut quelque chose pour piloter le processus. C'est le rôle de `CAAnimation`. `NSAnimationContext` peut servir à regrouper et à synchroniser plusieurs animations.

À titre d'exemple, nous partirons du programme de dessin de polynômes du Chapitre 31 et déplacerons chaque polynôme sur son propre `CALayer`. Ensuite, nous pourrons déplacer à grande vitesse les calques sur la vue (voir Figure 32.1).

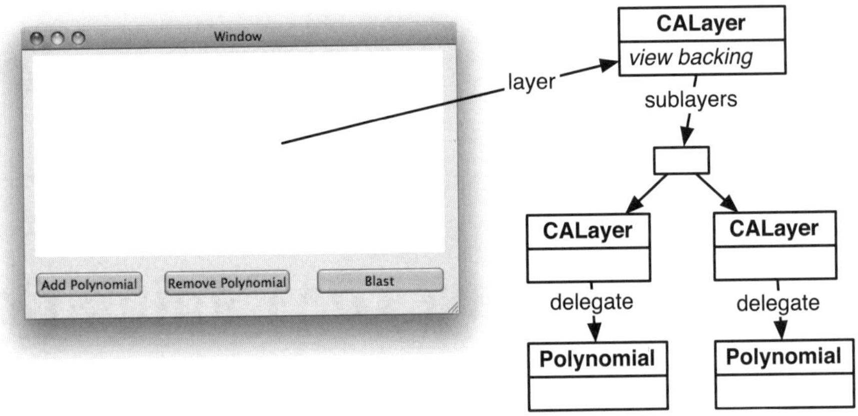

Figure 32.1

Graphe d'objets.

Créer un *CALayer*

Ouvrez le projet `Polynomials` dans Xcode. Puisque les classes d'animation font partie du framework QuartzCore, faites un Contrôle-clic sur `Linked Frameworks` afin d'ajouter le framework `/System/Library/Frameworks/QuartzCore.framework` à l'application (voir Figure 32.2).

Figure 32.2

Ajouter un framework.

Ouvrez le fichier `MainMenu.nib`. Dans l'inspecteur `Effects`, cochez la case qui correspond à `PolynomialView` afin de l'adosser à un `CALayer` (voir Figure 32.3). Nous disons que la vue veut un `CALayer`.

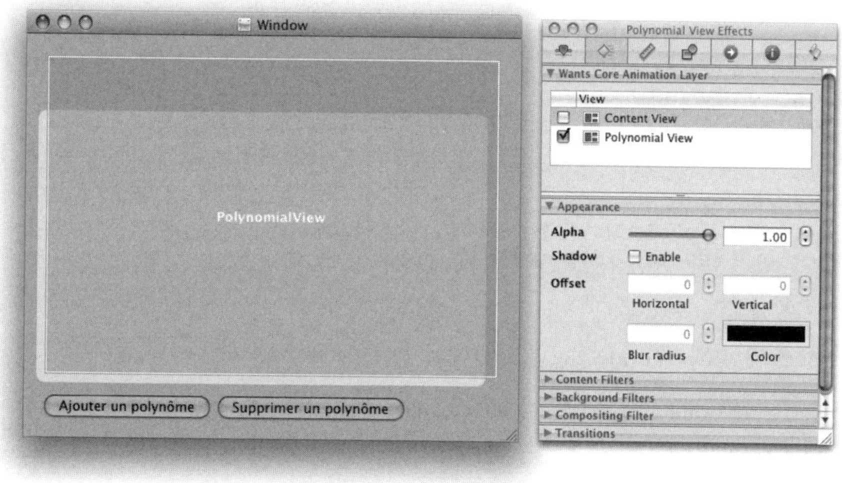

Figure 32.3

La vue PolynomialView *veut un* CALayer.

Ajoutez un bouton intitulé `Feu` à la fenêtre (voir Figure 32.4).

Figure 32.4

Ajouter un bouton.

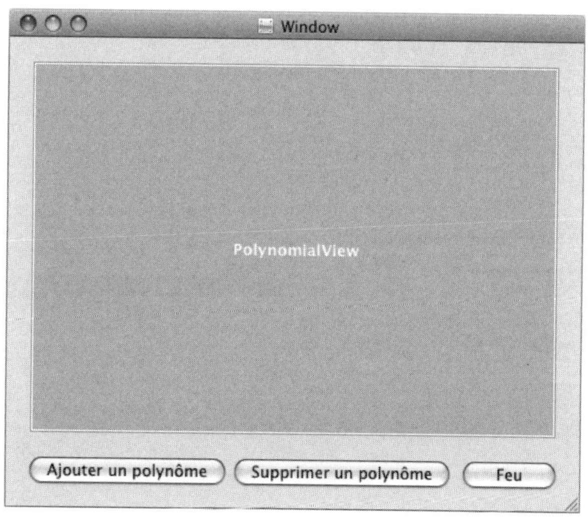

Le bouton `Feu` fera disparaître tous les polynômes de la vue. Un second clic les fera réapparaître. Nous déclarons la méthode associée dans `PolynomialView.h`. Nous avons également besoin d'une valeur booléenne pour savoir si les polynômes ont déjà disparu de l'écran :

```
#import <Cocoa/Cocoa.h>


@interface PolynomialView : NSView {
    NSMutableArray *polynomials;
    BOOL blasted;
}
- (IBAction)createNewPolynomial:(id)sender;
- (IBAction)deleteRandomPolynomial:(id)sender;
- (IBAction)blastem:(id)sender;

@end
```

Dans Interface Builder, connectez le nouveau bouton à la méthode `blastem:`.

Dans cet exercice, nous allons laisser les calques s'occuper du tracé. Dans `PolynomialView.m`, modifiez la méthode `drawRect:` afin de créer un fond blanc :

```
- (void)drawRect:(NSRect)rect
{
    NSRect bounds = [self bounds];
    [[NSColor whiteColor] set];
    [NSBezierPath fillRect:bounds];
}
```

Créez un point d'entrée pour `blastem:` dans `PolynomialView.m` :

```
#import "PolynomialView.h"
#import "Polynomial.h"
#import <QuartzCore/QuartzCore.h>

#define MARGIN (10)

@implementation PolynomialView

- (id)initWithFrame:(NSRect)frame {
    [super initWithFrame:frame];
    polynomials = [[NSMutableArray alloc] init];
    blasted = NO;
    return self;
}

- (IBAction)blastem:(id)sender
{
}
```

Même si elle ne fait pas grand-chose, compilez et exécutez l'application. Vous obtenez une belle vue blanche.

Utiliser *CALayer* et *CAAnimation*

Au calque de base, nous allons à présent ajouter des calques contenant les polynômes. Tout d'abord, nous devons créer une méthode qui déterminera un point aléatoire hors écran. Nous déplacerons l'origine du calque sur ce point aléatoire. Ajoutez la méthode suivante dans `PolynomialView.m` :

```
- (NSPoint)randomOffViewPosition
{
    NSRect bounds = [self bounds];
    float radius = hypot(bounds.size.width, bounds.size.height);

    float angle = 2.0 * M_PI * (random() % 360 / 360.0);
    NSPoint p;
    p.x = radius * cos(angle);
    p.y = radius * sin(angle);
    return p;
}
```

Elle est déclarée dans `PolynomialView.h`.

Lorsque l'utilisateur crée un nouveau polynôme, nous créons également un calque, dont le délégué sera l'objet `Polynomial`. Dans `Polynomial.m`, nous devons donc implémenter la méthode qui sera invoquée lorsque le calque voudra que son délégué le dessine :

```
- (void)drawLayer:(CALayer *)layer
        inContext:(CGContextRef)ctx
{
    CGRect cgb = [layer bounds];
    [self drawInRect:cgb
           inContext:ctx];
}
```

Dans `PolynomialView.m`, nous devons réécrire la méthode qui crée de nouveaux polynômes et les anime sur la vue en partant du point aléatoire :

```
- (IBAction)createNewPolynomial:(id)sender
{
    // Créer une instance de Polynomial.
    Polynomial *p = [[Polynomial alloc] init];
    [polynomials addObject:p];

    // Créer un calque.
    CALayer *layer = [CALayer layer];
    CGRect b = [[self layer] bounds];
    b = CGRectInset(b, MARGIN, MARGIN);
    [layer setAnchorPoint:CGPointMake(0,0)];
    [layer setFrame:b];
    [layer setCornerRadius:12];
    [layer setBorderColor:[p color]];
    [layer setBorderWidth:3.5];
```

```
    // L'instance de Polynomial se chargera du tracé.
    [layer setDelegate:p];

    // Ajouter le nouveau calque au calque de base de la vue.
    [[self layer] addSublayer:layer];

    // Effectuer le rendu du calque.
    [layer display];

    // Créer une animation qui déplace le calque sur l'écran en une seconde.
    CABasicAnimation *anim
          = [CABasicAnimation animationWithKeyPath:@"position"];
    [anim setFromValue:
          [NSValue valueWithPoint:[self randomOffViewPosition]]];
    [anim setToValue:
          [NSValue valueWithPoint:NSMakePoint(MARGIN,MARGIN)]];
    [anim setDuration:1.0];
    CAMediaTimingFunction *f =
[CAMediaTimingFunction functionWithName:kCAMediaTimingFunctionLinear];
    [anim setTimingFunction:f];

    // Lancer l'animation.
    [layer addAnimation:anim forKey:@"whatever"];
}
```

Compilez et exécutez l'application. Pour le moment, cliquez simplement sur le bouton `Ajouter un polynôme`. De jolis polynômes arrivent-ils sur l'écran ?

Supprimer des polynômes

Nous devons à présent revoir la méthode `deleteRandomPolynomial:`. Il nous faut deux méthodes : une première qui démarre l'animation et une seconde qui retire le calque une fois l'animation terminée :

```
- (IBAction)deleteRandomPolynomial:(id)sender
{
    // Obtenir le tableau de CALayer qui représente les polynômes.
    NSArray *polynomialLayers = [[self layer] sublayers];

    // Y a-t-il des polynômes à supprimer ?
    if ([polynomialLayers count] == 0) {
        NSBeep();
        return;
    }

    // Choisir un calque aléatoire.
    int i = random() % [polynomialLayers count];
    CALayer *layerToPull = [polynomialLayers objectAtIndex:i];

    // Choisir un point vers lequel le déplacer.
    NSPoint randPoint = [self randomOffViewPosition];

    // Créer l'animation qui pilotera le déplacement en dehors de l'écran.
    CABasicAnimation *anim =
        [CABasicAnimation animationWithKeyPath:@"position"];
```

```
    // L'animation nous permet de placer ce que nous souhaitons dans son
    // dictionnaire. À la fin de l'animation, nous voudrons connaître
    // le polynôme qui a été déplacé en dehors de l'écran.
    [anim setValue:layerToPull forKey:@"representedPolynomialLayer"];
    [anim setFromValue:
            [NSValue valueWithPoint:NSMakePoint(MARGIN,MARGIN)]];
    [anim setToValue:
            [NSValue valueWithPoint:randPoint]];
    [anim setDuration:1.0];
    CAMediaTimingFunction *f =
[CAMediaTimingFunction functionWithName:kCAMediaTimingFunctionLinear];
    [anim setTimingFunction:f];

    // Nous avons besoin d'une fonction de rappel pour la fin de l'animation.
    [anim setDelegate:self];
    [layerToPull addAnimation:anim forKey:@"whatever"];

    // Pendant l'animation, la position est temporaire. Sans la ligne
    // suivante, le polynôme supprimé clignote avant d'être supprimé.
    [layerToPull setPosition:CGPointMake(randPoint.x, randPoint.y)];
}
- (void)animationDidStop:(CAAnimation *)anim finished:(BOOL)flag
{
    CALayer *layerToPull =
          [anim valueForKey:@"representedPolynomialLayer"];
    Polynomial *p = [layerToPull delegate];
    [polynomials removeObjectIdenticalTo:p];
    [layerToPull removeFromSuperlayer];
}
```

Construisez et compilez l'application. Vous devez pouvoir supprimer des polynômes.

Déplacer plusieurs calques simultanément

La méthode `blastem:` va déplacer plusieurs calques à la fois. Pour regrouper des animations, nous utilisons `NSAnimationContext` :

```
- (IBAction)blastem:(id)sender
{
    [NSAnimationContext beginGrouping];
    [[NSAnimationContext currentContext] setDuration:3.0];
    NSArray *polynomialLayers = [[self layer] sublayers];

    for (CALayer *layer in polynomialLayers) {
        CGPoint p;
        if (blasted) {
            p = CGPointMake(MARGIN, MARGIN);
        } else {
            NSPoint r = [self randomOffViewPosition];
            // Convertir le NSPoint en CGPoint.
            p = *(CGPoint *)&r;
        }
```

```
            [layer setPosition:p];
        }
        [NSAnimationContext endGrouping];
        blasted = !blasted;
    }
```

Compilez et exécutez l'application. Cliquez sur le bouton `Feu`. Pas mal, non ?

Essayez de redimensionner la fenêtre.

Redimensionner et redessiner les calques

Pour notre dernière amélioration, nous allons redimensionner le calque de base, mais redimensionner et redessiner les calques des polynômes uniquement lorsque le redimensionnement de la fenêtre est terminé :

```
- (void)resizeAndRedrawPolynomialLayers
{
    CGRect b = [[self layer] bounds];
    b = CGRectInset(b, MARGIN, MARGIN);

    NSArray *polynomialLayers = [[self layer] sublayers];
    [NSAnimationContext beginGrouping];
    [[NSAnimationContext currentContext] setDuration:0];
    for (CALayer *layer in polynomialLayers) {
        b.origin = [layer frame].origin;
        [layer setFrame:b];
        [layer setNeedsDisplay];
    }
    [NSAnimationContext endGrouping];
}

- (void)setFrameSize:(NSSize)newSize
{
    [super setFrameSize:newSize];
    if (![self inLiveResize]) {
        [self resizeAndRedrawPolynomialLayers];
    }
}

- (void)viewDidEndLiveResize
{
    [self resizeAndRedrawPolynomialLayers];
}
```

Compilez et exécutez l'application. Redimensionnez la fenêtre.

CALayer

Dans cet exercice, nous dessinons explicitement sur le `CGContext` du `CALayer` dans notre classe `Polynomial`. Ce mécanisme nous permet d'effectuer tous les tracés imaginables sur le `CALayer`.

Cependant, il est plus fréquent de vouloir simplement manipuler quelques aspects classiques communs :

- une image ;
- la couleur d'arrière-plan ;
- l'arrondi des angles ;
- un filtre d'image dans lequel faire passer le contenu du calque.

Les instances de `CALayer` peuvent se charger de toutes ces opérations elles-mêmes, sans passer par un délégué. Une fois encore, les ingénieurs d'Apple respectent leurs promesses de faciliter les choses classiques et de rendre possibles les choses plus rares.

Il existe des sous-classes de `CALayer` pour faciliter certains dessins :

- L'affichage d'un texte sur un calque est plus facile si ce calque est une instance de `CATextLayer`.
- Effectuer des appels au OpenGL sur un calque est plus facile si ce calque est une sous-classe de `CAOpenGLLayer`.
- Le calque de base d'une vue est une instance de `_NSViewBackingLayer` (une classe non publique) qui sait dessiner le contenu de la vue sur elle-même. Dans cet exercice, le calque auquel s'adosse la vue se peint simplement en blanc. C'est la raison du code de la méthode `drawRect:` de la vue.

33

Application Cocoa/OpenGL simple

Au sommaire de ce chapitre

- ✔ Utiliser *NSOpenGLView*
- ✔ Écrire l'application

Ce chapitre n'a pas pour prétention de vous enseigner OpenGL ; pour cela, tournez-vous vers d'autres ouvrages, comme *The OpenGL Programming Guide*. Il se contente d'expliquer comment effectuer des dessins avec OpenGL dans une application écrite avec Cocoa. Comme pour tous les autres tracés graphiques dans Cocoa, le rendu OpenGL se fait dans une vue. Jusqu'à présent, nous avons utilisé des vues basées sur `NSGraphicsContext` pour réaliser les tracés avec Quartz, *via* `NSImage`, `NSBezierPath` et `NSAttributedString`.

Utiliser *NSOpenGLView*

`NSOpenGLView` est une sous-classe de `NSView` avec un contexte graphique OpenGL. Tout comme nous devions verrouiller le focus sur une vue pour dessiner avec Quartz, le contexte graphique OpenGL doit être actif pour que les commandes de dessin OpenGL aient un effet.

Voici quelques-unes des méthodes les plus importantes de `NSOpenGLView` :

```
- (id)initWithFrame:(NSRect)frameRect
        pixelFormat:(NSOpenGLPixelFormat *)format
```

L'initialiseur désigné.

```
- (NSOpenGLContext*)openGLContext
```

Retourne le contexte OpenGL de la vue.

`- (void)reshape`

Appelée lorsque la vue est redimensionnée. Le contexte OpenGL est actif au moment de l'invocation de cette méthode.

`- (void)drawRect:(NSRect)r`

Appelée lorsque la vue doit être actualisée. Le contexte OpenGL est actif au moment de l'invocation de cette méthode.

Écrire l'application

La Figure 33.1 illustre l'application que nous allons développer.

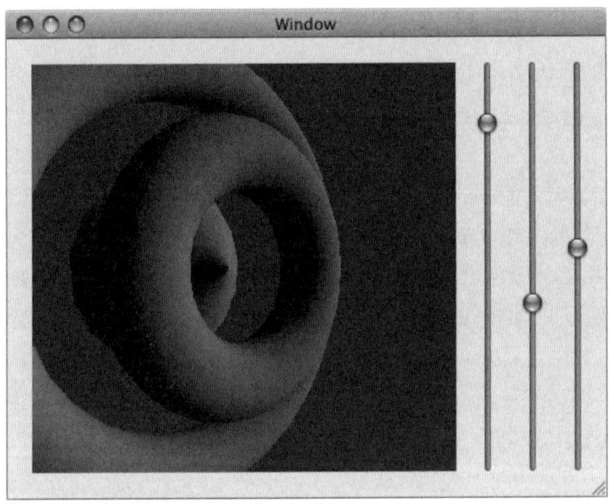

Figure 33.1
L'application terminée.

Créez un nouveau projet d'application Cocoa nommé `Gliss` (pour "GL Bliss", ou "GL béatitude"). Dans le menu `Project`, sélectionnez `Add to Project...` pour ajouter au projet les frameworks `OpenGL.framework` et `GLUT.framework`, tous deux dans `/Système/Bibliothèque/ Frameworks/`. Nous utiliserons non pas le modèle d'événements GLUT, mais uniquement quelques fonctions commodes.

Créez une nouvelle classe Objective-C nommée `GlissView`. Dans `GlissView.h`, modifiez la superclasse et déclarez une outlet ainsi qu'une action :

```
#import <Cocoa/Cocoa.h>

@interface GlissView : NSOpenGLView
{
    IBOutlet NSMatrix *sliderMatrix;
}
- (IBAction)changeParameter:(id)sender;
@end
```

Agencer l'interface

Ouvrez `MainMenu.nib`.

À partir de la bibliothèque, faites glisser un `NSOpenGLView` (sous `Cocoa > Views & Cells > Data Views`) sur la fenêtre (voir Figure 33.2).

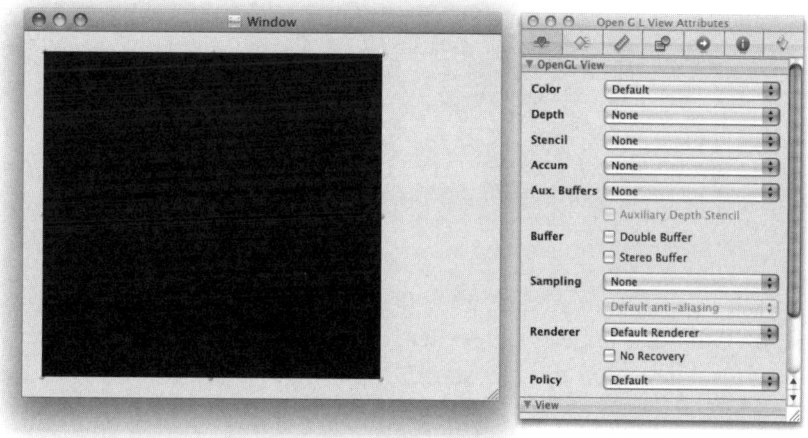

Figure 33.2
Déposer un NSOpenGLView.

Dans l'inspecteur `Identity`, fixez la classe de la vue à `GlissView` (voir Figure 33.3).

Figure 33.3
Fixer la classe.

Déposez sur la fenêtre un `NSSlider` configuré en mode continu. Dans le menu `Layout`, choisissez `Embed objects in > Matrix`. Dans l'inspecteur, configurez la matrice en mode `Tracking` et donnez-lui trois colonnes (voir Figure 33.4).

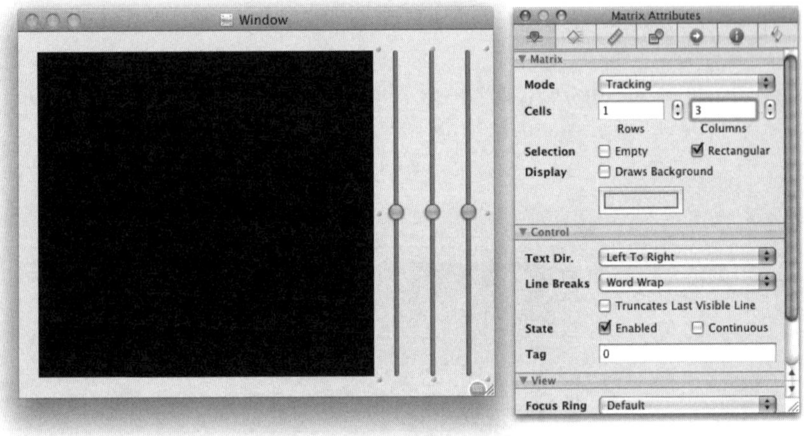

Figure 33.4
Matrice de curseurs.

Affectez `GlissView` comme cible de la matrice et `changeParameter:` pour son action. Faites pointer l'outlet `sliderMatrix` de `GlissView` sur la matrice. Assurez-vous de créer les connexions dans les deux directions.

Le premier curseur contrôlera la coordonnée X de la source lumineuse. Donnez-lui une plage de –4 à 4, avec la valeur initiale 1. Sa balise doit être 0. La Figure 33.5 présente l'état correspondant de l'inspecteur.

Figure 33.5
Fixer les limites, la valeur initiale et la balise du premier curseur.

Le deuxième curseur contrôlera l'angle de vue de la scène. Donnez-lui une plage de –4 à 4, avec la valeur initiale 0. Sa balise doit être 1.

Le troisième curseur contrôlera l'éloignement de la scène. Donnez-lui une plage de 0,3 à 5, avec la valeur initiale 4. Sa balise doit être 2.

Sélectionnez `GlissView`. Dans l'inspecteur `Attributes`, configurez une profondeur de 16 bits (voir Figure 33.6).

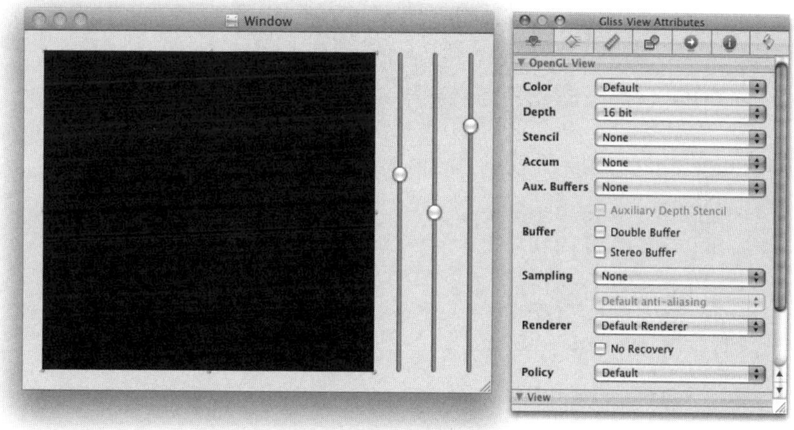

Figure 33.6

Créer un tampon de profondeur de 16 bits.

Dans l'inspecteur `Size`, configurez `GlissView` pour que sa taille suive celle de la fenêtre.

Inspectez le `NSMatrix`. Configurez-le pour dimensionnement automatique de ses cellules. Dans l'inspecteur `Size`, attachez-le au bord droit de la fenêtre (voir Figure 33.7). Enregistrez le fichier nib.

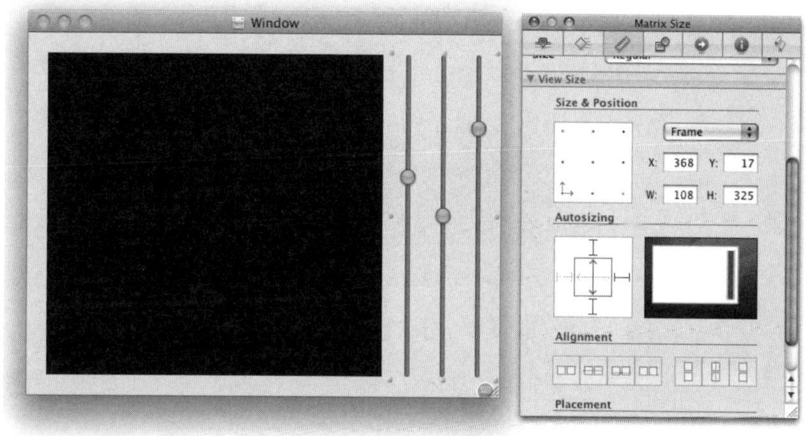

Figure 33.7

L'inspecteur Size *de la matrice.*

Écrire le code

Modifiez `GlissView.h` :

```
#import <Cocoa/Cocoa.h>

@interface GlissView : NSOpenGLView
{
    IBOutlet NSMatrix *sliderMatrix;
    float lightX, theta, radius;
    int displayList;
}
- (IBAction)changeParameter:(id)sender;
@end
```

Modifiez également `GlissView.m` :

```
#import "GlissView.h"
#import <GLUT/glut.h>

#define LIGHT_X_TAG 0
#define THETA_TAG 1
#define RADIUS_TAG 2

@implementation GlissView
- (void)prepare
{
    NSLog(@"prepare");

    // Le contexte OpenGL doit être actif pour que cette fonction ait un effet.
    NSOpenGLContext *glcontext = [self openGLContext];
    [glcontext makeCurrentContext];

    // Configurer la vue.
    glShadeModel(GL_SMOOTH);
    glEnable(GL_LIGHTING);
    glEnable(GL_DEPTH_TEST);

    // Ajouter un éclairage ambiant.
    GLfloat ambient[] = {0.2, 0.2, 0.2, 1.0};
    glLightModelfv(GL_LIGHT_MODEL_AMBIENT, ambient);

    // Initialiser la source lumineuse.
    GLfloat diffuse[] = {1.0, 1.0, 1.0, 1.0};
    glLightfv(GL_LIGHT0, GL_DIFFUSE, diffuse);
    // L'éteindre.
    glEnable(GL_LIGHT0);

    // Fixer les propriétés des matériaux sous un éclairage ambiant.
    GLfloat mat[] = {0.1, 0.1, 0.7, 1.0};
    glMaterialfv(GL_FRONT, GL_AMBIENT, mat);

    // Fixer les propriétés des matériaux sous un éclairage diffus.
    glMaterialfv(GL_FRONT, GL_DIFFUSE, mat);
}
```

```
- (id)initWithCoder:(NSCoder *)c
{
    self = [super initWithCoder:c];
    [self prepare];
    return self;
}

// Appelée lorsque la vue est redimensionnée.
- (void)reshape
{
    NSLog(@"reshape");
    // Ajuster à l'espace de la fenêtre, qui est en pixels.
    NSRect baseRect = [self convertRectToBase:[self bounds]];
    // Le résultat est à présent compatible avec glViewport().
    glViewport(0, 0, baseRect.size.width, baseRect.size.height);
    glMatrixMode(GL_PROJECTION);
    glLoadIdentity();
    gluPerspective(60.0, baseRect.size.width/baseRect.size.height,
                   0.2, 7);
}

- (void)awakeFromNib
{
    [self changeParameter:self];
}

- (IBAction)changeParameter:(id)sender
{
    lightX = [[sliderMatrix cellWithTag:LIGHT_X_TAG] floatValue];
    theta = [[sliderMatrix cellWithTag:THETA_TAG] floatValue];
    radius = [[sliderMatrix cellWithTag:RADIUS_TAG] floatValue];
    [self setNeedsDisplay:YES];
}

- (void)drawRect:(NSRect)r
{
    // Effacer l'arrière-plan.
    glClearColor (0.2, 0.4, 0.1, 0.0);
    glClear(GL_COLOR_BUFFER_BIT |
            GL_DEPTH_BUFFER_BIT);

    // Fixer le point de vue.
    glMatrixMode(GL_MODELVIEW);
    glLoadIdentity();
    gluLookAt(radius * sin(theta), 0,  radius * cos(theta),
              0, 0, 0,
              0, 1, 0);

    // Positionner l'éclairage.
    GLfloat lightPosition[] = {lightX, 1, 3, 0.0};
    glLightfv(GL_LIGHT0, GL_POSITION, lightPosition);

    if (!displayList)
    {
        displayList = glGenLists(1);
        glNewList(displayList, GL_COMPILE_AND_EXECUTE);
```

```
            // Tracer le contenu.
            glTranslatef(0, 0, 0);
            glutSolidTorus(0.3, 0.9, 35, 31);
            glTranslatef(0, 0, -1.2);
            glutSolidCone(1, 1, 17, 17);
            glTranslatef(0, 0, 0.6);
            glutSolidTorus(0.3, 1.8, 35, 31);

            glEndList();
        } else {
            glCallList(displayList);
        }

        // Envoyer à l'écran.
        glFinish();
    }
    @end
```

Les appels OpenGL sont répartis dans trois méthodes : `prepare`, tous les appels à envoyer initialement, `reshape`, tous les appels à envoyer lorsque la vue est redimensionnée, et `drawRect:`, tous les appels à envoyer chaque fois que la vue doit être actualisée. Compilez et exécutez l'application.

34

NSTask

Au sommaire de ce chapitre

- ✔ Multithread et multitraitement
- ✔ *ZIPspector*
- ✔ Lectures asynchrones
- ✔ iPing

Chaque application que nous avons créée est en réalité un répertoire et, quelque part dans ce répertoire se trouve un fichier exécutable. Pour lancer un fichier exécutable sur une machine Unix telle que le Mac, un processus est créé et le nouveau processus exécute le code contenu dans ce fichier. De nombreux exécutables sont des outils en ligne de commande et certains sont très pratiques. Ce chapitre explique comment exécuter des outils en ligne de commande à partir d'une application Cocoa, à l'aide de la classe `NSTask`.

`NSTask` est une enveloppe, très simple d'emploi, autour des fonctions Unix `fork()` et `exec()`. Il suffit de lui indiquer le chemin d'un exécutable et de le lancer. De nombreux processus lisent des données à partir de l'entrée standard et écrivent des données sur la sortie et l'erreur standard. Une application peut utiliser `NSTask` pour attacher des tubes (*pipes*) afin de transférer des données vers et depuis un processus externe. Les tubes sont représentés par la classe `NSPipe`.

Multithread et multitraitement

Le multithread est très à la mode car il permet de tirer profit de la présence de plusieurs processeurs et des processeurs à plusieurs cœurs. Le multithread peut également garantir que l'application continue à réagir rapidement pendant qu'elle effectue d'autres traitements en arrière-plan. Cependant, la programmation multithread n'est pas simple : les activités d'un thread écrasent souvent les données utilisées par un autre thread.

Le multitraitement nous permet de bénéficier des avantages de la programmation multithread, sans les maux de tête associés. Autrement dit, au lieu de créer un nouveau thread pour effectuer une opération, nous créons simplement un nouveau processus.

Voici quelques avantages du multitraitement par rapport au multithread.

- La réécriture des fonctions de nombreux outils en ligne de commande demanderait beaucoup de temps.
- Si le processus externe contient une fuite de mémoire, le système d'exploitation se chargera du nettoyage à notre place lorsque ce processus se terminera.
- Le processus externe peut s'exécuter sous un compte d'utilisateur différent de celui de l'application. Par conséquent, il peut disposer d'autorisations totalement différentes de celles de l'application.

Même s'il n'est pas aussi attrayant que le multithread, le multitraitement est probablement plus utile dans la vie réelle.

ZIPspector

Nous pouvons utiliser l'outil `/usr/bin/zipinfo` pour examiner le contenu d'un fichier zip. Prenez un fichier zip sur votre machine et exécutez `zipinfo` dans Terminal (`-1` est tiret-un, non tiret-lettre l) :

```
# /usr/bin/zipinfo -1 /Users/aaron/monfichier.zip
fichierextra.rtf
fichiersuper.txt
magnifique.pdf
```

Nous allons créer une application qui utilise `zipinfo` (voir Figure 34.1). Elle devra envoyer des arguments et lire la sortie standard du processus.

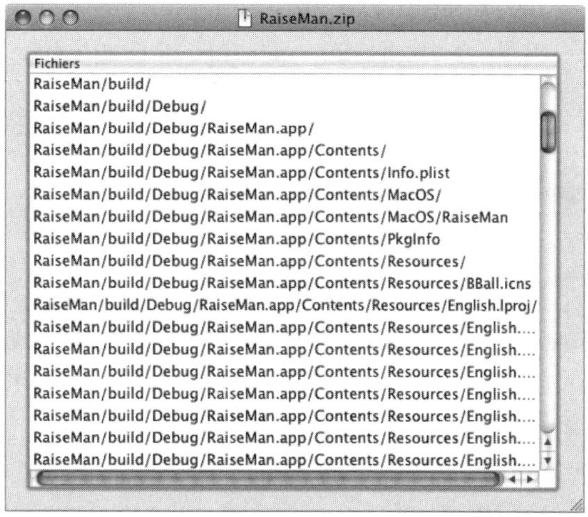

Figure 34.1

L'application terminée.

Dans Xcode, créez un nouveau projet de type `Cocoa Document-based Application`. Nommez-le `ZIPspector`. Ce programme affiche le contenu de fichiers zip, mais ne permet pas de les modifier. Dans le panneau Info de la cible, configurez ZIPspector en tant que visualiseur des fichiers ayant l'UTI `com.pkware.zip-archive` (voir Figure 34.2). Il s'agit d'un UTI défini par le système, qui connaît l'extension, l'icône et les autres informations des fichiers zip.

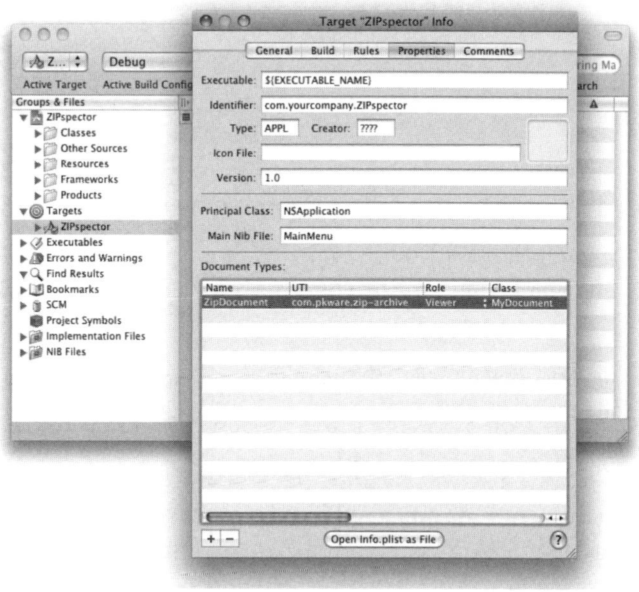

Figure 34.2

Fixer l'UTI.

Dans `MyDocument.h`, nous créons des outlets pour un `NSTableView` et un `NSArray` qui contiendra les noms des fichiers présents dans le fichier zip :

```
@interface MyDocument : NSDocument
{
    IBOutlet NSTableView *tableView;
    NSArray *filenames;
}
@end
```

Ouvrez `MyDocument.nib`. Ajoutez une vue tableau dans la fenêtre et configurez-la avec une colonne non modifiable intitulée `Fichiers`. Faites un Contrôle-clic sur la vue tableau pour afficher son panneau des connexions. Faites pointer l'outlet `dataSource` sur `File's Owner` (voir Figure 34.3).

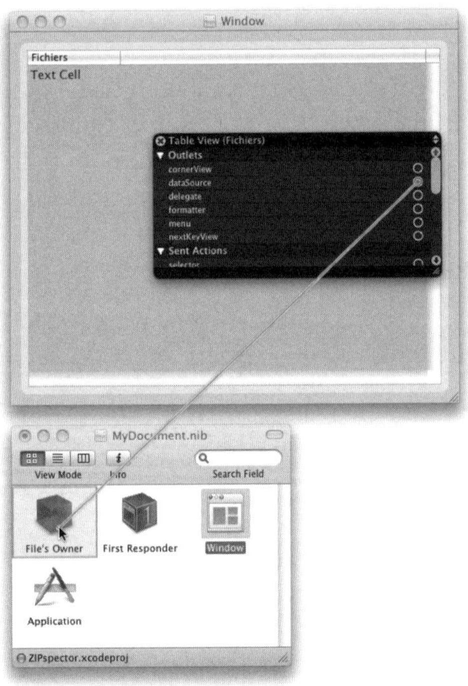

Figure 34.3
Fixer l'outlet dataSource.

Faites un Contrôle-clic sur `File's Owner` pour afficher son panneau des connexions et fixez son outlet `tableView` (voir Figure 34.4).

Dans `MyDocument.m`, nous redéfinissons `readFromURL:ofType:error:` de manière à créer un `NSTask` qui exécute `zipinfo`. Nous créons également un `NSPipe` et le connectons à la sortie standard (`standardOut`) de `NSTask` (voir Figure 34.5).

Figure 34.4
Fixer l'outlet tableView.

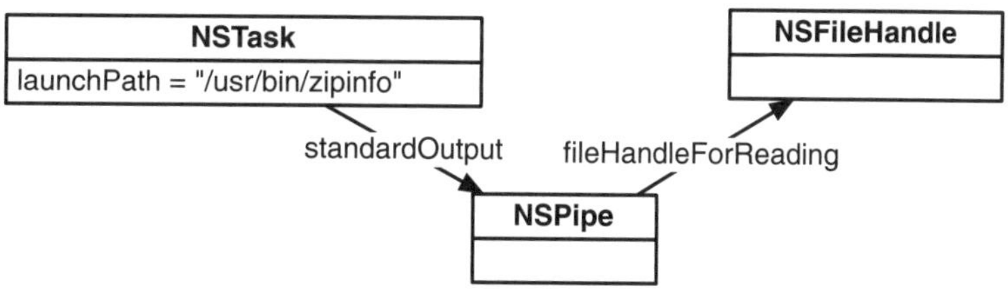

Figure 34.5
Graphe d'objets.

Voici le code :

```
- (BOOL)readFromURL:(NSURL *)absoluteURL
             ofType:(NSString *)typeName
              error:(NSError **)outError
{
    // Nom du fichier à passer à zipinfo.
    NSString *filename = [absoluteURL path];

    // Préparer un objet NSTask.
    NSTask *task = [[NSTask alloc] init];
    [task setLaunchPath:@"/usr/bin/zipinfo"];
    NSArray *args = [NSArray arrayWithObjects:@"-1", filename, nil];
    [task setArguments:args];
```

```
        // Créer le tube à partir duquel se fera la lecture.
        NSPipe *outPipe = [[NSPipe alloc] init];
        [task setStandardOutput:outPipe];
        [outPipe release];

        // Démarrer le processus.
        [task launch];

        // Lire la sortie.
        NSData *data = [[outPipe fileHandleForReading]
                                     readDataToEndOfFile];

        // S'assurer que la tâche s'est terminée normalement.
        [task waitUntilExit];
        int status = [task terminationStatus];
        [task release];

        // Vérifier le code d'état.
        if (status != 0) {
           if (outError) {
              NSDictionary *eDict =
                     [NSDictionary dictionaryWithObject:@"zipinfo failed"
                             forKey:NSLocalizedFailureReasonErrorKey];
             *outError = [NSError errorWithDomain:NSOSStatusErrorDomain
                                             code:0
                                         userInfo:eDict];
           }
           return NO;
        }

        // Convertir en chaîne de caractères.
        NSString *aString = [[NSString alloc] initWithData:data
                                        encoding:NSUTF8StringEncoding];

        // Relâcher les anciens noms de fichiers.
        [filenames release];
        // Décomposer la chaîne en lignes.
        filenames = [[aString componentsSeparatedByString:@"\n"] retain];
        NSLog(@"noms de fichiers = %@", filenames);

        // Relâcher la chaîne.
        [aString release];

        // En cas d'inversion.
        [tableView reloadData];

        return YES;
    }
```

À présent, nous avons besoin des méthodes de source de données de la vue tableau :

```
- (int)numberOfRowsInTableView:(NSTableView *)v
{
    return [filenames count];
}
```

```
- (id)tableView:(NSTableView *)tv
 objectValueForTableColumn:(NSTableColumn *)tc
                       row:(NSInteger)row
{
    return [filenames objectAtIndex:row];
}
```

L'application n'offre pas de fonction d'enregistrement. Nous pouvons donc supprimer la méthode `dataOfType:error:`. Dans le fichier `MainMenu.nib`, nous pouvons également supprimer les entrées de menu qui concernent l'enregistrement.

Compilez et exécutez l'application. Vous devriez être en mesure de visualiser le contenu de n'importe quel fichier zip. Aucun document sans titre n'apparaîtra car il s'agit d'un visualiseur. Vous devez ouvrir un fichier `.zip` existant.

Lectures asynchrones

Nous l'avons mentionné au Chapitre 24, la boucle d'exécution représente l'objet qui attend l'arrivée d'événements. Il peut s'agir d'événements du clavier, de la souris ou de minuteries. Ils constituent tous des sources de données pour la boucle d'exécution. Nous pouvons également transformer un fichier en source de données pour la boucle d'exécution.

Dans cette section, nous allons créer un processus qui génère sporadiquement des données. Nous connecterons un tube à la sortie standard, mais, au lieu de tenter de lire immédiatement toutes les données à partir du descripteur de fichiers, nous les lirons en arrière-plan et signalerons lorsque des données sont prêtes.

Pour savoir si nous pouvons créer une connexion IP avec une autre machine, nous utilisons `/sbin/ping`. Essayez cet outil dans Terminal :

```
$ /sbin/ping -c10 www.bignerdranch.com
PING www.bignerdranch.com (69.39.89.150): 56 data bytes
64 bytes from 69.39.89.150: icmp_seq=0 ttl=50 time=35.579 ms
64 bytes from 69.39.89.150: icmp_seq=1 ttl=50 time=35.099 ms
64 bytes from 69.39.89.150: icmp_seq=2 ttl=50 time=34.546 ms
64 bytes from 69.39.89.150: icmp_seq=3 ttl=50 time=35.495 ms
64 bytes from 69.39.89.150: icmp_seq=4 ttl=50 time=35.685 ms
64 bytes from 69.39.89.150: icmp_seq=5 ttl=50 time=35.667 ms
64 bytes from 69.39.89.150: icmp_seq=6 ttl=50 time=36.435 ms
64 bytes from 69.39.89.150: icmp_seq=7 ttl=50 time=52.296 ms
64 bytes from 69.39.89.150: icmp_seq=8 ttl=50 time=36.142 ms
64 bytes from 69.39.89.150: icmp_seq=9 ttl=50 time=36.188 ms

--- www.bignerdranch.com ping statistics ---
10 packets transmitted, 10 packets received, 0% packet loss
round-trip min/avg/max/stddev = 34.546/37.313/52.296/5.021 ms
```

Pour arrêter le programme, appuyez sur Contrôle+C. Il reçoit alors un signal `sigint`, affiche des statistiques à l'écran et se termine.

iPing

Nous allons écrire une application Cocoa qui utilise NSTask pour exécuter ping (voir Figure 34.6).

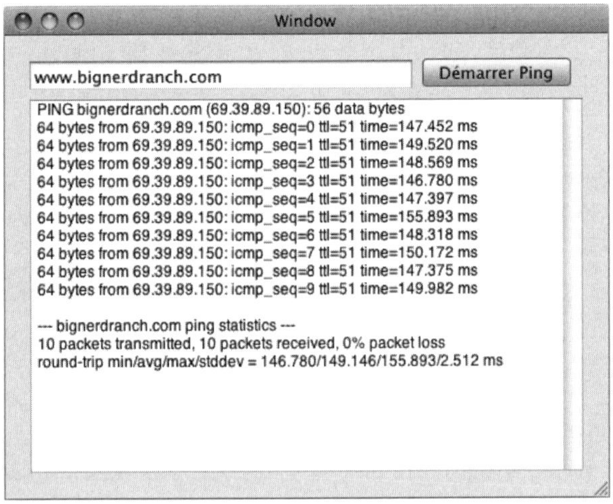

Figure 34.6

L'application terminée.

Dans Xcode, créez un nouveau projet de type Cocoa Application nommé iPing. Ajoutez une nouvelle classe Objective-C nommée AppController. Elle a besoin de deux outlets, d'une variable pour le NSTask et d'une action :

```
@interface AppController : NSObject
{
    IBOutlet NSTextView *outputView;
    IBOutlet NSTextField *hostField;
    IBOutlet NSButton *startButton;
    NSTask *task;
    NSPipe *pipe;
}
- (IBAction)startStopPing:(id)sender;
@end
```

Ouvrez MainMenu.nib et déposez une vue texte, un champ de texte et un bouton sur la fenêtre. Le bouton doit être configuré en mode Toggle. Son intitulé est Démarrer Ping et son intitulé alternatif, Arrêter Ping (voir Figure 34.7).

Faites glisser un NSObject depuis la bibliothèque. Dans l'inspecteur Identity, fixez sa classe à AppController (voir Figure 34.8).

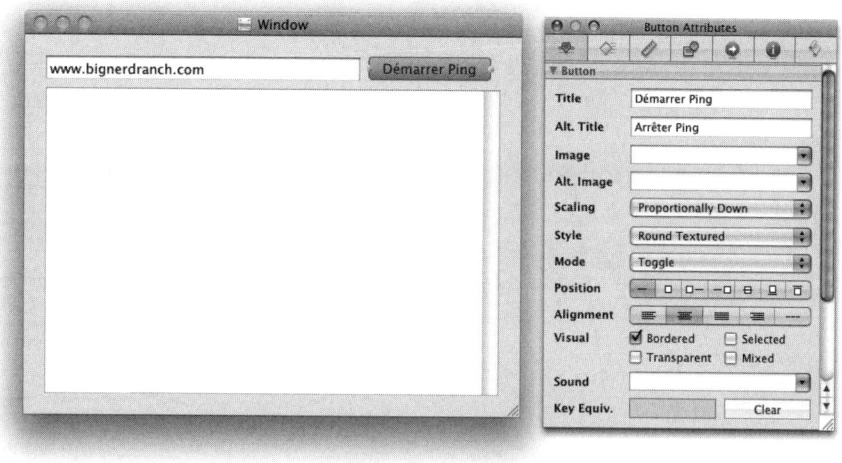

Figure 34.7
Attributs du bouton.

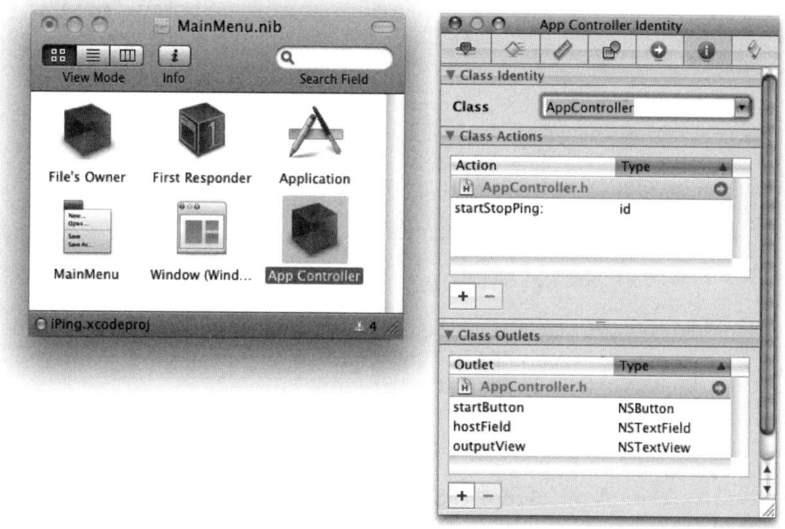

Figure 34.8
Créer AppController.

`AppController` doit être la cible du bouton, avec l'action `startStopPing:`. Les outlets `outputView`, `hostField` et `startButton` doivent pointer, respectivement, sur la vue texte, le champ de texte et le bouton (voir Figure 34.9).

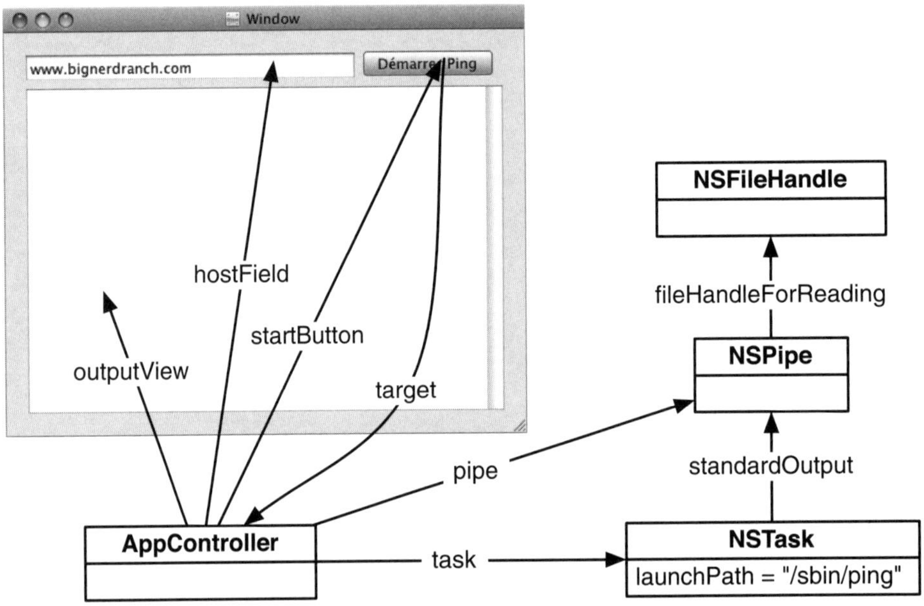

Figure 34.9

Graphe d'objets.

Dans `AppController.m`, nous implémentons `startStopPing:` :

```
- (IBAction)startStopPing:(id)sender
{
    // La tâche est-elle en cours d'exécution ?
    if (task) {
        [task interrupt];
    } else {
        task = [[NSTask alloc] init];
        [task setLaunchPath:@"/sbin/ping"];
        NSArray *args = [NSArray arrayWithObjects:@"-c10",
                                 [hostField stringValue], nil];
        [task setArguments:args];

        // Relâcher l'ancien tube.
        [pipe release];
        // Créer un nouveau tube.
        pipe = [[NSPipe alloc] init];
        [task setStandardOutput:pipe];

        NSFileHandle *fh = [pipe fileHandleForReading];

        NSNotificationCenter *nc;
        nc = [NSNotificationCenter defaultCenter];
        [nc removeObserver:self];
        [nc addObserver:self
               selector:@selector(dataReady:)
```

```
                    name:NSFileHandleReadCompletionNotification
                  object:fh];
        [nc addObserver:self
                selector:@selector(taskTerminated:)
                    name:NSTaskDidTerminateNotification
                  object:task];
        [task launch];
        [outputView setString:@""];

        [fh readInBackgroundAndNotify];
    }
}
```

Pendant que la tâche s'exécute, le descripteur de fichier envoie des modifications si des données sont disponibles. Implémentez la méthode invoquée :

```
- (void)appendData:(NSData *)d
{
    NSString *s = [[NSString alloc] initWithData:d
                                        encoding:NSUTF8StringEncoding];
    NSTextStorage *ts = [outputView textStorage];
    [ts replaceCharactersInRange:NSMakeRange([ts length], 0)
                      withString:s];
    [s release];
}

- (void)dataReady:(NSNotification *)n
{
    NSData *d;
    d = [[n userInfo] valueForKey:NSFileHandleNotificationDataItem];

    NSLog(@"dataReady:%d bytes", [d length]);

    if ([d length]) {
        [self appendData:d];
    }
    // Si la tâche est en cours d'exécution, recommencer à lire.
    if (task)
        [[pipe fileHandleForReading] readInBackgroundAndNotify];
}
```

Lorsque le processus est terminé, un nettoyage s'impose :

```
- (void)taskTerminated:(NSNotification *)note
{
    NSLog(@"taskTerminated:");

    [task release];
    task = nil;

    [startButton setState:0];

}
```

Compilez et exécutez l'application.

Exercice : fichiers .tar et .tgz

L'outil `zipinfo` affiche une liste des fichiers contenus dans un fichier zip. Il est possible d'obtenir la même chose pour des fichiers tar à l'aide de la commande `tar` :

```
# /usr/bin/tar tf MesFichiers.tar
```

Si le fichier tar est également compressé, il faut ajouter l'option `z` :

```
# /usr/bin/tar tzf MesFichiers.tgz
```

Étendez ZIPspector pour qu'il prenne également en charge les fichiers `.tar` et `.tgz`.

35

Final

Lorsque je donne un cours, je termine toujours par les messages suivants :

- Les connaissances que vous avez acquises tout au long de ce cours ne coulent pas de source. Vous avez appris beaucoup de choses. Soyez-en fier.
- La seule manière de consolider ce que vous avez appris consiste à écrire des applications. Plus tôt vous commencerez, plus facile ce sera.
- Vous avez encore beaucoup à apprendre, mais vous avez franchi le premier col de la courbe d'apprentissage. À partir de maintenant, tout sera plus facile. Une fois encore, la seule manière de progresser consiste à pratiquer.
- En tant qu'orateur, je suis disponible pour des mariages, des soirées, des *bar mitzvahs*, ainsi que n'importe quel autre événement. Je donne également des cours de cinq jours au Big Nerd Ranch. Pour connaître les plannings, visitez le site web du Big Nerd Ranch (**www.bignerdranch.com/**).

Je fournis également une liste de ressources qui permettront de répondre aux questions lorsqu'elles se poseront. Comme pour tout sujet ayant trait à la programmation, les réponses se trouvent éparpillées dans la documentation en ligne, les sites web et les listes de diffusion.

- Si vous avez une question concernant Cocoa, commencez par consulter la documentation de référence. Toutes les classes, les protocoles, les fonctions et les constantes s'y trouvent. Regardez dans `/Developer/Documentation/Cocoa/Reference/`.
- Si vous avez une question concernant Objective-C, commencez par consulter la documentation de référence de ce langage. Utilisez le menu `Help` de Xcode pour accéder à cette documentation.

- Si vous avez une question concernant Xcode ou Interface Builder, commencez par consulter la documentation de référence des outils du développeur.
- Avec Mark Dalrymple, nous avons écrit un ouvrage sur les aspects internes de Mac OS X du point de vue du développeur. Si votre code doit travailler avec le système d'exploitation, par exemple pour du multithread ou des opérations réseau, je vous conseille fortement d'obtenir un exemplaire du livre *Advanced Mac OS X Programming*.
- N'hésitez pas à expérimenter. La plupart des questions trouveront une réponse en créant une petite application. En général, cela ne prendra pas plus de 15 minutes.
- Le site web dédié à cet ouvrage (**www.bignerdranch.com/products/cocoa1.shtml**) contient les réponses à de nombreuses questions et plusieurs exemples amusants.
- Le Wiki CocoaDev (**www.cocoadev.com/**) propose de nombreuses astuces.
- Apple gère une liste de diffusion pour les développeurs Cocoa. Vous pouvez vous y abonner en allant sur le serveur des listes de diffusion d'Apple (**http://lists.apple.com/**). Les archives de cette liste se trouvent sur le site **www.cocoabuilder.com/**.
- De nombreux blogs concernant Cocoa, y compris le podcast "Late Night Cocoa", sont syndiqués à l'adresse **www.macdevnet.com/**.
- Si vous avez épuisé toutes les autres possibilités, l'assistance technique du développeur d'Apple répondra à vos questions moyennant une contribution financière. Ces personnes ont de grandes connaissances et se révèlent très utiles. Elles ont répondu au grand nombre de questions que je leur avais posées.
- Rejoignez l'Apple Developer Connection. Vous aurez ainsi accès aux versions les plus récentes des outils du développeur et de la documentation. L'adresse du site web ADC est **http://connect.apple.com/**.
- Plusieurs sites web en français proposent de vous initier à Cocoa, d'approfondir vos connaissances ou de rejoindre la communauté des développeurs. Allez par exemple sur **www.cocoa.fr** ou **www.objective-cocoa.org**.

Enfin, soyez sympa. Aidez les débutants. Proposez des applications utiles et leur code source. Répondez gentiment aux questions. La communauté est relativement petite et les bonnes actions sont récompensées.

Merci d'avoir lu mon livre !

Exercice

Écrivez une application Cocoa qui sera utilisée par une autre personne que vous.

Index

C

G

N

Q

R

V

W

X

Y

Z

Dépôt légal : novembre 2008
IMPRIMÉ EN FRANCE

Achevé d'imprimer le 3 novembre 2008
sur les presses de l'imprimerie « La Source d'Or »
63039 Clermont-Ferrand
Imprimeur n° 10368